우리아이 괜찮아요

소아정신과 의사 서천석의

우리아이 괜찮아요

소아정신과 의사 서천석의

서천석 지음

위즈덤하우스

차례

| 작가의 말 | 010 |

좋은 부모

PART 01 좋은 부모가 될 수 있을까요?

엄마이길 포기하고 싶어요	016
아이에게 자꾸 폭언을 하고 모질게 대해요	022
아이한테 자꾸 손을 대게 돼요	027
제가 너무 강압적으로 키우는 걸까요?	035
부모님이 나를 혼냈듯이 나도 아이를 혼내요	040
아이와 놀아줄 때마다 싸워요	046
거친 말을 일삼는 아이, 엄마 탓일까요?	051
화만 내는 아이 앞에서 자포자기하게 돼요	055
아이가 사랑 받지 못한다고 느끼나 봐요	059
내 자식인데 아이가 밉고 싫어요	065

발달

PART 02 우리 아이 잘 크고 있는 걸까요?

아이의 발달이 늦는 것 같아 걱정이에요	076
하루 일과를 물어보면 무조건 모른다고 해요	082
초등학생 딸아이가 손가락을 빨아요	088
아들이 엄마 가슴을 너무 만져요	096
딸아이 옷 입히기가 너무 힘들어요	102
떼쓰는 게 점점 심해져요	107
유치원을 옮긴 뒤로 아침마다 전쟁이에요	114
산만한 우리 아이, ADHD일까요?	121
ADHD 약을 꼭 먹여야 치료가 되나요?	128
아이에게 틱이 생겼어요	136

바른 습관

PART 03 바른 습관을 들여 주고 싶어요

아이가 잘 먹지 않아 걱정이에요	146
시간 개념이 없는 아이, 어떻게 해야 할까요?	153
아이가 정리를 너무 못해요	160
매번 준비물을 빼놓고 다녀요	167
맨날 뭘 사달래요	173

엄마와 잠시도 떨어지질 못해요	180
식당에서 심하게 장난을 쳐요	184
미운 일곱 살, 계속 이러진 않겠죠?	191
툭하면 학교에 안 가겠대요	198
자기 일은 좀 알아서 했으면 좋겠어요	204

성격과 감정

PART 04 아이 성격에 문제가 있는 건 아닐까요?

소심한 아이, 어떻게 하면 강해질까요?	210
툭하면 눈물을 흘려요	217
의사 표현을 제대로 하지 못해요	225
자신감이 부족한 아이를 어떻게 격려할까요?	231
조금만 부모와 떨어져 있어도 힘들어해요	238
동물을 너무 무서워해요	245
아이의 감정 기복이 너무 심해요	251
고집이 너무 세요	257
밖에서는 '엄친딸'인데, 집에서는 '시한폭탄'이에요	264
아이에게 우울증이 있는 것 같아요	270

사회성

PART 05 친구와 잘 지내지 못해요

아이의 자존감이 낮은 게 아닐까 걱정돼요	280
친구와 어울리지 못하고 겉돌기만 해요	285
남의 잘못을 시시콜콜 지적해요	292
자기밖에 모르고 이기적이에요	298
지는 걸 못 참아요	306
자기주장이 너무 강해 친구들과 자꾸 부딪혀요	313
아이 친구들이 돌아가면서 한 명을 따돌려요	318
반 친구가 우리 아이만 괴롭힌대요	328
친구들에게 휘둘리는 것 같아요	336
외모 때문에 놀림을 당한대요	343

학습

PART 06 남보다 뒤처질까 봐 불안해요

연필을 바르게 잡지 못해요	354
6세 딸아이가 아직 한글을 몰라요	358
취학 전 아이, 얼마나 가르쳐야 할까요?	366
아이가 책을 안 읽으려고 해요	372
7세 아이, 학교에 보내도 될까요?	379

공부에 꼭 보상을 요구해요	385
학원에 안 보내는데 자꾸 불안해져요	394
갑자기 학원에 다니지 않겠대요	403
공부에 점점 흥미를 잃어가요	415
수업 시간에 자꾸 딴생각을 한대요	425

가족 관계

PART 07 우리 가족 이대로 괜찮을까요?

양육관의 차이로 남편과 부딪혀요	434
형제자매의 싸움, 누구 편을 들어야 하죠?	441
회사에 간 엄마를 계속 찾아요	451
동생이 생기면서 큰아이가 달라졌어요	461
아들이 엄마를 왕따시켜요	469
아들이 아빠를 만만하게 봅니다	477
아빠와 아이들의 사이가 좋지 않아요	486
시부모님과 함께 살면서 아이의 버릇이 나빠졌어요	493
부모의 이혼을 어떻게 설명해야 할까요?	501
아이와 새엄마의 갈등이 심합니다	511

또 하나의 가족, 반려동물
강아지가 죽은 뒤로 아이가 너무 슬퍼해요 516

문제 행동

PART 08 이러다 엇나가는 것 아닐까요?

반항이 심해지는 아이, 사춘기일까요?	522
아이가 거짓말을 해요	536
폭력적인 아이, 어떻게 해야 할까요?	544
사람을 죽이는 상상을 한대요	552
아이가 친구의 물건을 훔쳤어요	557
스마트폰을 사달라고 졸라요	566
아이가 욕을 많이 해요	577
5세 아들이 자위행위를 해요	582
아이가 야한 동영상에 빠져 살아요	587
초등생 딸에게 남자친구가 생겼대요	593

작가의 말

당신도, 당신의 아이도 괜찮습니다

부모들은 제게 종종 이렇게 이야기합니다. "제 자신이 너무 한심해요. 이렇게 부족한 제가 부모 노릇을 한다는 것이 우스워요." 그러면 저는 이야기합니다. "부족하지 않은 사람만 아이를 낳으면 아마 인류는 이미 멸종했을 것입니다." 어느 시대, 어느 나라의 부모도 완벽한 모습으로 아이를 낳고 키우지 않았습니다. 부족함은 부끄러운 것이 아닙니다. 그저 인간의 본래 모습입니다.

자신의 부족함을 원망하는 부모들은 아이의 부족함도 견디기 어려워합니다. 작은 실수나 잘못도 바로 잡아주려 하고 모자란 것을 보면 채워주고 싶어 합니다. 그래서 끊임없이 아이에게 잔소리를 하고 무엇을 또 가르쳐야 하나 고민합니다. 다 아이를 사랑하는 마음에서 나온 것이죠. 하지만 아직은 마음이 여린 아이에게 잔소리는 그저 독이 될 때가 많습니다.

너무 많은 잔소리로 자란 사람은 작은 잘못, 작은 실수도 용납하지 못하고 자기를 한심하게 여깁니다. 그래서 겉보기엔 훌륭하게 자란 듯 보이는 분들 중에도 스스로를 괴롭히느라 내면은 지옥인 분들이 많습니다. 그렇게 자기를 탓하고 아이를 탓한다고 해서 잘못이나 실수가 사라지지도 않습니다. 인간이란 존재는 어쩔 수 없이 잘못과 실수를 계속하며 살아가기 마련이니까요.

    아이들의 잘못은 너무나 잘 보입니다. 너무 잘 보여 그대로 두고 보기가 어렵습니다. 하지만 한번 생각해보십시오. 부모인 우리 역시 얼마나 부족하고 모자란 점이 많습니까? 실수하고, 마음먹은 것도 못 지키고, 안 되는 일도 참 많습니다. 지난 한 달, 아니 지난 한 주만 찬찬히 돌아봐도 부끄러운 일 몇 가지가 금방 떠오릅니다.

    하지만 조금 부족해도 괜찮습니다. 못난 부분이 있어도 괜찮습니다. 부족한 것을 인정하고, 그렇지만 더 잘해보려는 마음을 가질 수만 있다면 그것으로 충분합니다. 심지어는 잘해보려는 마음을 갖는 것이 지금은 버겁다면 조금 뒤로 미뤄도 괜찮습니다. 그렇게 우선은 나를 지켜가야 더 오래 자신을 사랑할 수 있고, 그래야 결국 더 깊이 변할 수 있습니다.

    부족한 내가 못마땅하더라도 부족한 나로부터 시작해야 합니다. 부족한 아이가 못마땅하더라도 부족한 그 모습에서 시작해야 합니다. 부족한 모습에 가슴이 답답해오면 아이가 갖고 있는 사랑스러움에 애써 눈을 맞추세요. 그리고 있는 그대로를 인정하고, 있는 그대로의 아이를 사랑해야 합니다. 있는 그대로를 사랑하지 않는 사랑은 가짜 사랑입니다. 사랑이란 말로 포장된 내 욕심일 뿐입니다. 욕심도 때로는 발전을 위한 힘이 되지만 욕심껏 안 될 때 금방 무너집니다.

　화려한 꽃이 피길 바라며 나무에 물을 줍니다. 얼른 꽃이 피지 않으면 초조해지죠. 옆에서 멋진 꽃이 피어나면 거기로 내 마음이 다 가고, 내 욕심대로 꽃망울을 터뜨리지 않는 나의 나무는 미워집니다. 그저 내 나무를 사랑했다면 그런 미움도, 초조함도 없을 것입니다. 꾸준히 정성을 다할 수 있겠죠. 그러다 보면 어느 순간 나무는 자신의 가장 아름다운 모습을 내게 보여줄 것입니다. 욕심이 그 순간까지 나를 기다리지 못하게 할 뿐입니다. 당신도, 아이도 괜찮습니다. 제각기 아름다운 나무이고 꽃입니다.

　이 책은 제 노력만으로 만든 책이 아닙니다. 자신의 고통을 보여주며 제게 질문을 한 부모들이 이 책의 얼개를 짜주었습니다. 그분들 덕분에 폭력과 왕따, 이혼가정과 시부모 육아, 스마트폰과 선행학습 등 이 시대 부모들이 겪는 생생한 고민이 책에 담길 수 있었습니다. 제 설익은 답변을 소중히 받아 아이에게 직접 적용해보고, 제 답변이 도움이 되는지 안 되는지 알려준 부모들께 깊은 감사를 드립니다. 저와 함께 고통의 시간을 보내며 아이를 더 사랑하기 위해 애쓴 부모들이 있었기에 이 책이 완성될 수 있었습니다. 그분들 덕에 제가 소아정신과 의사로서 조금은 성장할 수 있었습니다.

　소아정신과 의사인 저는 어디를 가든 질문을 받습니다. 강연을 하고 나오면 강연장 앞에는 제게 질문하고 싶은 분들이 줄을 섭니다. 오랜만에 동창을 만나는 술자리에서도, 새로운 사람을 만나는 식사자리에서도 저는 상담을 하게 됩니다. 정말 부모는 힘든 일입니다. 아이를 키우면 궁금한 점은 끝이 없습니다. 어떤 분은 저를 걱정해주십니다. 매일 질문에 시달리면 힘드시겠다고요. 가끔은 지칠 때도 있지만 대개는 크게 힘들지 않습니다. 저로서는 몇 마디 아는 이야기를 할 뿐인데, 질문한 분에게는 도움이 되니 보람 있는 일이죠.

하지만 시간이 문제입니다. 답변을 제대로 못 드릴 때가 많죠. 강연장 바깥에서 질문 한 마디 던지려고 한참을 기다리셨는데, 외면하고 자리를 떠야 하면 제 마음도 한없이 불편합니다. 라디오에서 상담할 때면 열 개의 사연 중 고작 한 개만을 선택해 답을 합니다. 나머지 사연에 가득 담긴 부모의 불안과 답답한 심정을 생각하면 늘 마음이 무겁습니다.

그래서인지 이 책을 내는 제 마음은 조금은 홀가분합니다. 부모들이 제게 가르쳐준 것을, 다른 부모들에게 돌려드릴 뿐이지만 불안한 부모들에게 이 책이 작은 위안이 될 수 있을 테니까요. 답답하고 막막한 육아의 막다른 길에서 힘들어하는 부모가 이 시간에도 얼마나 많을까요? 그분들에게 이 책이 부족하나마 작은 실마리를 던져줄 수 있기를 기대해봅니다.

PART 01

좋은 부모가 될 수 있을까요?

...

부모는 아이를 '당장' 변하게 하는 사람이 아닙니다.
'결국' 변하게 하는 사람입니다. 그러니 포기하면 안 됩니다.
아이를 받아주라고 하면 그냥 놔두란 이야기냐 되묻습니다.
아닙니다. 더 길게 보고, 더 꾸준하게, 더 계획적으로
부모의 인생을 걸고 도와주라는 뜻입니다.

훈육은 지나치게 하면 안 됩니다.
부모의 힘은 오래, 꾸준히 만나는 데서 나옵니다.
사람은 쉽게 변하지 않지만 꾸준함에는 장사가 없습니다.
지나친 훈육은 변화에 가장 큰 힘이 되는 '관계'를 망가뜨려요.
매일, 오랫동안 영향을 줄 수 있다는 걸 잊지 마세요.

엄마이길
포기하고 싶어요

30개월 딸과 9개월 아들, 두 남매를 키우는 엄마입니다. 엄마인 제가 문제가 많습니다. 제 스트레스를 죄다 아이에게 풀고 있네요. 아이는 입만 열면 "싫어, 안 해" 소리에, 잠도 안 자고 계속 짜증내고, TV 앞에만 붙어 앉아 있어 끄려고 하면 울부짖고, "엄마 미워!" 합니다. 진 빠지고 화나면 제 화에 못 이겨 아이에게 욕하고 매질을 하게 돼요. 그냥 엄마이길 포기할까 하는 생각마저 듭니다.

아이와 함께 행복해지는 데 집중하세요

아이 키우기가 많이 힘드시죠? 몇 줄 안 되는 글을 보는데도 마음이 많이 아픕니다. 아이를 키우는 엄마라고 해도 아이만 돌볼 수는 없죠. 엄마이기 이전에 한 사람이고, 아내이고, 딸이고, 직장을 다닌다면 직원이기도 합니다. 스트레스 받을 일이 한두 가지가 아닙니다. 때로는 감당하기 어려울 정도로 스트레스가 몰려올 때도 있습니다. 내 마음조차 가누기 어려운 순간도 있습니다. 그런데 그 순간에도 아이는 부모인 나만 보고 있습니다. 힘들어 죽겠지만 몸을 추슬러 아이를 챙겨야 하고, 가르쳐야 하고, 달래야 합니다.

그럴 때 다른 집 아이처럼 엄마 눈치도 보고 말도 잘 들으면 얼마나 좋겠어요? 그런데 무슨 감지 장치라도 있는 것처럼 내가 상태가 안 좋으면 더 엉망으로 행동합니다. 인내심은 곧 한계에 도달하고 부모로서 바닥을 보이고 맙니다. 아이 키우기 참 힘듭니다. 그만두고 싶다는 말이 절로 나오죠. 그런데 바로 그 아이가 나를 가장 사랑하는 아이입니다. 내가 필요하고, 내가 없으면 안 되는 아이입니다. 내가 힘들어 하니, 자기 마음도 불편해서 엉뚱하게 행동하고 마는 아이입니다. 내 마음을 거울처럼 반사해서 보여주는 아이입니다.

힘이 들면 잠깐 쉬어가도 좋습니다. 아이를 바로잡으려 너무 애쓰지 마세요. 아이를 교육하는 것은 때가 있습니다. 내 마음이 편하고 여유가 있어야 아이를 가르칠 수 있어요. 그때가 될 때까지 아이와 그냥 이 순간을 버텨보세요. 잠자는 아이를 안아보세요. 따뜻합니다. 분명 엄마 마음에 위안이 될 거예요. 아이와 함께 악착같이 즐거운 일을 해야 합니다. 아이와 함께하면 기분 좋아지는 일을 떠올려보세요. 그리고 실천하는 겁니다. 그렇게 해서 힘을 얻고 내 마음을 단단하게 만들어 가야 합니다.

지금은 반대예요. 힘들다 보니 화를 내고, 화를 내도 아이가 말을 듣지 않으니 매를 댑니다. 그런다고 말을 듣나요? 잠시 무서워 듣는 듯 보이지만 마찬가지입니다. 결국 부모로서 자괴감이 들 수밖에 없습니다. 원래 아이들이 그렇습니다. 화를 내고, 매를 대면 그 순간엔 잠시 말을 듣는 듯 보여요. 하지만 결국 더 엇나갑니다. 아동을 대상으로 한 수많은 실험과 연구가 일관되게 말해주는 진실입니다. 제가 아이들 인권을 생각해서 하는 이야기가 아닙니다. 그저 과학적 사실입니다.

아이들은 무섭다고 어떤 행동을 하지 않습니다. 무서워서 어떤 행동을 안 하도록 만들 수는 있어요. 그런데 어떤 행동을 계속해서 안 하게 하려면 대안이 되는 올바른 행동이 반드시 만들어져야 합니다. TV를 보지 않게 하려면 인형놀이를 즐길 수 있어야 하고, 동생을 때리지 않으려면 동생에 대한 불만을 다른 방식으로 풀 수 있어야 합니다. 부모가 야단치면 무서워서 잠시 부정적인 행동을 안 하겠죠. 하지만 대안 행동이 만들어지지 않으면 무서움을 잊는 순간 다시 부정적인 행동을 합니다.

결국 스스로 긍정적인 대안 행동을 하도록 만드는 것이 해결의 열쇠입니다. 어떻게 하면 그렇게 될까요? 방법은 딱 두 가지입니다. 첫째, 대안 행동이 자신에게 유리하면 됩니다. 아이가 인형놀이를 해보니 TV보다 더 재밌다 싶으면 TV에 대한 관심은 저절로 줄어듭니다. 둘째, 대안 행동을 가르치는 사람을 좋아하면 됩니다. 대안 행동이 썩 마음에 들지는 않지만 내가 좋아하는 사람이 권하는 것이니 그 사람을 봐서 따르는 것이죠.

대안 행동이 자신에게 유리하다는 것을 깨달으면 문제는 간단해집니다. 하지만 우리가 아이들에게 요구하는 행동은 아이들이 느끼기에 당장은 따르기 힘든 것이 많습니다. 장기적으로 자기에게 좋다는 것은 알지만 '조삼모사(朝三暮四)'라고 당장 즐겁지 않으면 행동으로 옮겨지지 않죠. 그렇기 때문에 아이가 부모를 좋아하도록 만들어야 합니다. 아이들은 옳고 그른 것에 따라 행동하지 않습니다. 자기가 좋아하는 사람, 잘해주는 사람의 말을 따릅니다. 마음 깊이 부모를 믿고 의지하면 아이는 부모가 바라는 행동을 하기 위해 시키지 않아도 순순히 움직입니다.

✷✷✷

지금 어떤 일을 해야 할까요? 당장 아이와의 관계를 개선해야 합니다. 까짓 밥 잘 안 먹고, 잠자는 데 시간 좀 걸리고, 시켰을 때 바로 행동하지 않는다고 무슨 안 좋은 일이 있겠습니까? 고작 30개월 된 아이가 직장 생활을 하는 것도 아니잖아요. 물론 나중에는 그 모든 것을 다 잘해야겠죠. 그런데 그렇게 잘하도록 만들기 위해 지금 당장 필요한 것은 엄마와의 관계 개선입니다. 아이가 굶어 죽지만 않으면 된다는 마음으로 '다 못해도 좋다, 상관없다, 좋은 시간을 갖고 서로 행복해지는 데 집중하자' 쪽으로 방향을 잡아보세요.

처음에는 조금 힘들겠지만 아이는 곧 부모가 원하는 방향으로 조금씩 움직일 것입니다. 분명 한 달만 지나면 적어도 지금 수준, 즉 아이에게 화내고 때려가며 이끌어가는 수준만큼은 됩니다. 그런데 지금에 비해 엄마와 아이의 관계는 훨씬 좋을 것이고, 엄마도 화를 내지 않으니 틀림없이 더 행복하겠죠. 그 이후의 전망은 밝을 수밖에 없습니다. 분명 엄마가 원하는 바대로 잘 나아갈 수 있을 것입니다.

<u>부모는 '당장' 아이를 바꾸는 사람이 아닙니다. 아이를 '결국' 바꿔</u>

<u>**내기 위해 시간을 두고 노력하는 사람입니다.**</u> 지금은 관계에 어려움을 겪고 있고 아이도 말을 안 듣는 편이니 천천히 방향을 잡아가세요. '꼭 이래야만 한다'는 마음은 내려놓으시고요. 아이와 가까워지고 행복해지는 데 모든 초점을 맞추세요. 그것이 지금 해야 할 일입니다.

    힘든 시간을 보내고 계신 부모들에게 저는 영국의 수상 윈스턴 처칠이 남긴 말을 자주 인용합니다. "만약 지금 지옥을 통과하고 있다면 계속 가라." 아이를 키우다 보면 지옥처럼 느껴지는 순간이 있습니다. 하지만 그 시간이 영원하지는 않습니다. 절대 멈추지 마세요. 멈추면 지옥 불에 갇혀 더 괴로울 뿐입니다. 지금 내게 주어진 일에 집중해 꾸준히 해나가세요. 육아에서 힘든 시간은 끝이 있습니다. 이 시간이 지나고 나면 "아, 그때 참 힘들었지. 하지만 좋은 면도 있었어" 하고 웃으실 날이 분명 올 것입니다.

Plus Q

육아 스트레스 때문에 우울증이 생긴 것 같아요. 아이에게 화가 나면 이성을 잃을 정도여서 제 자신이 무서워져요

…

육아 스트레스로 인한 어려움일 수도 있고, 그와는 무관한 우울증일 수도 있습니다. 우울증은 전체 여성의 15%가 평생에 한 번은 걸리는 상당히 흔한 질환이니까요. 높은 스트레스가 원인이 되기도 하지만 스트레스가 심하지 않아도 호르몬의 변화, 유전적 요인, 신체적 질병 등으로 인해 발생하는 경우도 많습니다. 우울증이 생길 경우,

평소 같으면 잘 넘길 수 있는 스트레스도 견디기 어렵습니다. 그래서 스트레스로 우울증이 온 것인지, 우울증이 와서 스트레스가 심하게 느껴지는 것인지 판단하기가 쉽지 않죠.

그것이 어느 쪽이든 간에 중요한 것은 이 상태를 적극적으로 해결해야 한다는 것입니다. 엄마의 우울감은 아이가 건강하게 성장하고 발달하는 데 큰 지장을 줍니다. 아이 역시 쉽게 불안해지고 엄마처럼 우울해지기 쉽죠. 연구에 따르면 우울한 엄마 밑에서 자란 아이들이 사춘기가 됐을 때 정신질환을 앓을 확률이 그렇지 않은 경우보다 4배나 높다고 합니다. 정서뿐 아니라 아이의 학습능력에도 큰 영향을 미치죠.

물론 우울증을 치료해야 하는 이유가 아이 때문만은 아닙니다. 단 한 번뿐인 자신의 인생을 위해 우울증에서 벗어나야 합니다. 식사를 규칙적으로 하고, 일정한 시간에 자고 깨며, 가벼운 운동을 하고, 마음을 나눌 수 있는 편안한 상대를 찾아 대화하는 것, 부정적인 마음에 쫓길 때 자기 자신을 위로하며 조금 느긋하게 생각하자고 격려하는 것, 이것이 스스로 할 수 있는 우울증 치료법입니다.

육아 스트레스가 심할 경우에는 뭐든 뜻한 대로 제대로 해내려고 하기보다는 어떤 일은 접어두기도 하고, 또 어떤 일은 적당히 해내며 마음의 부담을 줄여야 합니다. 지금 하지 못한 것은 나중에 상태가 나아진 다음에 보충하면 된다고 생각하며 마음을 편하게 가져야 합니다. 이렇게 스스로를 보호하고 달래도 해결되지 않을 경우에는 정신건강의학과 전문의의 도움을 받아야 합니다. 마음의 어려움도 몸의 병과 마찬가지로 만성화되거나 심해지면 고치기가 더 힘들고 시간도 많이 걸립니다. 더 늦기 전에 적극적으로 도움을 받아 어려움을 해결하기를 권합니다.

아이에게 자꾸 폭언을 하고 모질게 대해요

열한 살 아들과 사사건건 부딪치는 엄마입니다. 부모 자식 간에도 궁합이 있는지, 아들보다 한 살 아래인 딸과는 별 문제가 없는데, 유독 아들에 대해서는 말투 하나 행동 하나가 모조리 거슬리고 마음에 들지 않아 참을 수가 없습니다.

솔직히 아들이 그리 심각한 잘못을 하는 건 아닙니다. 그런데 아들이 사소한 잘못이나 거슬리는 행동을 할 때마다 언성을 높이고 욕을 퍼부으며 회초리를 들게 됩니다. 제 자신도 이해할 수 없는 말과 행동이죠. 시간이 지나 이성을 되찾고 나면 제가 한 폭언과 행동이 부끄러워 견딜 수 없지만 또다시 같은 상황이 반복됩니다. 그러다 보니 아들도 상처를 받아 점점 난폭해지는 것 같고요. 정말 이러다간 큰일 날 것 같은데, 어떻게 하면 좋을까요?

엄마의 마음속 상처를 먼저 돌아보세요

왜 내가 낳은 아이를 모질게 대하게 될까요? 어떻게 그럴 수가 있을까요? 그런데 사실 아이를 모질게 대하는 부모가 의외로 많습니다. 남의 자식의 잘못된 행동은 너그럽게 봐주면서도 내 아이의 잘못된 행동은 참고 보기 어렵다는 부모가 정말 많아요. 그것은 부모가 아이를 자신과 동일시하기 때문입니다.

완벽주의 성향을 가진 부모일수록 그런 경향이 강하고, 특히 자녀 중에서도 첫째를 대할 때 더욱 심하게 나타납니다. 많은 부모, 특히 엄마들은 첫아이를 자신의 분신처럼 여깁니다. 나와 다른 존재로 생각하지 않죠. 탯줄은 예전에 끊어졌지만 보이지 않는 끈으로 여전히 연결되어 있는 내 일부라고 생각합니다.

문제는 나의 일부인 자식에게 사랑을 주기보다 완벽주의의 잣대를 들이대는 것입니다. 그렇게 행동하는 내면에는 수치심이 자리 잡고 있습니다. 어릴 때 부모에게 인정받지 못하고 지적을 많이 받은 사람 중 상당수는 마음속 깊은 곳에 자기 자신을 창피하게 여기는 감정이 자리 잡고 있습니다. 부모가 나를 대했던 태도를 그대로 받은 것이죠.

이런 감정은 '나에겐 문제가 많다'는 생각으로 이어지는데, 이를 극복하기 위해 취하는 태도가 바로 완벽주의입니다. 완벽해야만, 아니 완벽하지는 않더라도 문제를 최대한 줄여야 조금이라도 인정받을 수 있고, 그래야 살아남을 수 있다고 생각합니다. 그래서 완벽주의 성향의 사람들은 완벽해지기 위해 부단히 노력합니다. 하지만 세상에 완벽한 것이란 없기에 노력은 결국 실패로 돌아가고, 실패는 수치심을 더 부풀리게 됩니다. 헤어날 수 없는 악순환에 빠져드는 것이죠.

이 수치심은 젊은 시절 자기 자신을 내내 괴롭히다가 부모가 되었을 때 아이에게까지 향합니다. 수치심을 가진 부모는 아이가 잘못된 행동을 하면 안절부절못합니다. 아이가 창피하게 느껴지고, 왠지 아이에게 문제가 있는 것만 같습니다. 빨리 문제를 극복해야 할 것만 같아 초조합니다. 우리 모두는 자신을 탓하거나 다스리는 건 어려워하지만, 남의 잘못은 쉽게 지적하고 공격할 수 있습니다. 아이의 잘못은 부모한테는 너무 잘 보입니다. 아이가 자기 잘못을 보지 못한다는 것이 믿어지지 않을 정도죠. 그러니 아이에게 쉽사리 모진 말이 나옵니다. 한심하다는 표정으로 아이를 바라보게 됩니다.

이런 부모들의 내면에는 대개 상처가 많습니다. 자신의 부모가 던진 말과 행동으로 인해 입은 상처에, 자기 자신이 준 상처까지 덧나서 피를 흘리고 있죠. 상담하신 내용을 보면 아이를 향해 스스로도 이해할 수 없는 감정과 말이 튀어나온다고 하셨습니다. 마음속 깊이 무의식 속에 자리 잡은 분노와 화가 드러나는 것입니다. 나의 내면에 숨어 있던 '상처 받은 어린아이'가 불쑥불쑥 고개를 드는 것이죠.

부끄러움을 견디지 못했던 '어린아이'가 부끄러움을 감당하기 어려워, 떼를 쓰듯 외부로 분노를 표출하는 행동이 자녀에 대한 폭언이고 폭력입니다. 기분이 나쁘면 말로 표현해야 하는데 그저 울고 떼를 쓰는 아이들처럼, 나의 내면에 불안에 떨며 웅크리고 있는 아이도 이성이 아닌 감정에 따라서만 행동하는 것입니다.

여기서 벗어나려면 무엇보다 자기 마음속의 어린아이를 자꾸 돌아보고 위로해줘야 합니다. 상처 받은 시절을 되돌아보며 그때 무척 힘들었겠다고 스스로를 안아줘야 합니다. 그렇게 해서 내 마음속의 아이가 상처를 딛고 성장해야 합니다. 이런 시간들을 통해 <u>부모 자신이 상처를 이겨내고 성숙해지면, 부모부터 건강해지면 아이를 향한 부정적인 언행은 따로 노력하지 않아도 저절로 줄어듭니다.</u> 물론 자기치유의 과정이란 결코 쉽진 않습니다. 하지만 계속해서 자기 자신을 돌아보십시오. 나는 왜 나를 창피하게 여길까? 내가 정말 창피한 존재인가? 내가 정말 문제가 많은 존재인가? 곰곰이 생각해보십시오.

이런 문제를 겪는 분들에게 제가 자주 권하는 방법이 있습니다. 바로 '의자 요법'입니다. 의자 두 개를 놓고 한 의자에는 '나를 욕하는 의자', 다른 의자에는 '나에게 좋은 말만 해주는 의자'라고 써 붙인 후 번갈아 앉으면서 자신에게 말을 거는 것입니다. 이 상황에서 많은 분들이 눈물을 쏟으면서 무척 힘들어합니다. 욕하는 의자에선 할 말이 많은데 좋은 말만 해주는 의자에선 할 말이 없다는 것을 스스로 발견하게 되니까요. 내면에 자신에 대한 부정적 감정이 얼마나 많이 존재하는지, 자신을 칭찬하는 게 얼마나 어려운지를 절절히 느끼게 됩니다.

그래도 계속 버티며 좋은 말만 해주는 의자에 앉고 또 앉아야 합니다. 그러다 보면 자신에 대한 칭찬거리를 생각해내고, 나라도 나를 사랑해줘야겠다는 마음을 갖게 됩니다. 마침내 마음이 조금씩 건강해지기 시작합니다.

물론 혼자서 하는 위로가 어려운 분도 분명 많을 것입니다. 오랫동안 자신에게는 상처만 줘왔으니까요. 그럴 때는 온전히 자기편이 되어 자기를 위로해줄 사람을 만들어야 합니다. 같이 상처 받은 친구끼리 서로를 위로하는 것도 좋은 방법입니다. 그런 친구를 일상에서 찾기 어렵다면 자기치유를 위한 여러 모임이나 프로그램을 이용하는 것도 생각해보십시오.

Plus Q. 아이가 질문을 너무 많이 해서 피곤해요

…

아이의 질문 때문에 피곤하다면 질문 시간을 정해놓는 것도 좋은 방법입니다. "엄마는 질문 받고 대답하는 게 정말 좋은데 시간이 많지 않으니까 우리 질문 시간을 정해보자"라고 먼저 이야기를 꺼냅니다. 예를 들어 식사 후 15분 동안을 질문 시간으로 정하는 겁니다.

엄마가 거꾸로 질문을 많이 던지는 것도 또 다른 방법입니다. '공격이 최선의 방어'라는 말처럼 "너는 그거 어떻게 생각해?", "왜 그런 것 같아?" 등 질문을 질문으로 되받아주면 아이가 좀 물러설 거예요. 아이 입장에서는 엄마가 관심을 가져준다고 받아들이니 큰 불만은 없습니다. 아이의 질문은 호기심의 표현이자 아이 자신에 대한 부모의 관심을 확인하는 방법이기도 합니다. 아이의 질문만 기다리지 마세요. 부모가 질문도 먼저 하고, 사랑한다는 말도 먼저 해주는 것이 좋습니다.

아이한테 자꾸 손을 대게 돼요

여덟 살 아들과 임신 9주째인 둘째를 가진 엄마입니다. 2년 전부터인가 화가 나면 아이에게 손부터 올라갑니다. '이러지 말아야지' 하고 수없이 되뇌면서도 한 번씩 화가 나면 아이를 혼내게 돼요. 아이 편을 드는 남편에게도 화가 나고, 저한테 혼날 때마다 아빠를 쳐다보는 애한테도 화가 나요. 아이가 '순둥이'여서 친구나 동생들한테 매번 맞고 오는 것도, 아이의 행동에 대해 같은 주의를 스무 번씩 주는데도 딴짓을 하는 것도, 그런 것에 화내는 제 자신에게도 화가 나요. 어떻게 하면 화를 가라앉힐 수 있을까요?

사랑의 매는 없습니다

체벌 문제에 관한 한 우리 사회에선 아직도 필요악이란 의견이 대세입니다. 절반 이상의 부모들이 상습적으로 아이들을 체벌합니다. 소아정신과 의사의 입장에서 볼 때는 우리 사회가 아직 사람을 진심으로 아끼는 마음이 부족하다 싶습니다. 체벌은 가장 많이 연구된 교육학적 주제 중 하나이고, 체벌의 부정적 효과에 대해서는 이미 결론이 나와 있습니다. 체벌의 부정적인 영향에 대한 연구만 모아도 교과서 하나 정도의 분량은 충분히 나올 것입니다. 그 연구들을 다 나열할 수는 없지만 여기서는 대표적인 부작용 몇 개를 꼽아보겠습니다.

첫째, 아이들은 체벌을 받으면 수치심을 갖게 됩니다. 매를 맞기 싫으니 당장은 말을 듣지만 내적으로는 존엄성을 침해당합니다. 존엄성이 침해된 아이들은 긍정적인 동기를 만들어내길 어려워합니다. 결국 무언가 잘해보려는 마음으로 살기보다는 안 좋은 상황을 피하려는 동기가 삶의 중심적인 동력이 됩니다. 요즘은 여기저기서 긍정적 동기와 창조적 사고의 중요성을 강조합니다. 체벌을 받고 자란 아이들은 그것이 어렵습니다. 오히려 정반대 방향으로 흘러 부정적이고 회피적인 성격을 갖게 될 가능성이 높습니다.

둘째, 잘못된 행동이 학습됩니다. 부모에게 자주 매를 맞을수록, 아이는 체벌을 당연한 것으로 받아들이게 됩니다. 부모가 아이에게 얼마나 중요한 사람입니까? 그런 부모가 하는 행동이니 아이도 이를 당연하다고 받아들여, '상대가 잘못을 하면 나도 때릴 수 있다'는 생각을 갖게 됩니다. 내가 잘못하면 엄마가 때리듯이 동생이 잘못하면 형이 때릴 수 있다는 논리를 갖게 되니 동생이나 친구에게 얼마든지 주먹을 날릴 수 있게 됩니다. 결국 상대의 잘못을 물리적인 힘으로 응징해선 안 된다는 문명사회의 기본적인 규범을 내면화하지 못하는 것이고, 이 경우엔 어른이 되어서도 쉽게 폭력을 사용하는 사람이 될 수 있습니다.

　셋째, 체벌은 아이의 인지 발달에 부정적인 영향을 미칩니다. 아이들의 지능지수를 비교한 연구를 보면 체벌을 받는 아이는 그렇지 않은 아이에 비해 지능지수가 3~5점 정도 낮습니다. 두뇌를 영상으로 촬영하여 비교해보면 반복적으로 체벌을 받는 아이들은 두뇌 전체의 용적이 평균 이하로 성장하며, 특히 사고 기능을 총괄하는 전두엽의 크기에서 차이가 큽니다. 국가 간의 평균 지능지수를 비교한 연구를 봐도 체벌을 흔히 하는 국가는 체벌이 금지된 국가에 비해 평균 지능지수가 떨어집니다.

　이처럼 체벌은 교육적 효과도 없으면서 장기적으로 아이들에게 부정적 영향을 미칩니다. 선진국에서는 이런 이유로 체벌을 반대하는 여론이 우세하고 이미 37개국이 가정에서의 체벌을 엄격히 규제하고 있습니다. 스웨덴의 경우 1979년 법률 제정을 통해 가정에서의 체벌을 금지시켰는데, 당시 국민의 70%가 법률의 통과에 대해 반대했습니다. 그러나 35년이 지난 오늘날 국민의 90%는 가정에서의 체벌 금지에 대해 찬성하고 있습니다. 체벌을 하지 못하게 하니 체벌이 반드시 필요하지 않다는 것을 알게 된 셈이죠.

　『엄한 교육 우리 아이를 살린다』라는 책이 있습니다. 독일의 한 사립 기숙학교 교장 선생님이 쓴 책으로, 교장 선생님의 30년 이상의 교육 경험과 철학이 잘 담겨져 있습니다. 독일은 학생의 자유와 자율권을 존중하는 교육이 대세인데, 그분이 근무하는 학교는 인성 교육과 학업 등 모든 면에서 엄한 교육을 표방하는 곳입니다. 그러면서도 우수한 성과를 거둬 독일 내에서 크게 주목 받았죠. 엄한 교육을 강조하지만 그 책에서 체벌에 대해 언급한 부분을 보면 '체벌은 아이들을 죽이는 독이다'라고 나옵니다. 엄한 교육을 강조하는 교육자라도 체벌만큼은 철저히 반대하는 것이 선진국의 일반적인 모습이죠.

만약 제대로 사람을 만들기 위해 체벌이 반드시 필요한 것이라면 이미 체벌이 금지된 37개 국가는 교육을 포기한 셈이니 사회가 제대로 유지되지 않고 있어야겠죠. 그게 아니면 우리가 키우는 아이들이 특별히 열등해서 반드시 체벌이 필요하든지요. 물론 그렇게 생각하는 부모들은 아마도 없을 것입니다. 체벌은 낡은 과거의 문화로 그저 우리에게 익숙한 방법일 뿐입니다. 그런데도 유독 우리나라에서는 아직도 체벌의 필요성을 이야기하는 사람이 많습니다.

분명히 체벌은 일시적인 효과는 있습니다. 그런데 이렇게 생각해보세요. 문이 잘 안 닫힐 때 발로 빵 차면 문이 닫힙니다. 그런데 계속 차면 문은 엉망이 되고 말겠지요. 아이들도 마찬가지입니다. 체벌이라는 강력한 수단을 쓰면 당장은 말을 들을지 모릅니다. 그런데 내면에 상처가 남기 때문에 장기적으로는 해롭습니다.

체벌을 하는 가장 큰 이유는 체벌이 가장 쉬운 방법이기 때문입니다. 아이들을 체벌하지 않고 지도하려면 아이와 더 많은 시간을 보내야 하거든요. 짧은 시간에 아이들을 통제하고 움직이려다 보니 손쉽게 체벌이라는 수단을 쓰게 됩니다. 충분한 시간을 들이면 체벌 수준에 이르기 전 여러 단계에서 아이의 행동을 바로잡을 수 있는데, 사고가 벌어진 다음 급히 문제를 처리하려다 보니 당장 쓸 수 있는 카드로 체벌을 떠올리는 것이죠.

✳✳✳

잔인한 말이지만 아이에게 매를 대는 것도 습관입니다. 처음에는 너무 화가 나서 자신도 모르게 손이 나간 것이지만 그다음부터는 너무 쉽게 걸핏하면 손이 나가게 됩니다. '이러면 안 되는데…' 하면서도 스스로를 통제하기 어렵습니다. 부모로서의 자존감은 떨어지고, 그런 자신이 한심하게 느껴져 스스로에 대한 통제력이 더 떨어집니다. 그러다 보니 손도 더 쉽게 나가죠.

부부간의 폭력도 마찬가지입니다. 아내를 때리는 남편들을 보면 대개 자존감이 낮습니다. 나 같은 놈은 한심하다고 생각하죠. 그러면서 '한심한 놈이 폭력을 쓰는 건데 뭐 대수냐' 하며 더 쉽게 폭력을 휘두릅니다. 자기 자신의 스트레스까지 상대방에게 풀고 맙니다. '뭐 난 원래 그런 놈이니까…' 이렇게 생각하면서요.

지금 어머님이 아이에게 쓰는 폭력을 보면 화풀이란 생각이 듭니다. 우선 아이가 다른 애에게 맞고 온 게 화가 나서도 아이를 때리는 것을 보면 말이죠. 그런 아이를 낳은 것이 바로 어머님 자신이에요. 아이는 그렇게 태어나고 싶지 않았습니다. 게다가 친구에게 맞아서 가장 속상한 것도 아이입니다. 그런데 그 아이를 엄마가 또 때리는 겁니다. 밖에서 맞고 들어와 부모를 힘들게 했다는 이유만으로 아이를 때리는 것이죠.

스무 번씩 주의를 주는데도 행동이 바뀌지 않는다는 이유로 때리는 것도 그렇습니다. 아이에게 어떤 행동은 스무 번이 아니라 백 번 잔소리를 해도 쉽게 고쳐지지 않습니다. 좀 더 나이를 먹어야 하죠. 예를 들어 유치원생에게 집에 돌아오면 옷을 잘 벗어두라고 말해주면 적어도 70%의 아이들은 매번 잊어버립니다. 그렇다고 30%의 아이들이 부모 말을 특별히 잘 들어서 기억하는 것은 아닙니다. 별 차이가 없어요. 그 아이들은 원래 깔끔한 아이거나 주변 사람의 말에 신경을 곤두세우고 사는 그런 아이들인 거지요. 그중 어느 아이가 나중에 더 나은 어른으로 성장할지는 알 수 없습니다.

<u>폭력은 아예 쓰지 않으려는 마음이 필요합니다. 아이를 교육하는 데 체벌 아닌 방법도 얼마든지 있습니다. 체벌이라는 이름의 폭력은 게으른 부모가 쓰는 방법입니다. 더 좋은 방법을 찾으려 노력하기보다 당장 쉬운 것, 고민 안 해도 되는 것, 부모가 나에게 썼기에 내게 익숙한 것을 쓰는 것이죠.</u>

저는 보통 부모들에게 아이의 행동을 바꾸기 위해 할 수 있는 방법을 세 가지 적어보라고 합니다. 그러고는 그 세 가지 방법을 충분한 정성을 들여 실천하고, 그런데도 아이가 변하지 않는다면 매를 대도 좋다고 말합니다. 그런데 지금까지 세 가지 방법을 사용한 뒤에 매를 댄 분은 한 분도 없습니다. 분명 매를 대기 전에 문제가 해결되니까요. 폭력을 반복적으로 쓰는 부모라면 아이에게, 그리고 가족들에게 선언해야 합니다. "엄마가 미안하다. 이제는 절대 안 때릴게." 이렇게 해야 폭력을 끊기가 쉽습니다. 폭력을 끊고, 아이와 더 행복해지기를 바랍니다.

Plus Q 아이는 왜 이렇게 말썽을 부리는 것일까요? 잘해주겠다고 늘 마음먹지만 자꾸 사고를 치니 좋은 엄마 노릇 하기 정말 힘들어요.

…

맞아요. 정말 힘들죠. 지난 밤 아이의 자는 얼굴을 보며 다시는 아이에게 나쁜 말을 하지 않겠다고 결심했지만 아침에 장난치다 기어이 컵을 깨버린 아이를 보면 간밤의 결심은 안드로메다로 가버립니다. 아이는 선물로 받은 소중한 물건을 부수고, 바빠 죽겠는데 나들이옷에 국을 엎지르고, 잘 재워놓은 동생을 건드려 깨워버립니다. 조그만 녀석이 벌써 치매에 걸린 건지 몇 번이나 주의를 줘도 똑같은 잘못을 반복해서 저지르죠. 그러니 부모는 악마가 되지 않을 수 없습니다.

그런데 아이들은 원래 그런 존재입니다. 말썽 부리고, 사고 치고, 허물투성이죠. 지금은 부모가 된 우리들도 어린 시절에는 그랬습니다. 이제는 다 잊어버리고 멀쩡한 척하지만요. 아이가 잘못을 저지르면 가르쳐야죠. 하지만 조금만 시간이 지나면 후회할 말을 아이에게 매번 쏟아내서야 곤란합니다. 그렇다면 어떻게 참을 수 있을까요? 저는 부모들에게 다음 문구를 냉장고 문에 써서 붙여놓고 화가 날 때면 한번 읽어보라고 합니다.

1. 아이는 원래 말썽을 부리는 존재다. 그래야 건강한 아이다.
2. 앞으로 1년 뒤, 오늘 아이가 한 잘못이 기억날까? 그만큼 중요한 일인가?
3. 나는 이런 실수를 저지른 적이 없나? 한심한 실수를 저지르고 속상해할 때 남이 비난하면 어떤 기분이 들까?

4. 지금 아이에게 심한 말을 한다고 이미 벌어진 일이 해결될 수 있을까?
5. 엎질러진 물이다. 나까지 소리를 질러 오늘 하루를 더 망치지 말자.

이 글을 읽고 반복해서 되뇌며 그 시간을 지나가세요. 그리고 마음이 차분해지면 다시 아이에게 다가가세요. 아이도 잘못을 느끼고 있을 것입니다. 아이를 교육하기에 적당한 시간은 바로 그때입니다.

제가 너무 강압적으로 키우는 걸까요?

여섯 살 아들을 키우는 엄마입니다. 외둥이라 버릇없다는 소리를 들을까 봐 어려서부터 아이에게 좀 엄하게 대했고, 엄마 아빠가 정한 규칙을 철저히 지키도록 가르쳤습니다. 그래서인지 늘 부모 말에 순종하고 떼를 쓰지도 않아요. 주변에서 아들이 예의 바르고 너무 착하다고 칭찬하면 내심 뿌듯했던 게 사실입니다.

그런데 얼마 전 아들과 아들 친구를 데리고 슈퍼에 갔는데 자못 충격을 받았어요. 먹고 싶은 과자를 골라보라고 했는데 아들은 쭈뼛거리며 혼자 고르질 못하는 거예요. 반면 아들 친구는 바로 과자를 집더라고요. 그동안은 잘 몰랐는데 스스럼없고 밝은 아들 친구에 비해 제 아들은 어딘지 위축되어 있는 것처럼 보였습니다. 어린이집에서 선생님한테 물 달라는 말도 못하는 아들을 보면 제가 너무 강압적으로 아이를 키우는 건 아닌지 걱정이 됩니다.

자기표현을 충분히 할 수 있도록 격려해주세요

아이가 자꾸 소심한 모습을 보이면 부모는 걱정스럽죠. 특히 강압적인 양육을 해왔다고 생각한다면 부모들은 아이에게 미안한 감정이 들게 됩니다. 물론 아이의 소심한 태도를 고치기 위해 강제로 아이를 위험한 상황에 노출시키고 무섭게 야단치며 양육하는 부모도 있죠. 이런 경우라면 부모가 아이의 성격에 부정적인 영향을 주었을 것입니다. 하지만 그 정도가 아니라면 아이의 성격은 대개 타고난 기질의 영향을 많이 받은 것입니다. 사연 속의 아이 역시 기질적으로 조심성이 많고, 다른 사람이 자신을 어떻게 생각하는지에 대해서 굉장히 예민하게 느끼는 아이로 보입니다. 그러니 부모님이 느끼는 양육 태도에 대한 죄책감은 내려놓기를 권합니다. 죄책감은 대개 부모를 위축시켜 육아를 방해하는 경우가 많으니까요.

스스로에 대한 기준이 엄격한 부모들은 자기도 모르게 아이에게도 높은 기준을 적용하는 경우가 흔합니다. 남이 나를 어떻게 볼까에 많이 신경 쓰고 남에게 부정적인 평가를 받는 것을 싫어하는 분들이 더욱 그렇죠. 욕을 먹으면 잠이 안 오는 분들입니다. 이런 부모 밑에서 자라는 아이들 중 상당수는 부모의 기준을 충족시키지 못해 자주 부모에게 야단을 맞게 됩니다. 어차피 기대를 채우지 못할 바에야 그냥 말을 안 듣는 방향으로 나가기도 하죠. 그러니 부모와의 관계는 좋지 않을 수밖에 없고 갈등은 점차 심해집니다.

그렇다고 말 잘 듣는 아이의 경우라고 해서 문제가 없는 것은 아니다. 이런 아이들 중 상당수는 부모를 만족시키는 것에 지나치게 집착합니다. 자신의 감정과 욕구를 억제해서라도 부모를 만족시키려 하죠. 그런데 순수하게 착하기만 한 아이는 없습니다. 아이들의 마음속엔 이중적인 감정이 있기 마련입니다. 그렇다 보니 부모를 만족시키기 위해 지나치게 긍정적인 모습을 보이는 아이의 경우, 억압된 부정적 감정이 예기치 못하게 다른 방향에서 튀어 나옵니다. 동생을 놀리거나 학교에서 약자인 아이들을 괴롭히는 식으로요. 감정적인 면에서도 나이에 비해 성숙이 지연됩니다. 다양한 감정을 그 나름대로 가치 있는 것으로 인정받을 수 있어야 이런 감정들이 내면에서 함께 뒤섞이고 정리되면서 스스로 감정을 소화하는 능력을 키울 수 있습니다. 그런데 부정적 감정이라고 해서 지나치게 억압할 경우 감정을 소화하는 능력도 더디게 자라고 감정의 깊이도 깊어지기 어렵죠.

✱ ✱ ✱

그렇다면 일상에서 아이의 감정과 욕구를 수용하는 양육은 어떻게 해야 할까요? 아이가 물건을 사달라고 조를 때마다 부모가 모두 들어줄 수는 없습니다. 약간의 차이가 있을 뿐 어느 정도는 제한을 두게 되죠. <u>다만 물건이나 행동은 제한하더라도 그 과정에서 아이가 감정을 표현하는 것은 제한하지 말아야 합니다. 행동은 제한하되 마음은 받아주는 것이 양육의 대원칙입니다.</u>

원하는 물건을 갖지 못하면 아이는 "에이, 속상해. 짜증나. 엄마 미워"라고 말할 수 있습니다. 아직 성숙하지 못해 속상한 마음을 있는 그대로 표현하는 것이죠. 그때 "어디서 엄마한테 그런 소리를 해?"라며 혼내거나 "이까짓 게 뭐가 속상해. 겨우 이 정도 갖고 사내 녀석이 우는 거야?"라고 나무라는 것은 아이의 감정을 지나치게 억압하는 것입니다.

감정이 행동으로 연결될 경우에는 타인에게 피해를 주게 되니 적절히 제어해야겠지만 감정 자체는 충분히 인정해줘야 하며, 특히 어린 시절엔 아이의 감정 표현을 충분히 허용해주는 것이 좋습니다. 감정이란 억압하면 성숙의 기회를 가질 수 없습니다. 드러내서 표현하고, 표현한 감정을 다시 느껴보고, 상대의 반응을 보며 자기 스스로 소화할 기회를 가져야 성숙해질 수 있습니다.

욕구 역시 마찬가지입니다. 욕구가 있는 것은 잘못이 아닙니다. 아이의 모습 그 자체일 뿐이죠. 아이가 성숙해져 욕구 자체가 줄어들거나 스스로 자제할 수 있는 힘을 키워야 합니다. 그렇지 않고 욕구는 잘못된 것, 지나친 것이라고 부모가 단정해버리면 아이는 성숙의 기회를 가질 수 없습니다.

아이가 원하는 물건을 사지 못하는 이유에 대해서도 "○○는 이게 갖고 싶구나. 하지만 네가 원하는 것을 엄마가 다 사줄 수는 없어. 지금 꼭 필요한 것만 사주는 게 옳다고 생각해"라고 말해주면 됩니다. "넌 왜 맨날 이딴 게 갖고 싶다고 하니? 집에 비슷한 게 얼마나 많은데… 왜 이렇게 낭비가 심해!" 식으로 아이의 욕구 자체를 문제 삼아선 안 됩니다.

저는 아이를 키울 때 장난감 사는 날을 정해뒀습니다. 어릴 때는 기다리는 기간이 너무 길면 아이가 힘들어하니 한 달에 두 번 정도로 정해놓고 아이에게 선택권을 줬지요. 물론 뭐든지 다 사줄 수 없다는 점은 분명히 하고 금액이나 개수의 상한선을 정해둬야 합니다. 아이가 이것저것 다 갖고 싶다고 하면, "아빠도 그 마음은 아는데 다 가질 수는 없다"며 웃어주고요. 그 말을 화내지 않고, 야단치지 않고 해줄 수 있다면 아이는 상처 받지 않고 자신의 욕구를 다루는 법을 배우게 됩니다.

한 가지 더, 어린이집에서의 행동은 눈치 보는 행동과는 조금 다른 관점에서 살펴볼 문제입니다. 아이가 좀 소심한 성격이면 물을 달라고 했을 때 선생님이 "네가 가서 먹어"라고 말하는 것을 혼내는 것으로 인식할 수 있습니다. 소심하고 자신감 없는 아이들은 상대방이 퉁명스럽게 말하거나 사무적으로 반응하면 상처를 받거든요. 따뜻하고 상냥하게 말해주지 않으면 이를 거부의 신호로 받아들이며 자기를 나무라는 것이라고 생각하지요.

만일 이런 문제라면 상대의 태도가 거부가 아니니 상처 받을 필요 없다고 가르쳐주는 게 중요합니다. 살다 보면 자신이 바라는 대로 남들이 다 해주지는 않지요. 그러니 어릴 때부터 아이가 그것에 상처 받지 않도록 교육해주어야 합니다.

부모님이 나를 혼냈듯이
나도 아이를 혼내요

딸에게 툭하면 소리를 지르는 엄마입니다. 사실 저는 못 느끼는데 남편이 매번 제발 소리 좀 그만 지르라고 해요. 둘째가 태어난 뒤부터 유치원생인 큰아이에게 자주 소리를 지르고 심하게 혼을 내게 된 것 같아요. 아이가 말을 안 들으면 꼴도 보기 싫어서 방으로 쫓아버리기도 합니다. 저도 모르게 아이의 머리를 쥐어박는 일도 많아요.

그 때문인지 아이가 집에서는 말을 곧잘 하는데 밖에만 나가면 꿀 먹은 벙어리가 됩니다. 또래와도 잘 어울리지 않고 저하고만 붙어 있으려고 해요. 제가 어릴 때 아버지를 일찍 여의고, 어머니는 다섯 남매를 키우면서 큰딸인 저를 특히 엄하게 대했어요. 그런데 제가 제 자식에게 같은 모습을 보이는 것만 같아 가슴이 아픕니다. 이러지 말아야지 하면서도 제 행동이 조절이 안 되는데, 어떻게 해야 할까요?

엄마가 먼저 자신을 사랑해야 합니다

이런 사연을 볼 때 가장 마음이 아픕니다. 자신과 부모의 일그러진 관계가 다시 자신과 아이의 관계로 재현되고 있어요. 이런 경우가 드물지 않습니다. 아니 오히려 보편적입니다. '흉보다가 닮는다'는 옛말도 있듯이 자기가 싫어하던 윗사람의 모습을 어느새 답습하게 되는 경우가 많죠. 호된 시집살이를 겪은 며느리가 훗날 며느리를 맞아 더 심한 시어머니 노릇을 하거나, 상사에게 괴롭힘을 당했던 사람이 나중에 그 자리에 올랐을 때 똑같은 방식으로 아랫사람을 괴롭히는 경우가 이에 해당하지요. 심리학에서는 이런 기전을 '공격자와의 동일시'라는 용어를 써서 설명하기도 합니다.

그런데 모두가 그러는 건 아닙니다. 오히려 정반대의 길을 가는 경우도 있습니다. 미국의 방송인 오프라 윈프리의 사례를 보면, 미혼모의 딸로 태어나 어릴 때 친척들에게 성폭행을 당하는 등 불우한 시절을 보냈지만, 오히려 남에게 베풀고 포용하는 방송인으로서 성공을 했지요. 실제 아동 심리 치료나 아동 복지에 뛰어드는 사람들 중에도 어린 시절 학대당한 경험을 가진 분들이 적지 않습니다. 어린 시절 자신이 겪었던 어른과는 다른 어른이 된다는 것은 쉽지 않습니다. 하지만 성공한다면 어린 시절의 상처를 치유하는 가장 좋은 방법입니다.

연구에 따르면 싫어하던 부모의 모습을 그대로 답습하는 사람과 그렇지 않은 사람 사이에는 '내면의 주체성'에 차이가 있다고 합니다. 주체성이 강해 자신이 누구인지, 어떤 사람인지 계속 고민하며 자란 사람은 부모와 다른 길을 선택하는 경우가 많습니다. 반면 아무 생각 없이 그저 고생을 견디며 겪어낸 사람은 자신이 싫어했던 모습을 그대로 본떠 행동하기가 쉽죠.

그렇다면 왜 자신에게 고통을 준 사람을 따라 할까요? 불안감과 공포 때문입니다. 불안과 공포 때문에 자기가 싫어하는 모습을 따라 한다는 말은 얼른 이해하기 어렵습니다. 예를 들어 설명해야 조금 이해가 되죠. 귀신을 굉장히 무서워하는 아이가 있었습니다. 그런데 어느 날부터 깜깜한 밤에도 잘 돌아다니는 거예요. 갑자기 어떤 용기가 생긴 건지 궁금해서 이유를 물으니, 자신도 귀신이라고 생각하자 무서움이 없어졌다고 합니다. 아이의 말이 일리가 있는 것이, 정말 두려운 대상이 있을 때 그것을 자신과 동일시하면 실제로 공포는 사라집니다. 귀신이 귀신을 해치지는 않으니까요.

어릴 때 부모에게 가혹한 대우를 받았던 사람은 어른이 되어서도 내면에서 어린 시절의 부모로부터 계속 괴롭힘을 당합니다. '너는 왜 그것밖에 못 하니?', '너는 왜 그렇게 사니?' 등 이렇게 끊임없이 힐난을 당하죠. 그러면 너무 불안하고 무서워져요. 그런데 자신도 욕하는 부모와 같은 사람이라고 생각해 부모처럼 행동하면 그때부터 괴로움이 줄어듭니다. 이런 방식으로 불안과 공포를 다루는 거죠. 우리의 무의식이 작동하는 방식입니다.

* * *

지금 어머니의 상태는 매우 심각합니다. 아이는 일방적으로 당할 수밖에 없는 상황이죠. 아마 어머니의 어머님도 똑같은 처지였을 겁니다. 남편을 잃고 다섯 아이를 키우면서 겪는 어려움과 화를 큰딸한테 풀었겠죠. 어머니 역시 둘째를 낳은 후 스트레스가 많아지고 우울감도 높아진 듯합니다. 그 감정을 아이에게 폭력적으로 해소하고 있는데, 아이는 엄마의 폭력으로 인해 불안해지니 엄마에게 더 매달리고 있습니다.

아이를 때리는 부모들은 아이가 더욱 매달리는 것을 그래도 부모를 좋아하고 따르는 것이라고 착각하곤 합니다. 그런데 좋아서가 아니라 불안해서 매달리는 것입니다. 잠시라도 혼자 있으면 더 안 좋은 일이 일어날 것만 같고, 부모가 자신을 버릴 것 같기 때문에 부모에게 매달리죠. 자신에게 소리를 지르고 때리는 엄마니까 언제든 자신을 버리고 사라질 수도 있다고 생각해 아이는 불안합니다. 아이는 부모가 없으면 살아남을 수 없다고 생각하니까요. 이런 아이는 부모에게 자꾸 사랑한다 말하고, 입도 맞추려 하고, 만지려고 듭니다. 애정 표현이라기보다는 불안감의 표현이죠. 버림받는 것에 대한 불안감이 없는 아이들은 부모에게 덜 매달립니다. 그 대신 자기 세계를 찾아 밖으로 향하죠.

이렇게 마음속에 불안감이 가득한 아이에게 부모가 잘해주기 시작하면 오히려 상황은 나빠집니다. 아이의 불안감이 줄어드는 순간 그동안의 분노가 한꺼번에 폭발합니다. 순했던 아이에게서 공격성이 튀어나오죠. 그래서 아이에게 잘해주려다 다시 물러나는 부모도 많습니다. 하지만 아이의 분노가 폭발하고 반항하는 시기는 일시적입니다. 부모가 공격성에 놀라 겁먹고 물러나지 않으면 터널처럼 지나갑니다. 그 시간을 지나가야 아이가 건강하게 살아갑니다.

지금의 상황이 매우 심각하다는 것을 어머니 스스로 깊게 깨달아야 합니다. 이대로 가면 안 되겠다는 결단을 해야 합니다. 자신이 과거 부모가 자신에게 했던 행동을 답습하고 있음을 깨닫는 것만으로도 큰 발전입니다. 거기서 한 발 더 나아가 악순환의 고리를 끊을 수 있다면 정말 위대한 일입니다. 이것이 어려운 일이다 보니, 몇 대에 걸쳐 같은 문제가 나타나는 경우가 정말 흔합니다.

그 고리를 끊겠다고 결심했다면 아이의 문제 행동이 아니라 자신의 마음가짐에 집중하십시오. <u>아이의 문제 행동을 보지 마세요. 그것은 지금 당장 바꿀 필요가 없습니다. 내가 성숙하지 않은 상황에서 아이의 문제 행동에 매달리면 다시 아이에게 폭력을 쓰게 됩니다. 나다운 것은 무엇인지, 나는 정말 어떤 사람인지에 집중해 부모에게서 벗어난 나의 '자아'를 만들어가야 합니다. 공포와 불안에 사로잡힌 나, 통제할 수 없는 나와는 다른 나를 만들어가야 합니다.</u> 이 과정을 혼자서 헤쳐 나가기가 어렵다면 전문적인 도움을 받는 것도 좋은 방법입니다. 무엇이 됐건 문제는 아이가 아니라 나 자신임을 잊지 마세요. 어머니가 변화의 출발점이고, 악순환의 고리를 끊을 칼자루를 쥐고 있다는 사실을 꼭 기억했으면 합니다.

Plus Q

내 부모와는 다르다고 생각하지만, 실제 상황에선 잘되지 않아요

…

앞서 말한 '공격자와의 동일시'를 넘어서더라도 보고 배운 것이 부모의 방법뿐이기에 그대로 따라 하는 경우도 많습니다. 육아가 술술 잘 풀리는 쉬운 일이라면 부모가 굳이 나쁜 모습을 보이지 않겠지만, 육아란 힘들고 뜻대로 안 되는 경우가 많죠. 아이는 말을 안 듣고 해결 방법은 떠오르지 않는데 스트레스마저 높아가니, 육아의 창의성은 더 떨어질 밖에요.

그러면 예전에 내 부모가 나에게 썼던 방법, 너무 익숙해서 자연스러운 방법이 절로 나오죠. 온몸으로 터득한 방법이기에 애써 기억할 필요도 없이 바로 튀어나옵니다. 물론 그러고 나서 후회하는 분들이 많습니다. 하지만 후회하면서도 어떻게 해야 할지 모르기에 또 후회할 일을 반복하죠.

이럴 때는 새로운 방법을 익혀야 합니다. 내 부모가 사용했던 폭력적인 방법 말고 아이의 문제 행동을 고쳐줄 수 있는 다른 효과적인 방법은 많습니다. 각종 단체에서 진행하는 부모교육을 찾아 듣고, 육아 서적을 참고하면서 육아 기술을 발전시켜야 합니다. 찾아서 열심히 배우십시오. 아이의 문제 행동을 다루는 육아 기술에서는 그야말로 '아는 것이 힘'입니다.

또 한 번 배워서 변하지 않는다고 실망하지 마세요. 반복해서 배워보세요. 기술로서의 육아야 한 번만 배워도 알 수 있겠죠. 하지만 육아는 몸에 익혀야 하는 태도의 문제이기에 배워서 안다고 해도 변하기는 쉽지 않습니다. 반복해서 익혀야 조금씩 달라지겠죠. 그리고 그렇게 조금씩 달라진다면 변화는 육아 태도에만 머물진 않을 것입니다. 더 중요한 것, 내가 나를 사랑하는 방법도 조금씩 알게 될 것입니다.

아이와 놀아줄 때마다 싸워요

초등학교 3학년 아들을 둔 아빠입니다. 평소 아들과 자주 놀아주려고 노력하고 아들과의 사이도 비교적 좋은 편입니다. 그런데 아들과 놀 때마다 싸우게 됩니다. 가령 보드게임을 할 때 지는 걸 싫어하는 아들은 게임이 불리하게 돌아간다 싶으면 규칙을 자기한테 유리한 쪽으로 바꾸려 듭니다. 자꾸 편법을 쓰는 게 못마땅해 나무라면 퉁퉁 부어오르죠. 축구를 할 때도 자기가 밀린다 싶으면 공을 엉뚱한 데로 차버리고 어김없이 울음을 터뜨립니다. 어차피 경쟁 시대를 살아가야 하니, 저는 아들을 승패에 연연하지 않고 졌을 때도 좌절하지 않고 다음을 기약하는 강인한 사나이로 키우고 싶은데, 제 방식에 뭔가 문제가 있는 걸까요?

아직은 경쟁적인 게임을 할 때가 아닙니다

먼저 아버지께 박수를 쳐드리고 싶습니다. 아이와 축구도 하고, 저녁이면 보드게임도 하는 모습만 봐도 이미 훌륭한 아빠입니다. 많은 아버지들이 자녀와 함께 보내는 시간을 거의 갖지 못하고 있으니까요. 다만 이왕 아이와 함께 시간을 보내는 것이라면, 그 시간을 좀 더 유용하게 쓰기 위해 내 아이에 대해, 또 올바른 양육 방법에 대해 공부하고 준비한다면 금상첨화겠죠.

회사에서 어떤 프로젝트를 맡게 되면, 우리는 본격적으로 일에 뛰어들기 전에 미리 자료 조사를 하는 등 여러 가지 준비를 철저히 합니다. 그런데 정작 인생의 가장 큰 프로젝트인 '자식 농사'에서는 많은 부모들이 별다른 준비 없이 그저 자기가 커온 대로 아이를 키우는 경우가 많습니다. 지금 아버님이 아들을 대하는 방식도 우리 윗세대가 남자아이를 양육했던 방식 그대로입니다. 그런데 그렇게 해서는 고생은 고생대로 하면서 결과는 좋지 않을 확률이 높습니다.

우선 세 가지를 짚어보겠습니다.

첫째, 초등학교 3학년 아이들에게는 발달 단계상 경쟁을 권하지 않습니다. 미국 교육부가 정한 '아이들을 위한 스포츠 가이드라인'을 보면, 만 8세 이전의 아이들에게 경쟁적인 스포츠를 시키지 말 것을 권장합니다. 만 8세 전까지는 '지는 것'을 내면에서 수용하기 힘들고, 경쟁이 지나치게 과도해질 수 있으니 경쟁 대신 협동을 통한 스포츠가 바람직하다는 것입니다. 초등학교 3학년 정도까지는 타인과 경쟁하는 분위기는 만들지 말고 자기 스스로와의 경쟁을 하도록 유도해야 합니다. 이전 시간에 자신이 했던 성취보다 나아지는 것에 목표를 두게 하죠.

아이가 좀 더 커서 청소년기가 되면, 양보 없는 대결 구도도 좋고 다소 과열된 경쟁도 나쁘지 않습니다. 오히려 권장하기도 하지요. 하지만 어린 아들과 놀 때는 경쟁이 중요하지 않습니다. 아이가 즐거움을 느낄 수 있게 해주는 게 가장 중요합니다. 아이를 즐겁게 해주지 못한다면 굳이 아빠가 힘들게 시간을 내서 놀아줄 이유가 있을까요?

둘째, 가만히 보면 아버지가 아들과의 게임에서 자신의 즐거움을 얻는데 큰 관심을 갖고 있어요. 그런데 이 또한 바람직하지 않습니다. 남성들은 타인과의 관계에서 무의식적으로 우위를 차지하려는 속성이 있고, 우위를 차지했을 때 강렬한 즐거움을 느낍니다. 따라서 특별히 주의를 기울이지 않으면 여러 수단과 방법을 동원해 아빠들도 아이를 이기는 데 몰두합니다. 얼핏 공정한 경쟁처럼 보이지만, 이 상황은 전혀 공정하지 않습니다. 성인 축구팀과 유치원 축구 교실을 정면 승부로 맞붙게 한다면 그것이 어떻게 공정한 일이겠습니까? 아이 역시 마찬가지죠. 부모가 아이를 경쟁상대로 삼아 정면으로 맞붙는 것은 공정한 경쟁이 아닙니다.

만약 즐거움을 얻고 싶다면 다른 즐거움을 찾기를 권합니다. 아이를 키우는 부모로서 가장 큰 즐거움은 아이가 크는 모습을 지켜보는 게 아닐까 싶습니다. 아이와 놀이를 할 때도 아이의 현재 성장 발달 수준을 먼저 파악한 후, 나와의 놀이를 통해 아이가 무언가 배우고 발전하는 모습을 발견하는 데서 보람과 즐거움을 느껴보세요. 굳이 경쟁 상황이 주는 즐거움을 느끼고 싶다면 아이 말고 대등한 조건의 어른들끼리 시합을 해야겠죠.

셋째, 아버지께선 아들의 감정을 읽어주는 것이 약합니다. 축구할 때 아이가 공을 다른 곳으로 뻥 찼다는 건 그 발길에 뭔가 감정이 실려 있는 것입니다. 한마디로 마음이 틀어진 것이지요. 그럴 때는 아이의 감정을 알아차리고 풀어주기 위해 접근해야 하는데, 아버지는 공을 제대로 차는 데만 집중하고 있어요. 한마디로 코드가 맞지 않습니다.

아이는 지금 잘하고 싶은 마음, 이기고 싶은 마음이 있는데 그게 잘 안 돼서 짜증을 내고 있습니다. 그 마음 자체는 나쁜 것이 아닙니다. 그럴 때 아버지가 "네 승부욕이 아빠 마음에 쏙 드는 걸. 그런데 뭐든 어렸을 때는 잘 안 되다가 점점 발전해가는 거야. 그러니 졌다고 속상해하지 말자. 대신 네가 더 잘할 수 있게 아빠가 열심히 도와줄게"라고 지지해준다면 아이의 마음이 훨씬 편안해질 겁니다.

반면 "어디 아빠 수준까지 한번 와봐라" 하는 식으로 대하면 아이는 스스로에 대해 부정적인 시각을 갖게 됩니다. 그 또래의 남자아이들은 자신을 아버지의 시선으로 바라보는 경향이 강하기 때문이죠. '지금 아빠가 나를 한심하게 보겠구나' 하는 자각이 '나는 좀 모자라다, 아직 멀었다, 한심하다'라는 부정적인 생각으로 이어져 기분이 상하고, 기분이 나쁘니 행동은 더 비뚤어지게 됩니다. 심한 경우 도전을 아예 회피하려는 성향이 생기기도 하지요. 초등학생 남자아이를 키우는 아버지들이 특히 유념해야 할 부분입니다.

✳ ✳ ✳

아버님은 아들을 나약하게 키우고 싶지 않다고 하셨는데요. 미국의 대문호 마크 트웨인의 말을 빌려볼게요. "용기는 공포가 없는 상태에서는 생기지 않습니다. 오히려 공포에 맞서 그것을 정복해야만 진정한 용기를 얻을 수 있습니다." 어떤 어려움이 있을 때 아이에게 힘들고 부정적인 생각이 드는 걸 인정해줘야 합니다. 아이가 겁을 먹고 불안하다고 해서 장차 약한 어른으로 자라는 것은 아닙니다. '불안은 용기의 어머니'라고, 비록 지금은 약하지만 어려움을 이겨내는 과정에서 더 발전할 것이라고 생각하도록 격려해줘야 합니다.

물론 아이가 벅찬 과제로 힘겨워할 때 "이건 아무것도 아니야. 얼마든지 할 수 있어. 힘들지 않아"라고 무조건 할 수 있다며 어려움을 부인하는 방향으로 말하는 것도 옳지 않죠. 그렇게 아이를 키우면 아이는 자신의 약함이나 약점을 감추고 부정하는 어른으로 자라게 됩니다. 이런 경우 진짜 어려움이 닥쳤을 때 그대로 무너져버리기 쉽지요.

사회에서 보면 성인 남자들 중에도 이런 유형이 상당히 많습니다. 일이 잘 풀릴 때는 호방하고 거침없는 태도를 보이다가 어려움이 닥치면 회피하거나 좌절하는 스타일 말이죠. 어려운 것은 어려운 것이고, 지금은 도전했다는 것도 대단하고, 앞으로도 계속 도전하려는 마음을 놓지 말자고 격려해야 합니다.

<u>아이를 존중하는 시선으로 바라봐주세요.</u> 지금 아버님에게 필요한 것은 바로 그런 시선입니다. 아이가 잘할 때 그런 시선을 주는 것은 너무 쉽습니다. 아이가 잘하지 못할 때도 그런 시선을 줘야 합니다. 아이는 못할 때가 너무 많으니까요. 그렇게 <u>아이를 존중하는 시선이 쌓이고 쌓이면 아이의 내면에 그 시선들이 새겨집니다. 그러면 아이는 스스로를 존중할 수 있는 아이로, 자존감이 강한 어른으로 성장하겠죠. 그렇게 스스로를 존중하는 아이라면 바람직한 행동을 보이게 될 것임은 두말할 나위가 없을 것이고요.</u>

거친 말을 일삼는 아이, 엄마 탓일까요?

동생을 보기 전부터 시작된 체벌 때문이었을까요? 여섯 살 아이가 언제부턴가 엄마한테 "야, 바보, 등신"이라고 놀리더니 최근에는 아빠한테 "돈이나 벌어 와"라고도 하네요. 이제 17개월 된 동생 때문에 엄마 아빠와의 관계가 틀어진 건지, 본래 그런 시기인 건지, 마음이 답답합니다. 기질적으로 성격이 급한 아이이긴 하지만 요사이 짜증도 심해지고 새벽이면 자주 뒤척이다 깨서 무섭다고 해요. 저도 육아에 자신감을 잃어서인지 우울해집니다. 자기를 아무것도 할 줄 모르는 바보라고 부르는 아이의 말에 제 마음은 타들어갑니다. 자존감 낮은 아이로 만든 게 엄마인 저일까요?

관계 회복을 위한 노력을 바로 지금 시작하세요

아이가 부모에게 저런 말을 함부로 하기까지 그동안 아이 마음은 얼마나 괴로웠던 걸까요? 아이의 마음을 생각하면 제 가슴이 답답해옵니다. 아이가 부모에게 공격적인 표현을 던지는 것은 아이 마음속에 분노와 부정적인 감정이 가득 차 있기 때문입니다. 그런 괴로운 감정이 가슴속에 차고 넘쳐 가장 가깝고 만만한 부모에게 쏟아내는 것이죠.

하지만 공격의 화살이 부모에게만 향해 있는 것은 아닙니다. 아이 자신의 마음도 무수히 찌르고 공격하고 있답니다. 그렇기 때문에 밤에 잠도 깊이 못 자고 무서움도 많이 타는 것입니다. 공격적인 아이들은 분노만큼이나 불안감도 큽니다. 그래서 낮에는 엄마에게 화내고 소리를 지르다가도 밤이 되면 엄마 없이는 잠을 이루지 못하죠.

* * *

동생이 생기면 아이들은 불안감이 커집니다. 최근에 하버드대에서 발표한 연구를 보면, 유아가 밤에 많이 우는 이유가 동생을 임신하지 못하게 하려는 생물학적인 본능 때문이라고 합니다. 밤에 아이가 울면 엄마가 잠을 깊이 못 이뤄 배란이 불안정해집니다. 부모가 성관계를 갖기도 어려우며, 재우기 위해 젖을 물리니 수유로 인한 피임 효과도 있습니다. 이렇게 아이들은 본능적으로 동생이 생기는 것을 차단합니다. 그만큼 동생이 생기는 것에 대한 두려움이 큰 것이죠.

이처럼 아이가 두려움이 높아지는 상황인데, 하필 그 무렵부터 아이의 행동을 바로잡겠다고 체벌을 시작하셨나봅니다. 동생에게 모범이 되도록 아이의 행동을 바로잡고 싶으셨던 거겠죠. 하지만 체벌은 그 순간 행동을 빠르게 바로잡는 효과는 있지만 아이들의 마음에 적잖은 상처를 남깁니다. 제 자신을 좋아하지도, 사람을 믿지도 못하게 만들죠. 그래서 엄마와의 거리도 멀어지고 자기에 대한 긍정적인 생각도 줄어듭니다. 부모와는 마음의 거리가 멀어지고 스스로는 좋은 아이라 생각하지 못하니, 이제 아이는 예쁜 말을 가려 할 필요가 없어지는 겁니다. 어차피 자기는 나쁜 아이니까 나쁜 말을 해도 상관없는 거죠.

이제부터라도 아이와의 관계를 다시 정립해야 합니다. 이 상황에선 큰아이가 주인공이 되어야 합니다. 둘째 아이가 17개월이라 한창 엄마의 손길이 필요한 시기지만 그래도 큰아이에게 더 집중해야 합니다. 이대로 가면 큰아이는 자꾸 미워지고, 반대로 작은아이는 자꾸 예뻐질 거예요. 그럴수록 큰아이는 더 비뚤어지겠죠.

부모도 인간인지라 아이가 밉게 굴면 아무리 내 배 아파 낳은 자식이라도 미워질 수밖에 없습니다. 한번 어긋난 마음은 되돌리기가 쉽지 않습니다. 그러니 애써 노력해서 내 마음과 아이의 마음을 되돌려야 합니다. 관계를 바로 돌려놓지 않으면 문제는 더욱 커지고, 결국 더 큰 폭탄이 되어 가족을 쑥대밭으로 만들 것입니다.

시간을 정해놓고 하루에 한 번, 더 많으면 좋겠지만, 적어도 30분은 동생을 떼어 놓고 큰아이하고만 놀아주세요. 동생이 잠들었을 때를 활용해도 좋겠지요. 평상시에는 큰아이에게 칭찬을 많이 해줘서 아이의 자존감을 높여주는 것이 중요합니다. <u>아이의 문제 행동을 바로잡는 방법은 크게 두 가지입니다. 하나는 문제 행동을 지적하는 것이죠. 다른 하나는 문제 행동의 대안이 될 만한 행동을 했을 때나, 문제 행동을 보이지 않을 때 칭찬하는 것입니다. 좋은 행동을 할 때만 칭찬하는 것은 아닙니다. 나쁜 행동을 안 하고 있는 것만으로도 얼마든지 칭찬할 수 있습니다. 지적보다는 칭찬이 효과도 좋고 부작용도 적습니다.</u> 우리의 본능이 칭찬보다는 지적에 가깝기에 실천하기 어려울 뿐이죠.

칭찬하는 방법으로 한 가지 팁을 드릴게요. 문방구에서 공깃돌 다섯 개를 사서 오른쪽 주머니에 넣으세요. 그 후 아이를 칭찬할 때마다 공깃돌을 하나씩 왼쪽 주머니로 옮기세요. 매일 다섯 개를 다 옮긴 뒤에 잠자리에 들어야 합니다. '칭찬 다섯 번쯤이야' 하고 쉽게 생각할 수 있지만, 평소 칭찬에 인색한 부모에겐 꽤 힘든 일입니다. 그렇게 부모 자신을 조절하는 방법도 써가면서 노력해보세요.

사람은 다 약한 존재이기에 이런 도구를 사용해야 의지를 유지할 수 있습니다. '이러다 조금 지나면 나아지겠지' 하는 막연한 기대를 갖고 있을지 모르겠지만, '관계'의 문제는 노력 없이 좋아지지 않습니다. 당장 변화를 위한 노력을 시작해야 합니다.

화만 내는 아이 앞에서
자포자기하게 돼요

일곱 살짜리 아이가 자기 기분이 안 좋을 때면 엄마를 너무 함부로 대합니다. 잘 놀다가도 갑자기 짜증을 내고, 부탁할 게 있으면 화를 내며 명령조로 얘기해요. 아이를 상냥하게 대하다가도, 난데없이 소리 지르고 화내는 아이를 보면 저도 화가 나요. 부탁할 땐 이렇게 말하는 거다 하고 설명해줘도 아이가 계속 화를 내면, 저도 폭발하기 일쑤고 스트레스가 심해져요. 저한테 분노조절장애가 있는 건 아닌지 의심이 들 정도예요. 제가 잘못 키워서 그런 것 같다는 생각에 너무 힘듭니다. 좋은 부모가 되고 싶었는데, 이대로 가다간 그런 결심마저 포기할 것만 같아요.

부모는 올바른 길에 서서 견디는 존재입니다

잘해보려고 하는데 뜻대로 안 되면 정말 힘들죠. 그러다 보면 자기 조절력을 잃고 감정적으로 행동하게 되고, 결국은 자신이 싫어지는 지경까지 이릅니다. 조절력을 잃으면 누구나 그렇습니다. 그렇기 때문에 자기 마음을 잘 지키고 다스리기 위해 부모는 늘 노력해야 합니다.

아이의 부정적인 행동에 쉽게 조절력을 잃는 이유는 부모로서 잘해보려는 마음이 너무 크기 때문입니다. 마음이 앞서다 보니 '왜 나는 노력하는데 아이는 저렇게 행동하지?', '혹시 내가 뭘 잘못했나?', '아이 키우는 게 이렇게 힘든 일인가?' 하는 불안감과 걱정 때문에 조절력을 잃습니다. 그런데 원래 아이들은 좀 엉뚱하고 이상한 구석이 있습니다. 한두 번 말한다고 듣지 않습니다. 그것이 보통의 아이입니다.

물론 늘 예의 바르고, 단정하며, 올바르게 행동하는 아이도 있습니다. 분명 어디 있기는 할 것입니다. 다만 저는 그런 아이를 별로 본 적이 없어요. 올바른 행동 한 가지를 가르치면 스스로 열 가지를 깨우치고, 배운 대로 멋진 모습을 보여주는 아이. 책이나 드라마에는 종종 등장하는 '엄친아', '엄친딸'은 실제로는 거의 본 적이 없습니다. 겉으로는 그렇게 보이는 아이들도 자기 집에서는 우리 집 내 아이처럼 이상한 짓들을 종종 합니다. 아이들이란 다 거기서 거기입니다.

아이의 현재 모습에 너무 실망하지 마세요. 주변의 아이들보다 못할 수도 있죠. 지금 생각하기엔 너무나 심각한 문제로 느껴지지만, 시간이 지나 보면 조금 늦게 배우는 아이일 수도 있습니다. 아이가 지금 못한다고 실망하거나, 아이가 변하지 않는다고 포기할 때 아이는 발전을 멈춥니다. 발전의 가능성이 없는 아이는 아니었는데, 부모가 아이의 발전을 기대하지 않으면서 발전을 멈추는 아이가 참 많습니다.

아이만 발전을 멈추는 것이 아니에요. 부모도 발전을 멈추게 됩니다. 아이에게 실망해서 좌절감을 다루느라, 내가 문제인 것만 같은 죄책감을 다루느라, 이러다가 아이가 크게 잘못되진 않을까 하는 불안감을 다루느라 부모는 얼마 없는 에너지를 다 써버립니다. 에너지가 부족하니 정작 아이 앞에 서면 아무런 교육을 할 수 없습니다. 한없이 흔들리며 작은 일에도 폭발하고 짜증을 내죠.

아이가 부족하다고 왜 실망합니까? 부모에겐 할 일이 있습니다. 부족하다면 부족한 대로, 유능하다면 유능한 대로 아이와 함께 사는 20년 동안 아이를 도와줘야 합니다. 부모에게 주어진 시간은 20년. 부모는 부모로서 할 일을 하면 그만입니다. 그리고 할 일을 충실히 했다면 누가 뭐래도 좋은 부모입니다. 자기에게 당당해도 됩니다. 물론 그때도 아이가 여전히 큰 약점을 갖고 있을 수 있겠죠. 하지만 약점이 있더라도 부모로서 아이에게 준 것 역시 엄청나게 많을 것입니다. 남은 부분은 아이가 감당할 몫입니다. 부모니까 아이가 짊어질 한계에 마음이 아프겠지만 그것이 인간의 숙명입니다.

✱✱✱

다시 사연을 보겠습니다. 지금 아이가 엄마에게 함부로 말을 하고 있어요. 부모에게 함부로 말할 때는 아이의 요구를 들어주지 마세요. 단, 아이가 몸이 아플 때만 빼고요. 엄마가 하녀인가요? 짜증내고 명령하는데 들어주게요. 여섯 살이 넘은 아이의 그런 행동을 봐줘서는 안 됩니다. 그럴 때는 그냥 아이를 내버려두세요. 엄마가 반응을 보이지 않으면 일곱 살 아이가 할 수 있는 것이라곤 울다 지치는 것뿐이겠죠. 한 걸음 더 나간다고 해도 밥 안 먹고 말 안 듣는 게 고작입니다. 그러면 뭐 어떻습니까? 아이에겐 말 안 듣는 능력밖에 없습니다. 그러니 말

안 듣게 내버려둬보세요. 시간이 지나면 듣게 마련입니다.

부탁을 할 때는 공손한 말투를 쓰라고 아이에게 설명해주세요. 다만 그런 교육은 기분 좋을 때 하는 것이 좋습니다. 부모가 화가 났을 때는 하지 마세요. 그리고 자세히, 여러 번 설명할 필요는 없습니다. 아이가 말을 안 듣는 것을 특별하게 생각하지 말고 할 일을 하면서 기다려보세요. 아이는 약자이기에 가만 놔두면 부모를 따르게 되어 있습니다. 그런 만큼 부모는 늘 자신의 선택이 옳은지 스스로 잘 살펴봐야 합니다. 부모가 잘못된 방향에 있으면서도 버텨서 아이를 이끌 경우, 그 순간에는 아이가 말을 듣겠지만 결국 삐뚤어질 테니까요.

부모는 견디는 존재입니다. 아이의 우는 소리를 견디고, 말 안 듣고 억지 부리는 것을 견디며, 올바른 길에 서 있어야 합니다. 그리고 아이가 올바른 길로 따라오면 안아주고 격려해야 합니다. 아이가 울고 억지를 부린다며 속상해하지 말고, 한 사람을 성장시키는 과정에서 불가피하게 겪는 어려움이라고 생각하면서 마음을 잘 다스리세요. 그러다 보면 아이도 따라옵니다. 좋은 부모란 매사 아이에게 다정하게 대하는 부모가 아닙니다. 때로는 아이에게 냉정해 보일지라도 부모의 자리를 굳건히 지키는 것이 진정한 사랑입니다.

아이가 사랑 받지 못한다고 느끼나 봐요

아빠 엄마가 맞벌이를 하다 보니, 초등학교 5학년 딸은 어려서부터 혼자 스스로를 챙기며 지냈어요. 학교가 끝나면 알아서 숙제도 하고 밥도 챙겨 먹고 학원도 다녔습니다. 학교생활도 별문제 없이 잘해내는 것 같아 내심 기특하게 여겼지요. 그런데 얼마 전 우연히 딸아이의 블로그에 들어갔다가 큰 충격을 받았습니다. 블로그에 올려놓은 사진이나 글이 죄다 자살이나 죽음에 관한 내용이었기 때문입니다.

혹시나 해서 아이 친구들의 블로그에도 들어가 봤더니 친구들에게 쓴 대부분의 글이 죄다 '엄마가 너무 싫다', '무관심한 아빠를 더 이상 보고 싶지 않다' 등 저와 남편을 겨냥한 것이더라고요. 정성 들여 키운다고 나름 참 많이 노력했는데 한없이 허탈했습니다. 부모 마음은 그렇지 않은데 딸은 충분히 사랑 받지 못한다고 느끼나 봅니다. 앞으로 어떻게 해야 할까요?

아이 스스로 소중한 존재라고 느낄 수 있게 도와주세요

마음이 아프네요. 무엇보다 작은 공간에 함께 살면서 서로를 이처럼 모를 수 있다는 것이 가슴 아픕니다. 부모님도 속상하실 거예요. '내가 이런 말을 들을 정도로 아이에게 잘못한 걸까?' 하는 생각에 억울하기도 할 겁니다. 하지만 그런 원망을 붙잡고 있어봤자 무슨 소용이 있고, 어떤 변화가 있겠습니까? 그렇다고 아이를 붙잡고 따져봤자 상황은 분명 악화될 뿐입니다.

지금 상황에서는 적어도 이 점 하나는 인정해야 합니다. '내가 아이를 사랑하고 아이를 위해 노력했지만 아이 마음은 모르는 채 살아왔구나' 하는 것입니다. 그리고 사랑의 출발점은 상대에 대한 이해임을 아프지만 깊게 받아들이셔야 합니다. 누군가 나를 사랑한다고 했을 때 그 사람에게 가장 바라는 것은 나에게 물질적으로 잘해주는 것이 아니라 '나를 있는 그대로 이해해주는 것'입니다.

제가 보기에 아이가 하고 싶은 말은 '부모는 내게 관심이 없다'입니다. 많은 부모는 자신들이 아이와 대화를 많이 하고 있고, 관심도 충분히 기울이고 있다고 생각합니다. 하지만 아이들 생각은 달라요. 그 이유는 대화 내용에 있습니다.

부모와 자식 간에 이뤄지는 대화의 내용을 보면 부모는 '부모가 하고 싶은 이야기'를 하고, 부모의 질문에 대한 대답만 듣습니다. 아이가 하고 싶은 이야기는 듣지 않습니다. 물론 대화를 시작할 때면 아이를 앉혀놓고 뭐 할 얘기 없냐고 물어보긴 합니다. 고충을 상담하거나 민원을 처리하듯이 물어보는데, 이런 분위기에서는 아이가 속마음을 이야기하기 어렵습니다. 게다가 아이가 기껏 얘기를 하더라도 부모들은 그건 이런 문제가 있고, 앞으로 이렇게 저렇게 하라고 섣불리 단정 짓고 조언해서 아이의 대화 의지를 꺾습니다.

 아이들도 나름대로 수많은 고민을 합니다. 그런데 우울한 아이일수록 이런 '쓸데없는 이야기'를 하면 부모가 자신을 이상하게 보진 않을까, 또는 한심하게 생각하진 않을까 걱정합니다. 그래서 속마음을 잘 털어놓지 않죠. 정말 아이의 속마음이 궁금하다면 아이 곁에 오래 머물러야 합니다. 함께 있는 물리적인 시간이 길면 이런저런 대화를 나누는 가운데 아이가 '해봤자 소용없다'고 여겼던 이야기도 자연스레 털어놓게 되죠. '쓸데없는' 말과 잡담이 오갈 때 아이는 자기 마음속 깊은 이야기도 스스럼없이 꺼내놓을 수 있습니다. 그러니 아이 곁에 더 오래 머물러주세요. 그리고 잡담을 나누세요. 잡담을 많이 하는 부모와 자녀의 관계가 좋은 관계입니다.

 부모가 전하고 싶은 말, 부모가 생각할 때 내 아이에게 필요하다 싶은 말이 아니라, 아이가 하고 싶어 하는 말을 들어줘야 합니다. 부모가 아이의 생각과 말을 정말 궁금해 할 때, 아이는 자신이 존중 받는다고 느낍니다. 내 말을 정말 듣고 싶어 한다는 것은 상대가 나를 의미 있게 생각한다는 뜻이니까요. 그렇게 누군가 나를 의미 있게 생각한다고 느끼면 아이는 자기 자신을 소중하게 생각합니다. 자신을 함부로 대하지 않게 되죠.

✱ ✱ ✱

지금 아이는 자살에 대한 생각이 있습니다. 그리고 그런 생각이 드는 것을 피하기 위해, 혹은 극복하기 위해 그 주제에 계속 집착하고 있습니다. 자살과 관련한 웹 사이트에 접속하는 사람들은 처음에는 대부분 자살 충동을 이겨내고 싶어서 그곳에 들어갑니다. 귀신 이야기를 무서워하는 아이가 귀신 이야기를 더 듣고 싶어 하는 것과 같은 맥락이죠. 그러다 자살에 대한 생각이 점점 짙어지면 구체적인 계획 단계로 돌입합니다. 방법을 찾고 연구하고 사이트에 있는 사람들에게 동질감을 느끼며 같이 자살할 사람을 찾기도 합니다. 이 단계에 이르면 정말 곤란하죠.

지금 아이는 그 정도까진 아닌 듯 보입니다. 하지만 상당히 심각한 상황이라는 인식을 갖고 접근해야 합니다. 자살을 생각한다는 것은 우울증이 기저에 깔려 있는 것이니 심리 평가를 받아보는 것이 좋습니다. 그리고 자살에 대해 아이와 많은 대화를 나눠야 합니다. '네가 혹시라도 그런 행동을 할까 봐 엄마는 정말 걱정되고, 생각만 해도 너무 두렵다'라는 부모의 마음을 분명히 전달해주세요.

너무 당연한 이야기라 굳이 말할 필요가 없다고 느낄지도 모르겠습니다. 하지만 자살을 고민하는 아이들은 그렇게 생각하지 않습니다. 부모가 자신을 필요로 하지 않을 것이라고 생각하죠. 그러니 '나는 너와 같이 있고 싶고, 늘 너의 편에 설 것이며, 너를 도와주고 싶다'는 마음을 아이에게 꼭 전해야 합니다.

어떤 부모들은 자살 이야기를 꺼내는 것이 아이를 더 부추기는 게 되진 않을까 염려해 아예 덮어버리기도 합니다. 하지만 사실은 그 반대입니다. 자살을 생각하는 사람에게 구체적으로 힘든 점을 물어보고 걱정해주면 오히려 위로를 받습니다. 자신이 상대에게 의미 있는 존재라는 사실을 느낄 수 있으니까요. 이때 조심할 점은 "내가 다른 일로도 힘든데 너까지 이러면 어떻게 하느냐"고 힐난하는 것입니다. 이런 말을 들으면 아이는 자신만 사라지면 모두가 편해질 거라는 생각을 갖기 쉽습니다.

혹시 가능하다면 부모 중 한 분이 잠시 휴직을 하고 아이 곁에 있어주기를 권하고 싶습니다. 아이에게 잠시 부모와 함께 있는 시간을 선물하는 것이죠. 나중에 돌이켜 보면 아이에게도, 함께한 부모에게도 아주 소중한 시간이 될 것입니다.

만약 사정이 여의치 않다면 직장에서 집으로 돌아오자마자 아이와 눈을 맞추며 대화를 나누세요. 어떤 '의미 있는' 이야기가 아니라, 하루를 지낸 이야기나 썰렁한 우스갯소리 같은 잡담을 나누며 함께 시간을 보내야 합니다. 더 중요한 급한 일이 있더라도 일단 미뤄놓고 아이와 함께하는 데만 집중해보세요. 그래야 아이에게 '부모는 너를 가장 소중히 여긴다'는 느낌을 전할 수 있습니다.

그리고 한 가지 팁을 알려드릴게요. 매일 아침 아이 가방이나 필통에 마음을 담은 쪽지를 붙여주는 것입니다. 사랑은 '표현'하는 것입니다. 아이를 사랑한다면 사랑하는 감정을, 함께 나누고 싶은 마음을, 그리고 상대가 내게 얼마나 소중한 존재인지를 작은 쪽지에 담아 전해주세요. 오늘 저녁 메뉴로는 뭘 먹고 싶으냐는 질문부터, 밤에 자는 네 모습을 보니 행복했다는 말까지 말로 전하기 쑥스럽다면 쪽지를 써보세요. 분명 말보다도 더 강한 효과가 있을 것입니다.

Plus Q

아이가 일기장에 쓴 부모에 대한 험담을 어떻게 봐야 할까요?
…

아이들은 일기장에든 낙서로든, 아니면 인터넷 게시판에든 부모에 대해 심한 말을 쓰는 경우가 있습니다. 그런 글을 보면 부모들은 무척 놀라고 당황하게 되죠. 하지만 대개 그런 말들은 아이들이 불편한 감정을 풀어내기 위해 사용한 극단적인 표현에 지나지 않습니다. 그런 표현이 아이 마음의 전부는 아니죠. 마음의 가장 어두운 부분일 뿐이고, 때로는 아이들 특유의 위악적인 표현일 수 있습니다. 그러니 그 표현에 너무 충격을 받지 마세요.

　부모라면 누구나 아이를 키우다가 '아유, 정말 이놈이 없었으면 좋겠다', '얘 때문에 내 인생이 꼬이고 있구나' 하는 생각을 한두 번쯤 해봤을 겁니다. 그러나 그 마음은 부모 마음의 전부도 아니고 진심도 아니죠. 스쳐 지나가는 생각일 뿐이죠. 하지만 그걸 글로 써 놓은 걸 아이들이 본다면 아이들 역시 그게 부모의 진심이라 생각해 큰 충격을 받을 것입니다. 아이들의 말도 마찬가지입니다. 표현 하나하나에 너무 상처 받지 마세요.

내 자식인데
아이가 밉고 싫어요

Q 제가 왜 이럴까요? 다섯 살 난 딸아이가 너무 싫어요. 첫아이라 정성을 쏟으며 최선을 다했는데 점점 지치네요. 아이는 "싫어", "안 해" 소리를 입에 달고 살고, 매사에 예민하게 굴며, 툭하면 울고, 잠도 잘 자지 않아요. 아직도 잘 때 기저귀를 차고요. 어린이집에서 아이가 오는 시간이 되면 짜증부터 나고, "엄마는 너랑 살기 싫어. 같이 있지 말자" 등 엄마로서 하면 안 될 말이 저도 모르게 툭툭 튀어나와요. 제발 어떻게 해야 되는지 알려주세요.

도움을 청할 줄 아는 것도 용기입니다

아이와 지내면서 너무 힘들고, 그러다 보니 아이에게 모질게 굴고, 모질게 구는 나 자신이 싫어지고… 이런 악순환에 빠져 있는 부모들이 참 많습니다. 사실 정도의 차가 있을 뿐 이런 시기를 겪지 않는 부모란 없습니다. 그런데 그 정도가 심하지 않아 가볍게 지나가면 다행일 텐데, 어떤 분들에겐 몇 달 이상 이런 상태가 지속될 수 있습니다. 또 아무리 생각해도 스스로 돌파구를 찾을 수 없을 때도 있죠. 그런 분들에게 저는 먼저 원인을 찾아보자고 이야기합니다. <u>어떤 경우든 부모와 아이 관계에서의 문제가 풀리지 않는다면 원인은 셋 중 하나입니다. 첫째는 아이, 둘째는 부모, 셋째는 상황입니다.</u>

어떤 아이들은 원래 너무 힘이 듭니다. 통계적으로 봐도 아이 열 명 중 한 명은 키우기가 무척 힘들어요. 예민하고 까다롭고 예측대로 흘러가지 않죠. 일반적인 아이들은 본능적으로 부모의 사랑을 끌어내는 행동을 합니다. 그런데 이 아이들은 그런 행동을 하지 않아요. 오히려 부모의 화를 돋우는 행동을 하죠. 영화 〈케빈에 대하여〉를 보면 잘 나옵니다. 이 아이들은 제 아무리 소아정신과 의사라 해도 키우기가 힘듭니다. 다만 힘들다는 것을 알기 때문에 마음의 준비를 해서 덜 힘들 수 있고, 기술적으로 접근하니 조금 수월하죠. 그래도 이 아이들을 키울 때는 아이에 대한 깊은 애정이 생기지 않아서 육아가 즐겁지 않습니다.

부모 역시 다양한 어려움이 있습니다. 가장 문제가 되는 것은 부모의 우울증입니다. 특히 엄마의 산후 우울증이 제대로 해결되지 않은 경우에는 문제가 심각합니다. 작은 일에도 쉽게 짜증이 나고, 몸이 빨리 피로해지며, 즐거운 느낌을 갖기 어렵습니다. 좋은 일에는 즐겁지 않고, 안 좋은 일은 작은 일에도 쉽게 자극을 받으니 늘 우울할 수밖에 없죠. 그 상황에서 육아를 하면 엄마로서 자신이 잘못한다는 느낌을 가지게 되어 자존감이 떨어지고 우울증은 더 심해집니다. 아이도 포기하고, 자기 자신도 포기하고 싶은 상태에 빠지게도 됩니다.

우울증은 아니더라도 몸이 약한 부모나 불안이 높은 부모, 감각에 예민한 부모도 아이를 키우는 데서 스트레스를 많이 받습니다. 아이가 어릴 때 육아는 체력전입니다. 체력이 약하면 힘에 부치고, 힘에 부치면 긍정적인 마음을 유지하기 어렵습니다. 게다가 아이를 키우는 것은 뭐든 확실한 것이 없습니다. 그런데 부모에게 아이는 실패가 용납되지 않는 존재이기에 아이를 키우며 부모는 매사 불안해할 수밖에 없습니다. 원래부터 불안이 많은 분이라면 걱정과 부담, 긴장감이 몇 배로 더 커집니다. 그러니 지치지 않을 수 없죠.

소리나 촉각에 예민한 분들도 마찬가지입니다. 아이들은 자주 울기 마련이고, 엄마에게 치대는 것은 아이 본연의 태도입니다. 그런데 우는 소리를 잘 견디지 못하면 아이를 울리지 않으려 지나치게 아이 말을 다 수용하거나 아이를 야단치기 쉽습니다. 그렇게 되면 아이는 점점 더 말을 듣지 않죠. 촉각적으로 예민한 분들도 아이가 달라붙는 것이 불편해서 본능적으로 좀 더 거리를 두기 마련인데, 그럴 경우 아이는 엄마가 자기를 멀리한다는 느낌을 받아 더 매달립니다. 그러면 엄마는 더 힘이 들고 악순환에 빠지게 되죠.

마지막으로 상황의 문제가 있습니다. 아이를 키우는 것은 어떤 이상적인 상황에서 부모와 아이만 존재하는 것이 아닙니다. 삶의 한복판에서 이뤄지는 행위죠. 부모의 사이가 안 좋을 수도 있고, 고부 갈등이 심할 수도 있습니다. 맞벌이의 경우 돌봐주는 사람이 자주 바뀌거나 돌봐주는 사람의 문제가 생길 수도 있죠. 그 외 부모의 실직이나 질병 등 아이를 돌보는 것보다 더 중요한 일이 우리 삶에는 얼마든지 벌어집니다. 이 경우 대개 육아는 더 힘들어져서 힘든 부모의 발목을 또 한 번 잡게 되죠.

지금 내가 힘든 것은 이 세 가지 중 어디에 해당할까요? 어디에 해당하는지 알아야 하는 이유는 원인에 따라 해결책이 다르기 때문입니다. 문제의 원인을 알고 그에 따른 대책을 세우게 되면 문제가 아직 그대로 있다고 해도 우리의 마음은 훨씬 가볍습니다. 인간의 일반적인 심리가 그렇습니다. 그래서 시작이 반이라는 말도 나왔겠죠. 막상 구체적인 실천을 아직 하지 않았음에도 마음은 이미 반쯤 편해지니까요. 어떤 분은 이런 질문을 하실 수도 있습니다. '제 경우엔 두 가지 이상이 겹쳐 있어요.' 그 경우에도 마찬가지입니다. 문제가 두 가지 겹쳐 있다면 해결책도 각각 두 가지를 함께 적용하면 됩니다.

✱✱✱

그렇다면 원인에 따른 해결책은 어떤 것일까요? <u>우선 아이가 문제의 원인이라면 버티는 것이 중요합니다.</u> 답답한 이야기지만 이때는 버텨줘야 합니다. 기질적으로 유난히 힘든 아이들은 부모를 힘들게 만듭니다. 부모의 부정적인 반응을 끌어내죠. 그러다 보니 성격마저 아이는 부정적으로 흐르기 쉽습니다. 만약 부모가 버티면서 부정적인 반응을 최소화하면 성격이 안정될 수 있습니다. 그러면 시간이 가면서 아이의 상태는 훨씬 견딜 만하게 나아지죠. 예를 들어 징징대는 기질을 가진 아이에겐 부모도 짜증을 내기 쉽습니다. 부모가 짜증을 내니 아이는 불안이 높아지고 결국 더 많이 징징댑니다. 만약 부모가 짜증을 내지 않으면 아이는 불안이 높아지지 않아 징징대는 빈도가 줄어들죠.

<u>'우리 애는 원래 그런 아이다. 안타깝지만 내게 그런 아이가 태어났다. 다만 이 시간이 계속 가지는 않는다. 이 시간을 잘 버티면 이 아이가 가진 장점을 분명 내게 보여줄 것이다.' 이런 마음을 먹고 버팁니다.</u> 사람이란 신기하게도 '왜 우리 애는 이렇지?', '얘가 날 괴롭히려고 작정을 한 건가?', '혹시 내가 잘못해서 애가 이러는 걸까?' 하는 마음을 갖고 있을 때는 훨씬 견디기 어렵지만 마음을 비우고 각오를 하고 나면 그래도 버틸 만합니다.

그리고 주위에 도움을 요청해야 합니다. 부부간의 협력을 잘 구축해야 하고, 주변에 나를 도와서 아이 보는 것을 조금이라도, 어떤 점이라도 도울 사람을 만들어둬야 합니다. 내 신세 한탄을 들어주며 수다를 떨 친구도 만들고, 비슷한 육아 고민을 털어놓는 커뮤니티에 들어가는 것도 좋습니다. 필요하면 전문가의 상담도 받고 육아 서적을 조금씩 읽어가며 마음을 다스리는 것도 좋습니다. 그리고 힘든 시간의 와중에도 자꾸 자기에게 즐거운 일을 더 하려고 해야 합니다. 내가 좋아하는 것을 포기하지 말고 즐기려는 노력을 애써 조금씩은 해야 합니다. 그 순간 잠시 아이를 방치하더라도 그 편이 아이와 부모에게 더 낫습니다.

아이와도 갈등이 심해지는 상황은 되도록 피해야 합니다. 차를 타서 아이가 힘들어진다면 차를 타는 일을 줄이고, 지나치게 뛰어다닌다면 두꺼운 매트를 마루에 넓게 까는 등 상황을 안정시켜야 합니다. 산만한 아이라면 소리가 나거나 복잡한 장난감은 아예 사주지 말고, 어떤 옷을 입으면 짜증을 내는지 파악해서 아이가 편하게 생각하는 옷을 입히고, 흔들 그네를 이용하면 잘 자는 아이는 그것을 이용하는 등 환경을 바꿔서 도움이 될 부분은 하나하나 챙겨야 합니다. 이렇게 사전에 잘 챙기지 않으면 아이가 나를 힘들게 하는 일이 너무 많아지니까요.

다음으로 부모가 원인인 경우입니다. 이때는 아이보다 부모가 스스로를 중심으로 생각해야 합니다. 문제의 뿌리가 아이를 낳은 이후부터일 수도 있고, 더 깊을 수도 있습니다. 어느 쪽이든 부모가 용기를 내어 전문가를 만나서 상담을 받아보는 것이 도움이 됩니다. 우울증이 명백하다면 적극적으로 치료를 받아야 합니다. 우울증은 고치기 어려운 병은 아닌데 치료를 받지 않아 자신과 가족에게 너무나 큰 고통을 주는 경우가 많습니다.

수면 리듬을 잘 지키려고 하고, 식사를 잘 챙겨 먹으며, 30분 정도 가볍게 운동을 할 수 있는 상황을 만들 방법을 찾아야 합니다. 그런 것이 지금 이 상황에서 가능하냐고 하겠지만, 분명 가능합니다. 만약 심장이나 간에 심각한 병이 생겨서 요양이 필요하다면 어떻게 하시겠습니까? 지금 이 상황에서는 요양이 불가능하니까 치료를 안 할까요? 그런 분은 없습니다. 다른 것을 조금 희생하고, 주변의 도움을 받아가며 치료 받을 방법을 찾습니다. 우리가 우울증쯤은 별것 아니라고 생각해서 적극적으로 방법을 찾지 않는 것이죠. 또는 자기 마음의 문제를 인정하고 싶지 않아서 길을 찾지 않습니다. 다른 신체 기관에 중요한 질병이 생겼다고 가정하고 방법을 찾아보십시오. 분명 길을 찾으실 수 있습니다.

몸이 약한 분이라면 에너지를 어떻게 하면 최소로 들이면서 집안일과 육아를 할 수 있을지 연구해야 합니다. 진료실에서 저는 엄마가 집에서 움직이는 동선을 짜주기도 합니다. 의외로 동선이 복잡하고 길어서 불필요한 에너지를 낭비하는 경우가 많습니다. 아이가 어릴 때의 육아는 체력전이라 에너지를 최소로 들여야 합니다. 가구 배치를 바꾸고 아이를 주로 보는 장소를 이동시켜 움직임을 줄이는 일은 매우 중요합니다.

동선 말고도 시간 사용에서도 에너지 소비를 줄여야 합니다. 어떤 분은 집안일을 하다가 아이가 울면 가서 달래주고, 다시 집안일을 하다가 또 아이 요구를 들어주고 하십니다. 이런 경우엔 에너지 소모가 너무 큽니다. 집안일을 할 때 설거지면 설거지, 청소면 청소를 다 끝낼 때까지 아이의 요구를 들어주지 않게 상황을 만들어야 합니다. 아이가 엄마 근처에서 놀 수 있도록 하고, 조금 울어도 그냥 아이를 쳐다보고는 '응. 그래' 하며 한번 웃어주고 하던 일을 계속해야겠죠. 할 일을 끝내고 아이를 봐야 에너지 소모가 적습니다.

놀이 시간, 재우는 시간, 집안일을 하는 시간을 짜는 데 있어서 에너지 소모를 최소화하도록 하루 일과를 구성하세요. 그리고 절대로 집안일을 완벽하게 해내려는 욕심을 내선 안 됩니다. 아이 키우는 집은 적당히 어지럽고 지저분한 것이 정상입니다. 그런 데서 크는 아이들이 더 건강합니다. 에너지 소모를 줄이려는, 더 정확히는 효율적으로 쓰려는 마음가짐을 꼭 간직하십시오. 아무 생각 없이 얼마 안 되는 에너지를 다 쓰면 우리는 방전됩니다. 그러고 나면 정서적으로 무너지지 않을 수 없습니다.

<u>마지막 문제는 상황이 원인인 경우입니다. 상황이 원인이라면 그 상황을 빨리 받아들여야 합니다.</u> 그리고 이 상황에서 아이 키우기에 내가 사용할 수 있는 에너지와 시간을 계산한 후 포기할 것은 포기하고, 챙길 것은 챙겨야 합니다. 상황이 받쳐주지 않으면 내가 원하는 만큼 마음껏 아이를 돌볼 수는 없습니다. 부모가 실직을 하거나, 부모 중 한 사람이 아프거나, 부모의 관계가 안 좋은데 원래 내가 생각했고 꿈꿔왔던 육아를 어떻게 할 수 있겠습니까? 그런데도 아이에 대한 것만큼은 포기하지 않고 지키려 하기에 오히려 무리하는 부모가 많습니다. 하지만 무리하면 오래가지 못합니다. 스트레스가 심해져 아이에게도 부모의 부정적인 정서가 전해집니다.

어떤 육아가 더 좋다고 누가 말하겠습니까? 또 말하면 무엇 하겠습니까? <u>나에게 가장 좋은 육아는 내가 스트레스를 덜 받는 육아, 그래서 아이에게 스트레스를 덜 주는 육아입니다. 내 마음을 먼저 비우고, 지금 내가 할 수 있는 것에 충실하자고 마음먹고, 그것에 집중해야 합니다. 그럴 때 조금 더 편한 육아, 결국은 더 나은 육아가 가능합니다.</u>

＊＊＊

힘든 부모들이 너무나 많습니다. 우리를 키운 부모들도 다 힘들었을 것입니다. 그리고 지금 이렇게 우리가 다 자라 어른이 되었습니다. 적어도 우리보다는 우리 아이들이 더 잘 자랄 수 있을 것입니다. 지금 이렇게 육아에 대해 고민을 하고 방향을 생각해보는, 결국은 아이를 위하려는 마음이 있으니까요. 그리고 그 마음은 분명 우리 아이에게 전달이 될 것입니다.

나혜석은 조선 최초의 여류 서양화가입니다.
90년 전 이미 그는 강요된 모성의 문제를 지적합니다.

"아이를 낳는 것, 아이에게 젖을 물리는 것이
너무 고통스럽다. 하지만 조선 사회에서는
여성들의 고통을 이해하지 않고
'거룩한 것이니 너희가 참아라'는 식으로만 이야기한다."
(나혜석, 1923, 〈엄마 된 감상기〉)

모성은 아이를 낳고 기르면서 성장하는 것이지
여자라면 다 숨어 있는 본능은 아닙니다.
모성을 당연하다며 강요하는 분위기가
오히려 모성이 건강하게 자라는 것을 방해하지요.
내가 모성이 부족하다고 생각이 들어도
부끄러워하거나 죄책감을 느끼지 마세요.
그저 아이와 사랑을 나누려 하면 됩니다.
자신을 사랑하고 아이에게도 그 사랑을 전할 때
당신 마음에 건강한 모성이 자라날 것입니다.

PART 02

우리 아이 잘 크고 있는 걸까요?

...

"이래서야 어른 되어서 잘할 수 있겠어요?"
부모들은 하소연합니다. 잘하면 이미 어른이겠지요.
아이의 두뇌는 어른의 두뇌와 크기만 차이나는 게 아닙니다.
구성 자체가 다릅니다. 이제 배밀이하는 아기를 보고
이래서 나중에 걸을 수 있을까 걱정하진 않으시잖아요?
당신도 지금 아이 나이에 못하는 것이 많았습니다.
당신도 지금 아이 나이에 어설픈 것이 많았습니다.
그것이 다 노력으로 극복되었나요?
아이에게도 과거의 당신처럼 시간이란 도우미가 있습니다.

아이의 발달이 늦는 것 같아 걱정이에요

어린이집에서 보조 교사로 일하고 있습니다. 얼마 전 어린이집에 새로 들어온 한 아이가 또래 아이들과는 좀 다른 면이 많아서 상담을 드리려고 합니다. 일단 다른 사람과 눈을 잘 맞추지 않고 언어 발달도 느린 편입니다. 단어 몇 개만 말하는 수준인데, 우유가 먹고 싶을 경우 제 손을 끌고 가 냉장고 문을 열게 합니다. 단체 수업을 하면 참여하지 않고 그냥 혼자 돌아다니고요. 물건에 대한 집착도 강하고 자기가 원하는 대로 되지 않으면 고집을 피우며 심하게 떼를 씁니다. 부모님은 아이가 좀 늦된 거라고는 생각하시는데, 정말 별문제 없는 걸까요?

늦된 아이들에게는 적극적인 조치가 필요합니다

최근 들어 많이 좋아졌지만 아직까지도 우리나라에서는 발달이 느린 아이들이 방치되는 경우가 많습니다. 국가에서 주도해 영유아 건강검진을 실시하고 있지만 형식적인 검사에 그치고 있고, 발달이 늦는다는 얘기를 들어도 추가적인 검사를 시행하는 것이 의무가 아니어서 대개 그냥 두고 보는 경우가 많습니다. 이럴 때 흔히 듣는 말이 '늦된 아이들이 있다'거나 '때가 되면 다 한다'는 이야기죠.

특히 할아버지, 할머니들은 "누구누구는 다섯 살 때까지 말을 못 했는데 지금은 청산유수더라" 같은 옛날이야기를 하시면서 병원에 가본다고 하면 손사래를 치십니다. 부모 입장에서도 검사를 받는 것이 마뜩치 않습니다. 검사를 통해 아이의 발달이 늦다는 사실을 확인하면 그때부터 어떻게 대응해야 할지 막막합니다. 불투명한 미래를 생각하면 두렵기까지 하죠. 그래서 대개는 '괜찮겠지' 하며 현실을 인정하지 않고 추가 검사를 회피합니다.

그런데 회피한다고 회피할 수 있는 게 아니라는 것이 문제입니다. 말이 느리거나 상호작용이 약한 아이 중 상당수는 어린 시절에 개입하지 않으면 문제가 지속적으로 남을 가능성이 큽니다. **아이의 두뇌 발달에는 '결정적 시기'가 존재하며, 이 시기가 지나면 도와줄 수 있는 여지가 줄어듭니다. 간단히 말해 만 5세가 넘으면 심각한 발달 지연의 경우 도와줄 여지가 거의 없습니다.** 아이들의 언어 발달에 대한 장기 추적 연구를 살펴봐도 만 3세에 언어 발달이 현저히 늦은 아이라면 만 18세에 다시 조사했을 때도 정상적인 언어 수준에 도달하지 못하는 경우가 80%입니다. 5명 중 4명이니 엄청난 비율이죠.

물론 그중 아예 말을 못하는 경우는 얼마 없습니다. 복잡한 글을 읽는 데 어려움을 겪고, 감정을 표현하거나 상황을 길게 묘사하는 것을 어려워하는 등 부분적인 장애로 나타나죠. 농경 사회라면 이 정도의 언어 문제가 삶에 큰 지장을 주진 않겠지만, 현대 사회에서는 그 정도의 언어적 약점도 직업을 갖고 살아가는 데 심각한 어려움을 초래할 수 있습니다.

어린 시절의 발달 지연이 결국 영구적인 장애로 남는다는 것은 개인에게도 큰 문제지만 국가적으로도 큰 부담이 됩니다. 사회가 그들을 책임져야 할 수도 있고, 그들의 낮은 생산성을 감당해야 합니다. 그렇기 때문에 선진국들은 발달 지연을 조기에 발견해 도움을 주는 제도를 보편적으로 시행하고 있습니다. 우리나라의 경우에도 2008년 영유아 건강검진을 전면적으로 도입하여 아직 내실이 부족하기는 하지만 발달검사를 실시하고 있습니다.

* * *

그렇다면 어느 정도로 발달이 늦을 때 전문가를 찾아야 할까요? **우선 만 2세에 △눈 맞춤이 안 되고 △사람 말소리에 관심을 갖고 집중하지 못하며 △얼러줬을 때 반응을 보이지 않는 아이 △자기가 필요한 건 요구하지만 다른 상호작용이 현저히 없고 △발음이 너무 어눌하거나 혼잣말로 하는 '엄마', '아빠' 외에는 사용하는 단어가 없으며 △말뿐 아니라 몸짓이나 다른 동작으로도 의사소통을 하지 못한다면, 반드시 전문 기관을 찾는 게 좋습니다.** 이 경우에는 자폐성 장애를 의심할 수 있고, 자폐성 장애는 언제 발견하여 도움을 주느냐에 따라 아이의 미래에 큰 차이가 생길 수 있습니다.

만약 상호작용에는 문제가 없는데 그저 말이 늦은 경우라면 우선 언어 발달을 촉진하기 위해 집에서 적극적으로 개입해줘야 합니다. 조부모나 육아 도우미가 주로 아이를 돌보고 있는데 아이의 말수가 적다면 부모가 좀 더 개입할 필요가 있습니다. 아이에게 더 많이 말을 걸고, 아이가 놀고 있으면 옆에 앉아 마치 아나운서가 스포츠 경기를 중계하듯 아이가 하는 행동을 말로 따라 하는 것도 도움이 됩니다. 예를 들어 "야, 빨간 자동차를 잡았구나. 그렇게 뒤로 당겨보는 거야? 그리고 놓으니까 앞으로 쭈욱 가네. 아이고, 벽에 쾅 부딪혔다. 이번엔 파란 자동차? 어, 그 차는 아까 그 자동차보다 작구나. 파란색 자동차 말고 녹색 자동차로 할 거야? 그 차는 뚜껑이 없네" 하는 식입니다.

아이의 언어를 늘리기 위해서는 아이와의 상호작용 기회를 잘 살펴서 개입해야 합니다. 아이의 눈길을 잘 살펴서 아이가 사람이든 물건이든 두 번 이상 쳐다보면 그에 대해 꼭 말해줍니다. 예컨대 아이가 숯을 자꾸 쳐다본다면 "숯이야. 냄새를 없애줘"라고 말해줍니다. 또 아이가 '으으'와 같은 소리로 뭔가 표현하는 듯하면 "아, ○○해달라고?"라고 아이의 의도를 읽어 정확한 말로 표현해주세요. 아이가 내는 소리를 주의 깊게 듣다 보면 얼핏 의미 없는 발성인 듯 비슷해 보이는 소리인데도 나름의 의미를 가진 음절들이 있습니다. 이것을 빨리 알아듣고 반응해줄수록 아이는 말을 '의사소통 수단'으로 인식하고 사용하게 됩니다.

다만 아이에게 자꾸 말을 해보라고 하거나 물어보지 마세요. 그러면 아이는 오히려 위축되어 말하는 것을 피하게 됩니다. 그저 주변 사람들이 말을 많이 해주고, 아이가 알아듣기 쉽게 천천히, 또박또박 쉬운 단어를 이용해 말해주는 편이 좋습니다. 또 될 수 있으면 여러 사람의 목소리를 들려주는 것이 좋아요. 소리는 같아도 사람마다 억양이나 음조가 다 다른데, 여러 가지 억양과 음조를 접할수록 아이들은 말을 빨리 배울 수 있습니다. 특히 아이들은 어른의 말보다 또래의 말을 더 잘 배우는 경향이 있으므로 말이 늦는 아이는 아이가 힘들어하지 않는 한 되도록 빨리 어린이집이나 유치원에 다니는 편이 좋습니다.

이처럼 가정에서 아이의 언어 발달을 촉진하기 위해 나름의 노력을 했음에도 아이의 언어 발달이 또래 아이에 비해 1년 이상 늦다고 판단되면 지체 없이 전문 기관을 방문하십시오. 반드시 치료가 필요한 것은 아니지만 정밀한 평가를 받아볼 필요가 있습니다. 그 기준을 보면 (1) 30개월인데 사용할 수 있는 단어가 아직 10개가 안 되거나, (2) 36개월이 되었는데 아직 문장을 이용해 말하지 못하는 경우입니다. 두 돌만 되어도 보통의 아이들은 200개 이상의 단어를 사용하며 간단한 문장을 만들어냅니다. 만약 언어 발달이 늦더라도 1년 이상 뒤떨어진 것은 아니고, 현재 꾸준히 발달이 이뤄지고 있다면 그때는 집에서 계속 노력을 해주십시오.

특히 어린이집이나 유치원 선생님들에게 꼭 부탁하고 싶은 것이 있습니다. 선생님들은 아이들을 많이 대하다 보니 아이의 발달 수준을 비교 관찰하기 좋은 여건에 놓여 있습니다. 그런 만큼 아이에게 발달상의 문제가 보이면 부모들에게 적극적으로 알리고 도움이 될 만한 정보를 제공해야 합니다. 부모들은 자기 아이에게 문제가 있다는 말을 듣고 싶어 하지 않죠. 그래서 그런 말을 하기가 조심스럽다는 것은 잘 압니다. 이때는 아이에게 문제가 있다고 단정적으로 말할 필요는 없고, 객관적인 정보를 제공하면서 이런 경우 전문가를 한번 찾아가도록 권하는 것이 기관의 방침이라고 말하면 무리가 없습니다. 말하기 불편하지만 아이의 미래에 결정적으로 중요한 이야기라면 꼭 말해야 합니다. 그것이 전문인으로서 지녀야 할 직업적 자세이고, 아이의 미래를 진심으로 걱정하는 교사의 태도입니다.

〈자폐성장애를 의심할 수 있는 모습 (만 2세 기준)〉

- 눈 맞춤이 안 된다
- 사람 말소리에 관심을 갖고 집중하지 못한다.
- 얼러주거나 웃어도 반응을 보이지 않는다.
- 자기가 필요한 것은 손을 끌고 가서 요구하고 떼를 쓰지만 다른 상호작용은 하지 않는다.
- 혼잣말로 하는 '엄마', '아빠' 외에는 사용할 수 있는 단어가 없다.
- 몸짓이나 다른 동작으로도 의사소통을 하지 못한다.

〈전문가의 진찰이 필요한 언어 지연〉

- 30개월인데 사용할 수 있는 단어가 10개 미만이다.
- 36개월인데 아직 문장을 이용해 말하지 못한다.

하루 일과를 물어보면 무조건 모른다고 해요

올해 다섯 살인 아들은 말 그대로 '에너자이저'입니다. 뛰어놀기를 워낙 좋아해서 유아 체육 교실에 보내고 있는데, 그곳에서 수영이며 인라인스케이트며 신체 활동을 마음껏 하고 집에 돌아옵니다.

그런데 아이에게 오늘 뭘 했냐고 물으면 무조건 "몰라, 기억 안 나"라고만 대답하네요. 기억이 안 날 수도 있지 싶어, 그럼 간식은 뭘 먹었냐고 물어도 무조건 모른다고 합니다. 이런 일이 반복되다 보니 아이가 하루 일을 정말 기억을 못하는 건지, 저와 대화하기가 싫은 건지 헷갈립니다. 또 오래된 일도 아니고 불과 몇 시간 전에 한 일을 기억하지 못하는 것이라면 주의력이나 기억력 같은 인지능력에 심각한 문제가 있는 것은 아닌지 걱정도 됩니다.

묻지 말고 대화하세요

물어보면 뭐든 간단하게만 대답하는 아이, 기억 안 난다는 말만 반복하는 아이. 부모 입장에서는 무척 답답한 일이죠. 옆집 아이는 재잘재잘 말도 잘하는데 우리 애는 왜 이런가 싶어 속도 무척 상하죠. 그런데 이런 아이들 참 많습니다. 특히 남자아이들이 그런 편이죠. 그렇다고 이 아이들이 상황을 이해하지 못하는 것은 아닙니다. 기억을 못하는 것도 아니고요. 원인이 몇 가지 있는데 그중 가장 흔한 원인만 이야기하자면 첫째는 언어 발달이 조금 늦어서이고, 둘째는 생각을 차분히 정리해서 말할 정도의 주의력 수준에 도달하지 못해서입니다.

언어 발달이 늦다고 해서 말을 못하는 것은 아닙니다. 다만 다른 사람이 이해할 수 있게 말을 만들어내는 것, 특히 질문을 받았을 때 재빨리 말을 만들어내는 것이 조금 어려울 뿐이죠. 우리가 미국에 놀러 갔다고 가정해보면 좀 더 이해하기 쉬울 것입니다. 영어가 아주 유창한 사람이 아닌 이상, 꽤 오래 영어를 배워서 제법 한다고 해도 그날 있었던 일을 영어로 말해보라고 하면 선뜻 입이 열리지 않습니다. "오늘 어땠어?", "뭘 했어?" 하고 물으면 "뭐, 괜찮았어", "그냥 그랬어" 정도로 대답하고 마는 경우가 많을 것입니다. 아는 단어는 많지만 실제로 바로 꺼내어 사용할 수 있는 단어가 적기 때문에 나타나는 현상이지요.

언어 능력이 한창 발달하는 5~6세 무렵엔 이런 현상이 특히 많이 나타납니다. 머릿속에 생각은 많은데 그걸 정리해서 말로 표현하는 것은 어렵기 때문이죠. 그래서 자발적인 말은 잘하지만 질문에 답하는 것은 상당히 힘들어합니다. 부모들은 아이가 평소에는 말을 잘하는데 묻는 말에는 왜 대답을 안 할까 이상하게 여기곤 하지만 이것은 자연스러운 모습입니다. 얄밉다고 생각하거나 '요 녀석이 반항을 하나' 하며 걱정할 필요는 없습니다. 질문을 줄이고 스스로 말할 수 있도록 유도하면 됩니다.

다음으로 산만한 아이들도 대답하기를 어려워합니다. 질문에 대답하기 위해서는 우선 상대의 질문을 주의 깊게 듣고, 그 질문을 기억하면서 머릿속으로 대답을 생각해야 합니다. 그러고는 대답한 것을 정리해서 조리 있게 이야기해야 하죠. 어느 정도 성장하면 다른 일을 하면서도 자연스럽게 대화를 할 수 있지만, 어린 시절에는 이 정도의 활동도 주의를 상당히 기울여야 제대로 해낼 수 있습니다. 그런데 산만한 아이들은 자기가 지금 관심 있는 것, 당장 흥미를 끄는 일에 주의가 온통 쏠려 있기에 대답하는 것이 쉽지 않죠. 그래서 대충 대답하고는 자기 관심사에 매달리는 경우가 많습니다.

그런데 언어나 주의력 문제 외에도 한 가지 의심해볼 만한 상황이 있습니다. 아이가 기관에서 하는 활동을 마음에 들어 하지 않는 경우죠. 예를 들자면, 아이가 숫자놀이를 배우는데 잘 안 됐다거나, 딴짓을 하다가 선생님한테 꾸지람을 들어 기분이 상했습니다. 이때 속상한 마음을 엄마에게 털어놓았는데 엄마가 위로는커녕 "더 열심히 했어야지" 혹은 "선생님 말씀을 잘 들어야지" 식으로 마음을 몰라주는 것입니다. 이렇게 거절당하는 느낌을 몇 번 경험하면 아이는 대화를 회피합니다. 엄마는 아이의 생활이 궁금하고 다 알고 싶겠지만 아이 입장에서는 엄마한테 얘기해봐야 하나도 좋을 게 없는 것이죠. 차라리 입을 닫고 있는 게 낫다고 생각해 엄마의 질문에 대충 대답하고 맙니다.

　　기관에서의 생활이나 활동이 너무 신나고 즐겁다면 아이들은 자연스럽게 말이 많아집니다. 그런데 그 반대의 경우, 기관에서의 일을 화제로 삼는 것 자체를 싫어합니다. 그 일을 이야기하는 것만으로도 안 좋은 느낌이 다시 떠오르니까요. 괴로운 순간을 굳이 떠올리고 싶은 사람은 없습니다. 게다가 애써 부정적인 표현을 했는데 엄마가 공감해주지 않았다면 그나마 하던 표현도 점점 줄어 나중에는 정말 중요한 일에 대해서까지 입을 닫는 경우가 생깁니다.

✳ ✳ ✳

　　언어 발달이 조금 늦는 아이든, 산만한 아이든 아이와의 대화가 원활하지 않으면 부모가 대화하는 방식을 바꿀 필요가 있습니다. 특히 아이 스스로 힘든 얘기를 꺼냈는데도 엄마가 제대로 반응해주지 않아 입을 닫은 아이의 경우라면 더욱 그렇습니다.

　　무엇보다 아이에게 수다를 많이 떨어야 합니다. 오늘 유치원에서 뭐 했냐고 묻는 것은 아이 입장에선 뭔가 가르치고, 감시하고, 관리 감독하기 위한 대화처럼 느껴집니다. 그보다는 그냥 부모가 먼저 시시껄렁한 얘기, 잡다한 얘기를 많이 꺼내세요. 장난감을 두고 "이게 뭐니? 정말 재밌어 보인다. 네 친구들도 이런 거 좋아하니?", "이건 어떻게 하는 거야? 나도 한번 해보자" 하는 식으로 대화를 나누다 보면 아이가 장난감 이야기, 친구들 이야기를 자연스럽게 꺼내놓게 됩니다. 아이가 자발적으로 자연스럽게 이야기할 상황을 많이 만들어주세요. 그래야 언어 발달을 촉진할 수 있어 부모에게 표현하는 언어의 양과 질이 훨씬 좋아집니다.

우리 어른들도 누가 자신의 일과를 캐물으면 기분이 썩 좋지 않습니다. 방어적으로 반응하게 되죠. 물론 일부 아이들은 관심 받는 것을 즐겨서 일과에 대한 질문을 받는 것을 좋아합니다. 하지만 그런 아이들은 소수일 뿐이죠. <u>언어를 자유롭게 구사하지 못하는 발달 단계의 아이들에게 자연스럽게 말할 기회를 제공하되, 묻고 답하는 대화는 가급적 줄이는 것이 좋습니다. 오히려 부모가 말을 많이 해주세요. 부모의 일상을 자연스럽게 이야기하는 것도 좋습니다. 다만 아이가 말을 시작하려고 하면 그때는 부모의 말을 멈추고 아이의 말을 열심히 들어주세요. 부모가 열심히 들어야 아이는 즐겁게 말을 합니다.</u> 그래야 표현력이 늘고 '표현하는 것은 좋은 것'이라고 생각하게 됩니다.

Plus Q

❓ 18개월 아이가 〈꼬마 버스 타요〉를 너무 많이 보는데 괜찮을까요?

...

미국소아과학회의 권고를 보면, 만 3세 이하의 아동에게는 미디어 이용을 금지하는 것이 좋습니다. 아이들이 미디어를 이용해서 얻는 것보다 잃는 것이 많기 때문이죠. 하지만 이런 권고가 있다고 해서 아이에게 TV를 조금도 보여주면 안 되는 것은 아닙니다. 가끔은 아이를 위해, 또는 아이를 돌보는 부모를 위해 잠시 TV를 보여주는 편이 나을 때도 있죠.

기본적으로 미국소아과학회의 권고는 유아용 미디어들이 하는 광고에 대한 반대 메시지입니다. 유아용 미디어들은 자신들의 콘텐츠가 유아의 인지 발달이나 정서적 안정에 유리하다는 광고를 많이 합니다. 학회는 이런 광고에 부모들이 현혹되지 않도록, 사실은 그렇지 않다는 것을 분명히 알리기 위해 권고를 한 것입니다.

두 돌 이하의 아이는 혼자서 노는 것이 무척 어렵습니다. 가끔은 혼자서 잘 노는 아이도 있지만 적잖은 아이들이 몇 분 지나지 않아 부모를 부르거나 울면서 기어 옵니다. 그러니 부모는 잠시도 쉴 틈이 없습니다. 그럴 때 아이에게 잠시 TV를 보여주면 부모로선 얼마간이라도 다른 일에 집중할 시간, 또는 쉴 시간을 얻을 수 있지요. 부모도 사람이니 이런 시간이 반드시 필요하고, 또 이런 시간이 있어야 다시 아이에게 집중해서 반응해줄 수 있습니다.

물론 TV보다는 부모와 함께 상호작용을 하거나 장난감이나 다른 사물을 갖고 노는 것이 좋습니다. 자극이 강한 동영상을 30분 이상 보여주거나, 하루에도 여러 번 보여주면 아이는 일상에서의 놀이에 흥미를 잃을 수도 있습니다. 하지만 저는 부모를 위해 아이에게 잠시 TV를 보여주는 것도 삶의 일부가 될 수 있다고 생각합니다. 우리의 삶을 꼭 최고의 것으로만 갖춰 살아갈 수는 없는 것이니까요. 다만 지나치면 분명히 해롭다는 사실은 꼭 잊지 마십시오.

초등학생 딸아이가 손가락을 빨아요

초등학교 2학년 딸이 자꾸 손가락을 빨아 걱정입니다. 얼마나 빨았는지 엄지손가락 모양이 변했을 정도입니다. 특히 잠들 무렵에는 엄지손가락을 꼭 입으로 가져가더군요. 다 큰 아이가 손가락을 빨면서 자냐고 나무라면 자기도 모르게 그렇게 된다며 속상해합니다. 이게 혹시 애정 결핍 때문은 아닌지도 걱정입니다. 세 살 터울의 동생이 있는데, 아무래도 어린 둘째에게 신경을 더 쓴 게 사실입니다. 그래도 두 아이에게 똑같이 애정 표현을 하려고 애쓰는 편인데, 큰아이는 틈만 나면 안아달라고, 뽀뽀해달라고 조르네요. 자기 마음대로 안 되면 징징거려서 제가 너무 힘이 듭니다. 어떻게 하면 딸아이의 나쁜 버릇을 고칠 수 있을까요?

빨리 끊으라고 채근하지 마세요

취학 전 아이의 문제를 상담할 때 가장 흔하게 듣는 질문이 손가락 빨기에 대한 것입니다. 부모들은 어떻게든 일찍 끊게 하려고 하지만 아이들은 때가 되어야 멈추죠. 그런데 그 '때'라는 것이 아이마다 다르다는 데서 문제가 시작됩니다.

'다른 아이들은 그러지 않는데 왜 우리 아이는 계속하는 것일까?', '혹시 애정 결핍의 표현일까?' 생각하며 지레 죄책감을 느끼는 부모들도 있고, 반대로 남들이 애정 결핍으로 볼까 봐 더 모질게 손가락을 못 빨게 하는 부모도 있습니다. 부모의 마음과 노력을 생각해서라도 얼른 그만두면 좋으련만, 상당수의 아이들이 부모의 애타는 마음도 아랑곳 않고, 대놓고 또는 몰래 손가락을 계속 빨아댑니다.

그런데 **결론부터 말하자면 부모들의 염려와 달리 사실 손가락 빨기는 별문제가 되지 않습니다. 부모로서 아이의 그런 모습이 보기 싫을 뿐이지 아이에게 특별히 안 좋은 결과를 가져오는 것은 아닙니다.** 또한 빨리 끊어주지 않는다고 해서 어른이 될 때까지 지속하는 경우란 거의 없습니다. 혹시 아이가 계속 손가락을 빨면 입이 돌출되지 않을까 염려하지만, 치과의사들의 조언에 따르면 영구치가 나기 전까지는 손가락을 아무리 빨아도 앞니가 튀어나오지 않는다고 합니다. 요컨대 만 4세 정도까지는 손가락을 빠는 것이 아무 문제가 되지 않는 것이죠.

부모에게는 지저분해 보이겠지만 어릴 때의 손가락 빨기는 아이의 중요한 놀이 중 하나이며, 시간이 지나면서 대부분 없어집니다. 아이들은 원래 지저분한 것을 입속에 자주 집어넣는데, 그런다고 엄마의 걱정처럼 큰 병에 걸리지는 않습니다. 걱정하는 부모들 역시 어릴 때는 지저분한 것들을 입에 넣어보며 자랐을 것입니다. 최근의 연구에 따르면 너무 깔끔하게 키우는 것이 오히려 아토피 등의 면역질환을 유발할 수 있다고 합니다. 이른바 '위생가설'이죠. 지나치게 위생적인 환경에서 살게 되면 면역계를 조절할 힘을 잃어 아토피나 알러지성 비염 등 각종 자가면역질환에 시달리게 된다는 가설입니다.

위생가설도 염려스럽지만 제가 더 걱정하는 것은 지나치게 깔끔한 것을 원하는 부모의 태도입니다. 아이가 손가락 빠는 행동을 빨리 멈추게 하려고 부모는 아이와 다툽니다. 잘 고쳐지지 않으니 반복적으로 야단치죠. 아이와의 사이가 나빠집니다. 이 과정에서 아이는 자존감에 상처를 입게 되고 부모의 애정에 불안감을 느껴 발달 과정이 크게 왜곡되기도 합니다.

※※※

그렇다면 왜 아이들은 손가락을 빠는 걸까요? 첫째, 스스로를 달래기 위해서입니다. 아이들이 손가락을 빠는 가장 흔한 이유죠. 어릴 때는 울면 엄마가 젖꼭지를 물려 달래주었을 것입니다. 그러다 젖꼭지를 더 이상 물 수 없는 나이가 되면 아이들은 자신의 손가락을 빨면서 불안한 마음을 달래곤 합니다.

일반적으로는 만 4세가 넘어가면 스스로에게 말을 해서 달래는 식의 내적인 방법을 사용할 수 있습니다. '괜찮아, 전에도 별것 아니었잖아'라고 스스로에게 말을 건네며 불안감을 다루는데 처음 해보는 것이니 아직은 익숙하지 않습니다. 그래서 가끔은 손가락을 빨기도 하고, 부드러운 인형을 들고 다니는 등의 감각적인 자극을 통해 불안을 다룹니다.

둘째, 만 5세가 지나서도 손가락을 계속 자주 빨면 아이의 불안과 긴장이 과도한 것은 아닌지 고민해볼 필요가 있습니다. 이때 중요한 것은 손가락 빨기를 멈추는 것이 아닙니다. 과도한 불안감의 원인을 찾아서 해결하는 일이 우선이겠죠. 만약 불안의 원인은 해결하지 않고 손가락만 못 빨게 하면, 아이는 불안을 다루는 방법으로 다른 증상을 보일 수 있습니다. 입술을 깨물거나 머리카락을 비비 꼬거나 성기를 만지는 등의 행동이 아이들이 흔히 선택하는 대체 행동입니다.

이런 행동들이 나타날 경우엔 부모가 아이에게 잔소리를 너무 많이 하지는 않는지, 아이의 수준에 맞지 않는 요구를 계속하고 있지는 않은지, 동생의 출생 등으로 스트레스가 높아진 상황은 아닌지를 살펴봐야 합니다. '다른 아이들도 다 겪는 건데 뭐가 힘들다고 이러나?' 생각이 들 수도 있습니다. 그런데 그것이 함정입니다. 인정하기 싫겠지만 다른 아이는 쉽게 하는 것이 우리 아이에겐 힘들 수 있습니다. 반대로 우리 아이가 쉽게 하는 수준의 행동이 다른 아이에게는 힘들 수도 있습니다.

셋째, 욕구 불만으로 인한 긴장이 누적되어 손가락 빨기로 나타나는 경우가 있습니다. 놀이의 욕구가 높은 아이인데도 놀이가 부족하다면 자신의 욕구 불만을 의미 없는 버릇으로 표출하는 경우가 많죠. 신체 활동을 충분히 하고 싶은데 기회가 주어지지 않는 경우, 다른 사람과 놀고 싶은데 친구를 잘 사귀지 못하는 경우, 엄마와 놀고 싶은데 엄마가 바빠서 아이의 기대에 맞춰주지 못하는 경우 손가락을 빠는 행동이 종종 나타납니다. 이런 경우에는 아이의 놀이 욕구를 충족시켜주면 저절로 손가락 빠는 행동이 사라집니다.

넷째, 딱히 명확한 이유가 없는데도 기질적으로 불안과 긴장이 높은 아이들도 있습니다. 이 경우에는 아이의 불안감을 누그러뜨릴 수 있는 육아 방법을 사용해야 합니다. 아이의 감정을 보다 세심하게 맞춰주고 신체 활동을 충분히 할 수 있게 해주는 것이 불안감을 다루는 육아의 가장 중요한 부분입니다. 지나치게 경쟁적인 환경에는 노출시키지 말고, 자극이 강하거나 피로감이 심한 놀이도 피하는 편이 낫습니다.

이렇게 근본적인 원인을 찾아 잘 대처했음에도 손가락 빨기가 사라지지 않는다면, 그때는 손가락 빨기가 습관으로 굳어진 경우입니다. 이때 꼭 기억할 것은 이 행동을 끊는 게 부모의 생각처럼 쉽지 않다는 점입니다. 마치 흡연자들이 겪는 금연의 어려움과 같습니다. 아이들보다 의지가 강한 어른도 금연하라는 조언 한마디로 담배를 끊을 수 있는 게 아니니까요. 아이들의 손가락 빨기 역시 끊기 쉽지 않고 시간도 꽤 걸립니다. 이런 경우 저는 부모님들께 보통 다섯 가지 원칙을 이야기합니다.

1. 아이에게 손가락을 빨지 말라고 채근하지 마세요. 대신 "이젠 네가 많이 자랐으니 손가락을 안 빨 수도 있어. 기저귀나 젖병, 장난감 등 네가 아기 때 쓰던 물건과 작별했던 것처럼 이제 손가락 빠는 것도 졸업할 수 있단다" 하고 얘기해주세요. 억지로 강요하는 것보다 스스로 그만두도록 유도하는 편이 좋습니다.

2. 아이가 손을 입에 넣을 때마다 다른 활동을 하도록 유도해주세

요. 같이 놀아준다든지 두 손을 써야 하는 장난감을 줘서 자기도 모르게 손이 입으로 들어가지 않게 해주는 것이죠. 부모가 아이에게 자주 즐거운 자극을 주고, 같이 놀다 보면 손가락은 저절로 입에서 조금씩 나옵니다. 잘 때만 손가락을 빼는 아이라면 커다란 인형을 안겨주는 것도 좋은 방법입니다. 미지의 세계인 잠으로 들어간다는 것은 아이들에게는 불안한 상황이라 잠자기 전이 손가락을 가장 많이 빼는 시간입니다. 이때 아이들에게 큰 인형을 주면 불안감도 덜어주고, 인형을 두 팔로 안고 있어야 해서 물리적으로도 손가락을 빨기가 어려워집니다.

3. 스스로 원치 않으면서도 자기도 모르게 손가락을 빼는 아이들도 많습니다. 이런 아이에게는 손가락을 빨지 않는 게 참 어려운 일이라는 걸 인정해주며 부모가 도와주겠다고 하세요. 둘만 아는 비밀 신호를 정해 아이가 손가락을 입에 넣으면 알려주는 것이죠. 엄마가 코를 만진다든지 헛기침을 한다든지 어깨를 살짝 건드린다든지 하는 식으로요. 이렇게 하면 아이가 수치심을 느끼지 않으면서 손가락 빨기를 인식해 스스로 끊도록 도울 수 있습니다. 아이가 동의한다면 식초처럼 냄새가 나는 물질을 손톱 끝에 바르는 것도 한 가지 방법입니다.

4. 손가락을 빨지 말라는 말은 부모보다는 다른 사람이 해주는 것이 효과적입니다. 우선 권위 있는 사람의 도움을 청하세요. 소아과 주치의나 치과의사 선생님에게 손가락 빨기의 해로움에 대해 아이에게 이야기해달라고 하면 됩니다. 엄마 말은 잘 안 들어도 권위 있는 제3자의 말은 아이에게 의외로 잘 통하니까요. 거기에 더해 "이제 우리 ○○

이는 다 컸으니까 충분히 손가락을 안 빨 수 있어, 그렇지?" 하는 격려를 들으면 더욱 효과적이겠죠.

5. 친구의 도움을 받을 수도 있습니다. 잠잘 때 손을 안 빠는 친구와 함께 잘 기회를 만들어주세요. 이때 친구가 "야, 넌 아직도 손가락 빠냐?"고 한마디 해주면 내내 못 고치던 버릇을 단번에 멈추는 경우도 있습니다.

손가락을 빠는 문제로 부모가 아이를 강하게 압박하는 대신 이런 방법을 쓰면 의외로 몇 달 안에 자연스레 문제가 해결되는 경우가 많습니다. **어떤 경우에도 아이를 비난하거나 놀려선 안 됩니다. 부모가 격려하고 도와주는 모습을 보여야 부작용 없이 아이의 나쁜 버릇을 빠르게 고칠 수 있습니다.** 강하게 야단치고 혼내서 손가락을 빨지 않게 되었다 하더라도 그 과정에서 아이의 자존감에 큰 상처를 남겼다면 아무 이득이 없을 것입니다.

Plus Q

아이를 키우며 공갈젖꼭지의 도움을 많이 받았어요. 그런데 두 돌이 지나서 이제 끊어주려고 하는데 아이가 무척 힘들어합니다. 일주일이 지났는데도 밤에 깨면 울면서 '쭈쭈' 하고 찾는 거예요. 우는 모습을 보면 너무 마음이 아프고 아이에게 상처를 남기는 것이 아닐까 걱정됩니다. 어떻게 해야 할까요?

…

모든 변화에는 시간이 필요합니다. 이제 공갈젖꼭지를 끊기로 한 지 일주일이라면 아직 충분한 시간이 흐르지 않았습니다. 1년 이상 애착을 가졌던 물건을 고작 한 주 만에 잊을 수 있다면 아이가 너무 매정한 것은 아닐는지요? 만약 엄마를 한 주 못 본다고 까맣게 잊어버리면 어떠실는지요?

좋아하고, 의지했던 것에서 벗어나려면 시간이 필요합니다. 그 시간을 아이와 함께하며 부모가 기다려줘야 합니다. 조급한 부모는 기다리지 못합니다. 다시 공갈젖꼭지를 갖다 줍니다. 아이는 왜 공갈젖꼭지가 사라졌다 다시 나타났는지 모릅니다. 그저 울면 엄마가 다시 준다고 알게 되니 앞으로도 속상할 때면 엄마에게 떼를 씁니다. 가끔은 아이에게 왜 자꾸 우냐며 야단치는 부모도 봅니다. 아이에게 상처를 주면서, 뭐든 쉽게 잊고 마는 가벼운 아이로 만들고 있는 것이죠.

옳은 방향을 선택했다면 아이가 힘들어해도 견디면서 기다려주세요. 변화에는 시간이 필요하고, 그 시간은 대개 짧지 않습니다. 공갈젖꼭지를 끊는데도 두세 달은 필요합니다. 다른 변화도 마찬가지입니다. 그 시간 동안 아이의 힘들어하는 모습을 보며 견뎌내야 하기에 부모 노릇이 힘이 듭니다. 내 마음이 불편하다고 아이에게 화내지 마세요. 아이가 불안한 아이로 성장합니다. 안아주고, 위로해주면서도 물러나지 않고 버티는 부모. 정말 아름다운 부모의 모습입니다.

아들이 엄마 가슴을 너무 만져요

6세 아들이 엄마의 '찌찌'에 너무 집착해서 고민입니다. 돌 무렵 자연스레 젖을 뗐는데 그 후로도 엄마 가슴에 대한 사랑은 변함이 없습니다. 밤에 자기 전에는 물론이고, 식당, 마트, 놀이터 등 때와 장소를 가리지 않고 엄마 가슴을 만지려 들어요. 약간 부끄럽거나 불안할 때 특히 더 그러는 것 같습니다. 하지만 마냥 아기도 아니고 남 보기에도 민망하고 무엇보다 제가 너무 불편합니다. "집 밖에서 엄마 찌찌 만지면 남들이 애기라고 놀린다"라고 아무리 타일러도 소용이 없어요. 아이가 가슴을 만지려고 하면 손등을 찰싹 때리는데도 그때뿐입니다. 제가 직장에 다니고 있고 얼마 전 동생도 태어나서 아이가 애정 결핍을 느끼는 게 아닌지 걱정도 됩니다.

불안감을 달랠 대안을 찾아주세요

아이들이 부모 몸의 일부를 만지는 경우는 참 흔합니다. 가슴뿐만 아니라 귀, 머리카락, 눈썹 등 그 부위도 다양하죠. 제 아이들의 경우에도 큰아이는 오랫동안 아빠의 귀를 만졌고, 둘째는 엄마의 눈썹에 집착했습니다.

아이들이 부모의 특정 신체 부위에 집착하는 이유는 아기 때의 경험에서 비롯됩니다. 아직 스스로 할 수 있는 일이 많지 않은 아이들은 자주 불안감에 시달립니다. 혼자 있을 때, 몸이 불편할 때, 잠이 들 때, 자기 뜻대로 되지 않을 때 불안을 느끼죠. 그때 <u>아이가 불안을 견디는 가장 쉬운 방법은 부모의 존재를 확인하는 것입니다. 아이는 손을 뻗어 부모를 만지고 부모가 옆에 있다는 것을 확인하는 것만으로도 안정감을 느낍니다.</u>

유아들은 아직 인지적인 사고 활동으로 불안을 다스리는 것이 어렵습니다. 아직 사고 기능이 충분히 성숙하지 않았기 때문이죠. 따라서 불안을 다루기 위해 아이는 타인이나 자신의 감각 자극을 이용합니다. 그중 흔한 방법이 부모의 신체 부위를 만짐으로써 편안해지는 감각 자극의 충족을 추구하는 것이죠. 그런데 아기들이 부모의 몸을 만지는 것을 가만히 관찰해보면, 눈을 감은 채 짧고 단순한 동작을 반복하며 촉각 자극을 느낍니다. 이러한 반복 동작은 마치 최면 상태처럼 아이를 유도하고, 최대한 빨리 이완 상태에 도달하게 합니다.

이런 과정이 수십 차례 반복되면 조건반사가 만들어집니다. 개에게 음식을 줄 때 종을 울리면 나중에는 종소리만 들어도 개의 입에 침이 고이는 조건반사처럼 아이들도 부모의 특정 부위를 만지기만 해도 마음이 편안해집니다. 그 부위가 어디든, 또 만지는 느낌이 폭신하든 까칠하든 아니면 부드럽든, 최종 목적은 불안을 줄이는 것입니다. 자극하는 부위가 어디로 결정되는지는 아이의 유아기의 경험에 따라 달라집니다.

아이가 유아기를 벗어나면 제법 말을 잘하고 인지능력도 발달합니다. 그럼에도 마음이 왠지 불편해지면 유아기 때 쓰던 불안을 줄이는 방법을 계속 사용합니다. 그것으로 쉽고 빠르게 효과를 볼 수 있으니까요. 특히 아이들은 잠들 때 불안해지는 경우가 많고, 그런 연유로 잠자리에서 아이가 몸을 만지는 것 때문에 스트레스를 받는 부모도 많습니다. 부모의 스트레스가 크지 않다면 놔두면 됩니다. 부모가 전혀 힘들지 않다면 문제가 될 것도 없겠죠.

그런데 문제는 부모가 힘들다는 것입니다. 특히 가슴 같이 더 신경 쓰이는 부위도 있습니다. 물론 무조건 만지지 말라고 금지하는 건 바람직하지 않습니다. 우선 성공 확률이 낮죠. 또 부모와 아이의 관계만 나빠집니다. 무엇보다 아이는 자신이 그런 행동을 하지 말아야 한다는 사실을 잘 알고 있습니다. 부모가 자신의 행동을 싫어한다는 것도 알고 있죠. 다만 불안감을 느끼는 순간 대처할 마땅한 대안이 없다 보니 부모의 몸에 다시 손을 대게 됩니다.

어쨌든 방향은 두 가지입니다. 첫째는 아이의 만지는 행동을 조금씩 줄여가는 것, 둘째는 불안을 다루는 대안을 만들어주는 것입니다. 우선 집 밖에서 만지는 것부터 멈추게 하는 것이 좋습니다. 밖에서 그런 행동을 하면 엄마가 굉장히 창피해서 기분이 좋지 않다는 걸 분명히 알려줘야 합니다.

그리고 다른 대안을 찾아주세요. 엄마와 관련된 물건을 우선 제시하고, 거기서 마음이 내키는 것이 없다면 아이 자신과 관련된 물건 순으로 넘어가는 게 좋습니다. 어릴 때 아이가 좋아했던 이불 같은 게 있다면 그 일부를 손수건처럼 오려줘도 좋고, 작은 마스코트 같은 걸 들고 다니면서 그걸 대신 만지게 하는 방법도 있습니다. 이렇게 대체물로 서서히 넘어가면서 아이가 불안감이나 불편함을 마음속에서 통제하는 힘을 갖도록 도와줘야 합니다.

***

사연에 나온 것처럼 많은 부모들이 아이의 만지는 행동이 애정 결핍 때문이 아닐까 걱정합니다. 죄책감을 느끼는 부모도 많죠. 하지만 부모가 애정을 다른 부모만큼 주더라도 아이는 부족하다고 느낄 수 있습니다. 선천적으로 사람을 많이 타고, 사랑 받고 싶은 마음이 큰 아이들이 있거든요. 이런 아이들은 부모의 사랑을 더 많이 원하고, 부모가 나름 노력해도 늘 더 많은 사랑을 받고 싶어 하죠.

사연의 경우에도 동생이 태어난 후 아이가 어느 정도의 결핍감을 느꼈을 가능성이 있습니다. 그렇다고 부모가 어떻게 해줄 뾰족한 방법이 있는 것도 아니고 <u>아이가 결핍감을 느낀다고 꼭 해로운 것도 아닙니다. 결핍을 극복하는 과정에서 나름의 개성을 갖게 되니까요. 그러니 부모가 할 일은 부모가 줄 수 있는 만큼의 사랑을 꾸준히 일관되게 주는 것입니다. 그것으로 충분합니다.</u>

마지막으로 한 가지 덧붙이자면 어머니가 아이를 타이르는 방식은 바꾸셔야 합니다. 같은 말이라도 '격려'하는 방식이 있고, 아이의 문제를 '지적'하는 방식이 있거든요. "엄마 찌찌 만지면 남들이 아기라고 놀리잖아"라는 말은 아이의 잘못을 부각시키는 부정적인 말이어서 아이의 자존감을 떨어뜨릴 수 있습니다. 더구나 지금 아이는 약간 불안한 상태이기 때문에 이런 말이 오히려 아이의 불안감을 높일 수 있습니다.

이럴 때는 "우리 ○○이가 이제 여섯 살이니까 엄마 가슴을 안 만질 수 있어. 이제 컸으니까 다른 방법을 써보면 어떨까?"라고 말해주는 게 좋습니다. 많은 부모들이 알게 모르게 부정적인 언어를 많이 사용합니다. 그런데 오히려 그 때문에 아이의 불안을 해소하는 데 더 많은 시간이 걸리기도 하지요.

9세 딸이 무의식적으로 눈썹을 뜯어요

...

아이들이 눈썹을 뜯는 데는 여러 가지 이유가 있습니다. 우선 불편한 마음을 달래려고 눈썹을 만지는 아이가 있습니다. 이때는 앞서 말한 방법을 사용하면 됩니다. 다음으로 자극적인 감각을 느끼려고 눈썹을 뽑는 아이도 있습니다. 이렇게 감각의 자극을 추구하는 아이에겐 더 많은 놀이와 즐거움이 필요합니다. 다른 흥미 있는 활동을 통해 자기 신체에 몰입하는 행동을 덜 하도록 유도해야죠.

가끔은 산만한 아이들이 각성상태와 긴장도를 유지하기 위해 눈썹이나 머리카락을 뽑는 경우도 있습니다. 뽑지는 않고 잡아당기는 아이도 있죠. 산만한 아이들은 지루하고 자극이 약한 상황을 견녀야 할 경우 쉽게 졸음이 쏟아지고 다른 생각에 빠지기 쉽습니다. 이럴 때 습관적으로 눈썹을 뽑으며 집중을 유지하려고 하죠. 평소에 아이가 자주 멍하니 있다면 지루할 때 할 수 있는 다른 방법을 제시해주세요. 지압봉처럼 울퉁불퉁한 물건을 손에 쥐고 주무른다든지 연필의 뭉툭한 쪽으로 허벅지를 누르는 등의 자극을 스스로 가하는 것이 눈썹이나 머리카락을 뽑지 않고도 긴장도를 유지하는 방법이 될 수 있습니다.

딸아이 옷 입히기가 너무 힘들어요

올해 초등학교에 입학한 딸아이는 옷 입는 데 지나치게 까다롭습니다. 양말 한 짝 고분고분 신는 법이 없어요. 무엇보다 옷이 조금만 몸에 붙어도 질색을 하고 옷에 달린 상표가 맨살에 닿으면 난리가 납니다. 또래 여자아이들은 원피스를 좋아하는데 우리 아이는 늘 헐렁한 티셔츠와 반바지만 고집합니다. 게다가 여름엔 땀을 뻘뻘 흘리면서도 긴팔을 입고 집을 나섭니다. 도대체 우리 아이 왜 이러는 걸까요?

감각이 특히 예민한 아이들이 있습니다

옷 입을 때 유난히 까다롭게 구는 아이들이 있죠. 사실 여자아이보다 남자아이가 그런 경우가 많은데, 남자아이들의 감각이 더 예민하기 때문입니다.

우리 몸의 말단에는 무수한 감각세포가 있습니다. '감각수용체'라고도 불리는 이 세포들은 온도, 압력, 촉감 등의 외부 자극을 받아들여 뇌로 가는 신경망에 전달하는 역할을 합니다. 신경망을 통해 자극이 뇌로 전달되면 뇌는 무시할 감각은 무시하고, 먼저 처리해야 하는 중요한 감각정보만 골라 대처를 지시합니다. 짧은 순간에도 두뇌에는 전신의 감각수용체로부터 홍수처럼 정보가 쏟아져 들어오기 때문에 모든 정보를 다 의미 있게 다룰 수는 없으니까요.

아이들의 경우 아직 뇌가 충분히 성숙하지 않아서 이러한 정보 선별과 처리 작업이 빨리 이뤄지질 않습니다. 그래서 같은 자극이 주어져도 어른과 똑같은 감각을 느끼지 못합니다. 아이들이 멀미를 자주 하는 이유도 여기 있죠. 평형감각과 회전감각을 담당하는 전정기관이 아직 성숙하지 못해 정보처리가 느리다 보니 멀미를 느끼는 것입니다. 아이들이 맛에 예민하여 매운 음식을 잘 먹지 못한다거나 통증에 과도하게 반응하거나 때로는 지나치게 둔감한 양상을 보이는 것도 같은 이유입니다. 그중에서도 유달리 감각이 예민한 아이들은 감각 통합과 조절 기능의 발달이 더디다고 보면 됩니다.

보통 옷이 조이거나 까칠한 느낌이 들면 두뇌는 이 느낌을 무시하거나 조금 불편하지만 참아야 한다고 명령을 보냅니다. 그런데 이 작업이 제대로 진행되지 않으면 아이들 입장에선 아주 괴로운 거죠. 불편한 감각에만 신경이 쏠리다 보니 다른 활동을 못하게 됩니다. 아이들을 벗겨놓다시피 하고 키우던 19세기까지는 이런 현상을 거의 관찰할 수 없었습니다. 제가 어렸을 때만 해도 아이들은 헐렁한 아랫도리만 입고 자랐으니 옷의 감각 때문에 거슬릴 일은 없었죠. 그런데 요즘 들어 아이들에게도 어른들이 입는 스타일의 옷을 입히다 보니 이런 예민함이 비로소 문제가 되고 있습니다.

이럴 때 중요한 것은 아이의 어떤 감각이 특히 예민하거나 약한지를 분석하는 것입니다. 그러기 위해선 어떤 옷을 유독 싫어하고, 어떤 옷만 줄기차게 고집하는지 잘 살펴보세요. 그리고 아이가 편하게 느끼는 옷을 골라 입히면 됩니다. 예컨대 아이가 트레이닝복만 고집한다는 건 옷이 몸을 조이는 압박을 싫어한다는 뜻입니다. 그러니 가랑이 사이가 좀 낀다거나 몸을 움직일 때 부자연스러운 옷은 아예 피하는 게 좋겠지요.

제 아이 하나도 어린 시절에 감각이 무척 예민했습니다. 그래서 저는 아예 아이가 입기 좋아하는 옷을 같은 것으로 여러 벌 사주었습니다. 옷이 더러워지면 갈아입혀야 하니까요. 남들이 '쟤는 옷이 저것뿐인가' 생각할까 봐 걱정이 들겠지만 그러면 좀 어떻습니까. 내 아이가 편안한 게 우선이죠. 물론 딸인 경우 예쁜 옷을 입히고 싶은 마음이 좀 더 많이 들겠지요. 그렇다면 조금 수고스럽더라도 부모가 발품을 더 팔아서 예쁘면서도 편안한 옷을 찾아줘야 합니다. 아이가 거슬려할 수 있으니 옷의 태그나 라벨은 반드시 떼주시고요.

<u>감각이 예민한 아이들에게 도움이 되는 활동도 있습니다. 무엇보다 그네를 많이 태워주는 게 좋습니다.</u> 그네 타기는 전정기관의 발달을 촉진하여 두뇌의 감각 통합과 조절능력의 발달을 빠르게 하는 데 상당히 효과적입니다. 그네를 타는 동안 우리 몸의 평형감각과 회전감각 담당 기관은 계속 움직이면서 감각을 적절한 수준에서 조절하는 훈련을 하게 됩니다. 그렇기 때문에 감각이 예민한 아이들은 그네 타기

를 싫어합니다. 하지만 그네에 살살 태워 적응시킨 후 점점 낙차를 높여가면 뇌의 감각정보처리 능력을 키울 수 있습니다.

또 아이들이 좋아하는 '이불김밥놀이'도 좋습니다. 이불로 아이를 김밥 말듯 둘둘 말아 꾹꾹 눌러주는 놀이입니다. 이 놀이를 하면 아이는 온몸으로 감각을 느끼게 되는데, 이를 통해 다수의 감각정보를 두뇌로 폭주시켜 두뇌의 정보처리 능력을 끌어올릴 수 있습니다. 그 밖에 여러 촉감을 느끼게 하는 물건들로 몸을 문질러주는 것도 도움이 됩니다.

<u>아이들마다 차이가 있긴 하지만 감각의 예민함은 초등학교 3~4학년 정도가 되면 많이 줄어듭니다. 그러니 그때까지는 인내심을 갖고 아이를 도와주세요.</u> 그때가 되면 입지 못하게 해도 멋진 옷을 스스로 찾아 입을지 모르는 일입니다.

❓ Plus Q | 7세 딸이 분홍색 치마만 입으려 해요

…

이 경우는 감각이 예민한 것과는 다른 문제입니다. 그야말로 취향이죠. 다 지나가는 한때이니 그냥 아이의 취향을 인정해주면 됩니다. 책이나 장난감이나 애니메이션을 보면 분홍 드레스나 치마를 예쁘게 입은 여자아이들이 많이 나오지요. 분홍색은 쉽게 눈에 띄는 화려한 색이며 아이들 눈에는 예쁜 여자 주인공을 상징합니다. 아이는 분홍색 옷을 입은 순간 자신이 주인공이라고 생각합니다. 기분이 좋아지죠. 게다가 여자아이들은 분홍 치마를 입고 나서면 예쁘다는 칭찬을 많이 듣습니다. 다른 사람들에게 인정받고 싶고 어딜 가든 칭찬을 듣고 싶은 것은 어린아이들도 마찬가지이기에 아이들은 분홍 치마를 더욱 좋아하게 되죠.

물론 분홍 치마만 입으면 빨래를 자주 해야 하는데다 활동이 불편해서 곤란하겠죠. 그런 우려를 아이에게 분명히 말해주어 적당한 선에서 타협을 해야겠습니다. 분홍 원피스를 입는 날, 편안한 분홍 치마를 입는 날, 분홍 바지를 입는 날, 다른 색 옷을 입는 날, 이런 식으로 날짜를 정하는 거죠. 그리고 한 가지 더, 분홍색이되 활동하기 편하고 빨래하기도 쉬운 옷으로 넉넉히 사주는 게 좋습니다. 아이가 한 가지 색깔만 유독 고집할 때는 아예 그 색의 옷을 자주 입히면 그 색깔에 더 빨리 싫증을 낼 수도 있습니다. 못 하게 하면 더 하고 싶고, 실컷 하도록 자유를 주면 시들해지는 것이 인간의 보편적인 심리니까요.

떼쓰는 게
점점 심해져요

6세 아들을 둔 엄마입니다. 저는 지금껏 아이의 요구를 강하게 거절해본 적이 없고, 해선 안 되는 일에 대해서는 이유를 차근차근 설명하며 키웠습니다. 그런데 아들은 제 딴에 엄마가 거절할 것 같다 싶은 일에 대해서는 언제나 반대로 말하며 떼를 씁니다.

어렸을 때는 안 되는 이유를 설명해가며 달래주곤 했는데, 클수록 점점 떼쓰는 게 심해집니다. 이제는 도저히 참아주기 어려워서 "반대로만 말하면 네가 원하는 게 뭔지 엄마가 어떻게 아니. 엄마도 이젠 네가 말하는 대로 할 거야"라고 했더니, 이게 웬 난리인가 싶을 정도로 심하게 떼를 씁니다. 알아듣게 타일러도 그때만 알았다고 할 뿐, 좀처럼 고쳐지질 않습니다. 어떻게 지도해야 할지 답답하기만 합니다.

아이는 떼를 쓰며 성장합니다

아이 키우기에서 어느 것 하나 쉬운 일이 없겠지만 그중 부모의 스트레스를 가장 높이는 것은 역시 아이들의 떼쓰기입니다. '떼'는 부당한 요구를 들어달라고 고집을 부리는 행위입니다. 그런데 부당하다는 판단은 부모가 내리는 것이기에 아이들의 생각은 전혀 다른 경우가 많습니다. 아이 입장에선 최대한의 방법을 동원해 주장을 펴는 것인데, 이것이 부모가 보기에는 떼쓰기인 거죠.

아이들이 떼를 쓸 수밖에 없는 이유는 충분히 많습니다. 우선 아이들에겐 자기 마음대로 할 수 있는 일이 얼마 되지 않습니다. 대부분 부모의 허락을 받아야 하죠. 물론 부모로서는 아이가 제 마음대로 하도록 두고 볼 수가 없습니다. 아이의 안전과 건강한 생활을 위해 통제는 불가피하죠. 그런데 그런 통제를 아이가 모두 이해하거나 마음으로 받아들이는 것은 어렵습니다. 아무리 어린아이라도 사람은 누구나 통제받는 걸 싫어하고 자유를 원하니까요.

게다가 아이들은 능력이 부족합니다. 갖고 싶은 것을 스스로 만들거나 얻을 힘도 부족하고, 자신에게 주어진 일을 빨리 해내고 싶지만 몸이 따르지 않죠. 그래서 부모에게 도와달라고 조릅니다. 그러면서도 부모가 너무 많이 도와주면 자기 맘대로 하지 못할까 봐 겁이 나서 또 떼를 씁니다. 그러니 부모 입장에서는 어느 장단에 맞춰줘야 할지 가늠이 되지 않는 것입니다.

그뿐이 아닙니다. 아이들은 아직 참는 힘도 부족합니다. 원하는 것을 얻기 위해 기다리는 것도 힘들고, 지는 것과 양보하는 것을 받아들이기도 어렵죠. 그래서 바라는 것을 얻지 못해 기분이 안 좋아질 때는 떼를 씁니다. 떼를 쓴다고 해서 바라는 것을 얻어낼 수 있다는 보장은 없지만 불편한 마음을 털어버리려 떼를 씁니다.

이처럼 아이가 막무가내로 고집을 부리고 울면서 요구를 하면 부모의 마음은 불편해집니다. 그러다 보면 무리하게 대응하기가 쉽죠. "계속 그러면 혼날 줄 알아!" 하며 협박하기도 하고, 버럭 소리를 질러 기를 꺾기도 합니다. 성격이 급한 부모들은 손이 나가기도 하죠. 이런 행동을 할 때 부모들은 아이의 버릇을 고치기 위해서라고 말하지만, 알고 보면 그저 자기 마음이 불편해서 하는 행동입니다. 아이가 떼를 쓰는 것이나, 아이가 떼를 쓴다고 부모가 짜증을 내는 것이나 오십보백보의 행동입니다. 자기 마음대로 안 돼서, 내 마음이 불편해서 상대를 자극하는 행위에 불과하죠.

물론 아이가 떼를 쓸 때 참는 일은 쉽지 않습니다. 육아 서적이나 전문가들은 무시해야 한다고 말하지만 막상 상황이 닥쳤을 때 그렇게 실천하기란 어렵습니다. 무엇보다 우리의 유전자 자체가 아이의 울음소리에 민감하게 반응하도록 되어 있습니다. 그래야 아이를 위험 상황으로부터 보호해 종족을 유지할 수 있으니까요. 그렇기에 어지간한 마음 수련을 한 사람도 아이의 울음소리에는 마음이 흔들립니다. 저 역시 아이가 어릴 때 떼를 쓰며 울면 견뎌내기가 어려웠습니다. 그래서 나중엔 귀에 이어폰을 끼고 좋아하는 음악을 듣곤 했습니다. 울음에 장시간 직접적으로 노출되면 이성이 마비된다는 것을 깨달았기에 눈으로는 아이를 보면서도 울음소리를 중화시켜 들으려고 한 것이죠.

그렇다고 참지 않을 수도 없습니다. 떼쓰는 행동에 대해 보상을 할 경우 떼쓰는 행동은 더 강화되기 때문입니다. 떼를 써서 자신의 요구가 관철된다는 것을 알면 아이는 그다음에도 비슷한 상황에서 떼를 씁니다. 부모가 들어주지 않으면 수위를 높여가며 떼를 쓰죠. 그런 상황이 되면 부모는 참으려 노력하다가도 결국 아이에게 굴복하고 맙니다. 그냥 들어주기도 하고, 한 대 때리고 나중에 미안해하며 들어주기도 합니다. 그 어떤 경우든 아이는 떼를 쓰면 확실한 보상이 뒤따른다는 것을 확인하게 됩니다. 이렇게 해서 떼쓰기가 아이의 고정 레퍼토리가 되는 것이죠.

*＊＊

그렇다면 어떤 방법이 좋을까요? 우선 **아이가 왜 떼를 쓰는지 그 원인을 찾아봐야 합니다. 첫째는 아이가 제대로 하지 못하면서도 굳이 스스로 하겠다고 고집을 부리는 '내가 할게 떼쓰기'입니다. 둘째는 아이와 부모의 생각이 다른 상황에서 타협이 이뤄지지 않아 떼를 쓰는 '다른 의견 떼쓰기'입니다. 마지막은 별다른 이유가 안 보이는데도 떼를 쓰는 '다 싫어 떼쓰기'입니다.** 지금 내 아이가 떼를 쓰는 이유는 어느 쪽일까요? 그 원인을 꼭 알아야 합니다. 그래야 아이의 떼쓰기에 제대로 대응할 수 있습니다. 좀 더 자세히 살펴보죠.

첫째, '내가 할게 떼쓰기'입니다. 부모의 도움 없이 자기 혼자서 하겠다는 떼쓰기죠. 엄마는 출근 시간이 촉박해 마음이 급합니다. 그런데 함께 나서야 할 아이가 혼자 신발을 제대로 신지도 못하면서 굳이 자기가 직접 신겠다고 고집을 부리는 식입니다. 이런 떼쓰기는 발전하고 자립하려는 욕구의 표현이니 기본적으로 건강한 떼쓰기입니다.

'자기 잘난 맛'에 살고 싶은 아이의 떼쓰기는 그냥 놔두고 기다리는 것이 좋습니다. 물론 자기 혼자 하겠다고 고집부리다가 결국 다치기라도 하면 부모는 속이 터지죠. 시간도 많이 들어 답답하고요. 하지만 아이가 다양한 것을 시도하고 시험하는 과정이 바로 성장입니다. 이 과정을 거치지 않고서 아이가 스스로를 믿을 방법은 없어요. 직접 해서 성공해봐야 자신감도 생길 테니까요. 그러니 아이의 자존감을 생각해서라도 아이에게 기회를 줘야 합니다. 다만 아이가 자기가 하겠다고 떼를 부리는 일이 늘어나면 부모는 미리 시간 계획을 잘 세워야 합니다. 직접 시도해볼 수 있도록 부모가 먼저 준비를 마치고 아이에게 충분한 시간을 주어야 아이도 부모도 행복해질 수 있습니다.

둘째, '다른 의견 떼쓰기'입니다. 아이는 원하지만 부모는 들어줄 수 없는 경우죠. 어떤 물건을 갖고 싶다고 조르거나 TV 보는 시간을 늘려달라고 요구하는데 부모는 들어줄 수 없는 경우입니다. 이때는 들어주지 않되 떼쓴다고 야단치지도 말아야 합니다. 아이의 속상해할 권리를 인정하고 위로하거나 그냥 무시하면 됩니다. 흔히 말하는 '무시 기법'을 써야 하는 경우가 바로 이 상황입니다.

사람은 누구나 실망할 권리가 있습니다. 실망하면 슬픔이 찾아오죠. 아이가 슬퍼하면 슬픔을 빨리 멈추게 하려고 무던히 애를 쓰는 부모들이 있습니다. 그럴 필요 없습니다. 슬픔이란 충분히 슬퍼해야 쉽게 떨쳐낼 수 있는 법입니다. 아이에게 이렇게 말해보세요. "네가 속상한 건 알아. 하지만 네가 바라는 걸 다 들어줄 수는 없어. 그래서 아빠도 속상해. 하지만 다 들어주면 너를 멋진 어른으로 키우기가 어렵단다. 우리가 안 하기로 함께 약속한 거니까 아빠는 지킬 거야." 이렇게 아이의 떼쓰기를 무시하고 시간을 주면 아이도 자신에게 주어진 상황을 스스로 깨닫고 받아들이게 됩니다.

마지막으로 '다 싫어 떼쓰기'입니다. 사소한 것으로 떼를 쓰는데 달래도 소용이 없습니다. 달래주는 말에 말꼬리를 잡으면서 계속 짜증을 부립니다. 부모로선 "도대체 어쩌란 말이냐?"라는 말이 절로 나오죠. 일명 '가면 떼쓰기'라고도 하는데, 아이가 겉으로 요구하는 것과 무관한 다른 이유가 내면에 숨어 있는 경우입니다.

이 아이들의 마음은 편하지 않습니다. 늘 불안하고 욕구 불만이 있죠. 속에서는 화가 나는데 뭐라고 말로 표현하지는 못하겠고, 그러다 보니 떼를 씁니다. 이런 아이들을 보면 대개 유아기 초기에 부모가 안정적으로 키우지 못한 경우가 많습니다. 이 아이들에겐 부모, 특히 엄마가 자기편이라는 확신이 필요합니다. 그 확신을 얻기 위해 아이는 떼쓰기를 통해 부모의 인내심을 시험하고 있습니다. 그런데 부모도 사람인지라 참다못해 결국 화를 내게 되고, 그러면 아이의 불안은 더욱 높아져 상황은 계속 악화되어갑니다.

이런 아이인 경우 부모가 아이와 보다 더 친밀한 관계를 맺으려 노력해야 합니다. 아이가 떼를 쓸 때는 아무리 좋게 마음먹으려 해도 아이를 사랑하기 어렵습니다. 떼쓰지 않는 상황에서 아이와 함께 놀고, 즐기는 시간을 많이 가져야 합니다. 그런 시간이 부모에 대한 아이의 믿음을 조금씩 키워줄 겁니다. 그리고 떼를 쓸 때는 가볍게 대하세요. 빨리 달래주려고 할 필요 없습니다. 계속 이렇게 돼도 되나 걱정할 필요도 없습니다. 그냥 힘 빼고 편하게 대하세요. 그래야 아이가 변합니다. 물론 여기에는 꽤나 긴 시간이 필요하죠. 하지만 시간의 문제일 뿐, 부모가 꾸준히 노력한다면 분명 아이는 달라집니다.

3세 아이가 화가 나면 땅에 머리를 쿵쿵 박아요

…

떼를 쓰는 거죠. 속상한 마음은 인정해주되 떼를 받아줘선 안 됩니다. 야단칠 필요는 없지만 다칠까 걱정해서 아이의 요구를 들어주면 안 됩니다. "우리 ○○이가 속상하구나. 하지만 그런 방법은 옳지 않아"라며 거절해야 합니다. 그리고 제대로 요구하는 방법을 가르쳐줘야 하죠. 예를 들어 "이것 좀 주세요", "이거 가지고 싶어요"라고 말하는 법을 가르쳐주고, 아이가 말로 요구하는 바를 표현하면 들어주는 식으로 습관을 들여야 합니다. 만일 무리한 요구라면 역시 언어로 적절하게 의사를 조율하는 방법을 알려주면 됩니다.

머리를 땅에 부딪치는 행동은 아프면 저절로 그만두게 되어 있습니다. 지적장애아나 자폐아의 경우 자기 통증에 대한 역치가 낮아서 자해 행동을 반복하기도 하지만, 그런 경우를 제외하곤 대부분 '쇼'라고 봐도 무방합니다. 물론 쇼를 하다가 다치는 수도 있는데, 조금 다치더라도 굴하지 마세요. 떼쓰지 않고 바르게 이야기하는 방법을 가르치는 것이 더 중요합니다.

유치원을 옮긴 뒤로
아침마다 전쟁이에요

올해 다섯 살이 된 딸아이가 매일 아침 유치원을 안 가겠다고 합니다. 어린이집에 보내다가 얼마 전 가까운 유치원으로 옮겼는데 이때부터 매일 아침 전쟁이에요. 아침에 눈뜨자마자 유치원에 가지 않고 집에서 놀겠다며 짜증을 부립니다. 어떻게 해야 자연스럽게 유치원에 갈 수 있도록 만들는지요? 게다가 전에는 안 그랬는데 요즘 들어 하루에 두세 번씩 속옷을 버립니다. 소변이 마려우면 바로 화장실에 가면 되는데 그냥 싸버리거나 급하게 화장실로 달려가다가 오줌을 지리기 일쑤입니다.

환경에 적응할 수 있도록 느긋하게 기다려주세요

어른들도 새로운 환경에 적응하는 것이 쉽지만은 않습니다. 직장을 옮기거나 결혼을 하면 바뀐 환경에 적응하느라 무척 애를 먹죠. 어른들도 그럴진대 어린아이들이 새로운 환경에 적응하기 어려운 것은 당연한 일입니다. 부모들은 아이에게 중요한 환경의 변화가 있을 경우 마음의 대비를 해야 합니다. 당분간은 좀 더 시간을 많이 내서 아이의 어려움을 들어주고 더 많이 격려하며 이 시기를 헤쳐 나가겠다는 각오가 필요하죠.

아이마다 적응 기간의 어려움을 표현하는 방법은 다르지만, 처음 유치원에 갔을 경우 두 명 중 한 명은 상당히 힘들어한다는 조사 결과가 있습니다. 이전에 어린이집을 다닌 아이들은 나을까 싶지만 새로운 환경에 적응한다는 점에서 어렵기는 마찬가지입니다. 아이가 새로 옮긴 교육기관에 가기 싫어하는 것, 자주 아프고 전에 없었던 신체 증상을 보이는 것, 짜증이 늘고 떼를 많이 쓰는 것 모두 적응의 어려움을 나타내는 증상입니다. 새로 옮긴 환경이 어색하고, 불편하고, 불안해서 스트레스를 많이 받는 것이죠.

아이가 이처럼 적응하는 데 어려움을 보일 경우 가장 중요한 것은 기관의 대응입니다. 아이가 힘든 것은 불안감 때문이고, 의지하고 기댈 누군가가 없다는 것이 불안의 핵심 요인이므로 아이가 의지하고 기댈 수 있도록 특별한 관심을 기울여야 합니다. 불안감이 너무 큰 아이는 교사가 친절하게 대해주는 것에서도 부담을 느낍니다. 하지만 꾸준히 아이를 도와주며 함께하길 원한다는 마음을 보여주면 아이의 불안은 점차 누그러질 것입니다. 그런데 현실적으로 보면 기관이 이렇게 대응하는 것이 쉽지 않습니다. 스무 명이 넘는 어린아이들을 교사 한 명이 봐야 하는 실정이기 때문입니다. 이 경우 아이의 적응을 도와주는 것은 부모의 책임으로 넘어올 수밖에 없습니다.

이때 부모에게 필요한 것은 아이와 호흡을 맞추는 태도입니다. 부모들은 어떻게 하면 아이를 빨리 적응시킬 수 있을까 고민합니다. 그런데 중요한 것은 아이가 환경에 익숙해지는 것이죠. 그 순간이 올 때까지 부모는 아이 곁에서 기다려줘야 합니다. 아이도 새로운 환경에 적응하고 싶어 합니다. 물론 새로운 환경이 두려워서 과거로 도망치려 하기도 하죠. 예전에 다니던 곳에 가고 싶다고 하거나, 더 이전 시기에 그랬듯 집에서 부모와 함께 있고 싶어 하기도 합니다. 하지만 두려움이 줄어들면 다시 앞으로 나아갈 것입니다. 그때까지 따뜻하게 받아주고 격려해주면 아이는 서서히 두려움을 극복합니다. 우리 아이는 낯선 환경에 적응하는 데 시간이 오래 걸린다는 사실을 그대로 받아들여야 합니다. 왜 다른 집 아이와 다를까 하며 속상해하지 마세요. 그게 우리 아이의 모습이라면 있는 그대로 받아들이고, 아이가 천천히 적응해갈 수 있도록 느긋하게 기다려주세요. 적응에 조금 더 시간이 필요할 뿐, 적응하고 나면 내 아이가 더 뛰어난 모습을 보여줄 수도 있습니다.

아이들이 유치원에 적응하기 위해서는, 첫째로 교사에게 깊은 신뢰를 갖게 되거나, 둘째로 새로운 놀이 공간 내지 장난감에 흥미가 생기거나, 셋째로 친구와 가까워져야 합니다. 기질적으로 불안감이 높은 아이들은 친구에게 다가가고 싶은 마음이 있어도 쉽사리 다가가지 못하고, 자기가 갖고 놀고 싶은 장난감이 있어도 다른 아이들이 그것을 가지고 놀면 탐색할 엄두를 내지 못합니다.

그럴 때는 적응을 돕기 위해 유치원 일과가 끝난 후 부모가 유치원 공간에서 함께 놀아주는 것도 좋은 방법입니다. 물론 유치원의 허락을 받아야겠죠. 새로운 공간이 주는 불안감을 줄이는 데는 안정감을 주는 부모와 그 공간을 함께 이용하는 것이 가장 효과적입니다. 또 방과 후에 유치원 친구들과 함께 놀 기회를 만든다거나 자유 놀이 시간에 아이가 다른 아이들의 놀이에 낄 수 있게 살짝 거들어달라고 선생님에게 부탁해보세요. 아이가 친구들 사이에 끼어들게 도와주는 것이죠. 이런 과정은 시간이 걸립니다. 하지만 시간이 걸리는 것일 뿐, 그 시간 동안 어른들이 도와준다면 아이는 이내 잘 적응할 수 있습니다.

* * *

아이가 겪고 있는 소변 문제도 중요하게 다뤄야 합니다. 소변 문제는 아이에게 심각한 스트레스를 유발하죠. 부모들의 생각과 달리 유치원, 아니 초등학교 저학년까지도 화장실에 가는 데 어려움을 겪는 아이들이 적지 않습니다. 소변이 마려우면 화장실에 가면 되지 않겠나 싶지만 그 일이 일부 아이들에게는 그리 간단하지가 않습니다. 집에서야 놀다가 바로 옆 화장실로 쪼르르 달려가면 되지만, 유치원에서는 일단 교실과 화장실 사이의 거리가 꽤 멀 수 있습니다. 또 자기가 가고 싶을 때 마침 다른 친구가 사용하고 있을지도 모르고요. 가끔은 선생님이 이야기하는 중에 화장실에 간다고 말하기가 어려워 억지로 소변을 참다 실수를 하는 아이도 있습니다.

소변이 어느 정도 차면 방광은 두뇌에 신호를 보냅니다. 화장실에 갈 준비를 하라고요. 그러면 우리의 두뇌는 화장실에 가기 위해 노력하죠. 이처럼 신체 장기가 두뇌에 자기 상태를 알리는 것을 '되먹임 전'이라고 합니다. 소변이 마렵다는 신호는 보통 화장실에 가야 할 시점보다 한참 전에 이뤄집니다. 그래서 방광이 신호를 막 보냈을 때는 크게 서두를 필요가 없죠. 그런데 아직 되먹임기전이 성숙하지 못한 아이들의 경우 신호가 너무 늦게 접수되거나 너무 일찍부터 신호를 받아들입니다. 그러다 보면 아주 급한 시점이 되어서야 화장실로 뛰어가게 되거나 반대로 나올 소변도 얼마 없는데 화장실을 계속 들락거리게 되죠. 두 경우 모두 집이 아닌 유치원에서는 무척 불편한 상황입니다.

되먹임기전의 오작동은 기본적으로 아직 나이가 어려 발달이 미숙하기 때문이지만 정서의 영향을 받기도 합니다. 지나치게 흥분한 상태로 노는 아이들은 신호를 늦게 받아 화장실에 갈 때마다 늘 급하게 뛰어갑니다. 반대로 불안이 많은 아이들은 신호를 빨리 받습니다. 이유가 무엇이든 이런 상황에서는 아이가 자신의 문제를 다른 친구들이 알게 될까 봐 스트레스를 많이 받습니다. 소변 실수는 한 번만 해도 무척 창피한 일이니까요. 이런 상황에서는 되먹임기전이 제대로 작동하도록 빨리 도와줘야 합니다.

무엇보다 당분간은 규칙적으로 화장실을 가게 훈련시켜주세요. 한 시간이면 한 시간, 두 시간이면 두 시간, 시간을 정해놓고 화장실에 가게 합니다. 화장실 가는 시간을 자주 놓치는 아이라면 이런 방법만 사용해도 문제가 해결됩니다. 반면 너무 자주 가서 문제인 아이들은 해결하기가 어렵습니다. 이런 아이들은 한두 시간에 한 번만 가라고 하면 심각하게 불안을 느낍니다. 실수할 것 같다고 초조해하죠. 그럴 때는 아이가 자신의 소변량을 눈으로 확인할 수 있게 도와줘야 합니다. 작은 페트병을 준비해서 소변을 변기가 아닌 페트병에 누도록 합니다. 여자아이의 경우에는 넓은 그릇에 보게 한 후 페트병에 옮겨

담습니다.

250ml 페트병을 준비해서 50ml 단위로 선을 그어두세요. 아이들의 평균 소변량을 보면 만 5세의 경우 150ml 이상입니다. 방광의 용적은 그것보다 더 크죠. 아이에게 너의 방광은 150ml도 쉽게 참을 수 있다고 말해주세요. 풍선에 물을 넣어서 크기를 보여주는 것도 좋습니다. 그러고는 목표 소변량을 100ml로 정한 후 이에 가깝게 소변을 보면 칭찬해줍니다. 칭찬 스티커를 붙여줘도 좋겠지요. 이때 주의할 점은 절대 강요해선 안 된다는 것입니다. 아이가 이만큼 참았을 때 이 정도 양의 소변을 보는구나 하고 느끼기만 하면 됩니다. 정말 많이 마려워서 화장실에 뛰어갔는데 막상 나온 소변은 얼마 안 된다는 것을 느끼는 것이 중요하죠. 그렇게 반복하다 보면 조절능력을 곧 회복할 수 있습니다.

Plus Q

기관에 처음 보내는데 어떻게 적응시켜야 할까요?

…

아이가 기관에 잘 적응하게 하려면 정식으로 등원하기 전에 아이와 함께 해당 기관에 들러 이곳저곳을 살펴보면서 분위기를 익힐 수 있도록 해주세요. 선생님의 얼굴도 익히고, 가능하다면 선생님과 잠깐이라도 놀 시간을 만들어주면 더 좋습니다. 그렇게 서서히 적응시키면 아이들의 스트레스를 줄이는 데 큰 도움이 됩니다. 같은 반 친구의 얼굴을 익혀두고 함께 놀 기회를 미리 마련해주는 것도 좋은 방법입니다. 분리불안이 심해 등원을 거부하는 아이라면 유치원과 협의해 며칠간은 엄마가 같이 있어줘도 좋겠지요.

더불어 아이가 유치원 생활로 힘들어할 때는 그 감정을 충분히 표현하도록 격려해주어야 합니다. 불안하고 부정적인 감정에 대해 더 많이 이야기할 수 있게 해주세요. 아이가 나쁜 이야기를 하면 그렇지 않다고, 좋게 생각하라고 미리 말하지 마세요. 나쁜 느낌일수록 더 많이 표현해야 마음이 더 편해집니다. 어떤 아이들은 기관 적응 시기에 약간의 퇴행을 보이기도 합니다. 짜증을 부리거나, 엄마와 붙어 있으려 하거나, 인형을 끌어안고 다닌다거나 하는 식이죠. 이런 행동 역시 적어도 한 달은 그러려니 하고 받아주는 게 좋습니다. 아이가 특별히 좋아하는 인형이 있을 때는 얼마 동안이라도 원에 갈 때 가지고 갈 수 있게 해주면 아이가 안정감을 얻는 데 도움이 될 수 있습니다.

산만한 우리 아이, ADHD일까요?

초등학교 5학년 아들을 둔 맞벌이 아빠입니다. 아이는 어릴 때부터 놀이터에서 집에 들어오는 것도 잊을 정도로 놀기를 좋아하고 장난기도 많은 편이었습니다. 그런데 초등학교에 입학하면서 심상찮은 문제가 불거지기 시작했습니다. 수업 시간에 산만한 것은 말할 것도 없고 툭하면 친구들과 다툽니다. 아이의 성격이 비뚤어진 건 아니지만, 사람들을 놀라게 하고 친구들을 괴롭히는 돌발 행동 때문에 단 하루도 사고를 치지 않고 넘어가는 날이 없습니다. 그래서 거의 매일 매를 들고 야단도 쳐보지만 그때뿐이에요. 학교 선생님도 아이가 사회성이 부족하고 산만한 것이 ADHD일 것 같다며 병원 상담을 권하셨어요. 그런데 막상 병원에 가려니 두렵습니다. 도대체 이 아이를 어떻게 하면 좋을까요?

전문가의 도움을 받아보세요

아이가 잘못하면 부모는 야단도 치고 훈계도 하며 바로잡으려 노력해야겠죠. 저는 체벌을 반대하지만 체벌하는 부모도 이해는 갑니다. 체벌을 해서라도 아이의 문제를 고쳐보려는 마음에 그러시겠죠. 하지만 같은 문제를 이유로 반복해서 아이에게 매를 들게 된다면 그때는 정말 체벌이 답은 아닙니다. 아이의 행동을 다른 관점에서 바라보고 부모의 지도 방법에 달리할 부분은 없을지 먼저 살펴봐야 합니다. 그렇게 해서 지도 방법을 바꿔보고 그럼에도 문제가 계속된다면 그때는 아이가 가진 문제가 가정에서 감당할 수 있는 범위를 넘어선 것이므로 전문가를 찾아봐야 합니다.

사연을 보면 거의 매일 매를 들고 있는 상황입니다. 그 말은 매를 드는 것이 전혀 효과가 없다는 의미죠. 효과가 없는데도 다른 방법을 쓰지 않고 계속 같은 방법만 쓰고 계세요. 밥을 하는데 매일 같이 밥을 태우는데도 계속 같은 방식으로 하면서 또 탄다고 속상해하기만 하는 것과 마찬가지죠. 그 정도 됐으면 이제는 다른 사람의 의견이나 조언을 구하고 부모님의 생각을 바꿔야 합니다.

일반적으로 우리는 어떤 일을 할 때 자신이 가진 방법이 통하지 않으면 새로운 방법을 적용해봅니다. 그래도 안 되면 다시 공부를 하거나 그 방면에 정통한 전문가를 찾아 의견을 구하죠. 그런데 많은 부모님들이 자식 키우는 건 처음부터 끝까지 한 가지 방법만 고집하는 경우가 많습니다. 아이 키우는 데 뭐 특별한 방법이 있겠냐고 말하기도 하죠. 하지만 아이를 대하는 방식이나 문제에 대처하는 방법은 생각보다 다양합니다. 그것을 모르고 자기 방식만 끝까지 고집하다 문제가 심각해지는 경우가 자주 벌어집니다.

요즘은 ADHD(주의력결핍과잉행동장애)가 많이 알려져 있습니다. 그런데 이에 관한 오해가 많습니다. 폭력적이고 굉장히 부산한 아이들만이 ADHD라고 흔히들 생각하죠. 이런 오해가 널리 퍼진 데는 미디어의 영향이 큽니다. 미디어에서 쉽게 흥미를 끌 수 있는, ADHD의 극적인 사례들을 주로 보여줬기 때문이죠.

하지만 ADHD는 그리 심각한 병이 아닙니다. 무엇보다 초등학생 기준으로 유병률이 6~10%입니다. 열 내지 열여섯 명의 아이 중 한 명은 ADHD라는 것이죠. 보통 초등학교 한 반에 두세 명꼴입니다. 학교에서 문제를 많이 일으키거나 산만해서 수업에 집중하지 못하는 아이들을 심한 순서대로 다섯 명을 뽑는다면, 그중 두세 명은 ADHD이고, 다른 두세 명은 정서적인 문제나 인지능력의 문제 등을 가진 아동입니다.

ADHD가 의심되는 아이의 경우엔 학교 선생님이 상담을 받아보는 게 어떠냐는 말로 병원에 가볼 것을 완곡하게 권합니다. 우리나라의 교육 환경에서 교사들이 상담과 병원 치료를 권한다는 것은 쉽지 않습니다. 부모들이 그런 말에 상처를 받는다는 것을 잘 알기 때문이죠. 그런데 교사가 권할 정도라면 대개는 정말 힘든 경우입니다. 그럴 때는 반드시 권유대로 상담을 받아보는 것이 좋습니다. 꼭 ADHD가 아니더라도 도움이 필요한 경우니까요.

물론 부모 입장에서는 아이가 나이를 먹으면 좀 나아지겠지 하는 마음도 들 겁니다. 내가 좀 더 노력하면 되지 않을까 하는 생각도 들죠.

그런데 만약 아이가 ADHD라면 가정에서 노력한다고 쉽게 해결되지 않습니다. 다리를 다친 아이에게 100m 달리기를 시킨다고 생각해보세요. 아이가 다리 때문에 제대로 못 뛰는데 왜 빨리 뛰지 않느냐고 다그친다고 잘 뛸 수 있을까요? 마찬가지로 시력이 0.1도 안 되는 아이를 안경 없이 교실 뒤에 세워놓고는 칠판 글씨를 읽어보라고 하면 어떨까요? 아이는 안 보여 읽지 못하는데 왜 못 읽느냐며 나무라면 어떨까요? ADHD도 이와 비슷한 문제입니다. 노력한다고 해결되지 않습니다.

어떤 부모들은 이렇게 반문합니다. "그런데 집중을 잘할 때도 있는 걸요?" 맞습니다. 아이들이 좋아하는 일이라면 혹은 많은 노력을 기울이면 한시적으로 잘할 수는 있습니다. 하지만 언제나 긴장하고 노력하며 살 수는 없습니다. 만약 아이가 늘 엄청난 노력을 해야 한다면 집중은 할 수 있을지 몰라도 다른 병에 걸리고 말 것입니다. 매 순간 100%의 노력을 기울이며 살 수는 없는 법이고, 아이들은 더욱더 그러기 어렵지요.

*＊＊

주의력에 어려움을 겪는 아이들은 대개 자기를 조절하는 힘이 부족합니다. 우리 머릿속에는 자기 행동을 조절하는 센터가 있는데, ADHD 아이들은 이 부분의 발달이 조금 더딘 것입니다. 뇌의 특정 부분의 발달이 더뎌서 제 기능을 못하는 경우는 드물지 않습니다. 대표적인 예가 음치지요. 음치는 다른 능력은 멀쩡한데 유독 음정을 못 맞춥니다.

마찬가지로 주의력 혹은 자기 조절과 관련된 부분의 발달이 늦을 수도 있습니다. 이런 아이들은 지루하고 귀찮은 일에는 주의를 기울이기가 너무 힘들죠. 게다가 돌발 행동을 하기 쉽습니다. 순간순간 자기조절력이 떨어져 하지 말아야 할 행동을 하게 됩니다. 자동차로 말하자면 브레이크가 잘 안 듣는 격이죠. 적정선에서 멈춰야 하는데 브레이크가 안 걸려서 자주 도를 넘어 행동하니 주변 사람들은 당황하고 부모는 야단을 자주 치게 됩니다.

그런데 이런 부정적인 경험이 축적되면 아이의 성격에 문제가 생깁니다. 성격은 평생 가는 것인 만큼 나중에는 이 부분이 더 문제가 됩니다. 자존감이 낮아지고 피해의식을 갖게 되며 생각이 쉽게 부정적인 방향으로 흐릅니다. 아이뿐 아니라 이런 아이를 키우는 부모의 성격도 변할 수 있습니다. 아이와 함께 살면서 10년 이상 부정적인 말과 행동을 계속하게 되니 부모도 알게 모르게 까칠하고 부정적으로 변하는 것입니다. 그러다 보면 나중에는 부모와 자녀 중 누가 처음에 문제였는지 알기 어려울 정도로 부모의 성격 역시 왜곡되어버립니다.

이미 지금까지 입은 상처만으로도 아이는 많이 힘들 것입니다. 그 상처를 아이는 평생 짊어지고 가야 하겠죠. 그러니 지금이라도 전문적인 도움을 받아보길 권합니다. 아이의 문제가 ADHD일 수도 있고, 다른 원인 때문일 수도 있습니다. **병원을 방문하는 산만한 아이 중 ADHD가 원인인 경우는 대략 절반 정도입니다. 나머지는 발달이 느리거나, 정서적인 문제가 있거나, 그도 아니면 아이의 문제가 아니라 부모가 유달리 걱정이 많은 성격인 경우입니다.**

많은 ADHD 아동의 부모들이 아이한테 약을 먹이는 것에 큰 부담을 느껴서 병원을 찾지 않습니다. 부작용을 걱정하는 경우도 많죠. 하지만 부작용은 그리 크지 않고 혹시 부작용이 생긴다면 그때 복용을 중단해도 됩니다. 약을 끊으면 부작용은 사라집니다. 또 약이 아닌 다른 방식으로도 이 아이들을 도울 수 있습니다. 일각에서는 소아정신과를 다니면 기록이 남아 미래에 불이익을 받는다는 말도 합니다. 전혀 근거 없는 이야기입니다. 진료를 받은 기록은 5년간만 보관되며 그 이후에는 삭제됩니다. 아이가 어른이 되었을 때는 불이익을 줄 기록 자체가 남아 있지 않습니다.

보통 부모들은 약을 먹어서 생기는 부작용만 주로 생각합니다. 그런데 반대로 아이의 어려움을 제때, 제대로 도와주지 못해 생기는 부작용도 심각합니다. 자존감이 떨어지고 피해의식을 갖게 되죠. 그 나이에 해야 할 발달 과제나 능력 개발도 이뤄내지 못합니다. 그러니 아이에게 어려움이 있다면 더 이상 지체하지 마세요. 혼자서 염려하지 말고 꼭 전문가를 찾아가보기를 바랍니다.

Plus Q ? 좋아하는 것에 집중을 잘해도 ADHD일 수 있나요?

…

ADHD는 주의력과 관련된 질병입니다. 주의력은 집중력과는 조금 다릅니다. 주의력은 필요한 데 주의를 기울이고 필요하지 않은 곳에는 주의를 거둬들일 수 있는 일종의 조절능력입니다. 반면 집중력은 한 가지에 몰입할 수 있는 능력입니다. 대부분의 ADHD 아이들도 몰입할 수 있는 능력은 있습니다. 오히려 지나치게 몰입하는 경우가 많죠. 쉬는 시간이 끝나면 그만 놀고 이제 교사에게 주의를 기울여야 하는데 쉬는 시간에 놀던 것에 계속 집중하느라 지적을 받게 되죠. ADHD 아이들은 게임이든 놀이든 지나치게 몰입하기에 정작 해야 할 일은 소홀히 하는 경우가 많습니다.

부모들이 흔히 오해하는 것 중 하나가 아이가 집중을 잘하면 ADHD가 아니라고 생각하는 것입니다. 그런데 자기가 좋아하는 것에 집중력을 발휘한다고 해서 주의력도 좋다고 말할 수 없습니다. 자기가 좋아하지 않는 것이라도 필요한 경우 어느 정도 집중할 수 있어야 ADHD가 아니라고 할 수 있습니다. 다음은 일반적인 아이들의 주의력 체크 리스트입니다. 이 수준에 많이 못 미칠 경우 주의력 문제를 의심해봐야 합니다.

〈연령대별 주의력 체크 리스트〉

● **초등학교 저학년(1~3학년)**
☐ 20~30분 동안 혼자서 숙제를 할 수 있다
☐ 15~20분 정도 걸리는 집안일을 스스로 끝마칠 수 있다
☐ 식사 시간에 차분히 앉아 있을 수 있다

● **초등학교 고학년(4~6학년)**
☐ 30분~1시간 동안 혼자서 숙제를 할 수 있다
☐ 30분~1시간 정도 걸리는 집안일을 스스로 끝마칠 수 있다
☐ 1~1시간 30분 동안 운동 연습이나 종교 행사에 참여할 수 있다

ADHD 약을 꼭 먹여야 치료가 되나요?

초등학교 5학년인 딸이 최근 ADHD 진단을 받았습니다. 직장에 다니다 보니 아이의 행동에 문제가 많다는 사실을 전혀 몰랐어요. 성적도 괜찮고 특히 수학은 잘하거든요. 학교 선생님의 권유로 병원을 찾긴 했지만 병원 문에 들어설 때까지도 아이가 '정상'임을 한 치도 의심하지 않았습니다. 그런데 막상 ADHD 진단을 받고 약을 받아 드니 하늘이 무너지는 것 같네요. 의사 선생님은 "ADHD의 영향으로 일상생활에 무리가 없다면 치료를 받지 않아도 된다. 다만 삶의 질을 높이기 위해 약물치료를 권한다"고 하셨습니다. 인터넷 검색을 해보니 약물 부작용에 대한 얘기가 많고 치료 성공 사례는 별로 없더군요. 저희 부부는 정신과 약을 먹이는 것을 극구 반대하는 입장입니다. 과연 우리 아이에게 약물치료를 받게 해야 할까요?

의료적인 도움을 주면 훨씬 좋아집니다

ADHD 치료에서 약물치료는 가장 중심이 되는 치료입니다. 1990년대 초반, 미국 교육부와 국립보건원이 ADHD 치료에 관한 대규모 연구를 시작했습니다. 소위 MTA 연구(Multimodal Treatment Study of Children with Attention Deficit Hyperactivity Disorder, ADHD 환아에 대한 다형 치료 연구)라는 것인데, ADHD의 치료 방법 중 어느 방법이 적절한지 알아보기 위한 것이었습니다.

이 연구에서 ADHD 아이들은 크게 네 개의 그룹으로 무작위 배정을 받았는데, A그룹은 약물치료만 받고 B그룹은 행동치료가 중심인 비약물치료를 받았습니다. B그룹의 아이들에게는 보조 교사가 한 명씩 배정되었고, 주 1회의 행동치료와 각각 10회 정도의 부모교육과 교사 교육, 그리고 방학 중 캠프가 제공되었습니다. 돈도 많이 들고 상당히 강력한 치료 방법이었죠. C그룹은 약물치료와 비약물치료를 같이 받았습니다. 마지막 D그룹은 부모들이 지역 사회에서 각자 알아서 치료를 하게 했습니다.

1년 뒤, ADHD 증상의 호전 정도를 비교해보았는데 그 결과는 놀라웠습니다. 약물치료를 한 두 개의 그룹이 약물치료를 하지 않은 두 개의 그룹에 비해 치료 효과가 월등히 좋았던 것입니다. 이 연구를 계기로 약물치료가 ADHD 치료의 핵심적인 방법으로 떠오릅니다. 소아정신과 의사들 역시 MTA 연구의 결과가 나오기 전까지는 대다수가 약물치료에 소극적인 태도를 보였습니다. 그런데 중립적인 기관에서 실시한 대규모 연구에서 약물치료의 우수성이 입증되니 과학적 연구를 중시하는 의사로서 약물을 사용하지 않을 수 없게 되었습니다.

물론 비약물치료도 나름의 의미가 있습니다. 아이에게 부족한 부분을 구체적으로 가르쳐줌으로써 아이가 현실에 보다 잘 적응할 수 있도록 돕습니다. 삶의 질을 개선하고 정서적인 안정을 가져다줍니다. 하지만 핵심 증상의 개선이라는 면에서 약물치료만한 효과는 없습니다.

＊＊

사연의 아이는 전형적인 여자아이의 ADHD 특성을 잘 보여줍니다. 여자아이들 중에도 부산하고 잠시도 가만히 있지 못하는 증상을 보이는 아이가 있지만 상당수는 조용히 '멍 때리는' 형태로 주의력 문제를 드러냅니다. 어떤 일이든 빨리 움직이지 못하고, 마음먹고 하면 곧잘 해내는 일도 집중하지 못해 딴생각에 빠지기 일쑤이며, 실수가 잦은데다 자기 관리에 약합니다. ADHD를 겪는 남자아이들은 부산하고 정신없이 구는 아이가 많은 반면, 여자아이들은 이런 태도를 보이는 경우가 많습니다.

이 아이들은 주의를 기울여야 할 때 집중하지 못하는데다, 지능이 우수해도 능력을 충분히 발휘하지 못하다 보니 스트레스를 많이 받습니다. 또 부정적인 피드백을 자주 받게 되니 스트레스가 가중되지요. 잘하고 싶은 욕구와 달리 현실적인 결과물은 그리 좋지 않으니 자존감도 자꾸 떨어집니다.

일단 아이가 ADHD 진단을 받았다면 겁먹지 말고 정확한 정보부터 파악해야 합니다. 중요한 것은 내 아이의 진단명이 아니라 아이가 어떤 점을 힘들어하는지 파악하고 부모로서 아이의 어려움을 어떻게

<u>도와줄 수 있을지 방향을 잡는 일입니다. 정신과에서의 진단은 어디까지나 아이에게 적절한 도움을 주려는 것인 만큼 진단명에 얽매일 필요가 없습니다.</u>

약물치료를 고민하면서 많은 부모들이 가장 걱정하는 것이 부작용입니다. 인터넷을 검색해 보면 대부분의 아이들이 약물 부작용을 보이는 것 같습니다. 물론 거기에는 함정이 있죠. 부작용을 겪은 분들만 인터넷 게시판에 글을 올리기 때문입니다. 부작용의 힘든 점을 하소연하고, 비슷한 경험을 한 부모들의 조언을 얻기 위해서지요. 별문제 없이 치료를 받고 결과가 좋아 무리 없이 지내는 경우에는 글을 쓰지 않습니다. 처음 진단을 받고는 괴로움에 잠 못 이루면서 관련 게시판이나 커뮤니티를 찾아 들어가지만 아이가 잘 지내면 그쪽은 끊고 다른 커뮤니티를 찾게 됩니다. 학습이든 교우 관계든 다른 문제에 신경을 쓰게 되니까요. 그러니 힘든 사례만 나열된 게시판을 보며 지레 겁먹거나 두려워하지 마세요. 절반 정도의 아이는 거의 부작용이 없고, 부작용으로 많이 힘들어하는 아이는 10~20%입니다.

ADHD 약물의 부작용은 생명에 지장을 주는 심각한 것이거나 아이에게 지속적인 후유증으로 남는 것이 아니라 약간의 불편함입니다. 그나마 시간이 가면서 적응하는 경우가 많습니다. 10% 정도의 아이들만 부작용을 견디기 어려워 약을 중단합니다. 이 아이들은 약물의 도움 없이 치료를 해야 하기에 훨씬 어려운 과정을 겪게 됩니다. 치료 기간도 오래 걸리죠.

그러면 어떤 부작용이 있을까요? 아이들이 ADHD 약물치료를 받으면서 가장 흔하게 겪는 부작용은 식욕 부진입니다. 성장기 아이들인 만큼 식욕이 떨어지면 성장 저하로 이어지지 않을까 염려하게 되죠. 그런데 사람의 성장은 어렸을 때 어떤 이유로 늦어진 경우 그 기간이 길지 않으면 대부분 추후에 만회할 수 있다는 것이 전문가들의 견해입니다. 약 복용 후 5년 정도 지났을 때 아이들을 연구해보면 99% 정도는 성장에 아무 문제가 없는 것으로 나타납니다. 치료 중에 아이 성장을 정기적으로 체크하면서 혹시 성장 저하가 있을 경우엔 약물을 교체하는 등의 대책을 쓸 수 있으니 미리 걱정할 필요는 없습니다.

다음으로 아이가 ADHD 약을 먹은 후 행동이 가라앉는다는 부작용을 호소하는 경우가 꽤 많습니다. 여기에는 두 가지 이유가 있습니다. 첫째는 아이가 지난 몇 년간 들뜬 모습을 보였기에 아이의 차분해진 모습에 부모가 적응을 못하는 경우죠. 둘째는 아이가 실제로 정서적으로 우울한 경우입니다. ADHD 아이들은 치료를 받으면서 들뜬 모습이 사라지고 진짜 '속'이 보이게 됩니다. 그런데 그 '속'에 있는 모습이 자신감 없는 모습인 경우가 참 많습니다. 오랫동안 주변으로부터 부정적인 피드백을 많이 받아왔기 때문이죠. 치료를 받고 1년 정도 지나면 자신감이 좀 생깁니다. 그러면서 들떠서 활기찬 모습이 아닌 밝고 건강하게 활기찬 모습을 드러냅니다. 그 시기가 오기 전까지 아이는 조금 처져 보일 수 있습니다.

✳ ✳ ✳

ADHD 아이들의 성적에 대해서도 오해가 많습니다. ADHD가 있으면 공부를 못한다고 생각하고, 우리 아이는 공부를 잘하니 ADHD가 아닐 것이라고 믿는 부모도 있습니다. 그런데 ADHD는 성적이나 지능과는 크게 연관성이 없는 질병입니다. 제가 치료한 아이들 중에서도 소위 명문 대학에 진학한 아이들도 많습니다. 물론 정반대로 지능이 낮고 학업 능력이 현저히 떨어졌던 아이들도 많죠.

확실한 것은 ADHD가 있으면 잠재적인 학습능력을 모두 발휘할 수 없다는 사실입니다 무엇보다 이 아이들은 주의를 꾸준히 기울이기 힘듭니다. 지루하면 금방 싫증을 내니까요. 예를 들어 수학적인 머리는 너무 좋은데 쓰면서 문제를 푸는 것은 귀찮아합니다. 그래서 암산으로 문제를 풀다 보니 실수가 잦습니다. 자기 하고 싶은 공부만 하면서 싫은 것은 아예 제쳐두죠. 수행 평가도 엉망으로 합니다. 이런 부분은 치료를 통해 많이 좋아질 수 있습니다. 성공 사례도 무척 많고요. 그러니 너무 염려하지 말고 아이를 도울 수 있는 길이 무엇인지 생각해보시기 바랍니다.

Plus Q

ADHD 약은 언제까지 먹어야 하나요?

...

ADHD 약물을 언제까지 사용할지는 딱 부러지게 말하기 어렵습니다. 아이마다 워낙 차이가 크니까요. 기본적인 치료 기간은 아이의 두뇌에서 자기조절력을 담당하는 부위가 또래들의 평균 수준까지 성숙해졌을 때까지입니다. 개인차가 큰데, 초등학교 저학년에서 치료를 시작한 경우 대략 50%는 초등학교 때까지, 25%는 중고등학교 때까지 치료가 필요하다고 봅니다. 나머지 25%는 여러 이유로 치료가 어렵거나, 치료를 했지만 성인이 되어서도 문제가 해결되지 않는 경우입니다.

약을 끊는 시점을 정하는 것은 아이를 관찰하면 알 수 있습니다. 무엇보다 약을 먹는 상황에서 아이가 또래와 비교할 때 차이가 없을 정도로 잘 지내야 합니다. 그리고 가끔 약물 복용을 건너뛰었을 때 약을 복용할 때와 행동에서 차이가 거의 없어야 합니다. 약효가 없을 시간대나 가끔 약 복용을 건너뛰었을 때도 행동이 안정적이고 좋아진 경우죠. 그렇다면 당연히 약은 더 이상 필요하지 않습니다. 이제 아이가 ADHD에서 벗어난 것이니까요.

Plus Q

어릴 때의 ADHD, 성인이 되어서도 영향을 미칠까요?

...

어렸을 때 문제가 해결되지 않으면 어른이 되어서도 문제가 그대로 남습니다. 치료를 받지 않고 성인이 된 경우를 조사해 살펴보면 4분의 1 정도는 저절로 문제가 해결됩니다. 하지만 나머지는 충동적인 실수를 자주 범하는 등 직장이나 가정생활에서 문제를 보입니다. 알코올중독, 음주 교통사고와 같은 심각한 문제로 이어지는 경우도 흔하죠.

실제로 호주에서 음주 교통사고를 낸 사람을 조사했더니 50% 이상이 어렸을 때 ADHD의 진단 가능성이 있었던 것으로 분석됐습니다. 우리나라의 경우에도 알코올중독이나 충동 문제를 가진 성인을 분석해보면 절반 정도가 어릴 때부터 ADHD를 겪었던 것으로 보인다는 연구 결과가 있습니다.

다만 증상은 나이를 먹으면서 계속 변해갑니다. 우선 어릴 때 가장 문제가 되는 과잉행동은 나이를 먹으면 대부분 사라집니다. 보통 초등학교 6학년이면 활동 에너지가 감소하며 부산하게 움직이고 튀는 행동을 하는 것은 줄어듭니다. 반면 남이 말할 때 그 말을 거의 듣지 않고 누군가 길게 말하면 자꾸 딴생각을 하는 경향은 그대로 이어집니다. 또 성격이 급하고 욱하는 식의 충동적인 행동은 나이를 먹어도 여전합니다.

아이에게
틱이 생겼어요

Q 여섯 살 딸아이를 키우는 엄마입니다. 몇 달 전 아이에게 틱이 생긴 걸 알고 난 후 매일 밤을 뜬눈으로 지새울 만큼 괴롭고 힘이 듭니다.
처음에는 딸이 자꾸 눈을 깜빡이기에 대수롭지 않게 생각했어요. 그런데 한 달이 지나도록 눈을 계속 깜빡여서 안과에 데려갔더니 안구건조증이라는 말을 들었습니다. 안약을 며칠 넣어 조금 나아지는 듯싶다가도 계속되더군요. 그러다 우연히 '틱'이라는 병명을 알게 됐고, 혹시나 해서 소아정신과를 찾으니 그렇다고 하더군요. 정말이지 하늘이 무너지는 것만 같았어요. 다행히 처음보다 증상이 많이 없어졌지만 인터넷을 찾아보니 언제든 틱이 재발할 수 있다고 해서 불안하기 짝이 없습니다. 이제 학교도 가야 할 텐데 틱 때문에 왕따라도 당하면 어쩌죠?

틱이 안 보이는 것처럼 대해주세요

자기도 모르게 반복적으로 눈을 깜빡이거나 헛기침 소리를 내는 아이들이 있습니다. 예전 같으면 특이한 버릇이 있구나 생각했을 일인데, 요즘은 이러한 증상이 '틱'이라는 것이 제법 알려져 있습니다. 물론 아직도 틱을 나쁜 버릇으로 생각해 아이에게 하지 말라고 주의를 주거나 야단을 치는 어른들도 있고요.

틱은 의도하지 않은 상황에서 몸의 일부 근육이 빠르게 수축하는 현상입니다. 눈꺼풀 근육이 빠르게 수축하면 눈을 깜빡이게 되고, 수축하는 근육에 따라 코를 찡긋대거나 어깨를 들썩이기도 합니다. 소리를 내는 근육이 영향을 받으면 특이한 소리를 내는 때도 있는데, 이를 '음성 틱'이라고 하죠. 아이들의 경우 틱을 억누르려고 신경을 쓰면 조금은 참을 수도 있습니다. 하지만 틱을 참으면 곧 더 많은 틱을 하게 되므로 참는 것은 도움이 되지 않습니다. 흥미로운 사실은 아이가 틱을 하기 시작하는 초반에는 자신이 틱 증상을 보인다는 사실을 잘 모른다는 점입니다. 이런 아이에게 틱을 한다고 지적할 경우 스스로 틱에 대해 의식하면서 틱 현상이 고착될 수 있습니다. 따라서 아이가 틱 증상을 보이기 시작하면 모르는 체해주는 것이 더 낫습니다. 물론 틱 증상이 심해 아이가 스스로 힘들어할 정도라면 당연히 부모도 아이의 고통을 위로하는 등의 반응을 보여야 모르는 체해서는 곤란합니다.

요즘은 아이가 틱을 하면 부모가 깜짝 놀라 병원에 데려오는 경우가 많습니다. 저는 우선 틱이 그렇게 무서운 병이 아니라는 점부터 말씀드리고 싶습니다. 사실 틱을 한다고 해서 그것이 병은 아닙니다. 그로 인해 심리적, 정서적 문제가 생기는 것도 아니고요. 몇 년 전 한 공중파 방송에서 극심한 틱 장애 사례를 다룬 적이 있는데, 그 방송 이후 부모들이 아이가 틱 증상을 보이면 많이 불안해하십니다. 혹시 내 아이의 틱이 저렇게 발전해서 인생을 망가뜨리지 않을까 미리 염려하는 것이죠. 하지만 그 방송에 나온 것처럼 삶을 파괴할 정도로 틱을 하는 경우는 아주 드뭅니다.

아이들은 성장하면서 어느 시기에는 손가락을 자주 빨기도 하고, 또 어느 시기에는 이불에 오줌을 싸기도 합니다. 틱 역시 마찬가지입니다. 자라면서 한두 가지 틱을 하고 지나가는 아이들이 굉장히 많습니다. 열 명 중 무려 세 명에 달하죠. 우리가 틱을 문제 삼는 경우는 이런 틱이 아이의 일상생활을 방해해 정상적인 발달을 어렵게 하는 경우입니다. 이런 경우에 우리는 '틱장애'라는 병명을 붙이게 되죠.

그러면 틱은 왜 생길까요? 복잡한 이론이 있지만 간단히 설명하겠습니다. 첫째로 뇌에는 불필요한 동작을 일으키는 뇌파가 발생해도 실제 근육 활동으로 이어지지 않도록 문지기처럼 막아주는 부위가 있습니다. 그런데 이 문지기 역할을 하는 부위가 다소 취약할 경우 필요 없는 동작이 나오게 되고 이것이 틱입니다. 둘째로 우리 뇌는 매 순간 온몸에서 수많은 감각정보를 받아들입니다. 그 양은 엄청나죠. 그렇게 많은 감각정보가 쏟아져 들어오면 두뇌가 모두 처리할 수 없기에 감각신경이 두뇌로 들어오는 입구에 중요한 감각정보만 통과하도록 여과하는 장치가 있습니다. 이 여과 장치에 문제가 있어도 틱이 발생합니다. 실제로는 눈이 뻑뻑하게 느껴질 정도가 아닌데도 뭔가 이물질이 있는 듯싶어 눈을 깜빡이는 틱을 하는데 중요하지 않은 각막의 감각정보를 통과시켰기 때문입니다.

두뇌의 이러한 부분적인 불안정성은 나이가 들고 성숙해지면서 자연스레 좋아집니다. 그렇기 때문에 틱은 특별히 치료할 필요가 없습니다. 증상이 극심해 생활에 크게 방해가 될 경우 약을 쓰기도 하지만 그 정도로 심한 아이들도 사춘기를 거치면서 증상이 점점 완화되고, 성인이 되면 틱 증세가 사라지는 경우가 대부분입니다. 제가 만났던 심한 틱장애 아이들 중에서 성인이 되었을 때까지 틱을 심하게 해 사회생활에 지장을 받은 경우는 극히 드뭅니다.

***

정작 문제는 아이의 틱을 바라보는 부모들의 자세입니다. 아이가 틱 증세를 보이면 대수롭지 않게 바라봐주세요. 눈에 보여도 안 보이는 듯 대해야 합니다. 부모가 불안해하면 아무리 티를 안 내려 해도 아이들은 귀신같이 알아챕니다. 부모가 걱정하는 것을 보니 자신에게 큰 잘못이나 문제가 있나 보다고 생각합니다. 그리고 자신의 틱 증상을 부모보다 심각하게 받아들여 불안을 키워갑니다. 그렇게 불안이 늘어나면 틱도 더욱 심해지죠.

부모는 아이가 틱으로 인해 스스로 힘들어하거나 일상생활에서 자기 능력을 발휘하는 정도가 현저히 떨어졌을 경우에만 개입하면 됩니다. 무엇보다 아이의 어려움에 귀 기울이고 공감해줘야 합니다. 이런 증상 때문에 힘들겠지만 시간이 지나면 사라지는 경우가 많다고 말해주세요. 혹시 한 달 이상 지속되어도 틱 증세가 사라지지 않으면 병원에 가서 의사를 만나면 좋아질 수 있다고도 말해줍니다. 부모가 보기에는 틱이 무척 심해 보여도 아이들은 대개 틱 때문에 힘들어하지는 않습니다. 오히려 부모가 아이의 틱을 바라보는 것을 힘들어하죠. **부모들은 아이가 틱을 시작하면 오직 틱 증상에만 정신이 팔립니다. 그 결과 아이의 삶은 정작 제대로 돌보지 못해 아이가 힘들어하는 경우가 많습니다. 아이가 틱을 보여도 틱이 아닌 아이의 삶에 더 큰 관심을 갖고 함께 즐기고 함께 많은 이야기를 나누세요.**

아이가 틱을 할 경우, 인터넷 여기저기의 '스트레스가 틱을 늘린다'는 말에 영향을 받아 아이에게 스트레스가 될 만한 일이라면 아무것도 시키지 않는 부모들도 종종 보게 됩니다. 물론 큰 잘못이죠. 스트레스는 틱의 원인이 아닙니다. 어떤 병이든 스트레스를 받으면 나빠집니다. 마찬가지로 스트레스가 심하면 아이의 틱도 나빠질 수 있습니다. 그렇다고 해서 스트레스가 틱의 원인은 아닙니다. 스트레스가 틱의 원인이라면 전쟁 통에 자라는 아이들은 모두 극심한 틱장애를 앓겠죠. 하지만 높은 스트레스 상태에 있더라도 일부 아이들만 틱을 보입니다. 틱은 뇌에 틱을 하게 만드는 구조적인 문제에서 비롯됩니다. 기본적으로는 생물학적인 병이죠. 따라서 스트레스를 줄이고 정서적으로 접근한다고 해서 틱이 좋아지지는 않습니다.

스트레스가 틱의 원인은 아니지만 틱의 강도에는 영향을 미칩니다. 스트레스를 많이 받으면 좀 더 증상이 심하게 나타나죠. 다만 반드시 기억할 것은 틱 증상이 심하다고 해서 꼭 예후가 나쁜 것은 아니란 사실입니다. 심한 틱을 하던 사람이 일찍 증상이 사라지기도 하고, 처음에는 틱을 약하게 했지만 점차 심해져 오래가는 사람도 있습니다. 어쨌든 아이가 현재 겪고 있는 스트레스가 아이에게 불필요하고 과도한 것이라면 틱을 하던 하지 않던 간에 그런 스트레스는 없애주어야 합니다. 그러나 <u>발달 과정에서 아이가 겪어야 할 스트레스라면 틱을 한다고 해서 일부러 스트레스를 피하게 해서는 안 됩니다. 그랬다가는 온실 속 화초처럼 자라 곧 더 큰 스트레스에 직면하고 말 테니까요.</u>

❓ Plus Q 틱을 하는 아이를 어떻게 도와줘야 할까요?

…

아이가 틱을 하면 많은 부모들이 놀이치료를 받게 하거나 한약을 먹입니다. 그렇게 하니 틱이 좋아졌다고 말하는 분들도 많이 봅니다. 그 이유는 틱이란 원래 저절로 좋아지는 경우가 많기 때문입니다. 아무 조치를 취하지 않아도 대부분의 틱은 좋아집니다. 열 명 중 아홉 명이 일시적으로만 틱을 보이니까요. 그렇기 때문에 저는 아이가 괴로워할 정도로 틱이 심한 게 아니라면 아무것도 하지 말고 그냥 지켜보라고 권합니다. 병원을 굳이 찾아갈 필요도 없습니다. 그보다는 오히려 틱을 무시하고 아이를 '정상적으로' 키우도록 노력해야 합니다. 틱에 신경 쓰느라 그 나이에 아이가 해야 할 다른 부분을 도와주지 않으면 아이는 나중에 어려움에 빠지게 됩니다.

다만 아이가 부모와의 사이가 좋지 않고 정서적으로 불안정하다면 놀이치료를 받는 것이 도움이 됩니다. 놀이치료는 양육과 관련한 교육 효과도 있고, 아이의 불안감을 줄이고 대처 능력을 높여주어 틱을 하는 아이가 잘 지낼 수 있는 심리적인 기초 체력을 마련해 줍니다.

혹시 아이의 틱이 1년 이상 지속되었고 그 정도가 심해 아이가 일상생활에서 어려움을 느끼나요? 이런 경우를 '만성 틱'이라고 합니다. 그중에서도 '음성 틱'과 '운동 틱'의 증상을 같이 보이면 '뚜렛병'이라고 하죠. 틱이 복합적으로 나타나면서 심해진 상태로, 이때는 병원을 다니는 것이 좋습니다. 그리고 도움이 될 만한 웹 사이트로, 틱이나 뚜렛병을 앓는 아이들의 부모와 환자들의 모임인 한국뚜렛병협회(www.kotsa.org)가 있습니다. 이곳에서 틱과 뚜렛병에 대한 자세하고 실질적인 정보를 찾아볼 수 있습니다.

추운 날씨를 원망한다고 겨울이 빨리 가진 않습니다.
아이의 약점을 원망해도 약점이 사라지진 않습니다.
몇 가지 방법을 쓰고, 한두 해를 노력해도
아이가 가진 문제가 여전한 경우가 참 많습니다.
하지만 그럴 때일수록 믿어야 합니다.
겨울이 가고 분명 봄이 올 것을.
믿지 않는다고 할 수 있는 일이 무엇이 있을까요?
믿지 않는다고 내 기분이 나아지지도 않습니다.
아이는 자신을 믿지 못합니다.
부모가 변화를 믿을 때 아이는
부모의 굳은 믿음에 기댈 수 있을 뿐입니다.
그래야 조금이라도 힘을 냅니다.
버틸 때는 버텨야 아이에게도 내게도 봄이 옵니다.

PART 03

바른 습관을
들여 주고 싶어요

...
부모의 생각과는 달리
아이의 습관은 어른의 습관보다 훨씬 잘 고쳐집니다.
습관이 오래 묵은 것도 아니고,
옆에서 도와줄 어른도 있으니까요.
게다가 아이들은 자라면서
그 습관이 더 이상 필요 없는 상태로 발전합니다.
결국 습관을 없애는 가장 큰 힘은 아이의 성숙입니다.
나쁜 습관을 없애는 데 집중하지 말고
아이를 성숙시키는 데 집중하세요.

아이가 잘 먹지 않아 걱정이에요

올해 여섯 살이 된 제 딸은 유치원 수업도 잘 따라가지 못하고 행동도 여러모로 느린 편입니다. 예컨대 밥을 차려주면 한 시간이고 두 시간이고 계속 깨작거리고 있어요. 밥 먹을 때마다 달래기도 하고 잔소리도 하지만 좀처럼 고쳐지질 않아요. 유치원에서도 선생님이 점심시간마다 밥도 느리게 먹는다고 힘들어하세요. 그러다 보니 잔소리를 듣는 경우가 많죠. 얼마 전에는 아이 스스로 '난 아무것도 못하는 애'라는 말을 하네요. 누가 뭐라고 하지 않았는데도 자기 스스로 다른 아이들과 자신을 비교하나 봅니다. 마음이 아파요.

느긋하게 기다리고 지지해주세요

아이들의 밥 먹는 문제로 스트레스를 받는 부모들이 많습니다. 그런데 두 시간은 너무 심하군요. 식사는 보통 30분 안에는 마치도록 하는 게 좋습니다. 아이들이 밥을 늦게 먹는 원인은 크게 네 가지로 나눠볼 수 있습니다.

첫째, '과잉행동' 유형입니다. 밥 먹으면서 딴짓을 하느라 오래 걸리는 거죠. 먹다가 일어나서 방에도 다녀오고, 숟가락으로 컵으로 장난도 치면서 시간을 질질 끕니다. 부모들이 가장 스트레스를 받는 유형이죠.

둘째, '감각예민' 유형입니다. 이 아이들은 감각이 유달리 예민해 다른 아이들은 쉽게 넘어갈 자극에도 강한 반응을 보입니다. 그러다 보니 새로운 것, 낯선 것은 먹으려 들지를 않습니다. 안 좋은 느낌이 날까 봐 일단은 미리 피하는 것이죠. 그렇게 먹기 싫고 못 먹겠는데 엄마가 자꾸 먹으라고 강요하니 딴짓을 하게 됩니다.

셋째, '트라우마' 유형입니다. 안 좋은 기억 때문에 밥을 잘 먹지 않는 경우입니다. 뭘 먹다가 목에 걸려서 크게 놀랐다든지, 심하게 체해서 고생을 한 경험 때문에 음식을 삼키길 거부하고 계속 물고만 있는 아이들이 많습니다. 그런데 정작 부모는 그 이유를 모르는 경우도 있어요. 부모가 보기에는 별일 아니었던 사건인데 아이들에겐 큰 충격으로 남아 있는 것이죠.

넷째, '과잉기대' 유형입니다. 아이는 그럭저럭 먹는 편이고 딱히 마른 것도 아닌데 부모가 더 많이 먹기를 기대하는 거지요. 주로 할아버지, 할머니들이 이런 경향이 강합니다. 손주가 잘 먹는 모습을 보는 것이 좋다 보니 간식을 평소에 너무 많이 줘서 정작 끼니때는 아이의 식욕이 떨어지는 경우도 있습니다.

이렇게 유형을 구분하는 것은 유형별로 대처 방법이 달라지기 때문입니다.

'과잉행동' 유형은 산만함이 문제인 만큼 아이가 식사 중에 다른 자극을 받지 않도록 유의하고, 일단 식사를 시작하면 식탁을 떠나지 않게 해야 합니다. 식탁 위에도 식사에 방해가 될 만한 물건은 치워두는 편이 좋습니다. TV 등을 보면서 식사를 하지 않게 해야겠죠.

'감각예민' 유형은 천천히 새로운 감각에 익숙해지도록 유도해야 합니다. 새로운 식재료는 서서히 친숙해지도록 시간과 기회를 주고 즐겁게 맛볼 수 있는 분위기를 만들어줘야 합니다. 입안에서 자극을 지나치게 강하게 느끼거나 목구멍으로 넘기는 느낌에 예민해서 많이 못 삼키는 아이들은 부모가 거즈를 손가락에 감고 혀를 문질러 감각에 둔감해지도록 돕기도 합니다. 심한 경우에는 전문적인 치료가 필요합니다.

'트라우마' 유형의 경우에는 아이에게 트라우마를 남긴 사건에 대해 이야기할 기회를 많이 줘야 합니다. 당시의 사건을 아이가 이야기할 때 충분히 공감해주면서 당분간은 그와 비슷한 상황을 피할 수 있도록 미리 배려해주세요.

마지막으로 '과잉기대' 유형은 아이의 발육과 식사 필요량에 대한 정보를 정확히 아는 것이 중요합니다. 요즘 아이들은 영양 결핍이 아닌 영양 과잉이 문제이고, 소아기의 비만은 성인병의 주된 원인입니다. 이제는 음식이 있다고 뭐든 먹이던 시절은 지났습니다. 아이에게 적정한 양을 맞춰줄 때 아이가 어른이 되어서도 건강하게 살아갈 수 있습니다.

이처럼 유형별로 대처하되, 모든 아이에게 도움이 되는 기본 대처 방법도 있습니다.

✱ — 타이머 활용하기

요리용 타이머나 스톱워치를 이용해 아이들에게 시간이 줄어든다는 것을 느끼게 하는 방법입니다. 식사 시간은 30분이라고 미리 말해주고 30분이 지나면 어떤 경우든 밥상을 치웁니다. 이때 중요한 것은 아이에게 화를 내지 않는 것입니다. "시간이 다 됐으니까 그만 먹고, 다음엔 더 많이 먹었으면 좋겠다"고 말해주고 담담한 태도로 상을 치우면 됩니다. 여기서 중요한 것은 아이가 식사를 마치지 못한 경우 간식을 따로 주지 않는 것입니다. 타이머를 이용해 훈련하는 동안에는 간식을 사다 놓지 말고 식사 시간에 충분히 배가 고픈 상태로 밥을 먹게 합니다. 또 한 가지 조심할 점은 어떤 아이들은 타이머를 사용할 때 그걸 들여다보느라 더 산만해져 식사에 방해를 받기도 합니다. 이 경우엔 타이머보다 5분에 한 번씩 벨이 울리는 장치가 도움이 됩니다.

✱ — 작은 그릇에 밥 담아주기

아이들은 막상 먹어보면 많지 않은데도 처음부터 밥이 너무 많다며 아예 안 먹으려 하는 경우가 종종 있습니다. 이럴 땐 밥 양에 대한 부담감을 덜어주기 위해 종지 같은 작은 그릇에 밥을 담아 여러 번 주는 것도 하나의 방법입니다. 작은 그릇 세 개에 밥을 나눠 담아서 먹고 싶은 만큼 먹으라고 하면 아이들은 부담을 덜 느껴서 밥을 빨리 먹기도 합니다. 특히 '감각예민' 유형의 아이들에겐 밥 양에 대한 부담을 줄여주는 것이 무엇보다 필요합니다. 이 아이들에겐 식판도 도움이 되죠. 따로 식판에 담아주되 모든 음식을 조금씩만 담아줍니다.

* ― 잘 먹으면 폭풍 칭찬해주기

평소보다 밥 먹는 태도가 좋았다면 아낌없이 칭찬해주고, 따로 작은 보상을 해주는 것도 좋습니다.

* ― 요리 과정에 참여시키기

시장이나 슈퍼마켓에 함께 데려가 식재료를 고르게 하고, 음식을 만드는 과정에도 아이를 동참시키면 완성된 음식에 대한 아이의 관심과 호감도가 높아집니다.

이런 요령을 실천하되, 식사 시간은 행복해야 한다는 사실을 잊어선 안 됩니다. 식사 때마다 야단을 맞는다면 있던 밥맛도 떨어지겠죠. 식사 습관을 잡는 데는 시간이 오래 걸린다고 생각하고 끈기와 인내심을 갖고 노력해야 합니다. 이런 맥락에서 <u>저는 밥상머리 교육을 반대하는 편입니다. 얼마든지 다른 시간에 교육을 할 수 있는데 굳이 밥 먹을 때 '교육'을 하겠다고 하면 아이들이 식사 시간 자체를 부담스럽게 생각할 수 있습니다. 식사 시간에는 되도록 즐겁게 상호작용을 하는 편이 좋습니다.</u>

Plus Q

아이의 식사 습관, 어떻게 해야 할까요?

…

• **밥을 물고만 있어요**

이런 아이들이 대개 감각예민형일 가능성이 높습니다. 입에 밥을 넣은 채 딴짓을 하는 유형일 수도 있지요. 딴짓을 하는 거라면 위에 적은 대로 타이머를 이용하는 게 도움이 됩니다. 다섯 번 씹고 넘기기와 같은 놀이 방식의 접근도 괜찮겠지요. 엄마가 노래를 한 곡 부르면서 노래가 끝나기 전까지 삼키라고 하는 것도 재미있는 방법이죠. 부모들이 "이 짓을 언제까지 해야 해요?"라고들 푸념하시는데, 20일만 매일 같이 노력하면 아이의 식사 습관이 변합니다. 3주 정도면 새로운 습관에 익숙해질 수 있거든요. 야단치지 말고 다양한 접근 방법을 시도해보세요.

• **먹기 싫으면 배가 아프대요**

배가 아프다고 하면 먹이지 말아야 합니다. 밥을 다 먹여야겠다는 마음을 내려놓으세요. 요즘 키에 대한 관심과 걱정이 많아서 아이들이 잘 먹지 않는 것을 큰 문제처럼 생각하는 부모들이 많습니다. 하지만 못 먹어서 안 크는 아이는 있어도 안 먹어서 안 크는 아이는 거의 없다는 게 학계의 정설입니다. 우리 신체는 식욕과 성장을 내적으로 조절하는 기전을 가지고 있으니까요. 하위 10% 이하의 성장을 하는 것이 아니라면 식욕이 낮다고 크게 염려할 필요는 없습니다.

　 밥을 먹기 싫어하는 아이들 중에도 위에서 말한 네 가지 유형 중 어디에도 해당하지 않는 아이들이 있습니다. 물론 이 경우에도 숨어 있는 음식 관련 트라우마가 있는지 잘 들여다봐야겠죠. 그렇게 들여다봐도 특별한 것이 없다면 이 아이들은 그냥 입이 짧고 먹는 것을 좋아하지 않는 아이입니다. 그 모습 역시 아이의 개성으로 존중할 수밖에 없습니다. 존중하지 않고 억지로 바꾸려 들면 그 과정에서 추가적인 트라우마를 만들고 오히려 상황이 복잡해지는 경우가 많습니다.

• 싫어하는 음식을 먹으면 구역질을 해요

전형적인 감각예민형 아이입니다. 그럴 땐 싫어하는 식재료가 보이지 않도록 조리하는 게 요령입니다. 싫어하는 재료의 맛이 잘 느껴지지 않는 조리법으로 시도를 해봐도 좋겠지요. 새로운 맛에는 천천히 익숙해지도록 하는 것이 좋습니다.

• 돌아다니면서 밥을 먹어요

전형적인 과잉행동형인데 분명히 바로잡아야 합니다. 식사 시간엔 움직여선 안 된다고 못 박아 말해두는 게 좋습니다. 가급적이면 아주 어릴 때부터 아이용 식탁 의자를 사용하세요. 식탁 의자에 앉혀서 밥을 다 먹은 후에 내려가게 하는 게 좋습니다. 아이는 돌아다니고 부모가 쫓아다니면서 먹여주다 보면 자리에 앉아 먹는 습관을 들이기가 힘들어집니다.

시간 개념이 없는 아이, 어떻게 해야 할까요?

올해 초등학교 2학년인 딸은 이상하게도 무슨 일을 준비해야 할 때면 너무나 굼뜹니다. 등교 시간, 학원 가는 시간 등 무엇 하나 제대로 맞추는 법이 없어요. 집에서 미적거리다가 시간을 넘길 때가 많습니다. 아무리 채근을 해도 서두를 줄 몰라요. 밤에 잠자리에 들 때도 바로 잠든 적이 드뭅니다. 한참 꼼지락거린 후에야 겨우 잠이 들죠. 처음에는 잔소리만 하다가 육아 프로그램을 본 후 방법을 바꿔서 칭찬도 해주고 보상기법도 써봤는데 별로 효과가 없어요. 어떻게 해야 달라질 수 있을까요?

예상 소요 시간을 묻고 계획을 실행할 수 있게 도와주세요

다른 면은 괜찮은데 시간 관리 능력에서 문제를 보이는 아이들이 있습니다. 음감이 무딘 음치처럼 시간감각이 약한 '시간치(癡)'라고나 할까요? 이 아이들에게 시간 체감 테스트를 해보면 여지없이 아주 빗나간

답을 합니다. 예를 들어 지금부터 신호를 할 때까지 몇 분이 흘렀다고 생각하는지 물어봅니다. 신호를 5분 후에 울리도록 하고 물어보면 이 아이들은 10분, 15분 등 어림없는 시간을 대곤 합니다. 또 1분 혹은 2분 등 일정한 시간을 시작과 끝 신호로 알려준 다음, 이제부터 같은 시간이 지났다고 생각할 때 손을 들어보라고 하면 열이면 열, 정답에 근접하지도 않은 시간에 손을 듭니다. 머릿속에 시간의 흐름을 추정하고 조절하는 시계가 제대로 작동하지 않기 때문이죠.

지금은 두뇌의 어느 부위가 이런 역할을 하는지도 밝혀졌고, 나이를 먹으면서 어느 정도 개선되는지에 대해서도 알려져 있습니다. 다만 음치가 나이를 먹는다고 저절로 좋아지지 않는 것처럼 '시간치'도 나이가 든다고 다 좋아지는 것은 아닙니다. 나아지게 하기 위해서는 시간감각을 키우기 위한 별도의 노력이 필요하고 이를 위해 부모들이 적극적으로 개입할 필요도 있습니다. 개입방법으로는 다음과 같은 것들이 있습니다.

첫째, 시간 관리용 시계를 준비하세요. 시중에서 파는 요리용 타이머가 가장 적합하지만 전자제품이나 휴대전화의 타이머 기능을 활용해도 좋습니다. 무엇보다 시간이 실제로 줄어드는 것을 눈으로 확인할 수 있게 해야 합니다. 수학 문제를 풀거나, 세수를 하거나, 게임 한 판을 끝내거나 등 여러 활동을 할 때 시간이 얼마나 흐르는지 자주 확인하게 해보세요. 이렇게 시간 관리 활동을 도와주면 아이의 시간감각이 좋아집니다. 그 외에도 스톱워치를 갖고 '눈 감고 30초 맞히기' 같은 놀이도 도움이 됩니다.

둘째, 시간에 대한 감각을 키워주세요. 시간에 대한 감각에 문제가 있는 아이들은 시계는 볼 줄 알지만 실제로 어느 정도의 시간이 지났는지는 감을 잡지 못합니다. 그럴 때는 아이가 무슨 일을 할 때 시간이 얼마나 걸릴지 미리 예상하게 합니다. 아이가 방 정리를 한다면 "방을 정리하는 데 시간이 얼마나 걸릴까?", 화장실에 다녀오겠다고 하면 "돌아올 때까지 얼마나 걸릴까?"라는 식으로 물어보는 거지요. 그렇게 물어보고는 실제로 얼마나 걸렸는지 타이머로 재서 보여줍니다. 이런 연습을 꾸준히 해서 시간에 대한 감각이 정교해지면 자기 스스로 어떤 일을 준비할 때 시간이 어느 정도 걸릴지를 예상할 수 있게 됩니다. 보통 아이들은 낙관적으로 시간을 계산하는 경향이 있습니다. 10분이 걸릴 일을 5분이면 할 수 있다고 생각해서 뒤늦게 시작했다가 결국 5분 늦게 끝내죠. 시간감각을 꾸준히 발전시키면 이런 문제를 해결할 수 있고 미루는 경향도 줄일 수 있습니다.

셋째, 한 가지 과제를 짧게 여러 부분으로 나눠 실행하게 하세요. 어떤 과제가 주어졌을 때 한꺼번에 하게 하지 말고 짧게 여러 부분으로 나눠 각각 시간을 정해놓고 하게 합니다. 1번 과제는 2분, 2번은 5분, 3번은 4분… 이런 식으로 쪼개서 과제를 수행하면 시간관념을 발전시키는 데 도움이 됩니다.

넷째, 예측 가능한 일과를 정해주세요. 시간 관리를 잘 못하는 아이들은 쉽게 예측할 수 있도록 일과를 짜주는 편이 좋습니다. 돌발적인 상황을 최소화하고 예측 가능한 일과가 반복되게 해주세요. 예를 들어 아침에 일어난 후 학교에 갈 때까지의 일과도 늘 똑같은 순서대로 비슷한 시간에 진행하는 것이 좋습니다. 변화가 잦으면 아이들은 시계를 보기보다는 부모의 직접적인 명령에 기대게 됩니다. 그러다 보면 스스로 시계를 보지 않게 되고 결국 시간관념이 발달하기 어렵습니다.

말을 할 때도 짧게 해주세요. 길게 하면 아이들이 기억하기 어렵습니다. 할 일이 여러 가지라면 순서대로 크게 써 붙이세요. 그것을 엄마가 옆에서 계속 읊어주면서 저절로 될 때까지 충분히 연습시켜보세요. 보통의 아이들은 굳이 설명하지 않아도 목표지향적으로 움직이기 마련입니다.

하지만 시간관념이 약하고 산만한 아이들은 목표는 제쳐두고 중간에 다른 일로 새는 경우가 많습니다. 결국 일은 제대로 해내지 못한 채로 시간만 마냥 흐르게 되죠. 항상 아이에게 물으세요. "지금 무엇을 해야 하지?" 그 '무엇'이 '놀이'나 '빈둥대기'여도 좋습니다. 아이가 지금 무엇을 하려고 마음먹은 순간인지 인식하며 목표지향적으로 살아가도록 꾸준히 유도해주세요.

다섯째, 일정이 비교적 자유로울 때 아이 스스로 일과 계획을 세워보게 하세요. 주말이나 방학에 앞서 계획을 세워보는 시간을 마련해 아이가 시간이 여유로운 날 뭘 하면 좋을지에 대해 스스로 계획을 세우게 하세요. 피자판 모양의 일일 계획표를 만들 필요는 없어요. 그저 오늘 할 일의 목록을 정리한 후 각각을 언제 시작할지만 정하면 됩니다. 나머지는 자유 시간으로 삼고요. 아주 간단한 계획 세우기죠. 아이가 계획을 짜서 스스로 실행하게 하고 계획대로 잘 진행하면 상도 주세요. 이렇게 계획 세우기와 실행, 그리고 평가를 반복하면 아이가 시간관념을 갖고 일과를 조직화하는 데 큰 도움이 됩니다.

우리 머릿속에는 무의식적인 시간표가 있습니다. 어떤 행동을 할 때 어느 정도의 시간이 걸리니 무엇부터 해야 할지 수행 계획을 세우는 것이죠. 이 개념이 약한 아이들에겐 반복적인 연습을 통해 의도적으로 머릿속에 시간표를 각인시킬 수 있도록 도와야 합니다.

여섯째, 부모는 아이의 변화를 늘 확인해야 합니다. 변화 차트나 도표를 크게 만들어 잘 보이는 곳에 붙여놓고 아이의 변화를 확인해보세요. 과제별로 개선되는 정도를 기록하는 것입니다. 예컨대 '이날은 엄마가 10m 떨어진 곳에서 말했을 때 아이가 엄마 말대로 움직였다', '그다음 날은 3m 앞에서 말했을 때 움직였다' 또는 '네 번 불렀을 때 움직였다' 이런 식으로 기록하고, 그것을 그래프로 만들어 아이가 함께 볼 수 있게 해주세요. 이런 기록 활동을 하면 부모가 꾸준히 아이에게 시간 관리 교육을 하는 데 도움이 됩니다. 아이 역시 자신의 행동을 시각적으로 확인할 수 있어 훨씬 빨리 좋아지게 되죠.

이처럼 때로는 게임처럼 만들고, 때로는 시각적인 도구도 이용하며 꾸준히 아이의 시간감각을 키워줍니다. 아이 역시 계획을 세우고 실천하면서 스스로 시간을 조절할 수 있다는 자신감이 생길 것입니다. 이런 구체적인 과정이 있어야 아이의 발전을 가져올 수 있습니다. 그저 시간을 잘 지킨 것에 대해 몇 번 보상한다고 아이가 변하지 않습니다. 아이가 시간을 못 지키는 것은 아이의 잘못이 아닙니다. 아직 자라는 중이어서, 아직 시간에 대한 감각이 취약해서 못하는 것뿐입니다. 아이에게 필요한 것은 약한 두뇌 영역의 개발이지 야단치고 보상해서 행동을 교정하는 것이 아닙니다.

✽ ✽ ✽

시간관념이 약한 아이들 중 적지 않은 수가 ADHD를 가진 아동입니다. 이 아이들은 시간관념만 약하지 않습니다. 계획을 세우고 실행하는 능력도 떨어지고 무슨 일을 하다가 자꾸 딴 길로 샐 때가 많습니다. 예를 들어 바지에 다리 한쪽을 끼우다 말고 갑자기 옆에 놓인 책을 들여다본다든지, 화장실에 이를 닦으러 들어가선 물장난을 하며 한참을 노는 식이죠. 이러니 무슨 일을 할 때 당연히 시간이 오래 걸립니다. 부모가 맞벌이 직장인인 경우, 바쁜 아침 시간에 이렇게 세월아 네월아 하며 느릿느릿 행동하는 아이를 보면 속이 터질 수밖에 없습니다. 자칫 아이 때문에 부모도 지각을 할 판이니까요. 그러니 아이에게 큰 소리를 내지 않을 수 없죠.

혹시 ADHD가 의심된다면 병원을 찾아 적극적으로 치료를 받는 것이 좋습니다. ADHD 아이들은 치료 받지 않으면 점차 자신감을 잃습니다. 평소엔 영민한 아이가 계획을 세우고 실행하는 단계에서 딴 길로 새서 할 일을 해내지 못하니 야단을 많이 맞게 되죠. 누구든 자꾸 야단을 맞다 보면 성격이 나빠지고 화도 잘 내게 됩니다. 공격성도 생기고 피해의식도 커지면서 반항을 하게 되지요. 반항성의 또 다른 얼굴이 바로 의존성입니다. 자기가 뭔가 제대로 못한다는 생각에 엄마에게 자꾸 묻기만 합니다. 그 어느 쪽이든 부모는 힘들어지죠. 아이가 단순히 시간관념의 문제만 보이는 것이 아니라 반항성이나 의존성을 보인다면 그때는 전문 기관을 꼭 찾아가야 합니다.

아이에게 '너를 믿는다' 말해줍니다.
혹시 아이가 흔들리지 않고 끝까지
약속을 지킬 것이라 믿는 것인가요?
그렇다면 참 곤란합니다.
사람은 다 약합니다. 항상 흔들리죠.
그런 흔들리는 존재를 믿어야 합니다.
흔들리지 않을 거라고 믿는 것이 아니라
흔들리기에 더욱 믿음을 주는 것입니다.
비록 흔들리겠지만 포기하지 말자고
응원의 한마디를 아이에게 전하는 것입니다.

아이가 정리를 너무 못해요

초등학교 4학년인 아들이 정리를 너무 못하고 주변을 어지럽니다. 아이가 지나간 자리엔 아무렇게나 던져 놓은 신발주머니며 겉옷이며 책가방이 쌓여 길을 만들고, 무슨 일을 하더라도 물건을 제자리에 다시 갖다 놓는 법이 없습니다. 아이에게 좀 치우면서 살자고 잔소리도 많이 하고 타일러보기도 했지만 아무 소용이 없습니다. 답답한 마음에 제가 나서서 방을 싹 치워 놓으면 반나절도 못 돼 다시 원상태가 되네요. 어디서부터 잘못됐는지 정말 괴롭습니다.

정리 습관을 길러주는 네 가지 방법이 있습니다

아이들은 대부분 정리 정돈을 못합니다. 정리 정돈을 잘하기 위해서는 '조직화' 능력이 발달해야 하는데 이 능력은 두뇌에서 전두엽이 관장하는 능력입니다. 전두엽은 두뇌에서 가장 늦게 발달해 25세 정도까지 성숙합니다. 그 무렵이 되면 정리 정돈하는 것이 나아지고 좀 더 계획적으로 일을 처리하죠. 그렇다고 그 나이가 될 때까지 그냥 놔두고 볼 수는 없습니다. 나이에 맞게 조금씩 정리하는 습관을 길러줄 필요가 있죠.

다만 못하는 것이지 안 하는 것이 아니라는 생각을 부모가 꼭 갖고 있어야 합니다. 일부러 안 한다고 생각하면 아이가 미워지고 심하게 야단을 치게 됩니다. 그런데 안 하는 것이 아니라 못하는 것이기에 야단을 친다고 아이가 더 나아지지는 않습니다. 오히려 위축되고 불안해져 두뇌 발달만 늦어질 수 있습니다. 아이가 하는 모습을 보면 화가 날 수 있지만 그래도 인내심을 갖고 아이에게 연습시켜야 합니다. 아이의 현재 발달 수준에 맞게, 아주 조금씩 발전하도록 유도해야 무리 없이 발전하지, 부모가 기대하는 목표에 빨리 도달할 것을 요구하면 서로 힘들어지기만 합니다. 부모는 아이가 답답하고, 아이는 부모가 무서울 뿐이죠.

✳ ✳ ✳

아이가 어릴 때는 이런 정리 방법을 사용해야 합니다. <u>첫째, 하루에 한 번 정리합니다.</u> 아이에게 물건을 사용하고 나면 바로 제자리에 넣어두라는 부모가 있습니다. 바람직하지 않은 방법이고 특히 유아기에는 절대 피할 방법입니다. 유아기에 알맞은 정리 횟수는 하루에 한 번입니다. 제 경우에는 낮 시간엔 마음껏 어지럽히고 놀다가 저녁 9시에 아이와 함께 방 정리를 했습니다. 9시가 되면 크게 음악이 나오도록 해서 자연스럽게 정리하는 분위기를 만들었죠. 물론 부모로서는 어지러운 방 때문에 스트레스를 받을 수 있어요. 하지만 이런 상황에 부모가 익숙해지는 편이 더 낫습니다. 익숙해지지 않고 자꾸 정리를 하려다 보면 오히려 스트레스가 더 커질 뿐이죠.

다른 장난감이나 책을 갖고 놀려면 그 전에 가지고 놀던 장난감이나 책은 제자리에 갖다 놓은 후 새것을 갖고 놀라고 말하는 부모를 가끔 만나게 됩니다. 이것은 무척 어려운데다 아이의 발달에도 좋지 않은 방법입니다. 아이들은 놀이를 하거나 책을 읽을 때 여러 장난감이나 책을 함께 두고 주의를 옮겨가며 그 속에서 자기 나름의 상상 세계를 이어갑니다. 이를 통해 확산적 사고, 연합 사고가 가능해지는데 이는 아이들의 두뇌 발달에 매우 중요하죠.

둘째, 정리 방법은 쉬워야 합니다. 깔끔한 부모들은 자기가 원하는 정리 방법을 갖고 있어서 아이 역시 그 방법을 따르기를 원하죠. 책꽂이에 꽂힌 책이 높낮이가 들쭉날쭉해도 짜증이 나고 장난감도 여러 종류가 섞여 있으면 마음이 불편합니다. 그런 성격을 갖고 있으면 자신도 힘들고, 아이도 괴롭습니다.

유아기나 초등학교 저학년 때는 부모가 원하는 자리에 일일이 정돈하도록 강요하기보다는 큰 바구니나 상자 몇 개를 준비해, 종류별로 크게 나누어 정리하도록 하는 편이 낫습니다. 더 큰 아이들 중에도 공부하라고 하면 책상 정리를 하느라 시간을 다 보내는 경우가 있습니다. 이때는 큰 플라스틱 박스를 하나 사서 아이 책상 옆에 두고는 공부를 시작할 때 책상 위의 모든 것을 쓸어서 그 박스에 넣도록 합니다. 그러고는 바로 공부를 시작하게 하죠.

셋째, 조금 더 큰 아이들의 경우엔 한 단계씩 정리 능력을 높여가도록 노력합니다. 보통 부모들은 평소에는 그냥 내버려두다가 엉망이 된 상황을 보고 버럭 화를 내곤 합니다. 참다 참다 못 참으니 한마디 한다고 하시죠. 하지만 그렇게 해서는 정리 습관이 좋아지지 않습니다. 체계적으로 조금씩 발전시켜야 아이가 나아지고, 아이도 스스로 나아진다는 것을 느껴야 자신감을 갖습니다.

먼저 매일 같은 시간을 '정리 시간'으로 정하세요. 예를 들어 저녁 9시로 정해놓고 이 시간이 되면 아이와 함께 방을 정리합니다. 처음에는 반드시 부모가 함께 해주고, 아이의 실력이 늘면 조금씩 뒤로 물러납니다.

정리하는 방법도 알려줘야 합니다. 방법에서 가장 중요한 것은 순서입니다. 보통은 큰 책→큰 장난감→작은 책→작은 장난감→필기구 순이 적당합니다. 많은 아이들이 정리를 하라고 하면 무엇부터 해야 할지 갈피를 못 잡습니다. 그리고 뭘 해야 할지 모르니 자꾸 딴짓을 하게 됩니다. 순서를 정했다면 큰 종이에 순서를 적어 눈에 잘 띄는 곳에 붙여둡니다. 처음에는 그 순서대로 엄마가 아이와 함께 정리를 합니다. 좀 익숙해지면 엄마가 뒤로 물러나 아이에게 순서를 불러줍니다. 그다음에는 아이 혼자 정리해보게 하고 엄마가 검사를 하는 방식으로 진행하다가 잘되면 이틀에 한 번, 사흘에 한 번으로 검사 주기를 늘려갑니다. 이렇게 하면 아이가 정리에 대한 스트레스를 덜 받습니다.

정리 시간은 15분 정도로 한정합니다. 되도록 간편하고 신속한 정리 방법을 터득하는 것이 중요합니다. 정리는 오래 해선 안 되고 빨라야 하며, 그래야 시간이 남아 더 재미있는 것을 할 수 있다고 말해줍니다. 정리할 물건을 하나씩 제자리에 갖다 놓는 대신 큰 통에 담아 한꺼번에 정리할 수 있도록 가르쳐주면 도움이 됩니다. 예를 들어 책을 꽂을 땐 한 권씩 갖다 꽂지 말고 한 바구니에 모두 모은 후 한꺼번에 책장에 가져가 꽂게 하는 거지요. (정리의 고수가 되기 위해서는 반투명 플라스틱 바구니를 잘 활용해야 합니다.) 그래야 중간에 딴 길로 새거나 딴짓을 하는 걸 예방할 수 있습니다.

정리하다가 딴짓을 하는 아이를 보면 부모로선 잔소리를 하지 않을 수가 없습니다. 그런데 정리하는 과정에서 자꾸 야단을 맞으면 아이는 정리 정돈에 대해 부정적인 느낌을 갖게 됩니다. 정리 시간이 곧 잔소리 듣는 시간이 되다 보니 정리는 생각만 해도 짜증나는 일이 되고 말죠. 그러다 보면 결국 아이는 정리하는 게 더 싫어집니다.

정리하는 것에 약한 아이들을 위해 깔끔하게 정리된 방의 사진을 찍어 붙여두는 것도 도움이 됩니다. 예를 들어 책 정리를 잘 못한다면 책이 잘 정리된 모습을 사진으로 찍어 책꽂이 옆에 붙여놓습니다. 상당수의 아이들이 '정리된 상태'에 대한 개념이 없습니다. 이때 시각적으로 참고할 수 있게 하면 아이에게 정리의 개념을 심어주는 데 큰 도움이 됩니다. 아이들은 말로 설명을 듣는 것보다 시각적인 정보에 더 익숙하고 쉽게 배울 수 있습니다.

요약해보면 '우리 집 정리 시간'을 정하고, 정리 방법을 구체적으로 알려주고, 엄마가 주도적으로 도와주었다가 서서히 물러나는 방법으로 아이의 정리 습관을 들여 주는 것입니다. 아이들은 아침이면 으레 학교에 갑니다. 이것 때문에 부모와 갈등을 빚지는 않습니다. '아침은 학교 가는 시간'이라는 아이의 인식이 머릿속에 각인되어 있기 때문이지요. 이와 마찬가지로 정리도 정해진 시간에 하는 일이 된다면 아이는 스트레스를 덜 받게 됩니다. 그리고 하루에 한 번이라도 제대로 정리하는 습관이 몸에 배면 아이는 점차 어지럽히는 것 자체를 줄이게 됩니다. 결국 시간이 지나면 어지럽히는 것이 점차 줄어들어 정리할 것 자체가 사라집니다.

<u>넷째, 혼을 내기보다는 효과적인 방법을 부모가 먼저 고민해야 합니다.</u> 아이가 옷을 아무 데나 벗어놔서 힘들어하는 부모들이 많습니다. 이럴 때도 그냥 혼을 내기보다는 효과적인 방법을 먼저 고민해보세요. 집에 올 때 아이들은 '집에 가면 ○○를 하고 놀아야지' 하는 생각이 머릿속에 가득합니다. 그렇다 보니 어제 옷을 아무 데나 벗어두어 야단맞고도 이를 까맣게 잊어버리죠.

그러니 조금 귀찮더라도 아이가 나갔다 들어와 놀이 공간으로 가는 길목에 의자를 놓아둔 다음, 거기에 크게 '옷'이라고 써 붙이고 아이의 방을 가리키는 화살표도 붙여주세요. 그것을 보면 아이도 '아, 옷을 갈아입어야겠구나' 생각하게 되죠. 이런 시각적인 단서를 미리 주어 아이를 훈련시켜야지, 잘못을 저지른 뒤에 야단치는 것은 효과도 없고 기분만 상할 뿐입니다.

서랍에서 물건을 꺼내고 잘 닫지 않는 경우엔 서랍을 열었을 때 눈에 보이도록 서랍 상단에 '물건을 꺼내면 서랍을 닫자'라고 붉은 글씨로 써 붙이기도 합니다. 아이 스스로 알아서 정리할 수 있을 때까지 부모는 옆에서 조력자 역할만 해주면 됩니다. 그렇게 아이 자신이 조절할 수 있다는 느낌을 갖게 해주어야 합니다. 무슨 일이든 자신감을 가질 수 있게, 성공할 수 있게 아이를 이끌어야지, 야단을 쳐서 자신감을 꺾고 스스로를 한심하게 여기게 만들면 성공은 더 어려워집니다.

단호하지만 부드럽게 제지하는 것.
부모들은 이 말이 어렵다고 생각합니다.
책에나 나오는 이상적인 이야기라 생각하지요.
하지만 동물을 키우는 사람이나
기계를 다루는 사람, 수공예를 하는 사람 모두
일을 하는 것을 관찰해보면
단호하지만 부드러운 몸놀림을 볼 수 있습니다.
왜 아이를 키울 때만 그것이 어려울까요?

집중해서 연습하고 다듬어나가면
대부분의 사람은 잘할 수 있습니다.
물론 자기 자식을 키울 때는
감정이 올라와서 좀 어렵기는 합니다.
하지만 얼마든지 연습으로 극복할 수 있어요.
오히려 문제는 자식 키우는 것은
연습 없이 그냥 본능대로 하면 된다고
생각하는 교만한 마음입니다.

매번 준비물을
빼놓고 다녀요

Q 남자아이들이 워낙 덜렁댄다고는 하지만 초등학교 5학년인 제 아들은 그 정도가 너무 심해서 걱정입니다. 신발주머니며 영어책이며 빠뜨리고 간 준비물을 들고 학교로 뛰는 게 제 주요 일과가 됐을 정도입니다. 이대로는 안 되겠다 싶어서 전날 잠자기 전에 제가 준비물을 챙겼는지 확인하기 시작했어요. 알림장은 제대로 봤는지, 가방 정리는 다 했는지 물으면 언제나 '완벽하다'고 대답합니다. 심지어는 자기를 못 믿느냐며 짜증을 내기도 하죠. 하지만 다음 날 오전이면 어김없이 뭘 좀 갖다달라는 휴대폰 문자를 보냅니다. 도대체 어떻게 하면 좋을까요?

야단치기보다 물건 챙기는 능력을 키워주세요

지시 사항을 잘 잊어버리고 준비물 챙기는 걸 놓치곤 하는 아이들이 있습니다. 초등학교 저학년까지는 이런 모습을 심각하게 볼 것도 아닙니다. 아직은 어떤 일을 조직적으로 해내는 것이 쉽지 않기 때문입니다. 부모에겐 너무 당연하고 쉬운 일로 보이겠지만 아이들에게는 집에 돌아온 후 해야 할 일이 무엇인지 생각해보는 것도, 과제와 준비물, 알림장의 지시 사항을 하나하나 챙기는 것도 결코 쉽지 않습니다.

물론 어릴 때부터 이런 일을 능숙하게 해내는 아이들도 있습니다. 하지만 적잖은 아이들에게 계획적이고 조직적인 일처리는 어려운 일입니다. 보통 어릴 때는 지금 내 관심을 끄는 일, 내 눈에 보이는 사물에만 정신이 팔립니다. 해야 할 일이 있다 하더라도 재미난 물건이 눈에 보이면 거기에 빠지게 되고, 준비물을 챙기다가도 딴생각이 떠오르면 그 생각을 하느라 꼼꼼하게 일을 처리하지 못합니다.

하지만 초등학교 4학년이 지나도 이런 모습을 계속 보인다면 부모가 조금씩 개입해야 합니다. 이 시기부터는 다수의 아이들에게 '실행능력(Executive Function)'이 어느 정도 발달합니다. 실행능력이란 해야 할 일을 머릿속에서 생각해 계획을 세우고, 계획에 따라 하나씩 처리하는 능력을 말합니다. 이러한 실행능력이 가능하려면 <u>동시작업</u>, 즉 멀티태스킹이 가능해야 합니다.

우리는 한 가지 일을 하면서도 다음에 할 일을 동시에 생각할 수 있습니다. 가령 놀이터에서 친구들과 야구를 하면서도 엄마가 몇 시까지 오라고 했는지를 머릿속에 떠올리며 얼마나 시간이 남았는지 확인할 수 있죠. 그런데 동시작업 능력이 취약한 아이들은 '다음 일'을 떠올리지 못합니다. 지금 하는 일, 또는 그 순간 느끼는 감각에만 푹 빠지게 되죠.

너무나 흥미진진한 일이라면 누구나 그 일에 푹 빠지기 마련입니다. 하지만 대부분의 상황에서 다음 일을 고려하지 않고 그 상황에만 푹 빠지게 되면 일을 제대로 해내기 어렵습니다. 복잡한 일일수록 동시에 고려해야 할 것이 많기 때문이고, 다음 일을 함께 고려할 때 지금의 일도 더 낫게 처리할 수 있기 때문입니다. 인간은 성장하면서 동시작업 능력이 점차 발달합니다. 그 결과 좀 더 복잡하고 어려운 일도 처리할 수 있게 되죠.

사연에서처럼 아이가 5학년이 되어도 해야 할 일을 자주 잊고 준비물을 빼먹곤 한다면 동시작업 능력이 현저히 떨어지진 않는지 의심해봐야 합니다. 이 경우에는 아이를 야단쳐도 효과가 없어요. 잠깐은 좋아질지 몰라도 또다시 잘못을 반복합니다. 결국 야단맞을 일이 또 생기게 되죠.

만약 부모가 무섭지 않다면 아이는 야단맞는 것을 그냥 일상적인 일로 받아들이며 잘못하기와 야단맞기를 무한 반복할 것입니다. 부모가 무섭다면 아이는 야단을 맞지 않으려고 물건을 챙기는 것에만 집중하게 됩니다. 5학년이라면 아직 육체적, 정신적으로 많이 성장해야 합니다. 그러기 위해서는 다양하고 자유로운 탐색 활동을 충분히 해야 합니다. 그런데 야단맞지 않으려고 뭔가를 챙기는 데만 집중하다 보면 탐색 활동에는 소홀해질 수밖에 없죠. 더 나아가 성격도 강박적으로 변합니다. 이 역시 아이에겐 해로운 일입니다.

야단을 치는 것은 의미가 없습니다. 아이가 제대로 해내기 위해서는 능력을 키워줘야 합니다. 항상 하는 이야기지만 야단을 치기보다는

교육을 해야 합니다. 제대로 할 수 있게 능력을 키워주는 것이 교육이고, 그것이 부모의 역할입니다.

✳ ✳ ✳

그렇다면 어떤 능력을 키워줘야 할까요? 동시작업 능력을 키워주면 가장 좋겠죠. 아쉽게도 동시작업 능력을 향상시키기 위해 가정에서 효과적으로 실시할 수 있는 훈련법은 아직까지 입증된 것이 없습니다. 사람마다 발전 속도에 차이가 있지만 동시작업 능력은 나이가 들면 조금씩 나아집니다. 그때까지 기다리는 것이 최선이고, 만일 발달이 계속 지연되거나 또래보다 현저히 떨어질 경우에는 전문가의 도움이 필요합니다.

결국 가정에서 할 수 있는 대책은 아직 발달이 충분히 되지 않은, 낮은 수준의 동시작업 능력을 최대한 효율적으로 사용하도록 돕는 일입니다. 그러기 위해서는 조직적이고 체계적인 일처리의 과정을 반복적으로 훈련해야 합니다.

준비물을 챙기고 다음 날 할 일을 준비하는 것을 예로 들어보죠. 사연에서 부모님은 아이가 준비물을 챙기는 걸 확인하셨다고 했습니다. 하지만 그것은 사실 제대로 확인한 것이 아닙니다. 챙길 것을 다 챙겼냐고 물어보면 아이는 다른 일을 하면서 건성으로 "챙겼다"고 대답합니다. 이렇게 하면 아이가 전혀 발전하지 못합니다.

아이가 뭔가를 자꾸 빠뜨릴 때는 부모가 준비물 목록을 작성해서 함께 점검해보는 것이 좋습니다. 확인하는 데 10분도 걸리지 않습니다. 그림을 활용하면 더 효과적입니다. 커다란 화이트보드에 아이의 모습을 그림으로 그리거나 실사 사진을 크게 출력해서 붙여도 좋습니다. 그리고 얼굴부터 발끝까지 아이가 챙겨야 하는 물건을 함께 그립니다. 눈에는 안경, 손에는 신발주머니, 등에는 책가방을 그리고, 책가방은 옆에 따로 그려서 그 안에 챙겨야 할 것을 그려 넣습니다. 책이나 숙제 같은 것은 옆에 따로 적어두고 아이와 함께 하나씩 체크하는 것이죠.

이렇게 하다 보면 준비하는 과정이 시각 기억으로 남기 때문에 준비물을 챙기는 데 실수가 눈에 띄게 줄어듭니다. 처음 2주 동안은 엄마가 주도적으로 그림판의 물건들을 챙겨 확인시키고, 다음 2주간은 아이 스스로 해보게 합니다. 한 달 정도 계속하다 보면 눈에 보이는 효과를 거둘 수 있습니다. 귀찮지만 **꾸준한 연습만큼 효과적인 것은 없습니다. 매일 동일한 매뉴얼대로 반복할 경우 나중에는 아이에게 매뉴얼이 내면화되어 빠르게 혼자 힘으로 해낼 수 있습니다.** 이런 훈련을 받은 아이들과 이야기하면 자기 모습이 시각적으로 그려지면서 빠른 속도로 하나하나 머릿속에서 확인하게 되었다고 말하곤 합니다.

중요한 것은 이런 작업을 급하게 하면 안 된다는 것입니다. 적어도 잠자기 한 시간 전, 미리 정해둔 시간에 아이와 함께 해야 합니다. 10시에 자는 아이들이라면 9시에 점검 시간을 갖는 게 좋습니다. 급하게 하면 아이가 대충 해버릴 가능성이 높아지고 대충 해서는 머리에 아무것도 남지 않습니다.

훈련은 해치우는 것이 아닙니다. 왜 이 훈련을 하는지 목적을 반복해서 알려주고, 훈련을 하면 어떤 좋은 점이 있는지 동기 부여를 해야 합니다. 꼼꼼히 살피고 점검하는 능력을 키워서 작은 일로 야단맞지 않는 멋진 아이가 돼보자고 아이를 격려하며 훈련을 해야 합니다.

✱ ✱ ✱

사연에서 한 가지 추가로 말하고 싶은 부분이 있습니다. 지금 아이의 실수를 부모가 다 수습하고 있습니다. 이것은 좋지 않습니다. 결코 아이를 돕는 행동이 아닙니다. 냉정하게 끊을 필요가 있습니다. 지금 부모가 하는 방식은 전형적인 '뒷수습' 유형 또는 '미워도 다시 한 번' 유형입니다. 아이의 행동이 마음엔 들지 않지만 어쩔 수 없이 뒷감당을 해줍니다. 잔소리도 하고 야단도 치긴 하지만 어쨌든 아이의 부탁은 들어주고 있습니다. 아이들은 대개 잔소리에 쉽게 내성이 생기기 때문에 몇 번 들으면 그다지 괴로워하지도 않습니다. 딱히 괴롭지 않으니 별 부담 없이 잘못을 반복하는 면도 있습니다.

준비물을 못 챙긴 채 학교에 갔다면 수업 시간에 불편하고 민망한 경험을 몸소 겪어봐야 합니다. 그래야 아이도 느끼는 바가 있고 스스로 잘 챙겨야겠다는 동기가 생깁니다. 교육적으로 가장 효과적인 훈계 방법은 아이가 자신의 잘못으로 인한 불이익을 제대로 경험하도록 기회를 주는 것입니다. 아이가 창피함을 느낄까 봐, 선생님이 아이를 안 좋게 볼까 봐 염려해서 부모가 학교로 출동하고 있습니다. 하지만 그렇기 때문에 아이의 문제가 더 오래 지속될 수 있습니다. 결국 더 큰 미래의 상처, 더 많은 부정적인 평가로 이어질 수 있겠지요.

부모는 아이의 고통을 보고 견딜 수 있어야 합니다. 아이가 아파하면 위로하면 됩니다. 아이는 커가면서 아픔을 겪어야 합니다. 아파야 성숙할 수 있으니까요. 아픔을 통해 성숙할 기회를 차단하는 것은 아이에 대한 사랑이 아닙니다. 어쩌면 부모로서의 괴로움을 피하려는 이기적인 마음일 수 있습니다.

맨날
뭘 사달래요

7세 아들이 습관적으로 자꾸 뭔가를 사달라고 합니다. 꼭 필요해 보이지 않는데도 "엄마, 그거 너무 갖고 싶어"라고 하도 졸라서 사주고 나면 별로 갖고 놀지도 않습니다. 그러고는 또 다른 것을 사달라고 하죠. 그래서 예전에 사준 것도 잘 안 갖고 놀면서 또 사달라고 하냐고 나무라면 갖가지 핑계를 대며 이번에는 다르다고 합니다. 하지만 또 마찬가지죠. 매번 뭘 사달라고 조르고, 오래지 않아 마음이 바뀌는 아들의 진짜 마음이 뭔지 잘 모르겠어요. 게다가 거짓말도 쉽게 합니다. 뻔히 드러날 거짓말인데 상황을 모면하려고 해서 오히려 더 혼나게 되죠. 혹시 저희 아들에게 뭔가 정서적인 문제가 있는 건 아닐까요?

참는 능력도 훈련을 통해 키울 수 있습니다

물건에 대한 집착이 심한 아이의 경우 우선 의심해볼 것은 정서적인 결핍이 있지 않은가 하는 점입니다. 어른들도 그런 경우가 종종 있지만 아이들도 마음이 허하면 음식이나 물건 등 즉각적인 감각적 만족을 느낄 수 있는 무언가로 채우려 드는 면이 있습니다. 특히 부모에게 뭔가를 졸라서 얻게 되면 부모의 사랑을 확인하는 것이기에 계속해서 물건을 요구할 수 있습니다. 받고 싶은 것은 사랑인데, 사랑의 증거로 물건을 받고 싶어 하는 것이죠. 그러다 보니 막상 물건을 받으면 그 물건에 대한 흥미는 사라집니다. 아이에게 중요한 것은 부모가 사주었다는 것, 즉 짧지만 자신에게 사랑을 확인해준 순간이니까요.

이때 **부모가 할 일은 물건이 아닌 사랑을 주는 것입니다. 아이에게 사랑을 자주 확인시켜주세요. 사랑은 표현입니다. 말로, 몸으로, 아이가 느낄 수 있게 사랑을 표현하세요.** 또 사랑은 시간입니다. 결혼 전 연애를 할 때 아무리 상대가 나를 사랑한다고 말해도 나와 시간을 충분히 보내지 않으면 그 사랑을 믿기가 쉽지 않죠. 함께 시간을 보내고, 추억을 만들고, 느낌을 공유해야 합니다. **아이에게 좀 더 시간을 내서 함께 놀고 이야기하며 몸으로 부대껴보세요. 즐거운 시간이 충분히 쌓이면 아이는 부모의 사랑을 믿게 됩니다.** 의외로 많은 부모가 자녀가 같이 보내는 시간 내내 지시하고 야단치고 감독만 합니다. 그래 놓고 사랑하기 때문이라고 생각합니다. 물론 사랑하니까 그렇게 하겠죠. 하지만 부모의 질책을 사랑이라고 믿는 아이는 없습니다.

이런 정서적인 결핍이 아니더라도 어떤 아이들은 계속해서 물건을 갖고 싶어 합니다. 줄 만큼 주는데도 왜 이럴까 싶게 계속 요구하죠. 이 경우에는 아이의 반응 억제 능력이 떨어지지 않나 의심해봐야 합니다. <u>반응 억제 능력</u>이란 하지 말아야 할 뭔가를 참는 능력입니다. 참는 능력이 약하니 부모가 싫어하는 것을 알면서도 계속 요구하는 것이죠.

혹시 '마시멜로 연구'에 대해 들어보셨나요? 만 3세 아이에게 마시멜로를 한 개 준 다음 연구자가 "다시 올 때까지 안 먹고 있으면 두 개를 주겠다"고 말합니다. 연구자가 사라진 후 참지 못하고 마시멜로를 먹는 아이가 있는가 하면, 연구자가 올 때까지 꾹 참고 기다리는 아이도 있습니다. 이 두 부류의 아이들을 몇 년간 추적 관찰했더니 후자의 아이들이 규칙을 잘 지키고, 학업 성적도 우수하며, 친구들과의 관계도 좋았다고 합니다. 30년 이상을 따라가며 조사한 연구를 보면 장기적인 직업적 성공과도 이어졌다는 보고도 있습니다.

참는 능력은 아주 어린 시절부터 만들어집니다. 무언가를 자꾸 사달라고 하거나 습관적으로 거짓말을 하는 아이는 또래보다 그 능력이 조금 약하다고 볼 수 있습니다. 사연의 경우에도 부모는 그간 무수히 잔소리를 했을 것입니다. 그럼에도 아이가 지금의 모습을 보인다는 것은 욕구를 참아내는 힘이 내면에 안정적으로 존재하지 않는다는 의미죠. 그렇다면 그 힘을 키워줘야 합니다. 거짓말하고 싶은 마음이 들지만 거짓말은 나쁜 것이니 하지 말자는 억제가 내면에서 이뤄져야 하고, 물건을 갖고 싶은 마음이 들지만 꼭 필요하지 않으니 참자는 억제가 일어나야 합니다. 이제부터라도 부모가 계획적으로 도와 참는 능력을 키워야 합니다. 물론 하루아침에 되는 것은 아니고 많은 노력이 필요합니다.

✳ ✳ ✳

우선 <u>부모가 일관성 있는 태도를 갖고 들어줄 요구는 받아주고, 들어주지 않을 요구는 확실히 거절하세요. 부모가 이랬다저랬다 하면 아이는 참는 힘을 기르기 어렵습니다. 당장 물건을 얻어낼 수 없으면 아이는 무척 속상해하겠지만 그런 불편한 감정을 여러 번 경험하면 감당할 능력이 생깁니다.</u>

아이에게 원하는 물건을 사줄 수 없는 이유는 충분히 설명해주세요. 다만 그 과정에서 화를 내거나 짜증을 내진 마세요. 아이들은 부모가 감정적으로 반응하면 자기를 싫어하는 것으로 받아들이기 때문에 불안해집니다. 불안한 아이는 애정을 확인하려고 들고 결국 요구가 늘어나죠. 상황은 힘들어질 뿐입니다. 거절 자체만으로도 아이는 괴롭습니다. 조른다고 야단치거나 꾸짖지 마십시오.

환경 조성도 중요합니다. 참는 힘이 길러질 때까지는 대형마트처럼 자극이 심한 곳에는 되도록 데려가지 마세요. 장을 볼 때 부모 중 한 명이 아이를 보고, 다른 한 명이 장을 보는 것이 좋습니다.

물건을 사주는 규칙도 정해두세요. 한 달에 한두 번 장난감 사는 날을 정하고 아이에게 사고 싶은 물건을 죽 적어두게 합니다. 아이가 가지고 싶다는 물건을 휴대폰 카메라로 찍어두는 것도 좋은 방법입니다. 장난감 사는 날이 되면, 아이가 적어둔 목록이나 사진 중에서 꼭 사고 싶은 물건을 결정해서 사게 합니다. 그날이 될 때까지 기다렸다가 정말 그날이 되어서도 그 물건이 가지고 싶은지 스스로 판단하게 하다 보면 물건에 대한 욕심이나 충동을 참아내는 능력을 키울 수 있습니다.

반응 억제 능력을 높이기 위한 기법으로 타이머를 활용하는 방법도 추천할 만합니다. 아이가 뭔가를 요구할 때 유아의 경우에는 10초 혹은 30초 뒤에 해주겠다고 하고 타이머를 맞춰놓으세요. 초등학생이라면 몇 분으로 맞출 수 있겠죠. 그리고 그 시간을 차츰 늘려가는 겁니다. 주의할 점은 아이가 셀 수 있고 기다릴 수 있는 정도의 시간을 제시해야 합니다. 너무 오래 참아야 하는 경우, 아이는 원망만 할 뿐 참아내고 견뎌내는 능력을 키우지 못합니다. 아이들은 자신이 감당할 만하다고 느껴야 부모의 지도를 따릅니다. 부모가 지도하는 대로 따르면 과제를 성취할 수 있다고 느껴 더 열심히 따라오지요.

꾸준한 훈련을 통해 아이의 참는 능력이 조금씩 자라고 있다면 그 변화를 시각적인 그래프로 그려주세요. 아이가 더 기운을 낼 수 있습니다. 칭찬 스티커 등을 통해 상을 주는 것도 좋습니다. 자신의 참는 힘이 늘어나고 있음을 아이가 스스로 느낄 때 아이는 더 열심히 참아보려 노력하게 됩니다.

Plus Q

마트에서 떼를 쓰며 무조건 드러눕는 아이는 어떻게 해야 하나요?

…

아이의 떼를 들어줄 수는 없죠. 적당히 타협하는 것도 곤란하고요. 그렇다고 혼내는 것도 답이 아닙니다. 아이 스스로 진정할 때까지

기다려야 하는데 울고 있는 아이 옆에서 견디는 것이 쉽진 않습니다. 사람이 없는 계단참 같은 곳으로 데려가는 것이 좋다고 들었지만 아이가 좀 크면 무거워서 안고 데려가기 곤란하죠. 게다가 사둔 물건들은 어쩌고요.

언젠가 본 외국의 육아 서적에 이런 방법이 실려 있더군요. 아이와 마트에 갈 때 '우리 아이가 떼를 쓰고 있습니다. 잠시 양해 부탁드립니다'라고 적은 A4 용지 크기의 손 팻말을 준비하는 겁니다. 아이가 떼를 쓰기 시작하면 엄마가 그 손 팻말을 들고 옆에 서 있습니다. 아이는 그걸 보면 분명 당황할 것입니다. 처음엔 더 울겠지만 나중에는 창피해하고, 자리를 옮기자고 하면 얼른 앞장서겠죠. 억지로 아이를 안아서 사람 없는 곳으로 데려가기 어려운 엄마들에게는 효과적인 방법입니다. 물론 우리나라 상황에서 이런 손 팻말을 들고 있을 용감한 엄마는 얼마 없으리라 생각합니다.

제 생각에는 대형마트 같은 곳에서 '우리 아이가 감정 조절을 잘 못하고 있습니다. 조금만 양해 부탁드립니다', '우리 아이가 떼쓰기를 다루는 훈련 중입니다' 등의 문구가 적힌 손 팻말을 공용으로 쓸 수 있게 빌려주면 좋겠습니다. 또래 자녀를 키우는 부모라면 대부분 이 상황을 이해할 것이기에 지나가면서 부모가 민망하게 쳐다보지 않을 것이고, 경우에 따라 아이에게 "떼쓰면 안 된다"고 한마디씩 건넬 수도 있겠죠. 그러면 아이가 감정을 조절하는 방법을 더 빨리 배울 수 있을 텐데요. 혹시 마트에서 떼를 쓰는 아이를 보게 된다면 부모에게 "어떻게 좀 해보라"는 말 대신 "어머니, 기운 내세요. 떼는 꺾어야 합니다"라고 말해주세요. 우는 아이가 이 말을 들으면 훨씬 더 효과적으로 울음을 그칠 수 있습니다.

물론 이것은 꿈같은 이야기이고, 일단 마트에서 드러눕는 아이는 마트에 데려가지 말아야 합니다. 이것이 가장 현실적인 해결책입니다. 부득이하게 마트에 데려가야 한다면 아이에게 장난감을 먼저 하나 안겨주는 것이 낫습니다. 아이들은 기본적으로 조삼모사입니다. 저녁에 네 개를 받기 기다리기보다는 아침에 당장 네 개를 손에 쥐기를 원하죠. 아이가 장난감을 손에 넣으면 갖고 노는 데 집중하기에 부모는 편하게 장을 볼 수 있습니다. 혹시 반응 억제 훈련을 해야 한다면 잘 참아낼 경우 어떤 장난감을 사주겠다고 약속할 수 있습니다. 다만 이 경우에도 아이들 인내력의 한계상 참으며 협조할 수 있는 시간은 그리 길지 않다는 점을 꼭 기억해야 합니다.

엄마와 잠시도 떨어지질 못해요

아이가 아침마다 유치원에 안 가겠다며 웁니다. 5세부터 유치원에 보냈는데 처음에는 그러려니 했지만 1년이 지나도 달라지질 않습니다. 아침마다 현관문을 나서면서 엄마가 어디 갈까 봐 걱정하는 아이에게 엄마가 집에서 기다리고 있겠다고, 꼭 데리러 간다고 아무리 얘기해도 소용이 없어요. 선생님 말씀으로는 막상 유치원에선 친구들과 잘 논다고 합니다. 그런데 아침만 되면 울음바다가 돼요. 유치원에 갈 때만 그러는 게 아닙니다. 집에 돌아와서도 제가 잠시 쓰레기를 버리러 나갈 때도 혼자 있지 못하고 따라 나와요. 아이는 엄마에게 나쁜 일이 생길까봐 걱정된다고 말해요. 그러면 저는 그런 일은 없다고 말해주죠. 그래도 소용이 없어요. 어떻게 해야 할까요?

불안한 아이에게 필요한 것은 부모의 안정적인 태도입니다

부모와 떨어져 있는 것에 심하게 불안을 느끼는 아이들이 있습니다. 분리불안이라고 하죠. 분리불안이 있는 아이들은 부모 중 애착이 형성되어 있는 어느 한쪽, 주로 엄마와 잠시도 떨어지지 않으려고 합니다. 사연처럼 엄마가 쓰레기를 버리러 집 앞에 나갈 때도 따라다니고, 유치원에 가는 아침이면 매일 전쟁을 치르기 일쑤죠. 심한 경우 유치원이나 학교에 가는 것을 거부하기도 합니다.

이 아이들에게 물어보면 엄마와 떨어졌을 때 자신에게 안 좋은 일이 생길까 봐 불안해하지 않습니다. 오히려 엄마에게 안 좋은 일이 생길 것만 같다며 불안해합니다. 부모가 듣기에는 뜬금없게 여겨지기도 하지만, 아이가 무의식 수준에서 불안을 다루는 한 방법입니다. 심리학에선 이것을 '투사(Projection)'라고 칭하는데, 자기 마음에 있는 감정을 다른 사람이 갖고 있다고 생각하는 것입니다. 실제로는 자신에게 나쁜 일이 생길 것 같아 불안한 것인데, 그런 상상은 견디기 어려우니 부모에게 뭔가 안 좋은 일이 생길 것 같다고 방향을 돌려놓은 것입니다. 그렇게 돌려놓으면 조금은 견디기 쉬운 불안이 되니까요.

일반적인 분리불안은 기관에 보낸 지 한두 달이면 없어집니다. 그런데 생각보다 오래가는 경우도 있고 심지어 초등학교 때까지 이어지는 아이도 있습니다. 기질적으로 불안을 많이 느끼는 아이일 수도 있고 성장 과정에서 불안을 다루는 능력이 자라지 않아서 그럴 수도 있습니다. 예를 들어 만 3세 이전에 엄마와 안정감 있는 애착관계를 형성하지 못한 경우 아이는 불안을 많이 느낍니다. 영아기에 입원 치료와 같은 트라우마 상황을 겪은 경우에도 불안이 높을 수 있죠. 불안한 아이들은 부모와 떨어지길 싫어하고 어둡거나 무서운 환경도 굉장히 싫어합니다. 새로운 것, 낯선 것을 극도로 경계하고 음식을 먹을 때조차도 익숙한 음식만 고집합니다.

그런데 사연처럼 유치원에 갈 때는 힘들어하지만 막상 가서는 잘 지내는 아이라면 크게 문제가 되지는 않습니다. 가서도 내내 눈물바람인 아이들도 많거든요. 만약 집에서 떠날 때만 불안해한다면 부모가 대화를 통해 아이의 힘든 마음을 이해해주면서 아이에게 "엄마는 꼭 집에 있을게. 그리고 ○시에 데리러 갈게" 하고 안심시켜주는 게 좋습니다. 중요한 것은 약속을 정확히 지키는 것입니다. 부모가 항상 약속을 지키는 것을 경험해야 아이의 불안이 누그러집니다. 경험을 통한 확인만이 아이를 안심시킬 수 있죠.

그런데 부모들은 속상하고 답답한 마음에 아이에게 왜 자꾸 똑같은 소리냐, 넌 왜 맨날 울기만 하냐는 식으로 타박합니다. 그러다 보면 아이는 부모가 자신을 좋아하지 않는다는 것 때문에 더 불안해지죠. 이렇게 날 좋아하지 않으면 내게서 떠날 수 있다고 생각하게 되고요. 결국 분리불안은 더 오래 지속됩니다.

아이가 유치원에 갈 때 이렇게 말해주세요. "우리 ○○이가 많이 불안하구나. 엄마한테 무슨 일이 생길까 봐 걱정되나 보다. 하지만 엄마에겐 어제도 아무 일이 안 생겼잖아. 오늘도 아무 일이 없을 테니까 우리 이따 만나자. 유치원 버스 올 때 마중 나갈게." 웃는 얼굴로 이야기해야 효과가 좋습니다. 그리고 아이가 돌아오면 "오늘도 잘 지냈니? 엄마가 약속 잘 지켰지?"라고 확인해주시고요.

이렇게 반복하다 보면 엄마가 보여주는 안정감이 아이에게 내면화되어 아이의 불안이 점점 누그러집니다. 이 아이들에겐 불안을 잘 다루는 모델이 필요하죠. 그런데 아쉽게도 불안한 아이의 경우 부모 역시 불안감이 높은 경우가 많습니다. 그러다 보니 아이가 불안해하면 부모 역시 덩달아 불안해하면서 아이를 다그치기 쉽습니다.

<u>아이의 불안한 기질은 하루아침에 사라지지 않습니다. 변화에는 상당히 오랜 시간이 필요합니다. 초등학교 저학년 때까지 이어질 수도 있다고 생각하고 아이에게 안정감을 심어주기 위해 꾸준히 노력해야 합니다.</u> 부모가 아이의 불안에 짜증을 내거나 주변 사람들에게 자꾸 하소연하면, 아이는 '내게 뭐가 문제가 있나 보다. 엄마가 나를 안 좋아하나 보다'라고 생각해 불안감이 점점 높아집니다. <u>부모가 보여줘야 할 것은 내 아이는 지금과 달라질 것이라는 믿음, 그리고 그 믿음이 녹아 있는 미소와 잔잔한 위로입니다.</u>

식당에서 심하게
장난을 쳐요

늦둥이로 낳은 다섯 살 아이가 너무 산만해요. 어디를 가든 얌전히 있지 못하고 계속 돌아다녀요. 결혼 전에는 지금의 남편과 예쁜 카페나 분위기 좋은 레스토랑도 함께 자주 갔는데, 지금은 실내 놀이터가 있는 동네 음식점이나 키즈 카페 말고는 다니기 어려워요. 한번은 아이 키우는 친구와 함께 오랜만에 대학가의 카페를 찾았어요. 아이와 함께 갔죠.

평소에는 아이를 단속하는 편인데, 그날은 친구가 남편과 싸운 이야기를 하며 속상해하는 거예요. 그래서 대화하느라 아이를 제대로 못 봤어요. 그랬더니 아이가 주변 탁자들을 건드리며 돌아다닌다고 주인이 와서 한마디 하더라고요. 제 잘못이긴 하지만 마음이 상했습니다. 그뿐이 아니에요. 어느 식당을 가도 아이를 돌아다니지 못하게 잡고 잔소리하느라 밥이 코로 들어가는지 입으로 넘어가는지도 모르겠어요. 그럴 때면 너무 불행하다는 생각이 들어요.

공공장소에서는 규칙을 가르쳐야 합니다

아이를 키우는 부모라면 누구나 공감할 것입니다. 아이 때문에 희생해야 할 것이 너무 많죠. 출산과 함께 생활이 완전히 달라지고 아이를 낳기 전에는 쉽게 할 수 있던 일이 아이가 생기면서 너무나 어려운 일이 됩니다. 물론 아이가 주는 행복도 만만치 않죠. 하지만 변화라는 것은 힘든 일이고, 아이를 낳기 전에는 출산과 함께 출산 전의 자신을 떠나보내야 한다는 것을 미리 상상하지는 못했을 것입니다. 이것도 일종의 상실이기에 거기서 오는 허탈감, 슬픔과 억울함이 결코 작지 않습니다. 그런데 이런 이야기를 하면 사람들은 오히려 손가락질하죠. 그래서 이야기도 못하고 혼자 끙끙 앓는 부모들이 무척 많습니다.

특히 우리 사회의 경우 엄마들의 사정은 더욱 좋지 않습니다. 육아 분담이 엄마에게 지나치게 치우쳐 있어서 아이가 어릴 때 엄마들은 자신의 개인 시간 대부분을 육아에 쏟아부어야 합니다. 아빠가 육아를 도울 때도 엄마는 대부분 그 시간을 함께합니다. 엄마가 개인 시간을 낸다는 것은 어려운 일이죠. 어쩌다가 남편에게 아이를 맡기고 외출했더라도 남편에게 전화가 계속 걸려옵니다. 오는 전화를 받으며 아빠를 지도하는 데 열중하다 보면 오랜만의 외출이 전혀 즐겁지 않습니다.

하지만 방향은 분명합니다. 최근 육아를 소재로 한 예능 프로그램에서 확인할 수 있듯이 앞으로는 아빠가 아이를 좀 더 전담해서 봐야 합니다. 그저 육아를 돕는 능력만으로는 부족하고, 전담해서 아이를 볼 수 있는 능력이 아빠에게 필요합니다. 그래야 엄마들이 개인 시간을 가질 수 있고, 그것이 아이에게 좋습니다. 엄마도 좀 쉬고 나야 아이에게 더 집중할 수 있고 우울함과 억울함이 없어야 밝은 태도로 아이를 대할 수 있으니까요.

* * *

아이가 어리고 주변에 크게 방해가 될 경우, 방해가 될 만한 장소에는 되도록 가지 않는 것이 원칙입니다. 미술관이나 공연장, 분위기가 좋은 식당이나 카페는 그곳을 찾는 사람들이 기대하는 바가 있으니까요. 이런 곳에 아이를 데려가면 다른 사람에게 주는 방해도 방해지만, 아이에게도 좋을 것이 없습니다. 아이가 그런 장소에 원해서 간 것도 아닌데 공연히 야단맞을 확률만 높아지니까요.

그런 장소는 **다른 사람에게 아이를 잠시 봐달라고 맡기고 혼자서 또는 친구들과 함께 가는 편이 낫습니다. 물론 그럴 기회가 많지 않아서 아쉽지만 이 시기 또한 인생 전체를 놓고 보면 잠깐입니다.** 아이가 유치원에 다니고 초등학교에 다님에 따라 부모의 개인 시간은 조금씩 늘어납니다. 초등학교 고학년만 되어도 부모가 같이 가자고 해도 아이가 따라나서지 않습니다.

아주 조용히 해야 하는 장소가 아니더라도 공공장소에 갈 때는 아이가 그곳에서 무엇을 할 수 있을지를 미리 고민해야 합니다. 인형처럼 얌전히 부모 곁에 붙어 있는 아이들도 물론 있겠죠. 하지만 그런 아이는 소수입니다. 내 아이가 그런 아이가 아니라면 식당에 머무는 시간 중 식사를 하는 아주 짧은 시간을 제외하고 기다리는 시간, 어른들이 대화하는 시간에 아이가 할 것을 미리 준비해야 합니다. 놀이 시설이 있는 식당이면 좋겠지만 없다면 밖에 공터가 있어 동행인이 함께 놀 수 있는 식당이 좋습니다. 그것도 어렵다면 장난감을 미리 준비해야 합니다.

저는 아이가 어릴 때 늘 자기 배낭을 챙겨 들고 다니게 했습니다. 자기가 좋아하는 장난감을 넣은 배낭이죠. 그리고 밖에 가면 그 장난감을 갖고 놀게 했습니다. 장난감 몇 가지를 준비해가면 한두 시간 정도는 아이가 버틸 수 있습니다. 요즘은 부모들이 장난감 대신 스마트폰 등을 이용해 아이를 제자리에 붙어 있게 하는데, 이는 썩 좋지 않습니다. 응급할 때 한두 번은 모르겠지만 이렇게 스마트폰을 이용하기 시작하면 나중에 아이가 과도하게 스마트폰에 매달려도 부모가 할 말이 없습니다.

외출 시 준비할 시간이 충분하다면 아이와 함께 배낭을 싸며 밖에서 할 행동과 태도를 교육해보세요. 그런 교육이 쌓이다 보면 아이가 공중도덕을 갖추게 됩니다. 공중도덕은 미리 배워야지, 혼나면서 배우면 싫어지게 마련입니다. 싫은 것은 기억에 오래 남지도 않죠. 그리고 급하게 나가야 할 때를 대비해 아이의 배낭 하나쯤 미리 싸두는 것도 좋습니다. 응급 의약품 상자처럼 응급 장난감 배낭을 만들어두면 요긴하게 쓸 수 있습니다.

가끔 공공장소에서 아이가 제멋대로 행동하는데 그냥 두고 보는 부모들을 만날 때가 있습니다. 그것도 모자라 아이를 종업원이 제지하면 아이의 기를 죽인다면서 화를 내는 부모도 있죠. 요즘 '공감 육아'라는 말이 퍼지면서 아이가 무슨 행동을 하더라도 일단 받아줘야 한다고 생각하는 부모들도 있습니다. 잘못된 생각입니다.

아이는 행동의 한계선을 꼭 배워야 합니다. 해서는 안 될 행동을 반드시 가르쳐야 하죠. 행동에 제한을 두는 것 역시 아이를 사랑하기에 하는 것입니다. 적절한 제한을 배우지 못하면 아이가 위험에 빠지고 타인에게 비난을 받게 됩니다. 마음대로 하는 것이 자유가 아니라 자연스럽게 장소에 어울릴 수 있어야 자유로운 것이죠. 아이에게 자유를 주고 싶다면 행동의 통제를 가르쳐야 합니다.

행동의 통제는 단호한 태도로 짧게 하는 것이 좋습니다. 주저리주저리 길게 설명하면 주의력을 유지하기 어려운 아이는 자기가 듣고 싶은 부분만 선택적으로 듣게 됩니다. 가끔 아이에게 부탁하듯 요구하는 부모도 있습니다. "우리 아들, 뛰지 않으면 좋겠어요." 그런데 부탁은 꼭 들어줘야 하는 것이 아닙니다. 아이가 "싫은데요" 하고 받아치면 뭐라고 하시겠습니까? 제한은 규칙이기에 명령하는 말을 사용해야 합니다. "뛰면 안 된다. 앉아 있어라."

부모가 단호한 태도를 보이지 않으면 아이는 부모를 시험해보기도 합니다. 그러면 부모는 화가 나고 결국 불필요한 감정적인 반응을 보이기 쉽습니다. 어떤 부모는 이렇게 말합니다. "중요한 것은 교육 아닐까요? 아이가 뛰면 못 뛰도록 충분히 이유를 설명해서 교육해야죠." 맞는 말씀입니다. 교육이 더 중요합니다. 그런데 지금 있는 곳이 교육에 적절한 장소인지, 내게 그럴 마음의 여유가 있는지를 먼저 살펴보세요. 여럿이 식사하는데 아이를 교육하고 있기는 어려울 테니까요. 교육이란 부드럽게 몇 마디 하는 것이 아닙니다. 아이의 이야기를 들어가며 끝까지 설득해야 교육입니다. 만약 그렇게 할 수 있다면 그 자리에서 교육을 하세요. 하지만 그럴 수 있는 자리가 아니라면 단호하게 제지하거나 지시하는 게 좋습니다.

어린아이에게 단호한 태도를 보이는 게 부담스럽다는 부모들도 많이 봅니다. 그런데 아이가 어릴수록 제지는 효과적입니다. 꼭 무섭게 하지 않아도, 낮은 목소리에 단호한 표정만 보여도 잘 통합니다. 어릴 때 제지하지 않으면 아이가 나이 들어서 통제하기가 쉽지 않습니다. 아이의 행동을 제지하는 핵심은 부모의 눈빛과 표정, 말투와 어조입니다. 단호하고 분명한 태도가 깃들어 있어야 하죠.

이런 태도를 보이는 게 어렵다는 부모가 제법 많습니다. 그때는 거울을 보고 많이 연습하세요. 화를 내지 않으면서 강한 금지의 의도를 상대에게 전하는 연습을 해보세요. 연습하지 않으면 단호하게 하지 못하고 화를 내게 됩니다. 소리를 지르거나 때리게도 되죠.

그런 표정만으로 **아이가 울면 어떻게 하냐고 걱정하는 부모들도 있습니다. 울어도 괜찮습니다. 울면 달래주세요. 분명히 제지하고 또 사랑해주세요. 제지하는 사람과 사랑하는 사람이 한 사람이라는 것을 아이가 알아야 합니다. 그래야 제지도 사랑의 한 방법이라 생각합니다.**

＊＊＊

좀 더 철학적인 의문을 제시하는 부모도 있습니다. 부모의 가르침은 말보다 행동으로 전달되는 것인데, 아이가 타인을 배려하도록 가르치려면 부모가 아이를 먼저 배려해야 하지 않느냐고요. 그래서 아이가 잘못해도 이해하고 배려해줘야 다른 사람을 배려하지 않겠냐고 묻습니다. 배려를 가르치기 위해 이해하고 배려해야 한다는 말은 맞습니다. 부모가 이해하지 못할 아이의 행동은 없습니다. 아직 아이이고 앞으로 변할 수 있으니까요.

그런데 공공장소에서 아이의 올바른 행동을 교육하는 것은 배려를 가르치려는 것이 아니라 규칙을 가르치려는 것입니다. 타인을 배려하기에 조용히 해야 하는 것이 아니라 소란을 피우지 않는 것이 암묵적인 사회 규칙이기에 조용히 해야 하는 것이죠. 부모가 가르치는 것은 규칙이기에 부모는 행동으로 규칙을 가르쳐야 합니다. 분명하고 단호한 태도가 그래서 필요합니다. 부모부터 규칙을 지키는 모습, 하지 말아야 하는 행동은 허용하지 않는 모습을 아이에게 분명히 보여주세요. 말이 아니라 행동으로 보여줘야 하고, 그것이 바로 단호함으로 나타납니다.

말처럼 쉬운 일은 아닙니다. 오랜만에 기분 전환하려고 간 카페에서 한마디 들으면 아쉽고 서운한 기분이 많이 들죠. 특히 행동 통제가 잘되지 않는 강한 기질의 아이를 키울 경우엔 도대체 갈 수 있는 곳이 없어서 너무 힘듭니다. 하지만 이 시간도 지나갑니다. 그 시간을 지나면서 아이는 자랄 것입니다. 그 성장한 모습이 부모에게 남는 보람이겠죠. 부모님들 모두 기운 내십시오.

미운 일곱 살, 계속 이러진 않겠죠?

> 7세 딸이 언제부턴가 엄마 말에 말꼬리를 잡거나 말대꾸를 합니다. 좋게 타이르면 듣는 척도 하지 않고 꼭 화를 내고 언성을 높여야만 말을 들어요. 얼마 전에는 유치원에서 돌아오자마자 게임부터 하길래 우선 손부터 씻고 가방을 제자리에 놓으라고 부드럽게 말했더니 귓등으로도 안 듣더라고요. 결국 제가 소리를 지르고 화를 냈더니 그제야 일어섭니다.
> 매일 꼬리에 꼬리를 무는 자기 합리화와 말대꾸에 결국 제가 폭발하고 마는 게 일상이 됐습니다. 미운 일곱 살이라더니… 이런 모습도 지나가는 것인지 아니면 앞으로 더 속 뒤집히는 일이 기다리고 있을지 두렵습니다.

대화와 타협을 가르칠 시기입니다

'미운 네 살', '미운 일곱 살'이 괜히 나온 말이 아니지요. 발달 과정에서 자기주장이 분명해지는 시기가 몇 번 있는데, 30개월이 첫 번째 시기이고 그다음이 일곱 살입니다. 일곱 살에 자기주장이 없다면 그것이 오히려 문제입니다. 여덟 살에는 초등학교에 가야 하니, 친구들 사이에서 자기주장을 분명히 하고 어느 정도 스스로를 보호할 수 있어야 합니다. 자기가 바라는 바를 제대로 표현하지 못하고, 남이 뭐라고 할 때 그대로 따라 한다면 그것 또한 얼마나 걱정스러운 일이겠어요.

이 시기의 아이들은 자기주장이 분명해지고 부모에게서 조금씩 심리적인 독립을 해나가게 됩니다. 그러니 '말대꾸'도 자연스러운 행동으로 받아들여야 합니다. 물론 처음에는 아닌 말로 '꼴사납지요'. 아이의 자기주장이란 것이 어설픈데다 지나치기까지 하거든요. 부모들은 이야기합니다. 변해도 적당한 수준이면 좋겠다고요. 하지만 동서고금을 통틀어 '적당한 변화'란 없습니다. 모든 변화는 초기에는 과하고 어색하기 마련입니다. 그래서 부모의 속을 긁곤 하죠. 하지만 조금 지나면 차츰 안정되고 자연스러워질 것입니다. 그러니 처음 6개월 정도는 '그런 시기이겠거니' 하고 넘겨주는 아량이 필요합니다.

이 무렵에는 말대꾸와 더불어 '싫다'는 말도 질리도록 듣게 됩니다. 부모와 자신을 한 몸으로 생각했던 아이가 슬슬 부모 생각이 자기와 같지 않다는 걸 깨닫고 자신의 생각을 주장하기 때문이죠. 가끔은 별다른 의견 차이가 없는데도 공연히 엇나가기도 합니다. 이 모든 것이 부모에게서 심리적으로 독립하기 위한 과정이라고 할 수 있습니다.

그런데 재미난 점은 이 시기의 아이들은 겉으로는 반항을 하면서도 속으로는 굉장한 두려움을 갖고 있다는 것입니다. 그래서 낮에는 지긋지긋하게 말을 안 듣다가도 밤이 되면 엄마한테 재워달라고 달라붙곤 합니다. 부모로부터의 독립을 열망하면서도 부모가 자기편이라고 믿고 싶은 양가적인 감정이 이 시기의 특징입니다. 가까운 듯하면 멀어지고, 멀어진 듯하면 또 다가오는 것이 이 시기 아이들의 모습입니다. 자기도 자기 마음을 잘 모르는 시기죠.

<u>그렇기 때문에 이 시기를 현명하게 넘기려면 아이의 태도가 왔다 갔다 하더라도 부모는 일정한 태도를 견지해야 합니다.</u> 아이가 반항하고 멀어지는 듯싶을 때나, 나이에 어울리지 않게 의존적으로 달라붙을 때나, 얘가 도대체 왜 이렇게 이중인격자처럼 행동할까 생각하며 화내지 말고, 그 모든 것이 아이의 있는 그대로의 모습임을 인정해야 합니다. 아이는 흔들리지 않는 부모의 모습을 보면서 점차로 자신의 흔들리는 마음을 다잡을 수 있습니다. 부모가 흔들리면 아이 마음이 안정되는 데 더 많은 시간이 걸리게 되죠.

아이가 말대꾸를 해도 그것을 부모에 대한 반항이나 공격으로 받아들이지 마세요. 그것도 발달 과정의 일부로 생각해야 합니다. 처음에는 말대꾸가 어설프고 공격적이어서 부모의 기분을 상하게 하기 쉽습니다. 하지만 점차 세련된 방식을 익혀서 자기주장을 효과적으로 할 수 있게 될 것입니다. 그렇게 할 수 있도록 부모가 가르쳐야 하고요. 그러니 말대꾸를 하더라도 불쾌하게 생각하지 말고 아이의 말을 받아서 대화를 이어나가야 합니다. 그 과정에서 아이도 대화와 타협을 배워갈 수 있습니다. 부모와 이런 과정을 잘 밟아가야 밖에서도 타인과 의견 대립이 있을 때 대화로 잘 풀 수 있습니다.

우리의 전통 문화는 아이들의 '말대꾸'를 굉장히 못마땅하게 여기는 경향이 있습니다. 어른 말에 토를 단다며 거슬려하지요. 하지만 아이에게 말대꾸를 하지 말라고 하면 결국 대화는 단절됩니다. 아이는 대화와 타협의 기술을 익힐 기회를 얻지 못하죠. '부모에게 말해봐야 소용없다'는 식으로 끝나게 되니 계속해서 자기 생각만 고집하게 됩니다. 우리의 이런 문화적 특징이 우리 사회가 대화와 타협에 취약한 하나의 중요한 이유가 되고 있습니다.

✱ ✱ ✱

<u>어떻게 대화를 시작하든, 중요한 것은 앞으로의 규칙을 만드는 것입니다. 오늘 문제가 된 상황은 앞으로 다시 반복되기 마련입니다. 그러니 같은 상황이 닥치면 어떻게 할지 서로 이야기해보세요. 오늘 벌어진 일을 어떻게 수습했든 내일에 대해 합의를 이룰 수 있다면 그것은 큰 발전입니다.</u> "손 닦는 것 때문에 엄마랑 너랑 자꾸 싸우게 되는데 엄마는 싸우는 게 싫어. 자, 내일부터 우리 어떻게 하면 좋겠니?" 하고 물어보세요. 무엇보다 아이 스스로 규칙을 만들어야겠다고 인식하는 것이 중요합니다. 그래야 갈등이 줄어듭니다.

물론 아이는 규칙을 만들어도 잘 지키지 못할 것입니다. 하지만 그래도 다시 잘 지켜가자고 격려하며 이끌어가야 합니다. 부모와 규칙을 정하자마자 잘 지켜낸다면 그 아이는 아이가 아닙니다. 애어른이겠죠.

한 가지 중요한 조언을 하자면 '평소에' 아이와 대화를 많이 해야 합니다. 부모들은 보통 평소에는 아이와 거의 대화를 하지 않습니다. 오직 아이가 '문제를 일으켰을 때'만 대화를 시도하죠. 하지만 그때는 서로 예민한 상황이기에 대화는 싸움으로 흐르기 쉽습니다. 그렇게 싸우게 되니 아이의 기억 속에 남는 부모는 늘 자신을 공격하는 부모입니다. 그러니 자기도 모르게 자꾸만 부모에게 맞서고 싶고, 공격하고 싶어집니다.

아이를 키우다 보면 아이의 기분을 상하게 하는 말을 하지 않을 수 없습니다. 이때를 위해서라도 평소에 기분 좋은 대화를 자주 나눠야 합니다. 미래를 위해 돈을 저축하듯, 아이와의 관계에 좋은 일을 저축하듯 꾸준히 모아가세요. 그래야 아이의 공격성이 누그러집니다. 평소에 아이와 자주 대화하는 습관을 들이고, 역할 놀이를 함께하며 부모가 하고 싶은 말을 간접적으로 전달할 수 있도록 노력해보십시오. 아이와의 격한 충돌이 훨씬 줄어들 것입니다.

또 한 가지, 이 나이 때 아이들이 집에 돌아오자마자 매번 알아서 손을 씻기를 바라는 기대는 내려놓는 것이 좋습니다. 생각해보면 어른들도 외출했다 돌아온 후 바로 손을 씻지 않는 경우가 많거든요. 아이에게 올바른 버릇을 들이기 위해 꾸준히 말해주는 것은 좋지만 규칙을 지키지 못한다고 화를 낼 필요는 없습니다.

부모들은 과도한 기대를 갖고 일방적으로 지나치게 높은 목표를 설정한 다음 아이가 제대로 해내지 못하면 화를 냅니다. 분명 그것은 부당합니다. 과한 기대나 목표를 가질 수는 있습니다. 하지만 그러한 목표로 아이를 이끌어가기 위해 필요한 것은 부모의 분노가 아니라 격려라는 사실을 잊지 마십시오.

Plus Q

7살 우리 아들을 어떻게 대해야 할지 모르겠어요. 10시가 되어 자라고 하면 매번 "왜 일찍 자야 돼? 엄마는 뭐든 엄마 맘대로 하라고 그래"라며 따지고 듭니다.

…

아이의 반항적인 태도가 얼마나 심한지 모르겠어요. 일부 아이들은 지나치게 반항적인 경우가 있습니다. 어른들의 지시에 뭐든 따르지 않고 자기 고집대로 하려고 하죠. 그중에는 전문적인 상담이 반드시 필요한 아이도 있습니다. 하지만 대부분의 경우 부모가 정당한 권위를 갖고 안정적으로 아이를 대하면 해결되는 경우가 많습니다.

아이의 반항에 대한 대응은 아이의 나이에 따라 다르게 합니다. 아이가 사춘기라면 아이의 의견을 진지하게 들어야 합니다. 아이의 의견을 듣고, 부모의 의견과 그 이유를 설명한 후 적당한 선에서 서로 타협해야 합니다. 사춘기 아이를 키울 때는 아이의 의견이 비록 못마땅하더라도 아이에게 약간의 결정권을 줘야 합니다. 아이가 초등학교 3학년이 되었다면 부모가 구체적으로 이유를 말해줘야 합니다. 정성을 들여 이유를 설명하면 아이는 충분히 수긍하지 않더라도 부모의 결정을 받아들입니다.

만약 아이가 더 어리다면 굳이 자세히 설명할 필요는 없습니다. 자세히 설명해도 주의를 기울여 듣지도 않죠. 그때는 이렇게 말해보세요. "억울한가 보구나. 근데 원래 10시에는 자야하는 거야. 그게 규칙이야. 네가 아직 모르고 있나 보다." 아이가 왜 엄마 맘대로 정하냐고 따지면 아이를 정면으로 바라보며 "당연하지. 이런 건 엄마 맘대로 정하는 거야. 엄마가 밥을 차려주고, 엄마가 옷을 준비해주듯 이런 규칙은 엄마가 정해야 해. 네 건강을 잘 챙길 의무가 엄마에게 있거든" 식으로 맞받아주세요.

아이가 어릴 때는 당연한 것은 당연하다고 말해야 합니다. 다만 웃으면서 이야기하세요. 항의한다고 화낼 필요는 없습니다. 이 시기의 부모는 아이를 챙겨주고, 가르쳐야 할 일이 너무 많기에 일일이 설명하면 지치고 맙니다. 지친 부모는 아이에게 쉽게 화를 내게 되죠. 아이를 사랑하며 키우기 위해서는 안정적인 권위가 필요합니다. 권위를 가진 사람은 충분한 힘이 있기에 화내지 않고 웃으면서 아이를 대할 수 있습니다.

툭하면 학교에
안 가겠대요

초등학교 1학년 딸을 둔 워킹맘입니다. 초등학교에 입학한 직후에는 별다른 문제없이 학교에 잘 다녔어요. 그런데 한두 달이 지나면서 학교에 가지 않겠다고 말하더니 점점 그 빈도가 잦아집니다. 학교뿐이 아닙니다. 집에 혼자 있으면 심심할 것 같아 오후에는 집 근처의 아동복지센터에 보내는데 거기도 안 가려고 해요. 처음에는 어르고 달래고 며칠 학교를 쉬게도 하면서 겨우겨우 학교에 보냈습니다. 그런데 점점 반항이 심해지고 고집도 더해갑니다.

저도 사람인지라 얼마 전에는 하도 화가 나서 학교에 안 가겠다는 아이를 억지로 끌고 가 교실에 집어넣었어요. 담임 선생님은 제가 직장을 그만두고 아이를 보살피는 것이 낫겠다고 합니다. 정말 이 난관을 어떻게 헤쳐 나갈지 고민입니다. 제가 회사를 그만두는 방법밖에 없는 걸까요?

아이의 속마음을 들여다보세요

어머니 입장에선 참 답답하시죠. 출근해야 하는데 아이는 학교에 가지 않겠다고 버티고, 방과 후 집에서 혼자 지내는 것이 안타까워 아동복지센터에 보냈더니 거기도 안 가겠다고 고집을 피우니까요. 이럴 때 대부분의 부모들은 일단 야단을 칩니다. 하지만 이 아이에겐 야단도 효과가 없나 봅니다. 오히려 점점 반항이 심해지고 고집을 부리니까요.

이럴 때 시급한 일은 도대체 아이가 왜 이렇게 행동하는지 진지하게 원인을 생각해보는 것입니다. 지금은 등교를 두고 오랫동안 갈등이 지속되었기에 학교에 안 가려는 이유를 물어봐도 정확한 답을 듣기 어려울 것입니다. 이미 감정싸움이 되었을 테니까요. 하지만 아이가 학교에 가기 싫다고 느낀 최초의 이유가 분명 있을 것입니다. 물론 그전에도 아이에게 이유를 물었겠지만 제대로 된 답을 듣지는 못했을 겁니다. 초등학교 1학년 아이는 자신의 심리나 행동의 이유를 말로 표현하기가 아직은 어려우니까요. 따라서 아이의 속마음을 알고 싶다면 아이에게 충분한 시간을 줘야 합니다. 인내심이 많이 필요한 일이죠.

아이에게 "왜 학교에 안 가려고 하니? 빨리 좀 대답해봐" 하는 식으로 다그치면 아이들은 그냥 울어버리기 쉽습니다. 아니면 그 상황을 모면하려고 내일은 학교에 잘 가겠다고 얼버무리기 마련이죠. 물론 잘 가겠다는 말이 진심은 아니니 다음 날이 되면 다시 학교에 가지 않겠다고 버티겠죠. 평소 부모와 자녀의 사이가 좋다면 이런 일은 잘 생기지 않습니다. 그 경우엔 굳이 묻지 않아도 아이가 자기 이야기를 잘할 테니까요.

그런데 요즘 부모들은 아이의 이야기를 차분히 들어주기엔 너무 바쁩니다. 특히 직장에 다니는 엄마들은 아침 시간이 더 정신없죠. 마음의 여유가 없다 보니 그저 학교에 빨리 보내야겠다는 생각이 앞서고, 조급하게 학교에 보내려는 과정에서 아이는 무시당한다는 생각을 갖게 됩니다. 그렇게 서로 간에 감정의 골이 깊어지고 문제는 만성화되죠.

✱✱✱

그렇다면 아이가 등교를 거부하는 이유로는 무엇이 있을까요? 저학년 아이들이 등교를 거부하는 가장 흔한 이유는 분리불안입니다. 엄마와 떨어지고 싶지 않고 자꾸 걱정되다 보니 학교에 가기를 거부하는 거죠.

그다음으로는 수업이나 교과 활동을 잘 따라가지 못하기 때문입니다. 공부하는 내용이 잘 이해되지 않거나 미술이나 체육 등 실기가 중요한 교과에서 또래보다 실력이 현저히 떨어지는 경우 학교가 싫어질 수 있습니다. 제가 만난 어떤 아이는 손놀림이 능숙하지 않아 수업 시간에 스티커 붙이기 활동을 잘 못했는데, 그 이유로 영어 수업을 거부하기도 했습니다. 다른 아이들은 척척 해내는데 자기는 잘하지 못하니 자존심이 상하는 것이죠. 특히 욕심이 많고 승부욕이 강한 아이에게서 이런 현상을 자주 관찰할 수 있습니다. 다른 시간에는 문제가 없고, 딱 그 한 가지만 못하는 것인데도 아예 학교를 가지 않으려 하죠. 그러니 아이가 학교에 가기 싫어하면 학교에서 하는 특정 활동을 싫어하는 것은 아닌지 잘 살펴보세요. 물론 한두 과목이 아니라 여러 과목을 두루 못한다면 학교에 가는 게 더욱 싫어질 수 있습니다.

　친구 문제도 아이들이 학교를 싫어하는 대표적인 원인입니다. 자꾸 약 올리거나 귀찮게 구는 친구가 있으면 학교에 가기가 싫어지죠. 고학년쯤 되면 뭔가 한두 가지 마음에 안 드는 점이 있더라도 나름 좋은 점들도 있으니 융통성 있게 학교생활을 받아들일 수 있는데, 저학년 때는 친구 관계가 나쁘면 학교에 적응하는 데 많은 어려움을 겪습니다.

　어떤 아이들은 학교에 가면 몸이 아프거나 불편해하기도 합니다. 자꾸 배가 아파오고 학교 화장실에서 대변을 처리하는 것이 어려워 학교에 가기 싫다는 아이도 있습니다. 아이들은 집과 다른 학교 화장실에 적응하지 못하는 경우도 많습니다. 게다가 학교에서 대변을 보면 놀리는 친구들도 있으니까요. 그래서 자꾸 의식하다 보니 오히려 더 배가 아파오죠.

　이처럼 학교를 싫어하는 데는 다양한 원인이 있습니다. 우리 아이는 어떤 이유로 학교에 가기 싫어하는지를 잘 알아봐야 합니다. 초등학교에 처음 입학했을 때 적응에 어려움을 겪는 아이들은 거의 절반에 달합니다. 유치원과 달리 학교는 수업 시간 40분 동안 의자에 앉아 있어야 하고 선생님 말씀에 집중해야 하는데 이런 경직된 분위기에 적응하는 걸 힘들어하는 아이들이 정말 많습니다.

　특히 저학년 때는 부모가 그 원인을 찾아 해결할 수 있도록 도와줘야 합니다. 무조건 학교에 밀어 넣는 것이 능사가 아닙니다. 사연의 어머니에게 안타까운 점은 직장을 다녀야 해서 마음의 여유가 없다는 점입니다. 가능하다면 직장을 잠시 쉬거나 직장 내에서 시간 여유가 있는 부서로 옮기면 어떨까 싶습니다. 그렇게 하면 아이와도 충분한 대화를 나눌 여유가 생겨 아이의 학교 적응에 큰 도움이 될 것입니다. 물론 휴직이나 부서 이동이 쉽지 않겠죠. 다른 방법 없이 계속 직장에 다녀야 한다면 퇴근했을 때라도 아이와 공부할 생각은 하지 말고 함께 즐겁게 노는 분위기를 만들어보세요. 숙제는 어떻게 하냐고요? 만들기 숙제 정도만 같이 하고, 나머지는 낮에 숙제만 봐주는 공부방 같은 서비스를 이용하는 편이 좋습니다.

우리 인간은 힘든 일이 생기면 위로 받고 싶어 합니다. 누군가 속상한 마음을 들어주고 위로해주면 견딜힘이 생기죠. 그렇게 견디면서 시간을 벌다 보면 결국 해결되는 문제도 많습니다. 그 역할은 다른 누가 해주지 않습니다. 부모님이 꼭 해주셔야 합니다. 어렵겠지만 아이의 이야기를 계속 들어주고 공감해주고 마음을 읽어주면서 아이의 어려움을 인정해주세요.

한 가지 더, 아이가 학교를 왜 가야 하냐고 묻는 경우 단순하게 얘기해주는 편이 낫습니다. "학교는 의무 교육이고 우리가 사회에서 살아가기 위해서는 의무적으로 다녀야 해. 학교를 안 다니면 나중에 사회생활을 하기 어려워. 게다가 너를 학교에 보내지 않을 경우 엄마는 처벌을 받을 수도 있어." 이 문제를 두고 철학적인 긴 논쟁을 하게 되면 아이는 제대로 이해도 못하면서 말꼬리를 잡을 것이고 그러면 부모는 더 힘들어집니다.

하기 싫은 수업이 있을 땐 아이가 꾀병을 부려요

…

공부하기 싫은 마음이야 하나도 이상할 것 없죠. 그런데 하기 싫다고 말로만 하는 게 아니라 몸이 아프다고 표현하면 주의 깊게 아이를 살펴봐야 합니다. 일단 꾀병이 맞는지 확인해야겠죠. 꾀병이란 자기도 몸이 아프지 않다는 것을 아는 것입니다. 그런데 분명 아프다고 느끼는 경우가 있습니다. 배나 머리가 아프거나 어지럽다고 이야기하는데, 놀거나 쉬게 놔두면 언제 아파했냐는 듯이 멀쩡해지죠. 이런 경우가 더 심각합니다. 무의식적인 수준에서 아이가 거짓말을 하는 것이니까요. 이 경우에는 그동안 부모가 지나치게 자주 아이를 혼내거나 부정적으로 비난하지 않았는지 돌아봐야 합니다.

아이들은 야단맞고 혼나는 것을 무척 싫어합니다. 어른들이 생각하는 것보다 훨씬 더 싫어하죠. 그렇기 때문에 거짓말로라도 상황을 모면하려는 본능이 발휘되고 무의식이 작동하여 신체적인 통증을 만들어냅니다. 아이들은 어른들이 짐작하는 것 이상으로 자존감이 약하고 버림받을까 봐 늘 두려워합니다.

부모들도 어렸을 때를 돌이켜 보면 "너 자꾸 그러면 어디다 갖다 버릴 거야!"라는 부모님의 위협이 진짜처럼 들렸던 경험이 있을 겁니다. 지금 돌아보면 터무니없게 느껴지는 두려움도 그 무렵에는 실제적이고 생생하게 느꼈죠. 그러다 보니 회피하고 싶은 마음도 훨씬 더 커집니다. 언제나 아이의 두려움과 힘겨움을 공감해주면서 조금씩 가능성을 끌어내주는 노력이 필요합니다.

자기 일은 좀 알아서 했으면 좋겠어요

삼남매를 키우는 전업주부입니다. 부모 자식 간에도 궁합이 있다더니 큰 아이와는 여러 가지로 맞지 않아 고민입니다. 올해 초등학교 1학년인 큰 딸은 어릴 때부터 유난히 예민해서 키우기가 참 힘들었어요. 학교에 다니기 시작하면서부터는 굼뜬 행동으로 제 속을 뒤집어놓습니다. 아침에 일찍 일어나도 멍하니 있다가 밥도 못 먹고 허둥지둥 학교에 갑니다. 숙제도 알아서 하는 법이 없고 잔소리를 수십 번 해야 그제야 책을 펴고 하는 척을 하더라고요. 당연히 시험을 보면 점수가 가관이죠. 게다가 동생들을 귀찮아하며 놀아주지도 않습니다. 참다 참다가 혼을 내는데 그러면 입을 댓발 내밀고 저녁 내내 짜증을 내요. 적어도 자기 할 일은 스스로 하는 딸이었으면 했는데, 기대에 못 미치는 아이에게 자꾸 화가 납니다.

조급하게 생각하지 마세요

어머니가 지금 많이 불안해 보입니다. 세 아이를 돌보느라 너무 정신이 없고, 아이도 덩달아 정신이 없지 않을까 싶어요. 큰아이가 공부를 하려고 해도 어린 동생들이 가만히 놔두지 않을 테고, 엄마 입장에서도 할 일이 쌓여 있으니 큰아이에게 차분하게 집중하는 게 불가능한 상황이겠죠. 그러다 보니 상황은 여의치 않고, 혹시 아이가 잘못될까 봐 불안한 마음만 계속해서 쌓여가는 중일 겁니다.

저는 우선 조급해하지 말라고 말씀드리고 싶습니다. 아이의 생활에 틀이 잡힐 때까지 시간을 두고 보면서 천천히 가면 됩니다. 요즘 부모들은 초등학교 1학년 때부터 공부 걱정을 많이 하는데, 사실 이때는 공부가 큰 문제가 아닙니다. 초등학교 1,2학년은 학교 수업에서 현저히 뒤처지는 수준만 아니라면 3학년 정도부터 공부를 시작해도 큰 차이가 없습니다.

다만 지금 눈여겨볼 점은 시킨 일을 아이가 잘해내지 못한다는 거지요. 생각해보면 아이는 어릴 때부터 줄곧 산만한 환경에서 살아온 듯합니다. 아이가 셋 있는 집이니 당연하겠죠. 체계적으로 일과가 돌아가고 예측 가능한 환경을 한 번도 접해보지 못한 것이죠. 하지만 이제는 체계를 잡아줄 필요가 있습니다. 규칙과 틀을 아이가 몸으로 익힐 수 있도록 도와줘야 합니다.

지금부터라도 아이의 일과표를 만들어보세요. 자고 일어나는 시간도 규칙적으로, 밥 먹는 시간도 규칙적으로 정합니다. 그리고 공부도 언제 책상에 앉을지 시간을 정해야 합니다. 대개는 밥 먹기 직전 또는 직후 30분 정도를 공부 시간으로 정하는 것이 무리가 없습니다. 무리한 계획이라면 아이가 하지 않으려 들 테니까요.

물론 시간을 정했다고 아이가 알아서 하길 기대하면 안 되고 엄마가 길잡이가 되어줘야 합니다. 이렇게 체계적인 스케줄대로 일과를 진행하다 보면 그 습관이 몸에 배게 됩니다. 시간표를 짠다고 해서 피자판처럼 만들어 시간별로 자세히 계획을 세울 필요는 없습니다. 자고 일어나는 시간, 밥 먹는 시간, 등교하는 시간, 공부하러 책상에 앉는 시간 이렇게 네 가지만 정하면 됩니다.

초등학교 1학년 아이가 자기 일을 알아서 한다는 것은 어려운 일입니다. 하지만 우리가 가져야 할 목표죠. 그 목표는 어른이 되어서도 이루지 못하는 경우도 많습니다. 어른 중에도 자기 일을 잘 못 챙기고 즉흥적으로 행동하는 사람이 한둘이 아닙니다. 그러지 않도록 **부모가 열심히 교육해야지, 야단친다고 아이가 제대로 행동하게 되는 것은 아닙니다. 아이 스스로 제 할 일을 챙기는 것은 쉽지 않지만 우리가 꼭 이뤄야 할 목표이니 함께 노력하자고 이야기해주세요. 그리고 벽에 아이 스스로 할 일을 적어 붙여두세요. 스스로 챙길 수 있도록 귀뜸해주고, 자주 격려하며, 성공했을 땐 칭찬도 많이 해주세요. 이 과정에서 아이가 조금씩 변해갈 것입니다. 그것이 바로 성숙해지는 과정입니다.**

꼭 부탁드리고 싶은 게 있습니다. 아이에게 부정적인 말은 되도록 하지 않기를 바랍니다. 마음이 조급하면 아이에게 화를 내고 부정적인 말을 자꾸 하게 되는데 그러면 아이는 엄마의 말을 좋은 의도로 받아들이지 못합니다.

아이와 맞서기보다 아이가 듣고 싶어 하는 말을 통해 아이를 움직이세요. 예를 들어 "너는 왜 놀 생각만 하니?"라고 나무라봤자 아이에게 부모는 단박에 '내 마음을 몰라주는 사람'으로 전락할 뿐입니다. "너한테 노는 시간도 꼭 필요한 거 알아. 엄마도 네가 재미있게 노는 게 좋아. 그런데 공부를 안 할 수는 없으니까 어떻게 하지? 우리 30분만 공부하고 나머지 시간은 실컷 놀도록 하자"라고 말해준다면 아이 입장에서는 공부하는 30분에 큰 부담을 느끼지 않을 수 있습니다. 이렇게 어머니가 화내지 않고 긍정적인 마음으로 아이와의 문제를 풀면서 큰아이의 틀을 잡아나가다 보면 덤으로 동생들도 그 틀을 따라오게 될 것입니다.

PART 04

아이 성격에
문제가 있는 건
아닐까요?

...

"좋은 성격으로 키우고 싶어요."
부모들의 한결같은 마음입니다.
그러나 좋은 성격이 얼마나 다양한지 모르는 경우가 많아요.
수줍어하는 좋은 성격, 장난을 좋아하는 좋은 성격,
예민한 좋은 성격이 다 있습니다.
이래야만 좋은 성격이란 부모의 틀이
아이를 옥죄어선 곤란합니다.

소심한 아이,
어떻게 하면 강해질까요?

소심하고 내성적인 아들의 성격이 걱정스럽습니다. 올해 초등학교 1학년인 아들은 어떻게 하면 남의 눈에 안 띌까만 궁리하는 아이입니다. 얼마 전 학부모 참관 수업에 가보니 다른 아이들은 "저요! 저요!" 하며 열심히 손을 들고 외치는데 우리 아이는 고개를 푹 숙이고는 선생님과 눈이 마주칠까 봐 전전긍긍하고 있더군요. 걱정스러워서 선생님에게 물어보니 수업 태도도 좋고 이해력도 좋다고 합니다. 다만 소심한 것이 문제라고 하더군요. 주변에 이런 걱정을 이야기하면 다들 태권도를 시켜보라고 합니다. 씩씩해질 수 있다고요. 그런데 새로운 환경이 두려운 아이는 강력히 거부합니다. 남편은 아들은 강하게 키워야 한다며 무조건 밀어붙이라고 하는데, 저렇게 싫어하니 무슨 일이라도 날까 싶고 어떻게 해야 할지 참 답답합니다.

내향적인 특성을 강점으로 키워주세요

발표 시간이면 자신 없어 고개를 숙이고, 뭐든 새로운 것에 적응하는 데 힘이 드는 아이를 보면 부모는 걱정스럽죠. 저래서야 어떤 일이라도 제대로 할 수 있을까 싶습니다. 많은 부모들은 아이가 소심한 모습을 보이면 답답해하고 이런 기질을 바꿔야 한다고 생각합니다. 그러나 모든 아이들은 자신만의 리듬과 호흡이 있습니다. 익숙해지는 데 조금 더 시간이 필요한 아이도 있고, 남 앞에 나서는 것을 두려워하는 아이도 있습니다. 그렇다고 소심한 아이들 모두가 부모들의 걱정처럼 사회 적응에 어려움을 겪는 것은 아닙니다.

아이의 소심한 기질이 흔히 생각하듯 부정적인 것만은 아닙니다. 이 아이들은 새로운 환경에 적응하는 데 시간이 걸리고 위험에 대한 회피 성향이 강한 것뿐입니다. 모임을 선호하지 않고 조심스럽죠. 반면 어떤 결정을 내릴 때는 충분한 시간을 들여 이모저모를 살피는 장점이 있습니다. 매사에 신중하며 사려 깊은 태도를 보이고요. 또 모험을 좋아하지 않는다고 해서 창의성이 부족한 것은 아닙니다. 실제로 많은 예술가들이 소심하고 내성적이면서 한편으로는 매우 창의적이죠. 예술가뿐 아니라 과학자인 아인슈타인도, '애플'을 이끈 스티브 잡스도 내성적이지만 모험을 두려워하지도 않았고, 창의성은 최고였습니다.

인간관계에서도 마찬가지입니다. 소심한 아이들 상당수는 어른으로 성장하고 나서도 두려움이 많고 인간관계의 폭이 그리 넓지 않습니다. 하지만 사교적이지는 않더라도 한번 사귄 사람과는 깊은 관계를 유지하죠. 어차피 인생에서 맺을 수 있는 깊이 있는 관계는 제한적입니다. 외향적이고 사교적인 사람의 경우 아는 사람은 많겠지만 그렇다고 진실한 친구가 그만큼 많은 것도 아닙니다. 이들의 외로움이 덜한 것도 아니고요.

<u>소심하고 내향적인 기질을 가진 아이에게도 두 가지 미래가 있습니다. 한쪽은 세심하고 깊은 우정을 나눌 수 있는 긍정적인 성격으로 발전하는 것, 다른 한쪽은 두려움이 많고 사람을 피하는 부정적인 성격으로 발전하는 것. 이 두 가지 길 모두가 열려 있고, 어느 길로 향할지는 양육 환경에 달려 있습니다. 한마디로 기질은 타고나지만 성격은 만들어지는 것이죠.</u>

재미난 점은 소심한 기질의 아이가 부정적인 성격으로 자라게 되는 이유입니다. 역설적이게도 부모가 아이의 소심함을 싫어해서 과도하게 반응할 때 아이는 더욱 위축됩니다. 소심하다고 걱정하는 부모의 마음이 아이를 더 소심하게 만드는 것이죠. 아이는 세상과 부딪치면서 많은 스트레스를 겪게 됩니다. 그리고 그런 자신의 곁을 든든한 부모가 지켜주기를 바랍니다.

그런데 대부분의 부모들은 아이가 겁을 먹거나 불안해하면 부정적인 반응을 보입니다. 대뜸 용기를 내라며 일방적인 방향을 강요하죠. 아이는 어쩔 수 없이 부모의 의견을 따르지만 그 과정에서 자신이 정상이 아니라는 생각을 갖게 되고, 정말로 소심한 아이가 되어버립니다. 스스로를 부정적으로 생각하는 아이가 능동적으로 행동하기는 어려운 일이니까요.

아이의 소심한 성격을 바꾸기 위해 웅변학원이나 태권도장 등에 보내는 부모를 흔히 보게 됩니다. 하지만 안타깝게도 아이의 기본적인 기질은 바뀌지 않습니다. 오히려 아이의 기질을 부정하는 부모의 태도로 인해 아이는 스스로를 부족한 사람이라고 여겨 결국 자존감만 낮아질 수 있습니다. 저는 무엇보다 부모님들이 아이의 성격을 있는 그대로 인정해주셨으면 합니다. 소심한 아이에게 자꾸 소심함을 지적하고 고칠 것을 다그치면 오히려 점점 위축되어 자신의 약점을 극복하지 못합니다. 아이 스스로 자신의 소심함을 인식하고 개선하려고 노력할 수 있는 나이는 적어도 사춘기는 되어야 합니다.

* * *

그렇다면 소심한 아이는 어떻게 이끌어줘야 할까요? 첫째로, 아이가 스스로 소심함을 이겨낼 수 있도록 시간을 주고 기다려야 합니다. 아이의 이야기를 충분히 들어주고 감정을 표현할 수 있게 해주세요. 아이뿐 아니라 부모 역시 때로는 겁을 먹는다는 사실을 알려주고 그것이 자연스러운 반응임을 말해주어 스스로 극복하게 해주세요.

"너는 왜 그러니?" 식의 말투나 시각은 아이를 더 불안하게 만들 뿐입니다. 그보다는 아이가 편하게 자신의 두려움을 말할 수 있게 도와주세요. 어떤 점이 걱정인지, 무엇이 겁이 나는지 편하게 말할 수 있게 해야 합니다. 아무리 사소한 내용을 말하더라도 진지하게 들어줘야 합니다. 두려움은 말하는 것만으로도 조금은 만만해집니다. 머릿속에서 한 번 소화를 할 수 있기 때문이죠.

둘째로, 부모가 두려움을 이겨낸 경험을 아이에게 반복적으로 말해주는 것도 도움이 됩니다. 물론 '내가 겪어봐서 아는데' 식의 이야기는 좋지 않겠죠. 두려움이란 겪고 있는 사람에겐 모두 절실하고 구체적이니까요. <u>부모도 비슷한 경험을 해봤다는 말에 아이는 잠시 동안은 위안을 받습니다.</u> 그렇지만 두려움이 사라지지 않는 한, 곧 내가 경험하는 것과 부모의 경험은 다를 것이라 생각합니다. '잘 알지도 못하면서…' 이렇게 여기면서 부모를 원망하죠.

그렇기 때문에 아이에게 부모의 경험을 들려줄 때는 이렇게 시작하는 것이 좋습니다. "내가 경험한 것과 너의 경험이 꼭 같지는 않겠지만 말이야." 그러면서 두려움 때문에 힘들었던 시간들, 그리고 두려움을 극복한 과정, 또한 두려움을 떨쳐내기까지 꽤나 시간이 걸린다는 것을 이야기해주세요.

셋째로, 평소에 소리 지르기, 노래 부르기, 맘껏 웃기와 같이 자신을 이완하고 에너지를 발산할 수 있는 놀이를 아이와 함께 자주 하는 것도 도움이 됩니다. 두려움을 느낄 때 마음이 이완된 순간을 기억할 수 있다면 두려움을 이겨내는 것이 조금은 더 쉬워지기 때문입니다.

잠자기 전에 아이와 장난치며 놀다가 심호흡하는 방법을 가르쳐 보세요. 누워서 눈을 감은 채 코로 숨을 들이쉬고 입으로 천천히 내쉬는 것을 반복합니다. '하나, 하나, 하나' 하며 들이쉬고 '둘, 둘, 둘, 둘, 둘, 둘' 하며 천천히 내쉽니다. 공기가 배 속에서 다 빠져나갈 때까지 천천히 쉽니다. 그러고는 아이에게 이렇게 말해줍니다. "두렵고 겁이 나는 건 나쁜 게 아냐. 하지만 그것 때문에 네가 잘할 수 있는 걸 못하면 아빠는 많이 속상할 거야. 그럴 때 심호흡이 용기를 내는 데 도움이 돼." 그리고 꾸준히 틈나는 대로 연습한 후 기회가 왔을 때 같이 심호흡을 하면서 용기를 낼 수 있게 격려합니다. 심호흡이 도움이 된다는 것을 한두 번쯤 경험하면 그다음에는 아이가 스스로 해냅니다. 이 경험은 분명 소심한 아이에게는 다른 어떤 것보다 값진 인생의 선물이 될 것입니다.

<u>마지막으로 큰 시도에 앞서 아이가 좀 만만하게 느낄 만한 작은 시도를 해보는 것도 좋습니다.</u> 아이가 큰 발표회를 부담스러워한다면 규모가 좀 작은 무대에 서보게 하고, 태권도장에 가기 무서워한다면 엄마가 얼마 동안 함께 가서 분위기를 띄워주는 것이죠. 이런 시도를 통해 아이는 조금씩 단단해질 것입니다.

Plus Q. 수줍음 많은 아이는 어떻게 도와줘야 할까요?

…

수줍음 많은 아이를 키울 때도 역시 가장 중요한 것은 부모가 아이의 기질을 인정하는 것입니다. '부끄럼 타는 건 아무런 문제가 되지 않으며 조금씩 극복할 수 있다'고 격려해주세요.

격려의 방식도 중요한데, 많은 부모들이 "그게 뭐가 부끄럽니? 처음에만 그렇지 금방 잘할 수 있어"라고 말합니다. 그런데 그런 말은 의외로 도움이 되지 않습니다. 이성적으로 아이의 '생각을 바꾸려는 방식'을 '인지적 접근'이라고 하는데, 초등학교 저학년까지의 아이들은 생각을 바꾼다는 말의 의미를 이해하지 못합니다. 다르게 생각해보라는 말이 조금도 통하지 않는 거지요. 아이들의 행동을 바꾸려면 말이 아니라 연습을 할 수 있게 해주어야 합니다.

여기에는 역할놀이가 대단히 효과적입니다. 역할놀이를 통해 바람직한 행동을 따라 배우게 하는 것이죠. 예컨대 유치원 놀이나 엄마 아빠 놀이를 하면서 자연스럽게 다른 사람을 만나는 장면을 보여줍니다. 인형 두 개로 "안녕하세요? 반갑습니다" 등의 인사하는 대화를 보여주고 아이도 함께 해보게 합니다. "나 이거 가지고 싶어요.", "나 이거 되게 잘한다"와 같이 자기를 표현하는 말도 역할놀이를 통해 효과적으로 가르칠 수 있습니다.

아이들은 놀이 상황에서는 부끄러워하지 않습니다. 어색해하거나 피하지도 않죠. 따라서 놀이를 하면서 머리로 입으로, 주어진 상황에 적절한 표현을 자꾸 연습하다 보면 연습했던 말들이 '실전'에서도 자연스레 나오게 됩니다. 실제 상황에서 성공을 경험하면 아이는 자신감을 갖게 되고, 그때부터 표현이 훨씬 더 자연스러워지죠.

이 밖에도 아이가 낯선 사람을 만날 때면 조건반사를 만들 듯이 즐거운 기억을 심어주는 것도 큰 도움이 됩니다. 다른 사람과 만날 때, 좋아하는 장난감이나 음식을 사주거나 하다못해 초콜릿 하나라도 주는 거지요. 이런 경험이 쌓이다 보면 다른 사람을 만나는 상황에서 자기도 모르게 좋은 느낌이 올라옵니다. 사람과의 만남에 호의적인 태도를 가지기 쉬워집니다.

마지막으로 아이가 대인 관계에서 조금이라도 개선된 모습을 보이거나 성공적인 수행을 해냈을 때는 반드시 칭찬해주세요. 짧게라도 꼭 칭찬을 해주는 게 중요합니다. 다른 사람 앞에서 칭찬 받는 걸 부끄러워한다면 단둘이 있을 때 아까 정말 잘했다고 말해주세요. 이렇게 부모가 인내심을 갖고 도와준다면 사람을 피하거나 만남을 회피하지 않는 아이로 잘 자랄 수 있습니다.

툭하면 눈물을 흘려요

갓 다섯 살이 된 아들이에요. 평소에는 잘 웃고 잘 노는 아이입니다. 그런데 감성이 너무 풍부한 건지 아니면 너무 예민한 건지, 잘 놀다가도 걸핏하면 서운해하며 눈물을 흘리는 울보입니다. 어린이집에서도 조용하고 감상적인 노래를 틀어주면 슬퍼하면서 울었다고 해요. 얼마 전에도 드라마를 보다가 악역이 소리를 지르니 무섭다면서 자꾸 끄자고 하더라고요. 평소에도 친구와 조금만 부딪히면 아프다고 고개를 푹 숙이고, 어른들이 조금 큰 소리로 야단치면 아무 말도 못하고 어깨를 들썩이며 숨죽여 웁니다. 아이의 이런 행동이 딱히 남을 괴롭히는 행동은 아니지만 계속 이렇게 자라면 문제가 생기지 않을까 걱정이 돼요. 어떻게 도와줘야 될까요?

감정 조절능력을 키워야 합니다

아이가 울고 있을 때면 난처하고 답답하시죠. 그래도 글로 보는 저는 아이가 한없이 귀엽습니다. 나중에 감수성이 풍부한 멋진 어른이 될 수 있을 거예요. 물론 심각한 문제도 아니고요. 사실 그냥 놔두면 저절로 없어질 문제죠. 감정을 조절하고 외부에 보이지 않도록 스스로 통제하는 능력이 곧 자라날 테니까요.

우리 두뇌에는 감정의 흔들림이 일정한 범위 이상을 넘어서지 않도록 잡아주는 기능이 있습니다. 즐겁고 재미난 일도, 슬프고 속상한 일도 지나친 범위까지 감정이 흐르지 않도록 도와주죠. 물론 감정을 아주 크게 건드리는 일이 생기면 조절 기능은 잠시 제 역할을 해내지 못합니다. 하지만 통상적인 상황에선 지나친 감정의 움직임이 나오지 않도록 우리 두뇌가 잘 조절해냅니다. 감정이 과잉으로 흐르는 상태는 우리의 일상에 방해가 되기 때문입니다.

툭하면 눈물을 흘리는 것은 아이가 지닌 기질적인 특성입니다. 아이의 감정 조절 기능이 아직 균형을 맞추지 못하는 것이죠. 예민한 현악기는 작은 자극에도 크게 웁니다. 이런 악기를 다루기 위해서는 섬세한 기술이 필요하죠. 그런데 섬세한 기술이란 상당한 수련을 필요로 하고, 수련이 되어 있지 않을 경우 좋은 악기는 오히려 불안정한 소리를 냅니다. 감수성이 풍부한 아이의 경우, 감정 조절 기능이 충분히 발달하지 않은 동안에는 불안정한 모습을 보이기 쉽습니다. 시간이 지나면서 감정을 조절하는 데 이력이 생기면 겉으로 드러나는 불안정한 모습은 상당 부분 사라집니다. 다만 풍부한 감수성은 여전히 남게 되죠.

이렇게 감정을 극단적으로 느끼는 아이를 대할 때 부모가 명심할 일이 있습니다. '우리 아이는 기질적으로 감정 조절에 약점을 가진 아이'라고 인정해야 합니다. 좋게 봐서 감수성이 풍부한 아이라고 생각하면 됩니다. 부모가 할 일은 아이의 모습을 인정하면서 아이의 감수성이 과도하게 흐르지 않도록, 그리고 내면의 감정 조절능력이 성숙해질 수 있도록 방향을 잡아주는 것입니다. 여기에는 제법 오랜 시간이 필요합니다. 그래서 부모에게도 인내심이 필요하죠.

대부분의 부모는 아이가 징징대거나 울면 아이에게 화를 냅니다. "왜 자꾸 징징거리니? 너 자꾸 그럴래?" 하며 짜증을 내고요. 그러면 아이는 자꾸 방어적인 태도를 보이게 되죠. 자기도 울고 싶어서 우는 것이 아니라 눈물이 저절로 나는 겁니다. 그런데도 야단을 맞으니 아이로서는 어떻게 해야 할지 답답합니다. 아이가 자기를 달래는 방법을 익혀야 해결이 될 텐데, 아직까지는 달래는 법이 익숙하지 않으니 그냥 감정을 눌러버립니다. 속으로는 슬프면서도 표현은 하지 않으려 애쓰게 되지요. 이렇게 감정을 누르다 참을 수 없는 임계점을 넘어서면 다시 징징거리거나 눈물을 쏟게 됩니다. 전혀 발전이 없는 것이죠.

그러니 아이가 징징거리거나 자꾸 눈물을 보일 때는 화내거나 짜증내지 말고 "우리 ○○이는 참 예쁘지. 엄마는 ○○이가 울지 않고 말로 하면 더 좋을 것 같아. 울지 말고 한번 말해보자" 하며 꾸준히 가르쳐주세요. 물론 처음부터 잘되지는 않을 거라는 걸 인정해주세요. "그래, 그렇게 말로 하는 게 금방 되진 않을 거야. 하지만 울지 않고 말하는 걸 자꾸 연습해보자. 먼저 이렇게 속으로 말해보는 거야. '이 정도는 아주 많이 슬픈 건 아니야.'"

저는 아이들에게 이렇게 이야기해줍니다. 어떤 친구는 키가 크고 어떤 친구는 키가 작듯이, 어떤 친구는 어떤 일에 많이 속상해해도, 어떤 친구는 같은 일인데도 적게 속상해할 수 있다고요. 아이들이 이 말을 얼른 이해하기는 어렵습니다. 다 자신과 비슷하다고 생각하니까요. 이때 저는 키가 작은 아이는 더 많이 먹고 줄넘기 등 운동을 많이 해야 하듯이, 속상함을 더 많이 느끼는 사람은 속상한 마음을 '괜찮아, 괜찮아' 하며 달래는 연습을 많이 해야 한다고 말해줍니다.

이렇게 격려하며 가르치는 방법을 실천하기가 쉽지 않다면 저는 우선 아이를 가만 놔두기를 권해드립니다. 사실 가만 놔두기도 무척 어려운 일입니다. 일단 자주 울면 남 보기 창피하고, 아이가 울보 소리를 들을까 봐 걱정되죠. 부모라면 누구나 자신의 아이가 다른 사람으로부터 부정적인 평가를 받는 것이 싫기 마련입니다. 그러기 위해 안 좋은 모습은 빨리 고쳐주고 싶죠.

그런데 잘 살펴보면 아이에게 가장 심한 부정적 평가를 내리고 혹독하게 야단치는 사람은 오히려 부모입니다. 다른 사람들은 그렇게 함부로 이야기하지도 않고, 나쁘게 보지도 않습니다. 대개는 그저 가볍게 생각하죠. 물론 놀리는 친구가 있을 수 있습니다. 그때 부모의 할 일은 이미 불이익을 당한 아이의 편을 들어주는 것이지, 세상과 같은 편에 서서 아이를 함께 공격하는 일은 아닙니다.

어차피 아이는 자기의 약점으로 인한 불이익을 온전히 겪을 수밖에 없습니다. 부모는 그런 아이 곁에서 아이를 위로하고 격려해줘야 합니다. 물론 아이를 사랑하기에 어서 약점을 극복하라고 채근하고 싶겠지요. 하지만 아이 역시 약점을 극복하고 싶지만 뜻대로 되지 않는 것입니다. 달리지 못하는 말에 채찍질을 한다고 빨리 달릴 수는 없겠죠. 우리 어른들도 자신의 약점을 고치지 못하고 그대로 안고 살아가는 경우가 많습니다. 원래 약점이란 빠른 시간 내에 고치기 어려우니까요.

아이가 힘들어하거나 속상해할 때는 그저 옆에서 위로하고 보호해주세요. 아이를 흉보고 왜 그러냐고, 남 보기 창피하다고 혼내거나 해선 안 됩니다. 힘들어하는 아이의 면전에 상처가 될 말을 던지지 말고, 아이가 힘들어하지 않을 때, 아이가 울지 않을 때 우는 문제에 대해 이야기를 나누세요. 엄마가 보기엔 아무렇지 않은데 잘 알지도 못하면서 흉보는 사람들이 있으니 사람들 앞에선 울음을 참는 것도 좋겠다고 말해주세요. 감정이 북받쳐도 다른 사람들의 주의를 끌지 않게 잘 견디는 방법이 뭐가 있을지, 감정이 치밀기 전에 속으로 딴생각을 하거나 그 자리를 벗어나 잠시 걷는 등의 여러 가지 방법을 말해주면서 실천해보도록 격려해주세요.

* * *

결국 조절력을 키워가는 과정입니다. 그리고 그 과정엔 시간이 필요합니다. "네 감정은 소중한 것이고 아무 문제없어. 함께 조절력을 키워보자" 하고 말해주세요. 조절력이란 말이 아이에겐 어려울 수 있으니 "슬픈 마음, 눈물이 날 것 같은 마음은 좋은 거야. 대신 남들 앞에선 진짜로 울지는 않고 참는 힘을 키우자"고 말합니다. 조절력이 커질수록 인간은 더 깊은 감정을 느낄 수 있습니다. 브레이크의 성능이 좋은 차일수록 속도를 더 낼 수 있듯이요. 감정을 조절하는 힘은 강하면 강할수록 좋습니다.

보통 아이가 자신의 불편한 감정을 보다 잘 감당하게 되기까지는 2~3년 이상 걸립니다. 부모들에게 꼭 이야기해드리고 싶은 건 아이의 기질이 어떠하든 좋거나 나쁜 것은 없다는 사실입니다. 그런데 어떤 기질이 성격으로 변했을 땐 나쁜 성격으로 드러날 수도 있습니다. 예컨대 잘 우는 기질은 얼마든지 인정해줄 수 있습니다. 그런데 어른이 돼서도 자기 할 말을 못하고 뭐든지 남에게 징징대는 식으로 말한다면 그것은 성격이 되는 것이죠.

잘 우는 아이의 기질을 다듬어주면 내면적으로는 예민하고 감성이 풍부하지만 외적인 표현은 적절히 제어할 줄 아는 어른으로 자랄 수 있습니다. 그런데 여기에 실패하면 스스로를 울보나 한심한 사람으로 생각하게 되죠. 자신을 믿지 못하는 사람이 되어 적극적인 노력도 할 수 없게 됩니다.

또 우는 행위에 대해 부정적인 피드백을 자꾸 받다 보면 감정 표현 자체를 부끄러운 것, 나쁜 것이라고 생각하게 됩니다. 감정이 풍부한 아이의 장점은 감정인데, 이를 부끄럽게 여기게 되니 장점을 더욱 키우기는커녕 그대로 묻어버리게 되죠. 그뿐만 아니라 억눌린 감정은 가끔 폭발적으로 터져 나오면서 돌이킬 수 없이 민망한 상황을 만들기도 합니다. 늘 기가 죽어 자신 없게 굴다가 한번 감정이 폭발하면 걷잡을 수 없는 사람, 그런 미성숙한 성격을 가질 수 있습니다.

아이의 기질이 어떤 성격으로 이어지느냐는 부모의 역할에 많은 부분이 달려 있습니다. 아이의 어려움을 함께하며, 언제나 격려하고, 부모가 도울 수 있는 노력만큼만 욕심 내지 말고 하나씩 해나가길 권해드립니다.

아이들은 도대체 왜 우는 걸까요?

…

돌 전의 아이가 우는 이유는 대부분 몸이 아프거나 어딘가 불편해서입니다. 배가 고프거나 기저귀가 젖었다는 불평이지요.

3세까지는 하고 싶은 대로 마음껏 하지 못할 때 많이 웁니다. 이때가 규칙을 배우는 시기인데, 규칙을 내면화하는 과정에서의 갈등을 울음으로 많이 표현합니다. 이 시기의 아이는 규칙을 배우지만, 왜 그것이 규칙인지 이해하지도 못하는데다 상황마다 규칙의 적용이 혼란스럽기에 굉장히 답답해합니다. 어른에게는 뻔한 것인데 아이는 이해하기 어렵죠.

그래서 이 시기의 아이에게는 반복적으로 짧게 규칙을 일러주는 것이 좋습니다. 길게 말하면 못 알아들으니 한 문장 정도로 짧고 정확하게 반복적으로 말해주세요. "안 돼"라고 하지 말고 해야 할 행동을 구체적으로 지시하는 게 중요합니다. 예컨대 돌아다니면서 밥을 먹으면 "돌아다니지 마" 대신 "앉아서 먹자"라고 말해주는 것이죠.

3세 이후에는 부모의 주의나 관심을 끌기 위한 울음이 늘어납니다. 그럴 때 부모가 야단치고 화를 내면 아이들은 자신의 울음을 성공으로 받아들입니다. 어쨌든 관심을 끌었으니까요. 아이가 3세쯤 되면 어느 정도 혼자서 활동할 수 있게 되어 부모는 보통 아이가 문제를 일으킬 때만 개입합니다. 그러면 아이는 부모의 관심이 부족하다고 느끼고 불안해하며 좀 더 자기에게 관심을 가져주기를 원합니다. 따라서 이 시기에 아이가 자주 운다면 울고 있을 때가 아니라 울고 있지 않는 평상시에 아이에게 충분한 관심을 표현해주어야 합니다.

좀 더 큰 아이들의 경우엔 너무 예민한 아이, 우울한 아이, 감기나 비염을 달고 사는 아이, 잠을 잘 못 자는 아이들이 많이 웁니다. 아이가 초등학교에 갈 나이인데도 자주 운다면 그때는 전문가의 상담을 받아볼 필요가 있습니다.

행복을 위해 사용하는 작은 방법 하나를 알려드리죠.
아이들과의 즐거웠던 시간을 떠올리게 하는 사진 몇 장을
특정 폴더에 넣어두고 하루에 한 번씩 꼭 열어봅니다.
되도록 천천히, 그 시절을 떠올리며 사진을 감상합니다.
한 달 정도 지나면 다른 사진으로 교체하지요.
간단하지만 써보면 효과가 좋은 방법입니다.

사람들은 단순한 방법은 대개 무시하지요.
뭔가 그럴듯하고 대단한 방법이 있으리라 생각합니다.
하지만 작은 즐거움을 주는 소소한 것을
생활 곳곳에 넣어두는 것이야 말로 행복의 비결이죠.
물론 그런 일을 애써 하는 마음 자체가
행복과 가까이 있기에 가능한 것이지만요.

의사 표현을
제대로 하지 못해요

여덟 살 큰딸이 자기표현을 너무 못해서 걱정입니다. 어려서부터 부끄럼을 많이 타고, 말수도 적고, 유치원도 다니기 싫어했어요. 별 탈 없이 유치원을 마치긴 했는데 초등학교에 입학하면서 문제가 두드러지기 시작했습니다. 일단 거절을 못합니다. 학교에서 개인 수건을 쓰다가 며칠에 한 번씩 세탁을 위해 집에 가져오는데, 빨아준 지 얼마 안 됐는데도 매번 너무 더럽기에 이유를 물었어요. 그랬더니 친구들이 뭘 닦을 일이 있을 때마다 큰딸의 수건으로 닦는대요. 수건이 더러워져서 자기도 정말 싫은데 그 말을 못하겠더래요.

선생님께 말을 걸거나 싫다는 표현도 잘하지 못해요. 음식 알레르기가 있어 몇몇 음식을 먹으면 탈이 나는데도 선생님에게 말하지 못해서 그냥 먹는다고 합니다. 발진이 생길 때마다 정말 속상해 죽겠어요. 집에서 아이에게 엄하게 대하지도 않았고 충분히 존중하며 키운 편인데, 왜 이럴까요?

자기주장훈련이 필요합니다

아이가 자기주장을 못하면 답답하시죠. 사실 어른인 부모들 중에도 자기주장을 못하는 분이 적지 않습니다. 그런 분들의 경우에도 자식이 할 말을 못해 손해를 본다고 생각하면 이해해주기보다는 더 답답해합니다. 억울한 생각이 들면서 자기 자신에게 가졌던 불만, 혹은 자신에게 하고 싶었던 말을 아이에게 던지게 되죠.

"왜 해야 할 말을 못하니?"

이렇게 되면 아이는 오히려 움츠러들고 자기에 대해 부정적인 이미지를 갖게 됩니다. 욕먹으며 튼튼해지는 사람은 얼마 없습니다. 대부분의 사람은 욕을 먹고 야단을 맞으면 더 약해집니다. 그래서 부모는 용기를 내라고 야단치고 독려하는데, 아이는 오히려 위축되고 기가 죽는 역설적인 상황이 벌어집니다. 부모가 자기주장을 잘하는 경우에도 상황은 비슷합니다. 도저히 아이가 이해가 되지 않으니 더 심한 말을 하곤 하죠.

***

자기주장을 하지 못하는 원인은 크게 생각의 문제, 정서의 문제, 행동의 문제로 나눠볼 수 있습니다. 우선 생각의 문제는 자기주장을 해야 하는 이유 자체를 모르는 것입니다. 자기주장은 자신의 권리를 지키고 보호하기 위해서도 필요하지만 타인을 위해서도 필요합니다.

무조건 상대의 말을 따르는 것이 상대를 위하는 것이 아닙니다. 양쪽이 합리적으로 자기주장을 하며 대화를 할 때 가장 좋은 답을 찾을 수 있죠.

아이들 중에는 양보가 미덕이라 생각해 무조건 양보하는 아이도 있습니다. 그런데 양보를 해서 상대가 원하는 대로 하더라도 오히려 상대에게 불리할 수 있다는 것을 알려줘야 합니다. 예를 들어 어떤 게임을 할지 선택할 때 상대가 좋아하는 게임을 하기로 양보한다고 해서 상대에게 꼭 좋은 것은 아닙니다. 상대가 원하는 게임을 내가 잘할 줄 모른다면 상대 역시 놀이에서 재미를 느낄 수 없을 테니까요. 이렇듯 아이에게 왜 자기주장이 필요한지, 또 어떻게 모두에게 도움이 되는지 구체적으로 예를 들어 설명해줘야 합니다.

일부 부모들은 일방적인 순종을 강요하는 양육을 하는데, 이 경우 문제가 심각합니다. 아이들이 자기주장에 대해 부정적인 생각을 갖기 쉽고, 결국 또래 관계에서도 자기주장을 제대로 못하는 경우가 많죠. 그럴 때는 부모가 양육 태도를 바꿔야 아이도 변화합니다.

다음으로 정서적인 원인이 있습니다. **정서적인 문제의 근원은 불안**입니다. 자기 생각을 말하면 상대가 기분 나빠하지 않을까, 그래서 그 사람이 나를 싫어하면 어떻게 하나 하는 불안한 마음 때문에 자기주장을 못 펴는 것이죠. 이 경우에는 자기주장이 무조건 타인의 반감을 사는 것은 아니라는 걸 아이가 느낄 수 있게 기회를 제공해야 합니다.

예를 들어 아이에게 미리 자기주장 연습을 시킵니다. 그리고 부모가 있는 상황 아래 친구나 형제 사이의 대화에서 자기주장을 해보게 합니다. 모든 대화가 끝난 후 상대방에게 아이가 자기주장을 했을 때 느낀 감정에 대해 이야기해달라고 부탁합니다. 상대는 대개 별다른 느낌이 없었다고 말하는 경우가 많습니다. 주장이 엇갈렸을 때의 기분을 물어보면 잠시 기분이 상하기도 했지만 합의에 이르고 나면 기분 나쁜 감정은 곧 사라졌다고 말해주죠.

상대방의 이런 반응을 알게 되면 아이의 불안감은 훨씬 줄어듭니다. 이 훈련을 가정에서 실천하기 어려울 경우, 전문 상담기관을 찾으면 정식으로 자기주장훈련 프로그램에 참여할 수 있습니다.

마지막으로 행동의 문제입니다. 선천적으로 자기주장의 기술이 약한 아이들이 있습니다. 이런 아이들은 지나치게 강하게 주장을 펼치거나 갑자기 소리를 지르며 떼를 쓰는 식으로 과한 표현을 하는 경우가 많습니다. 어떤 말로 실마리를 잡아가야 하는지, 어떤 방식으로 주장을 전개해야 하는지 감을 못 잡기 때문입니다. 이때 "잘 좀 해보라"고 야단쳐봐야 아이는 어떻게 하는 것이 잘하는 것인지 모르니 계속 엉망으로 행동하기 쉽습니다.

이때는 자기주장의 기술, 즉 어떻게 행동해야 하는지 구체적으로 가르쳐야 합니다. 상황별로 역할극 식으로 대본을 써서 반복해서 연습을 시켜주세요. 녹음하는 방법도 도움이 됩니다. 자기주장을 하게 하고 녹음해서 아이에게 들려줍니다. 또 부모가 대본을 써서 그대로 아이에게 녹음하게 하고 자기 목소리를 반복해서 듣게 합니다. 이런 연습을 반복해야 아이가 자기도 모르게 실전에서 올바른 방법을 사용할 수 있습니다. 아이들은 일단 한 번만 성공하면 놀라울 정도로 달라집니다. 왜 못하냐고 채근하지 말고 아이에게 구체적인 기술을 가르치고 성공의 경험을 만들어주세요. 그러면 꾸준히 발전할 수 있습니다.

이렇게 각각의 원인별로 아이의 문제를 도와주면서 훈련시켜야 합니다. 그리고 두 가지를 확인해야 합니다.

첫째로, 아이가 단순히 자기주장의 문제뿐 아니라 전반적인 능력 면에서도 어려움이 있는 것은 아닌지 살펴보세요. 특히 또래에 비해 인지능력이나 언어 능력이 조금 뒤처지는 게 아닌지 확인해야 합니다. 그런 능력이 현저히 떨어지면 겉으로도 드러나 부모가 쉽게 알아채지만, 그 차이가 두드러지지 않는 경우에는 그냥 간과하는 경우가 많습니다. '공부를 좀 못하는구나', '언어 발달이 조금 늦는구나' 정도로 생각하고 말죠.

그런데 인지 및 언어 능력의 발달 지연은 아이에게 많은 어려움을 초래합니다. 우선 상황에 대한 이해가 좀 늦을 수 있고 대응 방법을 얼른 떠올리지 못합니다. 대응 방법이 있다고 해도 단순하고 어설프며 대응 속도도 늦습니다. 그러다 보니 주어진 상황에 대처하는 데 반복적으로 어려움을 겪으면서 결국 자신감을 잃게 됩니다.

어른들 역시 어려운 일을 할 때나 일이 뜻대로 잘 풀리지 않는 상황이 지속되면 자신감이 없어집니다. 아이가 현실에 대응하는 능력이 부족한 경우 종합적인 접근이 필요합니다. 특히 언어 발달이 유난히 늦고 학습 이해력이 떨어진다면 전문가의 도움을 받아 아이의 능력을 제대로 평가해볼 필요가 있습니다.

둘째로, 능력에는 문제가 없고 순전히 소심한 성격 때문에 어려움을 보이는 것이라면 부모가 아이와 더 많은 시간을 보내야 합니다. 소심한 기질의 아이들은 어릴 때는 자기 힘만으로는 자신감을 갖기 어렵습니다. 그런 경우 어른이 보조자로 개입해주는 것이 좋습니다. 자신감이 약한 아이라도 부모가 옆에서 긍정적인 이야기를 자주 들려주면 자신감이 조금씩 늘어납니다. "괜찮아, 괜찮아" 하며 위로하고 못해도 잘한다고 칭찬해주라는 뜻이 아닙니다. '넌 할 수 있어'라는 마음으로 밝은 표정을 지어주고, 실패해도 붙잡아주고 웃어주면 아이는 위축되지 않고 다시 도전합니다.

이런 아이를 키우는 부모들은 대개 아이가 좀 활달해졌으면 좋겠다며 아쉬워합니다. 하지만 소심한 아이들은 그 성격을 그대로 인정해줘야 합니다. 그렇지 않으면 오히려 더 소심해집니다. 아이의 성격과 기질을 있는 그대로 존중해주세요. 다음 편에서 이야기하겠지만 소심한 아이는 잘 키우면 세심하고, 사려 깊으며, 신중한 성격의 멋진 사람으로 성장할 수 있습니다. 그런데 부모가 아이의 성격을 자꾸 지적하고 바꾸려 들면 그저 수줍음 많고 자신감 없고 위축된 어른으로 자라게 됩니다. 늘 아이의 약점보다 강점에 주목하고 용기를 북돋워주십시오.

자신감이 부족한 아이를 어떻게 격려할까요?

Q 여섯 살이나 먹었는데 제 아들은 뭐든지 저한테 허락을 받아야 하는 것처럼 물어봅니다. 먹는 거라든지 책을 본다든지 위험하지 않은 일상생활조차도 제가 대답해주지 않으면 가만히 있고요. 친구 집에 놀러가서도 제가 "이거 가지고 놀까? 이거 가지고 놀아"라고 말하지 않으면 쭈뼛쭈뼛 서 있다가 저한테 허락을 받아요. 놀이를 시작해도 친구와 소통을 하지 않고 저에게 계속 와서 질문하고 제 허락을 구해요. 그러니 아이 친구들은 아이를 이상하게 보죠. 아직 어린데도 아이를 놀이에 껴주지 않으려고 해요. 더 심각한 건 저희 집에 친구들이 놀러 와도 자기 장난감인데 저한테 허락을 받는 겁니다. 속이 상하기도 하지만 걱정이 되네요. 제가 뭘 잘못한 걸까요?

자신감을 키우는 두 가지 비결은 성공의 경험과 칭찬입니다

자신감이 부족한 아이군요. 자신감이 부족하다 보니 엄마에게 많이 의존하고 있어요. 자기 장난감을 갖고 노는 일조차 엄마에게 물어볼 정도라면 정도가 심한 편이라고 할 수 있습니다. 이런 아이들은 대부분 기질적으로 불안감이 높은 아이입니다. 물론 생애 초기에 큰 사고나 병을 앓았던 아이, 부모에게 학대를 당한 아이라면 2차적으로 불안이 높아질 수 있습니다. 자기 스스로 아무런 대응도 할 수 없었다는 무력감은 아이들에게 만성적 불안이란 후유증을 남깁니다.

원인이 무엇이든 불안이 높은 아이를 키울 때는 아이 스스로 불안을 다룰 수 있는 방법을 익히도록 도와줘야 합니다. 그렇게 키우지 않으면 자신감이 없고 의존적인 어른으로 성장하게 됩니다. 어릴 때 불안이 많은 기질을 갖고 태어났다고 해도 반드시 겁이 많고 자신감이 부족한 어른으로 성장하는 것은 아닙니다. 기질적으로 예민하고, 새로운 것을 꺼려하며, 변화를 두려워하는 아이도 나중에 얼마든지 자신감 넘치는 사람이 될 수 있습니다.

기질 자체는 크게 변하지 않지만 하나의 기질이 여러 성격으로 나타날 수 있습니다. 예민하고 불안한 기질을 가진 아이가 잘 성장할 경우 신중하고 사려 깊은 성격의 어른이 됩니다. 기질적인 한계로 인해 모험을 즐기거나 모든 일에 우선 달려들고 보는 도전적인 사람으로 성장할 수는 없겠지만, 스스로를 믿으며 자기 할 일은 똑 부러지게 처리하는 자신감 높은 어른이 됩니다. 그 과정에서 양육이 중요한 것이죠.

그런데 문제가 하나 있습니다. 아이가 불안이 높은 기질을 갖고 있는 경우 부모 역시 비슷한 기질을 가진 경우가 많습니다. 기질 자체는 유전적인 성향이 강하니까요. 부모 중 어느 한쪽, 또는 둘 모두가 불안과 긴장이 높고 주변의 평가에 예민합니다. 이 경우 아이의 불안한 기질을 더 강화시키면서 결국 안 좋은 성격으로 아이를 키우게 되는 경우가 많습니다.

불안한 부모는 아이가 작은 잘못을 해도 아이를 지적합니다. 주변으로부터 부정적인 반응을 받을까 봐 미리 단속하고 가르치죠. 늘 지적을 받다 보니 아이는 자신을 문제가 많은 아이로 생각합니다. 세상은 언제나 자신을 평가하려 드는 곳이라 생각해서 두렵게 느끼죠. 그러다 보니 아이가 불안을 이기고 자신감을 갖기 어렵습니다. 새로운 것에 도전하기도 어렵죠.

부모 역시 불안이 많다 보니 아이 혼자 도전하도록 놔두기 어렵습니다. 아이가 조금만 힘들어해도 부모가 나서서 처리해주죠. 그리고는 아이가 씩씩하지 못해서라고 아이 탓을 합니다. 결국 아이는 영영 자기 힘만으로는 새로운 것에 도전하지 못한 채 성장합니다. 불안을 스스로 극복할 기회조차 주어지지 않는 것이죠.

아이가 불안이 높을 경우 일단 부모부터 자신의 불안을 잘 다스려야 합니다. 아이를 키운다는 것은 결국 어느 정도의 위험성을 감수하는 것입니다. 안전은 필요하지만 안전을 절대화하면 곤란합니다. 아이를 키울 때 정말로 위험한 곳은 100% 안전한 곳입니다. 그렇게 안전한 곳에서는 아이가 제대로 성장할 수 없을 테니까요. 현실에는 우리가 통제할 수 없는 다양한 위험이 도사리고 있습니다. 그러한 위험은 아이를 도전하게 하고, 시련을 주며, 결국 성장의 기회를 제공합니다.

요즘은 놀이터의 놀이기구도 안전이 우선입니다. 그러다 보니 남자아이들은 조금만 크면 놀이기구를 시시하게 여깁니다. 모험은 남자아이들의 성장에 있어서 매우 중요한데 우리는 안전 신화에 갇혀 위험에 도전할 기회를 아이들에게서 빼앗습니다. 그러다 보니 아이들은 컴퓨터게임 속에서 모험을 찾고 있습니다. 특히 부모가 불안이 높은 경우 아이들이 위험할 상황을 더 철저히 차단합니다. 안전에 위협이 되는 일은 아예 시도조차 못하게 합니다. 그러니 어디서 아이가 도전하고, 경험을 쌓고, 스스로를 믿을 근거를 만들어 가겠습니까?

감당하기 어려운 위험 속으로 아이를 억지로 밀어 넣는 것은 곤란하겠죠. 하지만 아이에게는 도전이 필요합니다. <u>아이에게 도전의 기회가 주어지고 아이가 하고 싶어 하면 그저 옆에 머물며 아이를 격려해 주세요. 만약 실패하더라도 실패는 아무것도 아니라며 위로하고 다시 도전할 수 있게 웃어주세요.</u> 이것이 아이에게 불안을 이겨낼 힘을 키워주는 육아의 기본입니다.

불안한 아이들은 자꾸 불안의 근거를 모아갑니다. 자기가 성공한 경험은 얼른 잊어버리고, 실패했던 기억은 오래 간직하죠. 자신의 장점은 간과하고 자신이 가진 작은 약점은 과장합니다. 그렇게 도전할 수 없고 모험할 수 없는 명분을 만들어갑니다. 이런 부정적인 태도를 막는 방법 중 하나가 '보물수첩' 만들기입니다.

튼튼하고 멋진 공책을 하나 삽니다. 겉장에 '보물수첩'이라고 씁니다. 아이가 좋아하는 스티커를 사서 함께 꾸며보는 것도 좋습니다. 공책의 첫 장에는 아이가 갖고 있는 보물을 적습니다. 소소한 장난감이나 딱지 등 아이가 자기의 보물을 적게 합니다. 그리고 다음 장에는 아이의 장점을 적어봅니다. '달리기를 잘한다', '친구에게 친절하다' 등 아이가 스스로 자신의 장점을 이야기하게 한 후 적어봅니다. 아이가 발견하지 못한 장점도 부모가 이야기해주죠. 아이는 수첩을 적어가며 자기가 여러 장점을 갖고 있음을 알게 됩니다.

세 번째 장부터가 중요합니다. 여기서부터는 아이가 못하다가 결국은 성공해낸 일들을 적습니다. "2014년 3월 2일, 미끄럼틀 거꾸로 오르기를 처음 시도해봤는데 못했다. 그런데 2014년 7월 20일 드디어 성공했다." 혼자서 어두운 화장실에 가는 것을 성공했다거나 가게에 물건 사러 가는 일을 성공한 것 등 아이가 처음엔 못하겠다고 거부했지만 결국 스스로 해낸 일을 연대기 순으로 적어갑니다. 과거의 일을 기억해서 몇 개 적어두지만 더 중요한 것은 수첩을 만든 다음부터 벌어지는 일을 적는 것입니다. 아이에게 스스로 적으라고 하면 귀찮아하니 부모가 직접 적도록 하세요.

보물수첩에 내용이 조금씩 더해지면서 아이는 '자기는 뭐든 잘하지 못한다'거나 '내가 할 수 있는 일은 없어' 같은 말을 더 이상 하지 않게 됩니다. 구체적인 증거가 모이니까요. 불안한 아이는 불안할 만한 증거만 모아 가는데, 그것을 뒤집는 방법이 보물수첩입니다.

***

<u>자신감은 두 가지 뿌리를 갖고 있습니다. 하나는 성공의 경험입니</u>

다. 성공의 경험이 쌓일수록 아이는 자신감을 갖습니다. 그러기 위해서 우선 도전이 필요하고 이길 수 있다는 믿음이 필요합니다. 물론 실력이 뒷받침되어야겠죠. 다른 하나는 칭찬과 인정입니다. 자기가 쓸모 있는 존재이고 잘 하고 있음을 확인 받을 때 아이의 자신감이 자랍니다. 아이에게 꾸준히 칭찬을 하십시오. 아이가 가진 기질이나 재능을 칭찬하지 말고, 아이가 노력했을 때, 부모에게 호의를 베풀었을 때, 발전한 모습을 보였을 때 칭찬해주세요. 그 칭찬이 아이들이 더 노력할 수 있게 도와줍니다.

사연의 아이는 어떤 결정도 하지 못하고 있습니다. 자신감이 없으니까요. 아이가 결정을 못하면 부모는 답답해서 그냥 자신이 결정하고 싶어지죠. 하지만 아이에게 결정의 권한을 넘기는 것이 교육입니다. 한 번 이렇게 말해보세요.

"엄마는 너를 믿어. 네가 잘 결정할 수 있다고 생각해. 가끔 네가 잘못 결정할 때도 있을 거야. 엄마도 그러니까. 그러면 엄마가 나중에 알려줄게. 엄마가 알려주면 그때 고치면 되니 너무 걱정 말고 뭐든 네 뜻대로 우선 해보렴."

이 말을 아이의 귀에 못이 박히도록 반복해야 합니다. 아이가 가만히 있을 때도 그 말이 떠오르도록 해야 합니다. 그러면 아이가 조금씩 스스로 결정할 거예요. 아이가 결정을 못해서 엄마만 바라보고 있으면 이렇게 말해보세요. "엄마는 네가 결정한 걸 제일 좋아해." 그 말을 들으면 아이는 조금씩 움직일 것입니다.

혹시 아이가 결정한 것 중 마음에 안 드는 것도 있을 거예요. 그때의 대응이 무척 중요합니다. **결정을 못하는 아이들은 아주 쉽게 상처를 받는 아이들입니다.** 자존감이 너무 약하니까요. 가볍게 문제점을 지적하는 것만으로도 이 아이들은 깊은 수치심을 느낄 수 있습니다. 그리고 수치심이 자극되면 더욱더 자기 내부로 들어가버리겠죠. 그러니 **아이의 문제점을 지적할 때는 밝은 태도로, 긍정적인 관점에 서서, 가볍게 말해주세요. 부모가 방향을 결정하지 말고 마지막 말은 아이가 할 수 있도록 늘 기회를 넘겨야 합니다.**

"그것도 좋지만 이것이 더 나을 수 있다고 엄마는 생각해. 네 생각은 어떠니?"

"잘했어. 멋있는데! 그리고 이렇게 한번 해보자. 그러면 더 멋지겠는 걸. 어떻게 생각해?"

아이가 좋다고 하면

"진짜? 엄마 생각을 받아줘서 고마워. 혹시 이상하면 꼭 얘기해. 엄만 네 생각이 중요하니까."

이렇게 받아주세요. 조금씩 조금씩 아이가 스스로 선택하는 일이 늘어날 것입니다.

조금만 부모와 떨어져 있어도 힘들어해요

저희 부부는 맞벌이입니다. 아이가 초등학교에 들어간 후 여러 학원에 다녀야 했기에 아이의 위치 파악을 위해 휴대폰을 사줬습니다. 처음에는 아이가 전화도 잘 안 하고 잘 챙기지도 않았는데, 이제는 저에게 하루에 20~30통, 남편에게는 10~20통씩 전화를 합니다. 통화 횟수도 제한해보고 여러 가지 방법으로 고쳐보려 했지만 여전합니다. 아빠나 엄마 한 명이 옆에 있는데도 옆에 없는 한쪽 부모에게 전화를 해서 언제 들어올지 확인하고 전화를 안 받으면 가슴을 치며 짜증을 내고 울기도 합니다. 휴대폰에 집착하는 이 아이를 어떻게 해야 할까요?

불안을 이기는 근본적인 방법은 아이의 성숙입니다

아이는 휴대폰에 집착하는 것이 아닙니다. 부모에 대한 심각한 분리불안에 시달리는 상황입니다. 분리불안은 아주 어릴 때부터 나타나는 경우가 일반적이지만 멀쩡히 잘 지내다가 초등학교에 들어갈 무렵 갑자기 시작하는 경우도 있습니다. 어떤 계기로 불안을 유발하는 상상을 하기 시작했고, 그 불안을 다스리지 못하면서 행동으로 드러나게 된 것이죠.

아이들은 불안을 다스리는 능력이 취약합니다. 우리는 불안을 느끼면 '아닐 거야. 너무 걱정하지 말자. 전에도 걱정했지만 최악의 상황은 오지 않았잖아. 이번에도 그럴 거야. 난 그동안에도 잘해왔잖아' 하는 식으로 스스로를 위로합니다. 이런 위로는 우리가 어린 시절 부모로부터 받던 위로입니다. 그런 위로를 반복적으로 오래 듣다 보니 위로를 내면화해서 자기 스스로 할 수 있게 된 것이죠. 그런데 위로를 충분히 듣지 못한 어린 시절에는 아직 스스로를 위로할 힘이 부족할 수 있고, 불안을 다루기가 쉽지 않습니다.

아직 불안을 느끼는 아이에게 부모가 해줄 수 있는 일은 부모가 불안을 잘 다스리는 모습을 보여주는 것입니다. 아이를 위로하고, 부모가 스스로를 잘 위로하는 모습을 보여줘야죠. 그 모습이 모델이 되어 아이는 좀 더 성숙해질 수 있습니다. 그런데 부모 역시 불안을 잘 다스리지 못할 경우 아이에게 쏘아붙이기 쉽죠. 가령 "정말 너 너무 힘들게 하는구나. 이렇게 겁이 많아서야. 그런 것도 못 이겨내면 뭘 할 수 있겠어?"라고 한마디 하죠. 그러면 아이는 자기의 불안에다 부모의 불안까지 짊어지게 되어 불안을 이겨내기가 더 어렵습니다. 부모는 불안에서 벗어나라고 하는 이야기지만, 아이가 배우는 것은 불안을 견뎌내지 못하는 부모의 모습이죠.

<u>부모는 일단 믿어야 합니다. 지금은 이 아이가 불안이 많지만 결국 이겨낼 것을. 이것은 어린 시절 지나가는 과정이라는 것을. 그런 믿음이 부모의 흔들리지 않는 따뜻함을 만들고, 그 흔들리지 않는 따뜻함이 아이에게 내면화되면 아이의 불안은 사라집니다. 그래서 먼저 불안을 극복해야 하는 쪽은 부모입니다. 답답하고, 지루하고, 때로는 걱정되더라도 시간이 필요한 것일 뿐, 분명 내 아이는 달라질 것이고 나는 그 시간을 잘 기다리며 아이 편에 설 것이라고 다짐해야 합니다.</u>

　원칙은 그렇고, 이제 현실적인 이야기를 해볼게요. 아이가 속상해 하더라도 같이 속상해하지 마세요. 그냥 그러려니 하고 두고 보세요. 그리고 아이에게, 너의 불안함과 절박함을 다 이해하지만 이 상태는 정상적이지 않고 꼭 달라져야 한다고 말하세요.

　"사람은 길을 걷다 보면 잘못된 길로 갈 수 있어. 아이들도 자라다 보면 엉뚱한 생각에 사로잡힐 때가 있지. 그러면 어떻게 해야 할까? 그래. 엉뚱한 생각을 많이 하면 할수록 더 힘들어져. 자꾸 생각이 들겠지만 이건 아냐 하고 스스로 말하면서 이겨내보자. 그래서 다시 제자리로 돌아와야지. 물론 쉽게 잘되지는 않아. 하지만 할 수 있어. 우리 같이 노력해보자."

　그리고 다음 세 가지를 실천해야 합니다.

　첫째, 엄마나 아빠는 아이와 정한 시간에 들어오겠다고 약속하고,

그 약속을 꼭 지키세요.

둘째, 아이가 전화할 수 있는 시간을 정해주세요. 그때만 부모에게 전화를 할 수 있습니다. 그리고 아이에게 문자를 보내지 말라고 하고 부모가 먼저 일정한 시간에 문자를 보내겠다고 약속하세요. 두세 시간에 한 번 정도가 좋습니다. 일 때문에 바쁜 분이라면 예약 문자로 설정해두면 잊지 않고 보낼 수 있습니다.

셋째, 아이가 불안해할 때 불안을 다스릴 수 있는 방법을 알려주세요. 책 읽기, 사진첩 보기, 음악 듣기, 인형 끌어안기 등 불안을 조금이라도 누그러뜨릴 수 있는 방법을 아이와 함께 찾아보세요.

✱ ✱ ✱

분리불안을 해결하려면 근본적으로 아이 내면의 불안이 줄어들어야 합니다. 이를 위해서는 안정적인 양육 환경을 제공하는 것이 필수적이죠. 안정적인 환경에서 아이가 일정 기간 이상 성장하면 아이 내면의 불안은 자연스럽게 줄어듭니다. 그러려면 새로 심각한 스트레스 요인이 발생하지 않도록 주의를 기울여야 합니다.

여기에 더해 부모는 규칙적으로 아이와 즐거운 시간을 갖고 아이의 이야기를 들어주려 노력해야 합니다. 불안이란 털어놓으면 확실히 줄어듭니다. 아이가 부모와 함께 놀다 보면 이런저런 이야기를 하게 됩니다. 그러다 보면 불안도 달래지죠. 만약 부모가 이런 과정을 거치는 것이 힘들고 자꾸 아이에게 화를 내게 된다면(부모도 인간이니 분명 그럴 수 있습니다. 흔한 일이죠.) 그때는 전문가를 만나야 합니다. 전문가들은 그것이 자신의 일이니 부모나 아이의 불안을 잡아줄 수 있을 것입니다. 그렇게 전문가의 도움을 받아서라도 위기 상황을 잘 견디며 넘겨보세요. 그 과정에서 아이의 마음이 자라고, 마음이 자라면 불안에서 조금씩 벗어날 수 있을 것입니다.

초등학생 아이가 전쟁이 날까 봐 불안해해요

…

두려움과 불안은 아이가 초등학교에 입학하면 오히려 조금 더 증가합니다. 그때쯤 되면 상상력이 발달해 무서운 것을 구체적으로 상상할 수 있습니다. 반면 대응 방법은 아직 잘 모르기 때문에 두려움이 많아집니다. 그래서 두려움이 주된 증상인 공포증은 초등학교 2~4학년 때 가장 많이 나타나고 5학년이 지나면서 점점 줄어듭니다.

아이들이 불안을 느끼는 건 흔한 일이니 그 자체로는 걱정할 필요가 없습니다. 제일 중요한 것은 부모의 태도지요. 불안한 상황에서 부모가 안정된 모습을 일관되게 보이면 아이들 마음속의 불안도 시간이 지나면서 줄어듭니다. 뭔가 무섭긴 한데 부모가 멀쩡한 것을 보면 자기도 잘 넘길 수 있을 것 같다고 안심하게 되지요.

반대로 부모가 안절부절못하는 모습을 보이면 문제가 커집니다. 잔뜩 불안한 기색으로 "조심해야 한다. 이런 일 있으면 빨리 집으로 뛰어와야 해"라고 채근하면 아이들 입장에서는 진짜 뭔가 큰일이 났다는 생각이 들지요.

또 정작 엄마는 불안해하면서 아이들에게는 걱정하지 말라고 하는 것도 좋지 않습니다. 아이들은 엄마가 속마음과 다른 말을 하고 있다는 것을 금세 알아차리니까요. 엄마가 거짓말까지 하면서 괜찮다고 하는 걸 보니 틀림없이 무슨 일이 일어날 모양이라고 생각하게 됩니다.

아이들에게 불안한 마음이 들 수 있다고 있는 그대로 인정해주고, 어떤 게 가장 걱정되는지 들어주세요. 아이의 말에 당황하지 말고, 평가하지도 말고, 빨리 고쳐주려는 마음을 버리고 그저 들어주세요. 아이의 복잡한 생각을 다시 정리해주고 두려운 감정에 공감해주세요. 그러고는 이렇게 다르게 바라보는 사람들도 많다고 차분히 말해주세요. 다르게 바라보라고 강요하지 말고 다른 시각도 있다고만 말하는 것입니다. 엄마의 말이 아니라 엄마의 차분한 태도가 중요합니다. 그 태도가 아이에게 내면화되면서 불안감을 잘 다룰 수 있는 기틀이 마련됩니다.

막연한 공포가 아니라 실제로 큰 재난을 당해서 불안감이 높아졌을 때는 다른 접근 방법이 필요합니다. 이때는 공포증이 아니라 실제적인 공포를 겪은 아이를 돕는 것이니까요. 어떤 부모는 아이가 두려움에 떨 경우 장난감이나 게임 등 다른 것으로 아이의 주의를 돌리려 합니다. 무서운 감정을 잊게 하려는 것이죠. 하지만 이 방법은 바람직하지 않고 오히려 두려움을 만성화시킬 수 있습니다.

그렇다고 아이에게 괜찮다고, 걱정하지 말라고 반복해서 이야기하는 것도 도움이 되지 않습니다. 우리 어른들 역시 큰일을 당했을 때 누가 괜찮다고, 아무 생각 하지 말라고 해도 마음이 나아지지 않는 것과 마찬가지입니다. 오히려 내가 충분히 말할 수 있게 기회를 주고, 내 이야기를 적극적으로 들어주고, 내 곁에 머물며 위로해줄 때 도움이 되지요. 아이에게도 두려운 것이 있으면 무엇이든 이야기해도 좋다고 격려해야 합니다.

두려움에 빠진 아이를 위로하는 원칙으로 '4T 위안법'이 있습니다. '4T 위안법'은 네 개의 T로 시작하는 단어로 구성되어 기억하기 쉽습니다. 기억했다가 필요한 상황에서 활용해보십시오.

첫 번째는 Talk, '대화'입니다. 무엇보다 아이와 이야기를 많이 나누는 것이 중요합니다. 안 좋은 일이 생겼을 때 아이들에게 그 얘기를 아예 꺼내지 못하게 하는 경우가 있는데, 안 좋은 일일수록 충분히 말하게 하는 편이 도움이 됩니다. 다만 듣는 사람이 안정된 상태에서 들어야 하고, 아이가 이야기하기 싫어한다면 강제하지 말아야 합니다. 억지로 이야기하게 하는 것은 전혀 도움이 되지 않습니다. 부모는 늘 들을 준비가 되어 있으니 언제든 이야기해도 좋다는 자세를 보여주는 것이 가장 좋습니다.

두 번째는 Touch, '접촉'입니다. 아이가 안정감을 느낄 수 있도록 어깨를 쓰다듬어주고 손도 잡아주세요. 또 자주, 많이 안아주세요. 가장 큰 위로는 아이와 떨어지지 않고 곁에 머무는 것입니다. 혹시 잠시 떨어져야 한다면 아이에게 어디에 가는지 말해주고 연락할 수 있는 방법을 꼭 알려줘야 합니다.

세 번째는 Tears, '눈물'입니다. 아이가 슬퍼하며 울 경우 가장 좋은 위로 방법은 함께 눈물을 흘리는 것입니다. 백 마디 위로보다 함께 울어줄 때 사람은 가장 공감 받는 기분을 느끼게 됩니다. '아, 내 감정을 상대가 공감하고 있구나. 이 사람은 내 말을 진지하게 들어주고 있구나' 하며 안도하게 되지요.

마지막은 Time, '시간'입니다. 아이 옆에서 함께 시간을 보내는 것입니다. 인간에게는 시간만큼 소중한 것이 없죠. 그래서 힘든 사람에게는 시간이 가장 큰 선물입니다. 아무 말 없이, 어떤 행동을 하지 않더라도 필요할 때 옆에 머물러주는 것, 그것이 바로 가장 큰 위로이고 지지입니다.

동물을
너무 무서워해요

초등학교 3학년 딸이 고양이를 너무 무서워해서 신경이 쓰입니다. 학교 가는 길에 고양이가 자주 나타나는데 그 앞을 지날 때면 딸아이가 초긴장 상태가 됩니다. 고양이가 나타날까 봐 먼 길로 돌아갈 정도예요. 고양이가 사람을 공격하진 않는다고 설명해줘도 소용없고, 한번은 아이가 고양이를 경찰에 신고해서 모두 없애야 하지 않느냐고 울면서 말하더군요. 아이가 우는 것을 보면 정말 그렇게라도 해주고 싶은데 현실적이지도 않고 올바른 방향도 아니라는 생각이 들어요. 어떻게 해야 할까요?

서서히 두려움을 덜어주세요

동물에 대해 공포감을 느끼는 사람이 적지 않습니다. 그게 이상한 일은 아닙니다. 다만 아이에게 꼭 가르쳐야 할 것이 하나 있어요. 바로 생명의 소중함이죠. 인간도 동물도 지구에서 더불어 살아가는 존재이고,

버려진 길고양이든, 기어 다니는 벌레든 내가 싫다고 모두 없애버릴 수는 없습니다. 결국 모두가 같이 사는 방법을 배워야 합니다.

아이가 동물을 무서워하면 그 감정은 이해해주세요. 얼마나 무서우면 먼 길을 돌아가겠어요. 그렇지만 동물을 없애달라는 아이의 말에 고개를 끄덕여서는 안 됩니다. 동물이 무섭고 싫은 마음은 이해하지만 그렇다고 동물을 모두 없앨 수는 없다고 분명히 말해줘야 합니다. 기본적인 방향을 정확히 정해두지 않으면, 아이의 힘든 모습을 견디기 어려운 부모 입장에서는 아이의 입장에 동조하기 쉽습니다. 아이와 마찬가지로 길거리의 동물이 모두 사라지길 바라게 되죠.

아이는 부모가 자기 생각에 동조해주면 자신의 불안과 맞서려는 노력은 하지 않게 됩니다. 부모에게 의지해 불안으로부터 도망가려고만 하거나 주변 환경을 탓하게 되죠. 그러다 보면 자칫 반려동물을 기르는 이웃들과 불필요한 갈등에 휘말릴 수 있고, 그 경우 아이는 평생에 걸쳐 동물에 대한 거부감을 갖게 될 수 있습니다. 그것은 너무 안타까운 일이죠.

물론 모두가 동물을 사랑하는 사람이 될 수는 없습니다. 하지만 동물을 피하는 것보다 동물과 함께 즐길 수 있을 때 인생이 더 풍부해지고 삶이 자유로워진다는 것은 분명합니다. 그러니 아이가 두려움 때문에 동물을 피할 경우 두려움을 있는 그대로 인정하고 위로하고 보호해줘야겠지만, 그와 더불어 시간이 지나면 두려움을 극복할 수 있을 것이라는 믿음 역시 심어줘야 합니다. 그리고 만약 설득이 된다면 두려움을 단계적으로 완화하는 방법을 함께 시도해보자고 권해보세요. '체계적 탈감작화(Systematic Desensitization)'라고 부르는 이 과정은 여러 종류의 두려움과 공포를 극복하는 데 효과가 입증된 방법입니다.

우선 고양이 그림이나 사진을 보여주는 것부터 시작합니다. 이를 위해 10단계 정도로 '난이도'를 나눠서 그림을 준비해보세요. 아이가 전혀 두려움을 느끼지 않을 만한 귀여운 캐릭터 고양이, 예쁜 고양이 그림, 아기 고양이 사진, 보통 고양이 사진, 좀 무섭게 나온 사진 등을 준비해 아이가 점차 단계를 높여가며 이미지를 접하게 합니다.

그림에 대한 거부감이 줄었다 싶으면 다음 과정인 '실물 코스'로 넘어갑니다. 동물병원이나 반려동물 가게 같은 곳에 함께 가서 유리벽을 사이에 두고 고양이를 지켜보게 해주세요. 만약 아이가 두려워한다면 무리하게 진행할 필요는 없습니다. 아이의 손을 잡아주고 함께 천천히 심호흡을 하며 아이 스스로 불안을 다스리고 마음의 안정을 취할 수 있을 때까지 여유를 갖고 시도해주십시오. 과정을 진행하는 시간 내내 아이에게 자기 마음이 얼마나 안정되었는지를 살펴보도록 해야 합니다. 불안이 아직 느껴진다고 아이가 말하면 편안함을 느낄 때까지 심호흡을 계속하며 머릿속으로는 즐거운 느낌이 드는 상상을 하게 합니다.

만약 유리벽을 사이에 두고 고양이를 보는 데 성공하면 이제 한 단계를 넘어선 것입니다. 그다음으로는 유리벽이 없고 난간만 있는 곳에서 고양이와 거리를 두고 관찰하게 합니다. 여기에도 성공하면 다음에는 난간이 없는 곳에서 멀리 두고 관찰하도록 하고, 점점 거리를 가까이하도록 한 후, 아기 고양이를 직접 만져보는 단계까지 나갑니다. 이후 다 큰 고양이를 손으로 만지면서도 불안을 느끼지 않을 수 있다면 전체 과정은 끝납니다.

중요한 것은 단계를 세분화해 천천히 계단을 오르듯 편안한 영역을 늘려가는 것입니다. 게임을 즐기는 아이들에겐 레벨 시스템을 도입해볼 수도 있습니다. '미션', '퀘스트' 등의 이름을 붙이고 시도하면 아이의 흥미를 더 이끌어낼 수 있습니다. 어느 단계에서 편안함을 느끼면 '미션 클리어' 또는 '레벨 업'을 한 것이죠. 묘하게도 아이들은 숫자로 레벨이 표시되어 있을 때 더 강한 도전 의식을 느끼곤 합니다. 이런 방식으로 1년 정도 꾸준히 하면 아이는 고양이에 대한 두려움을 극복할 수 있습니다. 부모의 역할은 그 과정에서 언제나 격려하고 도와주는 것입니다.

너무 힘들고 시간이 오래 걸릴 것 같다고요? 그렇게 시간이 걸리고 정성이 드는 과정이 필요하기에 많은 아이들이 두려움을 극복하지 못한 채 어른이 됩니다. 대략 성인 다섯 명 당 한 명은 특정한 사물이나 상황에 대한 공포증을 가지고 있죠. 비록 시간이 걸리지만 이 과정을 완수해낸다면 아이는 공포증을 극복할 뿐만 아니라 살아가면서 겪을 다른 종류의 불안도 이겨낼 수 있는 좋은 방법 한 가지를 배우게 됩니다. 아이의 삶에 더할 나위 없이 훌륭한 선물이지요.

초등학교 4학년 아이가 악몽을 자주 꾼대요

…

보통 초등학교 2,3학년 무렵에 아이들은 악몽의 괴로움을 자주 호소합니다. 이 무렵의 아이들은 상상력이 급성장하여 무서운 대상을 생생하게 상상할 수 있기 때문에 악몽을 더 강하게 경험합니다. 더 어릴 때는 악몽이라고 해봐야 높은 곳에서 뚝 떨어지거나 무언가가 갑자기 나타나는 정도인데 상상력이 업그레이드되면서 외계인, 귀신, 괴물이 모습을 갖춰 등장하고 스토리도 길게 이어져서 마치 영화를 보듯 공포감을 생생하게 느끼게 되죠.

악몽은 아이가 낮 시간에 경험한 불안이나 성장 과정에서 지속적으로 겪고 있는 갈등을 반영합니다. 이런 갈등이나 불안은 금방 사라지는 것이 아니라 상당 기간 지속되죠. 어린 시절엔 발달 내지 적응 과정에서 두려움이나 불안이 높은 때가 있기 마련이고, 그 무렵 악몽이 자주 나타납니다. 이때 아이가 느끼는 두려움과 불안은 기본적으로는 아이가 성장하면서 스스로 소화해내야 할 몫입니다. 하지만 악몽이 심하면 아이는 잠드는 것 자체를 두려워하고 깊은 잠을 자지 못합니다. 또 낮 시간까지 악몽의 기억이 남아 일상생활에 방해가 되기도 합니다. 따라서 극심한 악몽으로 아이가 스트레스를 받을 경우에는 아이가 악몽을 견뎌낼 수 있도록 도와줘야 합니다.

두려움을 극복하는 가장 좋은 방법은 두려움에 대해 자꾸 이야기를 나누는 것입니다. 아이에게 꿈의 내용을 자세히 이야기하도록 격려해주세요. 이야기를 하다 보면 두려운 감정을 언어로 표현하는 과정에서 공포감이 많이 가벼워집니다. 물론 손을 꼭 잡아준다거나,

깊게 공감하며 들어줘야 두려움을 줄일 수 있습니다.

아이가 꾼 꿈에 대해 함께 이야기하며 새로운 등장인물을 넣어주는 것도 하나의 방법입니다. 아이가 좋아하는 애니메이션 캐릭터를 넣어서 악당이나 괴물을 물리치게 하고, 귀신들이 모두 사라지는 주문을 만드는 등 꿈에서 할 수 있는 새로운 대응 방법을 상상력을 동원해 함께 만들어보세요. 이런 대응법에 대해 여러 번 이야기하다 보면 아이는 꿈속에서 실제로 그 방법을 사용할 수 있습니다. 그렇게 두려움을 이겨내는 경우도 있죠.

중요한 것은 부모가 아이와 함께 위기를 넘기는 방법을 이야기하는 것입니다. 부모와 함께 고민을 나누고 해결책을 찾는 행위 자체가 아이가 두려움을 극복하며 성장하는 데 가장 중요한 역할을 합니다.

아이의 감정 기복이 너무 심해요

초등학교 1학년인 둘째는 하루에도 몇 번씩 기분이 널뛰기를 합니다. 기분이 좋을 때는 친구를 배려하고 엄마에게 애교도 잘 부리는 귀염둥이예요. TV에 고아나 독거노인 등 불쌍한 사람들이 나오면 어른이 돼서 돈을 벌면 자기가 도와주겠다고 말할 정도로 의젓한 면도 있고요. 그런데 기분이 좀 좋지 않다 싶을 때는 전혀 다른 아이가 됩니다. 친한 친구가 몇 번이나 말을 걸어도 쳐다보지도 않아요. 요즘엔 "내가 죽으면 엄마는 얼마나 슬플 것 같아?", "차를 타고 어디 가다가 교통사고가 나서 죽으면 어떡해?" 하고 묻는 등 툭하면 죽음에 대해 이야기합니다. 그러면 제 가슴이 덜컥 내려앉아 아이에게 그런 소리는 절대 하지 말라고 야단치죠. 이렇게 기분이 오락가락하는 아들을 어떻게 대해줘야 할까요?

아이의 감정 기복은 스트레스의 신호입니다

지금 아이는 불안이 높아진 상태입니다. 많은 아이들이 그렇듯이 초등학교에 들어가서 학교생활에 적응하는 것이 쉽지는 않은가 봅니다. 아이들의 스트레스는 주로 불안이나 문제 행동으로 나타납니다. 게다가 이렇게 스트레스가 높은 상황에서 마침 어떤 계기로 죽음과 관련한 정보를 접했을 것입니다. 평소 같으면 죽음에 대한 정보는 그냥 흘려보냈겠죠. 그런데 불안감이 높은 상황이라 죽음이란 주제에 마음이 꽂히고 만 것입니다.

우리 모두는 마음이 밝을 때는 밝은 주제에, 마음이 어두울 때는 어두운 주제에 끌리곤 합니다. 날씨에 따라 눈이 먼저 가는 신문 기사도 달라지죠. 아이들 역시 마찬가지입니다. 아이들이 두려워하는 주제가 몇 가지 있는데, 그중 하나가 '죽음'입니다. 아이가 죽음이라는 주제에 끌린다는 것은 일상에서 스트레스를 많이 받고 있거나 불안감이 높은 상태임을 보여주는 증거입니다.

이때는 우선 아이에게 특별한 스트레스 요인이 있는지부터 살펴봐야 합니다. 아이에게 직접 물어볼 수도 있지만 아이들은 대답을 잘 해주지 않는 경우가 많습니다. 창피해서 말하지 않을 수도 있고, 이야기하면 혼날까 봐 말하지 않기도 합니다. 부모가 걱정할까 봐 이야기하지 않는 아이도 의외로 많습니다. 아이가 말하지 않을 때는 아이와 더 많은 시간을 함께하면서 스스로 말할 때까지 기다려주고, 다른 한편으로는 여기저기서 정보를 구해야 합니다. 선생님도 만나보고, 아이 친구들에게도 아이의 학교생활에 대해서 물어보세요. 대개는 교사나 친구와의 관계에서 어려움을 겪는 경우가 많습니다.

그런데 여러 방법으로 알아봐도 특별한 스트레스를 발견할 수 없는 경우도 있습니다. 그저 새로운 환경에 적응하는 과정에서 오는 스트레스, 다른 아이들도 으레 받는 스트레스가 전부인 경우죠. 어른이든 아이든 살면서 스트레스를 받는 것은 너무나 당연한 일입니다. 변화의 시기에는 당연히 스트레스가 더 높죠. 그렇다고 변화를 피할 수는 없습니다.

이 경우의 문제는 스트레스 자체보다는 쌓인 스트레스를 적절히 해소하지 못한다는 데 있습니다. 특히 요즘 아이들은 스트레스를 풀 시간, 즉 놀 시간이 너무 없습니다. 아이가 스트레스를 푸는 방법은 놀이입니다. 그러니 아이가 스트레스를 많이 받았을 때는 더 많이 놀고, 더 많이 쉴 수 있게 해주는 것이 제일 좋습니다. 아이들은 신나게 노는 과정에서 자연스럽게 스트레스를 풀 수 있으니까요. 놀이를 잘 못하는 아이들은 스트레스를 푸는 데도 어려움을 겪곤 하는데, 이럴 때는 부모가 아이와 놀이를 함께해주는 것이 좋습니다. 생각날 때 하는 것이 아니라 일주일에 두세 번 정도 시간을 미리 정해서 아이와 놀이를 해주세요.

어떤 부모는 이렇게 질문합니다. 아이가 해야 할 일이 너무 많아 스트레스가 심한데 놀 시간은 또 어떻게 낼 수 있냐고요. 그냥 그 상태에서 적응하도록 해야 하지 않겠냐고 물어봅니다. 새로운 상황에 적응할 수 있을 정도라면 기다리는 것도 방법이죠. 하지만 아이가 전에 하지 않던 죽음에 대한 이야기를 하고 걱정이 머릿속에 가득한 상황인데 그대로 두고 볼 수 없습니다. 2보 전진을 위해서도 1보 후퇴를 해야 할 시점입니다. 지금 아이에게 여유를 주지 않으면 곧 더 많은 시간을 낭비하게 될 것입니다.

***

사연 속의 아이는 슬픔에 대해 이야기하고 있습니다. 슬픈 감정이 자꾸 올라오나 봅니다. 아이들은 만 3세 이전에는 슬픔이라는 감정을 잘 느끼지 못합니다. 만 3세가 지나면서 슬픔을 느끼기 시작하죠. 어떤 아이는 슬픈 일이 생기면 바로 속상해하지만, 어떤 아이는 며칠간은 멀쩡히 잘 지낸 후 갑자기 밤에 이불에 오줌을 싸거나 짜증이 늘어나는 등의 모습으로 슬픔을 표현하기도 합니다.

어쨌든 아이가 슬퍼한다고 느껴질 때 부모가 할 일은 슬픔에 대해 이야기하도록 돕는 것입니다. "정말 속상하지? 당연히 그럴 일이야. 엄마도 마음이 아프구나" 하는 식으로 아이의 감정을 인정해주세요. 감정은 잘못이 없습니다. 오히려 슬픈 감정을 오롯이 느끼고 통과해야 아이는 성숙해질 수 있습니다.

부모라면 누구나 아이의 감정 기복이 크지 않길 바랍니다. 늘 밝고 명랑하길 원하죠. 아이가 슬퍼하거나 짜증을 부리면 그 상태에서 빨리 벗어나게 하고 싶어 합니다. 하지만 <u>아픈 만큼 성숙해진다는 말이 있듯, 슬픔의 시간은 아이의 생각을 깊이 있게 만들어주는 효과가 있습니다. 아이가 보이는 감정의 기복은 스트레스를 받는다는 증거이지만 반대로 아이가 성숙해가고 있음을 의미하기도 합니다. 이때 부모가 할 일은 아이에게 시간을 주고 눈길을 주면서, 아이가 스트레스를</u>

<u>스스로 극복해갈 수 있도록 여건을 만들어주는 일입니다.</u> 아이의 스트레스를 대신 떠맡아서도 안 되고, 스트레스를 더해줘서도 곤란합니다. 부모의 자리를 잘 지키면 아이는 이 시간을 살아내며 한 뼘 더 성숙해질 것입니다.

Plus Q

초등학생 아이, 엄마 아빠가 죽을까 봐 걱정된대요

…

초등학생 정도면 죽음에 대해 좀 더 구체적으로 생각하게 됩니다. 물론 아직은 자기중심적이어서 엄마 아빠가 죽으면 자신은 어떻게 되나, 또 어떻게 해야 하나를 주로 걱정하죠. 그럴 땐 우선 이렇게 간단히 말해주는 것이 좋습니다. "엄마 아빠가 죽을 때쯤이면 이미 너는 어른이 되어 오히려 엄마 아빠를 돌봐주고 있을 거야. 그때는 지금 엄마 아빠가 널 돕듯 네가 엄마 아빠를 도와주겠지. 물론 네 할 일은 혼자서도 얼마든지 잘할 거고." 이런 이야기를 해줘도 아이의 걱정이 다 해소되지는 않겠지만 반복해서 이야기하면 분명 한결 편안해집니다.

　　죽음이란 삶의 일부입니다. 한 생명체의 죽음이 있기에 다른 생명체가 살아갈 수 있는 것이고, 죽음이 있기에 우리의 삶이 더욱 가치를 갖게 되는 것이죠. 아이가 죽음이라는 주제를 힘겨워하는 경우 잘 살펴보면, 부모 또한 죽음이란 주제를 다루길 어려워하는 경우가 많습니다. 죽음에 대한 두려움이 큰 부모도 많고요. 그래서 아이가 죽음에 대한 질문을 하면 회피하거나 뭐 그런 것을 물어보냐고 핀잔을 줍니다.

　아이가 죽음에 대해 물어올 땐 부모도 죽음에 대해 다시 한 번 깊이 생각할 기회를 가져보세요. 또, 아이와 함께 아이들의 눈높이에 맞춰 죽음을 다룬 그림책을 읽어보는 것도 도움이 됩니다. 『살아 있는 모든 것은』(브라이언 멜로니 글·로버트 잉펜 그림, 마루벌), 『오래 슬퍼하지 마』(글렌 링트베드 글·샬로테 파르디 그림, 느림보)를 권할 만합니다.

고집이 너무 세요

초등학교 2학년 아들이 고집이 너무 세서 걱정입니다. 맞벌이를 하느라 아이를 지방에 계신 시부모님이 맡아주셨고 올해 처음으로 함께 살게 됐는데, 전에는 몰랐던 문제점들이 보입니다. 등교 때 꼭 자기가 입고 싶은 옷을 입어야 한다며 파란색 옷만 고집하고, 새 신발을 사줘도 신던 신발을 내놓으라고 악을 쓰는 통에 헌 신을 다시 찾아온 적도 있어요. 혼이라도 낼라치면 학원에 안 가겠다고 버티기도 해요. 학교에서도 뭔가 자기 마음에 들지 않으면 선생님 말도 듣지 않고, 친구가 탐나는 장난감을 갖고 있으면 계속 달라고 괴롭혀서 따돌림을 당하기도 합니다. 선생님도 아이 고집이 보통이 아니라고 해요. 더 늦기 전에 고쳐야 할 것 같은데 아무리 야단을 쳐도 듣지를 않으니 대체 어떻게 하면 좋을까요?

불안한 아이를 보듬고 융통성을 갖게 해주세요

무엇보다 아이에게 지금은 커다란 변화의 시간입니다. 부모님이 생각할 때는 부모가 사는 집으로 데리고 왔으니 편안하리라 생각할지 모르겠습니다. 하지만 아이 입장에서는 오래 살던 곳을 떠나 낯선 곳에 왔고 학교도 옮겼습니다. 오랫동안 자기 곁에 있어주던 할머니 할아버지와는 갑자기 이별하고 아직은 그다지 편하지 않은 부모와 살게 되었습니다. 그동안은 집에 오면 편히 쉴 수 있었는데 이젠 학원이라는 곳에 갔다가 늦게야 집에 옵니다.

이런 변화의 상황에 빨리 적응하는 아이도 있지만 적응에 시간이 걸리는 아이도 있습니다. 무엇보다 이런 상황에선 아이가 불안해지기 쉽습니다. 변화라는 것, 특히 자기를 지지하고 위로하던 사람과 헤어지는 변화는 아이의 불안감을 유발합니다. 그리고 **불안한 사람은 고집이 세집니다. 융통성이 사라지고 별것 아닌 작은 것에 집착하기도 합니다.**

아이가 같은 색의 옷이나 신던 신발을 고집하는 것은 자기가 바라지 않는 것이라면 이제는 아무리 작은 변화라도 더 이상 받아들이고 싶지 않다는 마음의 표현처럼 보입니다. 지금은 아이를 이해하고 보듬어서 아이가 변화에 적응하도록 돕는 것이 우선입니다. 아이를 이해하지 못하고 부모마저 야단치면 아이의 불안감은 점점 심해지겠죠. 그렇게 되면 지금의 어려움을 해결하는 데 더 많은 시간이 필요할 것입니다.

***

만약 불안이 문제가 아니라 고집이 센 것이 아이의 타고난 기질이라면 어떻게 도와야 할까요? 저는 '아이의 고집이 세다'는 말을 좋아하지 않습니다. 그 말 자체에 부정적인 뉘앙스가 들어 있으니까요. 뭔가 성격상의 문제가 있으니 고쳐놔야 한다는 속마음이 담겨 있습니다. 그런데 아이의 고집스러운 모습은 두뇌에서 생각을 융통성 있게 바꿔내는 능력이 아직 덜 발달했기 때문에 나타나는 경우가 많습니다. 개인차가 있겠지만 융통성 있는 사고는 사춘기 정도가 되어야 원활해집니다.

그런데 개중에는 이런 능력이 특별히 더 취약한 아이들이 있습니다. 자기 생각을 바꾸려고 하면 굉장히 불안해하고, 자기 생각대로 일을 처리하지 않으면 뭔가 큰일이 생길 것 같은 두려움이 드는 아이들이죠. 이런 아이들은 어른들이 말하는 '징크스'를 굉장히 많이 가졌다고 할 수 있습니다.

부모는 아이가 이런 모습을 보이면 미래가 염려되어 어떻게든 빨리 바꿔보려고 합니다. 그런데 그런 시도는 오히려 문제를 더 악화시키기 십상이죠. '고집'의 이면엔 불안이 자리하고 있는데 자꾸 야단을 맞다보면 더 불안해져 고집이 점점 더 강해지니까요. 게다가 부모들은 종종 아이의 고집을 꺾으려 몰아치다가 결국 물러서곤 합니다. 실컷 혼내놓고 아이가 울면 안쓰러운 마음에 아이의 말을 들어주게 되죠. 이런 과정을 몇 번 거치고 나면 아이는 고집이 더 세질 수밖에 없습니다. 조금 야단을 맞으면 그뿐, 고집을 부리면 자기가 원하는 것을 결국 얻어낼 수 있으니까요.

아이가 유난히 고집스럽다고 생각하기보다 '융통성이 아직 부족하구나', '아직 생각을 유연하게 바꾸기 힘들고 감정이나 기분에 쉽게 매이는구나', '좌절감을 견뎌내는 힘이 아직 약하구나' 하는 시각으로 아이를 바라봐주세요. 부모가 할 일은 아이의 마음을 우선 인정해주는 것입니다. 그렇다고 무리한 요구를 다 들어줄 필요는 없어요. 아이의 마음은 인정하되 아이의 요구는 받아주지 않습니다. 굳이 그만 떼쓰라고 다그칠 필요도 없습니다.

또한 지나치게 떼를 쓸 것이라 예상되는 상황은 미리 만들지 않아야 합니다. 예를 들어 시험 전에 만화책을 사주고는 시험이 끝난 후 보라고 하면 어떻게 될까요? 아이도 힘들고, 부모도 힘들어지기 쉽겠죠. 그냥 시험이 끝난 후 사준다면 부모도 에너지를 덜 소모하고 아이도 힘이 들지 않을 텐데요. 사연에서 아이는 학원에 안 가겠다고 하고 있어요. 그럴 때는 그냥 놔두세요. 학원에 가는 대신 그 시간에 자기 방에서 가만히 생각할 기회를 갖게 해주세요. 한두 번 학원에 안 가더라도 나쁜 기분을 혼자서 풀어내는 방법을 배우고, 생각을 융통성 있게 하도록 기회를 주는 것이 더 필요한 공부입니다.

***

물론 기질적으로 자율성이 강해 뭐든 스스로 결정하고 싶어 하는 아이들도 있습니다. 아이 열 명 중 한두 명이 이런 성향을 보이는데, 이런 아이들은 소위 '어른을 이겨먹으려' 듭니다. 이런 아이들을 조부모가 키우거나, 부모가 키우더라도 아이에게 밀리는 경우 아이의 고집은 점차 세집니다. 고집을 피우면 자기가 바라는 대로 되니 고집을 점점 더 피우게 되는 것이죠.

요즘 늦둥이가 많은데 부모가 나이가 많으면 아이에게 끌려가는 경우가 많습니다. 아무래도 체력이 달리거든요. 또 딱히 늦둥이가 아니더라도 맞벌이 등의 이유로 부모가 아이에게 미안한 감정을 품고 있을 경우에도 아이에게 밀리기 쉽습니다. 아이들은 부모가 당황하고 어쩔 줄 몰라 한다는 낌새를 채면 점점 더 자기주장이 강해집니다.

아이의 고집이 강하고 매사에 부모의 뜻을 누르려 할 때는 절대 져서는 안 됩니다. 부모가 이겨야 합니다. 아이의 기가 워낙 세면 어른들이 밀리기 쉽죠. 그런데 부모가 자꾸 밀릴 경우 아이는 본능적으로 '내가 세게 나가면 어른들도 꼼짝 못한다'고 생각하게 됩니다. 그러면 아이의 고집이 평생 지속되겠죠. 그래서는 곤란합니다. 아이는 자율성이 자라는 만큼 자기 통제력도 키워야 합니다. 스스로 결정하는 힘이 커지는 만큼 스스로 책임지고 조심하는 능력도 키워야 하죠. 이러한 균형은 아이의 성숙에 꼭 필요한 부분입니다.

물론 부모가 이겨낸다는 것은 힘의 대결로 아이를 누른다는 의미가 아닙니다. 힘이 어디 있는지 보여주면 그것으로 족합니다. 아이가 가진 힘이라고 해봐야 부모 말 안 듣고 부모에게 화내는 것 말고는 없습니다. 그런 아이의 떼쓰기를 부모가 견뎌내면 정작 아이가 가진 힘은 바닥을 드러냅니다. 아이의 부정적인 태도에 부모가 무반응으로 일관하면 결국 시간문제일 뿐 아이는 제 고집을 꺾고 부모의 뜻에 따르게 마련입니다.

많은 부모가 아이의 기를 너무 꺾으면 좋지 않다고 생각합니다. 그래서 어느 정도 아이의 요구를 제지하다가도 결국은 들어줍니다. 아이의 자존감을 살려주기 위해서죠. 그런데 조사를 해보면 아이러니하게도 자기 마음대로 행동하는 아이일수록 자존감이 낮습니다. 아이 입장에서 보면 열심히 에너지를 쏟아 부모를 흔들고 나면 순간적인 쾌감은 있겠지만 마음 한구석에서는 불안감이 자리하게 되는 거죠. 어린 시절에는 부모가 세상에서 가장 강한 존재이고 자신을 안전하게 지켜주는 사람이어야 하는데, 내 부모가 약하다고 느껴지니 마음이 편안할 리가 없는 거죠. 그렇기 때문에 고집이 강한 아이일수록 불안감이 높은 아이로 자라는 경우가 많습니다.

특히 아이가 공공장소에서 떼를 무기로 기 싸움을 벌이려 할 때는 아이의 행동을 의도적으로 무시해야 합니다. 아무리 떼를 써봐야 통하지 않는다는 걸 아이가 깨달아야 합니다. 이때의 관건은 부모가 절대 당황하지 말고 표정의 변화를 보이지 않는 것입니다. 담담한 얼굴로 '너는 이 물건을 갖고 싶다는데 엄마는 사줄 수가 없구나. 네 마음은 이해되지만 엄마는 어떻게 해줄 도리가 없다'는 메시지를 전하며 그 자리를 빨리 떠야 합니다.

아이를 들쳐 업든 옆구리에 끼든 사람이 없는 곳, 비상구나 계단 같은 곳으로 자리를 이동하는 게 엄마의 불편한 감정을 없앨 수 있는 최고의 방법입니다. 자리를 옮겼다면 아이가 흥분을 가라앉힐 때까지 그냥 놔두면 됩니다. 악을 쓰며 울고불고할 때는 교육을 해봐야 아무 소용없습니다. 대신 "아까 그게 갖고 싶었던 마음은 이해해. 얼마나 갖고 싶겠니. 하지만 엄마는 그걸 사줄 수 없어. 그걸 사주는 건 너에게 좋지 않은 걸 해주는 거라고 엄마는 확신해"라는 식으로 말해주면서 기다리면 아이가 차츰 진정될 것입니다.

분위기가 진정되고 아이가 차분해진 다음에는 대화를 통해 물건을 사는 것에 대한 규칙을 정해야 합니다. '세상에 가지고 싶은 물건이 너무 많겠지만 다 살 수는 없다'는 사실을 인지시키고 아이와 함께 사고 싶은 물건의 가격대, 구매 횟수, 가짓수 등의 쇼핑 규칙을 협의를 통해 정해야 합니다. 아이가 자신의 의도를 대화를 통해 협의하고 조율하고 해결할 수 있다는 걸 배워야 하기 때문입니다. 이 과정을 생략하고 엄마 아빠의 말이니 무조건 들어야 한다는 식으로 교육하면 아이의 자율성에 해가 됩니다. 게다가 힘만 생기면 자기 마음대로 할 수 있다는 좋지 않은 메시지를 아이에게 전달하게 됩니다. 그렇기 때문에 대화를 통해 아이가 부모와 함께 규칙을 정했다는 느낌을 가지도록 도와야 합니다.

이런 과정을 착실히 거치고 나면 스스로 참여한 결정을 잘 실천할 수 있게 됩니다. 부모를 속여 가며 뒤로 자기 욕구를 채우는 일도 줄어들고요. 게다가 원하는 것이 있으면 당장 요구를 들어주지는 않지만 부모와 대화로 타협하고 협상할 수 있다는 것도 알게 되어 갈등이 줄어듭니다.

밖에서는 '엄친딸'인데, 집에서는 '시한폭탄'이에요

초등학교 3학년인 제 딸은 '두 얼굴의 소녀'입니다. 밖에서는 예의 바르고 겸손한데다 성격도 좋고 공부까지 잘해서 '엄친딸'로 소문이 자자합니다. 하지만 집에 들어서는 순간 돌변합니다. 신발을 벗으면서부터 학교에서 이렇게 저렇게 힘들었다며 온갖 짜증을 부리기 시작합니다. 언제 터질지 모르는 시한폭탄 같아요. 집안일을 돕기는커녕 자기 책상 한 번 정리하는 걸 못 봤습니다. 심부름 시키는 건 감히 엄두도 못 내고요. 딸아이의 화풀이를 받아주며 눈치를 살피느라 정말 힘이 듭니다. 우리 딸이 말로만 듣던 이중인격은 아닌지 걱정스럽습니다.

완벽해야 한다는 두려움에서 벗어나게 해주세요

사연을 보며 아이의 이야기가 아니라 남편 이야기 같다고 말하는 아내들이 참 많을 듯싶습니다. 밖에서는 호인 소리를 듣고 다니지만 집에만 오면 딴사람이 되는 남편. 얄밉지 않을 수 없죠. 하지만 누구나 정도의 차이가 있을 뿐, 집 밖에서의 행동과 집 안에서의 행동은 차이가 있게 마련입니다. 안에서 새는 바가지가 밖에서도 샌다고 하지만, 밖에선 새지 않지만 안에선 줄줄 새는 바가지가 참 많습니다.

다른 사람에겐 그러지 않으면서 가족에겐 함부로 대하는 이유는 가족은 남이 아니라고 생각하기 때문입니다. 그렇다고 나의 일부라 생각하지도 않습니다. 나도 아니고 남도 아닌 경계에 있으면서 내가 마음대로 할 수 있는 존재라 생각하죠. 집 안에 쓰레기를 둘 수도 없고 그렇다고 대문 밖 큰길에 버릴 수도 없습니다. 하지만 집 옆 담벼락에는 슬쩍 놔둘 수 있듯이 우리도 우리 마음의 찌꺼기를 내 안엔 두지 않으면서, 남에게는 차마 던지지 못하고, 그저 애꿎은 가족에게 풀어버리는 경우가 많습니다. 물론 당하는 입장에선 가족이기에 더 많은 상처를 받게 되죠. 사랑한다면서 어찌 저럴 수 있을까 싶고요. 상처를 줄 때는 쉽게 주고, 받을 때는 더 억울한 마음이 드는 것이 가족 간의 관계입니다.

아이가 집에서 부모에게 함부로 대하는 이유는 부모가 그간 아이에게 잘 대해줬기 때문입니다. 아이 마음을 전혀 받아주지 않고 무섭게 대했다면 아이가 부모를 함부로 대하지는 않을 것입니다. 그 덕분에 아이는 밖에서는 좋은 모습을 보이며 현실을 버텨낼 수 있었습니다. 만약 가족에게 풀어내지 못했다면 아이는 밖에서 지금과 같은 '엄친딸'의 모습은 보이지 못했겠지요. <u>가족의 희생 덕분에 아이는 '엄친</u>

딸' 행세가 가능했습니다. 물론 가족은 아이의 일부가 아닙니다. 분명 자신과 별개로 존재하는 타인이죠. 아무리 가까운 사이라도 서로 존중해주어야 관계가 유지될 수 있음을 이제 아이는 배워야 합니다.

사연 속의 아이는 누가 강요한 것도 아닌데 밖에서는 모범적인 모습을 보이려고 무던히 애를 쓰고 있습니다. 남에게 지적 받거나 공격 당할까 봐 노심초사하는 것이죠. 기본적으로 자존감이 약하고 자기 자신에게 문제가 있다고 생각하고 있습니다. 그런 자신을 남들이 알아채면 싫어하게 될까 봐 완벽한 모습을 보여 남에게 얕잡아 보이지 않으려고 노력하고 있죠. 방어적인 행동입니다. 다른 사람들은 사실 자신에게 그다지 관심도 없고, 딱히 부정적으로 볼 이유도 없다는 것을 아이는 모릅니다. 모두가 자신에게 관심을 갖고 있고 어떻게든 자신의 약점을 찾아내 흉을 볼 거라 생각하죠. 이런 면을 보면 낮은 자존감의 내면에는 타인의 주목을 받고 싶은 심리가 자리 잡고 있음을 알 수 있습니다.

이처럼 자존감이 약한 아이에게는 '너는 있는 그대로 충분히 괜찮은 아이'라는 사실을 자꾸 말해줘야 합니다. 격려가 많이 필요합니다. 다만 이와 더불어 자기 자신과 가까운 가족을 존중해야 더 행복할 수 있다는 점도 인식시켜줘야 합니다. 교육을 하다 보면 부모는 균형을 잃기 쉽습니다. 아이가 가족에게 하는 부정적인 행동을 야단치는 데 집중하다 보면 아이의 자존감은 더 낮아질 수 있습니다. 그런 나쁜 행동을 하다니 너는 도대체 어떻게 된 아이냐고, 그렇게 해서 뭐가 되겠냐고 혼내게 되니까요.

하지만 그럴수록 아이의 문제 행동은 더 악화됩니다. 잘못이 뭔지 알지만 고치기 어렵다고 괴로워하죠. 자존감이 약한 아이이기에 부정적인 행동을 하는 것이니까요. 그렇기 때문에 부모는 아이의 부정적인 행동에만 주목하지 말고 아이의 자존감을 높이는 것에도 주의를 기울여야 합니다. 가족을 존중하며 대하는 것에 대해서도 그것이 올바른 행동이니 실천해야 한다고 가르쳐선 부족합니다. 그것이 자신을 더 사랑하는 방법이라고 말해줘야 합니다.

✱ ✱ ✱

아이들은 초등학교 5학년 무렵이 되면 스스로를 조금 객관화해서 볼 수 있습니다. 완벽주의 아이들과는 '완벽하게 행동해서 얻는 장점과 단점'을 공책 양쪽에 각각 써보는 시간을 가져보는 것도 좋습니다. 예를 들어 선생님과 친구들에게 인정을 받거나 칭찬을 받는 것은 장점입니다. 인기를 얻고 성적이 좋아지는 것도 장점이죠. 반면 그로 인해 바짝 긴장하고 신경을 곤두세워야 하는 것은 단점입니다. 스트레스가 높아지니 가족에게 함부로 대하게 되는 것도 큰 단점이고요. 이렇게 써보면서 아이는 완벽하려는 노력이 결코 완벽한 방법은 아니고 오히려 문제가 많을 수 있음을 알게 됩니다.

또 아이에게 스스로 완벽하게 해내지 못했을 때 느끼는 두려움을 이야기하도록 권해보세요. 반드시 자기 입으로 이야기할 수 있어야 합니다. 완벽주의의 이면에는 엄청난 두려움이 버티고 있습니다. 그런데 그 두려움은 사실 허상입니다. 완벽하지 못하다고 해서 자신이 생각하는 것처럼 남들이 자신을 한심하게 여기거나 싫어하는 것은 결코 아닌데 그런 거짓된 두려움에 사로잡혀 있을 가능성이 많습니다. 두려움에 대한 솔직한 대화를 통해 아이가 느끼는 두려움이 허상이고, 완벽해 보이는 사람들이 실제로는 얼마나 괴롭게 살고 있는지를 설명해주면 도움이 됩니다.

또 사람에겐 한두 가지 허점이나 빈 구석이 있어야 더 매력적이라는 점도 알려주세요. 음식에도 양념과 향신료가 들어가야 맛이 더해지듯, 사람도 완벽한 모범생보다는 다양한 면을 가진 사람이 더 인기가 있다는 것을요. 이런 대화를 통해 아이가 자기 스스로 만들어 내서 자기 자신을 가둬버린 틀을 깨는 데 도움을 줄 수 있을 것입니다.

하루에도 수십 번씩 손을 씻는 아이, 강박증일까요?

…

떠올리고 싶지 않은 생각이나 의도하지 않은 생각이 반복적으로 사고에 끼어들 때 우리는 이것을 '강박사고'라고 합니다. 그리고 이 강박사고를 없애기 위해 특정 행동을 반복하는 것을 '강박행동'이라고 하죠.

예를 들어 이유 없이 자꾸 손에 더러운 것이 묻은 것만 같다고 느낀다면, 이것이 강박사고입니다. 이 경우의 강박사고는 더러운 것이 묻었으니 그대로 두면 병에 걸릴 것 같다는 두려움으로 이어집니다. 그래서 두려움을 없애려고 자꾸 손을 씻습니다. 하루에도 열 번, 스무 번씩 씻고, 한 번 씻을 때면 20~30분을 씻어야 하는 강박행동을 보이죠. 그래도 불안은 줄어들지 않고 조금 후에 다시 시작됩니다. 이처럼 강박사고와 강박행동이 계속해서 나타나 우리의 일상을 방해할 때 이것을 '강박증'이라고 합니다.

강박증은 불안장애의 일종으로 전문의의 치료가 필요합니다. 아이에게 더럽지 않다고 설득하거나 걱정하지 말라고 위로한다고 문제가 해결되지 않습니다. 다만 증상이 약한 경우에는 병으로 보기 곤란하고 그저 불안이 높고 스트레스가 많이 쌓인 상황일 수 있습니다. 어떤 행동이 병이냐 병이 아니냐는 아이의 증상이 일상생활을 방해하는 정도에 따라 판단합니다. 방해하는 정도가 상당할 때는 병이라고 하고, 약간 방해하는 정도라면 넘어갈 수 있는 수준으로 봅니다.

아이의 강박 증상이 병으로 볼 정도로 심하지 않다면 굳이 병원을 찾을 필요까지는 없습니다. 그럴 때는 부모가 규칙적으로 아이와 놀이를 해주는 것이 우선 권하는 방법입니다. 일주일에 세 번, 30분 내지 한 시간씩 일대일로 놀이를 해주세요.

우선 놀이는 그 자체만으로도 아이의 스트레스를 해소하는 데 도움이 됩니다. 더 나아가 아이와 놀이를 하다 보면 아이가 어떤 일로 스트레스를 받고 있는지 알게 됩니다. 아이가 놀이를 하는 과정에서 자기 스스로 표현을 하니까요. 그리고 표현하는 과정을 통해 아이는 부모가 도와주지 않아도 스스로 답을 찾고 스트레스를 해소합니다. 아이에게 왜 자꾸 그런 행동을 하냐고 지적하지 말고 그냥 못 본 체하면서 함께 놀아주세요. 그것만으로도 아이의 증상이 나아지는 경우가 많습니다.

아이에게 우울증이 있는 것 같아요

올해 열 살인 아들은 매일 시계추처럼 학교와 집만 오갑니다. 또래 남자 아이들은 학교가 파하면 놀이터며 친구 집에 찾아가 놀기 바쁜데 저희 아이는 곧바로 집으로 돌아와 방에만 틀어박혀 있어요. 아이에게 밖에 나가 놀거나 친구도 집에 초대하라고 하면 무조건 싫다고 합니다. 방에서 나올 때라곤 식사 시간뿐입니다. 방에서 뭘 하나 들여다보면 블록 놀이를 하거나 전투기 등을 조립합니다. 움직이길 싫어하니 살도 많이 쪘어요. 또 매사에 자신감이 없어 보이고 엄마 아빠 눈치도 많이 봅니다. 감정 기복도 심하고 공부할 때는 금방 읽은 지문조차 기억을 못할 때가 많아요. 뭐라고 조금만 야단치면 금세 눈물을 흘리고요. 어른 같으면 우울증이라고 하겠는데, 이렇게 어린 나이에도 우울증이 생기나요? 아니면 벌써 사춘기가 온 걸까요?

아동·청소년기 우울증은 의외로 많습니다

아이들이 뭐 우울하기까지 하겠냐고 흔히들 이야기하지만 아동·청소년기의 우울증은 의외로 많습니다. 심지어 3,4세 아이들의 우울증이 보고된 사례도 있습니다. 한 연구에 따르면 우리나라 아이들 중 우울증을 앓는 아이들의 비율이 1~2%에 이릅니다. 청소년기만 놓고 보면 5%에 달한다는 조사도 있습니다. 한 반에 한두 명은 우울증을 앓고 있다는 의미죠.

청소년기의 우울증은 성인의 우울증과 그 증상이 비슷합니다. 우울하고, 희망이 없고, 죽고 싶은 마음이 들죠. 청소년기 우울증을 앓는 아이들의 70%가 크고 작은 자살 시도를 하고, 실제로 죽음에 이르는 경우도 적지 않습니다. 또한 남녀 간에 증상의 차이를 보이는데, 여자아이들은 우울하다는 말을 많이 하지만 남자아이들은 우울하다는 표현을 잘 하지 않습니다. 대신 공격적인 행동을 많이 보이죠. 오토바이를 타는 등 위험한 행동을 하고, 담배나 술에 빠지고, 여러 비행을 저지르거나 스스로를 괴롭히는 행동을 하기도 합니다. 이 모두가 좋지 않는 기분을 떨쳐내기 위해 하는 행동이지만 결국은 자기를 괴롭히는 행동이란 점에서 다른 우울증 증상들과 같은 맥락입니다.

그런데 어린이의 우울증은 성인의 우울증과 한 가지 큰 차이를 보입니다. 아이들은 우울증을 앓고 있어도 재미있는 일에는 반응을 보입니다. 성인의 경우 좋아하던 일에도 심드렁해지고 어떤 일에도 즐거움을 느끼지 못하지만 아이들은 그렇지 않죠. 오히려 재미있는 일에만 지나치게 매달리고 조금이라도 지루하고 재미없으면 견뎌내지 못합니다. 힘든 일을 참아내는 능력이 현저히 떨어지고요.

그래서 하기 싫은 일은 피하는 대신 자기가 좋아하는 몇몇 일에 유독 집중합니다. 이런 이유로 게임에 지나치게 빠져들거나 TV, 휴대폰에 몰입하기도 합니다. 이 역시 무언가에 몰입해서 내면에서 올라오는 불편한 감정을 날것 그대로 느끼지 않으려고 회피하는 모습입니다.

그 외에는 성인기의 우울증과 비슷한 증상을 보입니다. 의욕이 없고 에너지가 떨어집니다. 아주 조금만 힘들어도 견디질 못하고 여기저기 아프다고 하거나 피로를 호소하죠. 예전에는 충분히 해냈던 일도 귀찮다거나 못하겠다는 부정적인 반응을 보이고 짜증이 늘어납니다. 그저 재밋거리만 찾죠. 잠을 많이 자거나 정반대로 잠을 못 이루고 잠드는 데 시간이 많이 걸립니다. 식욕이 늘어 살이 찌는 경우도 있고 거꾸로 뭐든 먹지 않으려 해서 체중이 빠지기도 합니다.

집중력이 떨어져서 자주 실수를 하고 해야 할 일을 놓치곤 합니다. 안절부절못하는 모습을 보이기도 하고 행동이 굼떠지기도 합니다. 자기는 뭐든 못할 거라고 자기를 비하하고 자신감이 뚝 떨어져 앞날에 대해 부정적으로 말합니다. 이런 증상이 한꺼번에 모두 나타나는 것은 아니지만, 여러 증상이 지속적으로 나타나고 이로 인해 학교생활이나 친구 관계, 가정 내 생활에 문제를 겪는다면 우울증으로 진단할 수 있습니다. 사연에 나온 아이도 상당히 전형적인 우울증의 증상을 보이고 있습니다. 하루빨리 소아청소년정신과 의사를 만나보는 것이 좋습니다.

✱✱✱

종종 아이들의 우울증을 사춘기와 혼동하는 부모들을 만나곤 합니다. 그런데 아이의 기능이 얼마나 저하되는지를 보면 둘을 쉽게 구분할 수 있습니다. 사실 청소년 네 명 중 세 명은 사춘기가 그리 두드러지지 않습니다. 그저 자기주장이 분명해지고 짜증이 약간 늘어나는 정도로 지나가죠. 두드러지는 경우라 하더라도 친구 관계, 부모와의 관계, 성적이 동시에 나빠지지는 않습니다. 매사에 흥미와 의욕을 잃고 일상적으로 잘하던 일을 못하게 되었다면 사춘기라고 말하기 곤란합니다.

또한 우울증의 경우에는 미래에 대해 암울한 생각을 많이 하는 것이 특징입니다. "살아서 뭐해", "나 같은 놈은 없어지는 게 낫지 않을까" 등의 말을 한다면 사춘기라기보다는 우울증을 의심해봐야 합니다.

성인기의 우울증은 대개 외적인 환경 요인보다 내면에서부터 시작되는 경우가 많습니다. 반면 청소년기의 우울증은 발병 단계에서 외부 요인이 좀 더 중요한 영향을 미칩니다. 발병뿐 아니라 병의 진행에 있어서도 외부 요인이 좋지 않으면 심리 상태가 급격히 나빠지는 모습을 보입니다. 그만큼 외부 환경을 개선해주면 빠르게 좋아진다는 긍정적인 측면도 있습니다. 다만 재발이 잘된다는 특징도 있죠.

이렇게 회복과 재발을 반복하면서 성인으로 자라게 되는데, 그 경우 우울형 인격(늘 자신감이 부족하고 자기 비하가 심하며 의욕이 약한 성격)이 되거나 만성적인 우울증으로 이어지기 쉽습니다. 따라서 조금 편해지거나 조금 잘해주면 금세 좋아진다고 방심해서는 안 되고 조기에 개입해 도움을 줘야 합니다.

치료는 환자의 상태에 따라 다르게 합니다. '인지행동치료' 기법을 활용하는 상담을 많이 사용하지만 증상이 심하거나 발병한 지 오래된 경우엔 약물치료를 병행할 수 있습니다. 빨리 회복해야 하거나 상담을 안정적으로 하기 어려운 상황일 때도 약물치료를 하는데 치료 효과는 비교적 좋은 편입니다. 우울증 치료에서 가장 어려운 것은 우울증을 인정하는 것이라고 합니다. 일단 인정하고 치료에 들어가면 아이의 증상은 많이 호전될 수 있습니다.

물론 치료가 전부는 아닙니다. 아이를 돌봐주고 아이에게 힘을 주는 일차적인 역할은 부모의 몫입니다. 부모가 아이와 많은 시간을 함께하는 것이 아이의 치료에 무엇보다 중요합니다. 처음에는 아이가 부모가 곁에 머무는 것을 조금 귀찮아할 수도 있습니다. 익숙하지 않고 부모에게 미안한 마음도 드니까요. 그래도 옆에 머무르세요. 다만 잔소리를 하거나 기운 좀 내라는 훈계조의 말을 반복하는 것은 아무 도움이 안 됩니다. 뭘 해야 할지 모르겠다면 그냥 아이 옆에 앉아 아이가 하는 블록 놀이 등을 함께해보세요. 그러면서 아이와 잡담을 나누는 겁니다. 그러다 보면 아이도 자연스럽게 말을 할 것입니다. 아이가 입을 열기 시작하면 그때부터는 쉬워집니다. 부모는 그저 귀담아듣고 충분히 호응해주면 됩니다.

어떤 부모는 바람 한번 쐬면 좋아지지 않을까, 아이가 원하는 비싼 물건을 사주면 기분이 나아지지 않을까 이야기합니다. 물론 멋진 곳에 가고 좋은 물건을 가지면 아이의 기분이 조금 나아질 것입니다. 하지만 그 효과는 잠깐뿐, 오래가지 못합니다. 아이가 금방 나았으면 하는 마음이 드는 것은 당연하지만, 쉽게 빨리 해결해서 이 상황에서 벗어나려는 욕심은 오히려 상황을 더 꼬이게 만들 수 있습니다.

아이에게 부모가 줄 수 있는 가장 큰 선물은 시간입니다. 벌써 우울증이란 경고등이 켜졌습니다. 이번 기회에 아이와 더 가까워지도록 노력해야 합니다. 아이가 정서적으로 안정될 수 있도록 관심을 쏟아야 합니다. 이 경고를 마음 깊이 새기면 아이는 정서적으로 다시 튼튼해질 수 있습니다. 하지만 이 기회를 놓치고 적당히 넘어가려 하면 결국 오랜 세월 동안 아이는 물론 부모도 함께 진창 속에 머무르게 될 수 있습니다.

아이의 우울증, 어떻게 대처하고 예방할까요?

…

아이에게 우울증 증상이 나타날 경우 부모님이 바로 실천할 수 있는 방법 일곱 가지를 알려드릴게요.

1. 아이와 보내는 시간을 늘리세요.
2. 아이의 이야기를 귀담아듣고 충분히 호응해주세요.
3. 아이와 같이 할 수 있는 활동을 하세요.
4. 아이에게 무작정 강요하거나 밀어붙이지 마세요.
5. 아이와 함께 꾸준히 운동을 하세요.
6. 아이와 스킨십을 자주 해주세요.
7. 혹시 부모님에게 우울증이 있는 건 아닌지 확인해보세요.

다음은 아이의 우울증을 예방할 수 있는 방법입니다.

첫째, 꾸준히 운동을 시켜주세요. 예전과 달리 요즘 아이들은 하루 종일 책상 앞에 붙어 앉아 있는 경우가 많습니다. 운동을 하면 우리 뇌에서 자연 상태의 항우울제가 나옵니다. 그래서 약한 정도의 우울증은 운동만으로도 치료 효과를 볼 수 있습니다. 운동이라고 해서 특별한 운동이 필요한 것은 아닙니다. 그저 많이 뛰고 신나게 달릴 수 있는 것이면 다 좋습니다.

요즘은 놀이 환경이 열악해서 이런 운동 효과가 있는 놀이를 하는 데 어려움이 있어 아쉽습니다. 놀이 활동을 많이 하는 태권도장을 보내거나 아이가 즐길 수 있는 유산소 운동을 시켜보는 것도 좋습니다. 인라인스케이트, 수영, 축구도 좋습니다. 다만 분위기가 즐거워야 우울증 예방 효과가 있습니다.

둘째, 긍정적으로 생각하는 방법을 모델링해주세요. 우울증이 있으면 어떤 문제가 생겼을 때 그걸 부정적으로 해석하는 경향을 보입니다. 모든 일엔 좋은 면과 나쁜 면이 있음을 인식시키고, 가급적 좋은 면을 보려는 태도를 부모가 먼저 보여줘야 합니다.

가령 친구에게 주말에 같이 놀자고 말했는데 친구가 안 된다고 하면 아이는 크게 실망한 나머지 친구가 자기를 싫어하는 것 같다고 일방적으로 생각하고, 한 발 더 나아가 자기와 같이 놀 사람은 아무도 없고 자기는 재미없는 주말을 보낼 수밖에 없다고 단정 짓습니다. 친구가 거절한 이유는 다양할 수 있는데도 말이죠. 아마도 다른 선약이 잡혀 있을 가능성이 가장 높겠죠. 그럼에도 아이는 여러 가능성 중에 자신에게 상처가 될 가능성을 선택했고, 그 때문에 기분이 더 나빠지고 있습니다. 이런 사고의 과정과 결과를 아이에게 설명해주세요. 그리고 사람이란 기분이 나빠지면 뭐든 더 부정적으로 생각하는 경향이 있음을 알려주십시오.

잘못된 사고와 그 결과를 설명해준 다음에는 대안적인 사고에 대해 이야기합니다. 우선 친구는 다른 선약이 있는 것이니 친구를 미워하거나 나 자신에게 실망하지 않아야 합니다. 다음에 또 놀 기회를 가지면 되겠죠. 그리고 이번 주말은 어떻게 보낼지 계획을 세워봅니다. 그 친구와 놀 수는 없지만 주말을 즐겁게 보낼 수 있는 대안은 얼마든지 많습니다. 아이와 함께 다양한 대안을 찾아보면서 포기할 것은 빠르게 포기하고 대안을 찾는 데 집중하는 것이 삶의 중요한 기술임을 설명해줍니다. 이런 긍정적인 사고 방법을 실생활에서 아이와 자주 연습한다면 아이가 우울증에 걸리는 것을 막는 데 큰 도움이 됩니다.

PART 05

친구와 잘 지내지 못해요

...

"우리 아이는 자기 생각만 해요. 이기적이에요."
그래서 어떤 노력을 해보셨나요?
"남 생각 좀 하면서 살라고 야단치죠. 매번 말해도 안 고쳐져요."
이래서야 아이의 기질을 고치기 쉽지 않습니다.
기질을 바꾸는 데는 오랜 시간이 걸립니다.
다른 사람을 생각하는 아이로 키우고 싶으세요?
우선 아이의 마음을 읽어주세요. 아이의 마음을 무시하며
아이가 타인의 마음을 존중하길 기대해선 안 됩니다.
또 타인을 위해 봉사하는 부모의 모습을 꾸준히 보여주세요.
이타심은 말이 아닌 행동으로만 가르칠 수 있습니다.

아이의 자존감이
낮은 게 아닐까 걱정돼요

고지식한 엄마가 아이의 자존감을 떨어뜨리는 걸까요? 얼마 전, 6세 딸아이가 미술 시간에 나무를 그렸어요. 잎사귀 부분은 과일도 주렁주렁 매달리고 크게 표현했는데 기둥은 빗살무늬처럼 아래로 여러 가닥을 선만 그려 놓았다고 하더군요. 뿌리는 아예 없고요. 미술을 시작한 지 3개월 정도 되었는데, 오늘 선생님 말씀이 아이의 자존감이 부족해 보인다고 하더라고요.

저희 딸아이는 욕심도 많고 호기심도 많은 아이예요. 다만 자기주장이 강하고 예민해서 낯선 환경, 낯선 사람에게 쉽게 적응하지 못합니다. 친구 집에 가도 그곳에 적응하기까지 30분 내지 1시간은 기다려줘야 하고 늘 엄마가 같이 있어야 합니다. 그래도 유치원에서는 친구들과 잘 어울린다고 해요. 늦은 나이에 어렵게 낳은 아이라 나름 스킨십도 많이 해주고 사랑한다는 말도 많이 하며 키웠는데, 때때로 아이가 힘들게 하면 저도 화를 내고 매를 들기도 합니다. 그러고선 아이에게 미안해지고 속상해서 후회하는 일이 반복되고요. 이런 양육 방법이 아이의 자존감을 떨어뜨렸을까요?

'보통 아이'를 보는 눈길로 바라봐주세요

요즘은 아이들의 마음을 다루는 방송 프로그램도 많고 다양한 기관에서 미술치료를 실시하다 보니 부모들도 아이의 그림을 보고 나름의 해석을 하는 모습을 보게 됩니다. 하지만 몇 개의 그림만 보고 도식적인 규칙을 적용해 아이들의 마음을 해석하는 것은 옳지 않습니다. 아이들의 마음은 그보다 훨씬 복잡합니다.

나무를 그렸을 때 '뿌리가 없으면 자존감이 약하다', '옹이가 진 나무를 그렸다는 건 상처 받았다는 의미다', '열매를 그린 아이는 사랑 받고 싶은 아이다'라고 판단하는 것은 혈액형만 가지고 성격을 맞히는 것만큼이나 잘못된 경우가 많습니다. 그림보다는 아이의 평소 생활이나 아이가 부모에게 한 말을 토대로 아이를 판단하는 편이 훨씬 정확합니다.

사연에 나온 아이가 예민한 것은 맞습니다. 하지만 예민하면서도 호기심도 많고 자기주장도 있는 아이입니다. 그렇다면 일단 큰 문제는 없습니다. 자기주장이 분명하고 새로운 것을 탐색하려는 의도도 강하다면 아이가 정서적으로 위축되어 있거나 자존감이 낮다고 보긴 어렵습니다. 부모들은 아이에게 한두 가지가 부족하다고 생각하면 이를 심각하게 받아들여 아이에게 큰 문제가 있는 게 아닐까 걱정합니다. 이 모두가 아이를 사랑하는 마음, 아이가 잘되었으면 하는 마음에서 비롯된 것이지만, 이렇게 완벽함을 추구하는 태도가 아이에게는 부담이 되는 경우가 많습니다.

이 아이는 '조금' 예민한 아이입니다. 새로운 환경에 적응하는 데 시간이 걸리고 자기에게 다가오는 자극에 강하게 반응하죠. 만약 아이가 새로운 환경을 거부하거나 자신에게 주어지는 자극을 두려워한다면, 그때는 우려할 만한 단계입니다. 하지만 지금은 그렇지 않으니 걱정할 필요가 없습니다. (유치원에 친구도 있고, 엄마가 곁에 있어야 한다는 전제 조건이 필요하지만 그래도 친구 집에 가서 놀려는 의지가 있으니까요.) 아이의 특성을 있는 그대로 인정하고 어떻게 발전할지 기대를 갖고 지켜보면 됩니다.

물론 그저 지켜본다고 해서 아이에게 어느 방향이 더 나은지 알려줄 필요가 없다는 뜻은 아닙니다. 어느 쪽이 아이에게 더 유리한지 부모는 아이에게 말해줄 책임이 있습니다. 하지만 중요한 것은 어느 정도 강하게 이야기 할지, 어떤 방법으로 아이에게 말하는지입니다. 지나치게 강하면 안 됩니다. 결정은 아이에게 맡기세요. 부모는 아이에게 강요하기보다 '아, 그렇구나!' 하는 느낌을 가질 수 있는 정도로만 이야기해야 합니다.

대부분의 부모들이 실수하는 부분이 이 지점입니다. 가르치는 것이 나쁜 것은 아니지만 정도를 지나치게 되죠. 많은 일이 그렇듯 지나친 것은 모자란 것만 못할 때가 많습니다. 부모들이 육아에서 자주 필요한 정도를 넘어서 행동하는 것은 걱정이 많기 때문입니다. 지금 어머님도 걱정이 많습니다. '늦둥이로 낳아서 그런 건 아닐까', '혹시 내가 더 참지 못하고 일관성 없게 양육해서 그런가' 하는 죄책감 때문에 걱정하고 있습니다. 이런 걱정은 불안을 가중시키고 결국은 아이에 대해 조급한 마음을 갖게 합니다. 빨리 해결해서 '나 때문이 아님'을 증명해야 하니까요.

그런데 당연한 말이지만 이는 엄마 때문이 아닙니다. 잘못 하나 저지르지 않고 양육하는 부모는 없습니다. 작은 잘못까지도 죄책감을 가진다면 죄책감을 갖지 않을 부모는 없습니다. 그리고 무엇보다 이 아이는 그냥 보통 아이일 뿐입니다. 한두 가지 엄마를 애 먹이는 특성을 갖고 있을 뿐이죠. 그런 특성을 가지고 있기에 더욱 이 아이는 보통 아이입니다. <u>보통 아이는 몇 가지 약점을 지닌 아이, 부모를 조금 걱정하게 만드는 아이입니다. 아무 문제가 없는 아이가 보통 아이는 아닙니다. 그러니 아이를 우선 그대로 지켜보세요.</u>

***

수많은 멀쩡한 아이들이 부모의 걱정 때문에 콤플렉스가 생깁니다. 아이가 안 좋아질까 봐 걱정하고, 걱정을 없애려고 아이를 야단치고, 어두운 표정으로 아이를 바라보는 것이 아이의 기를 꺾습니다. 자신에게는 결정적인 존재인데다, 엄청난 능력을 지녔다고 생각하는 부모가 늘 자기를 걱정하고 있으니, 아이로서는 '내게 정말 큰 문제가 있나 보다'라고 생각할 수밖에 없겠죠. 그래서 자신감이 떨어지고 매사 위축된 행동을 하게 됩니다.

해결책은 간단합니다. 걱정일랑 접어두고 '이런 아이 역시 보통 아이다' 하는 마음으로 편안하게 바라보세요. <u>아이 키울 때 걱정은, 걱정하지 않을 수 없을 때 해도 늦지 않습니다.</u> 걱정하지 않을 수 없을 때란 발달이 또래보다 현저히 느릴 때, 스스로 발전하려 하지 않고 위축될 때, 자기 스스로 괴로움을 호소하거나 아이다운 즐거움을 전혀 느끼지 못할 때, 부모가 아이와 하루하루 사는 것이 너무 지칠 때입니다.

지금이 그런 때가 아니라면 걱정은 접어두고 오늘 아이와의 시간을 즐기는 데 집중하세요. 아이와 더 많이 즐거운 시간을 보내야 아이를 자존감 높은 아이로 키울 수 있습니다. 부정이 아닌 긍정, 걱정보다는 함께 즐기는 시간. 이것이 자존감 높은 아이를 만드는 가장 좋은 비결입니다.

아이의 그림을 보고
"멋지다. 우리 아들 화가네."
말하는 것도 좋지만
"이 꽃은 전에 그린 꽃과는 다르구나."
말해줄 때 아이는 더 기분이 좋습니다.
아이가 정말 원하는 것은 칭찬은 아닙니다.
자신을 봐주는 눈길, 자신을 인정하는 마음입니다.
"우리 딸 이렇게 힘든 책도 읽어?"
하는 말보다는
아이와 함께 책을 읽고 같이 이야기 나눌 때
아이는 더 좋아합니다.
항상 기억하세요.
칭찬보다 필요한 것은 관심입니다.

친구와 어울리지 못하고 겉돌기만 해요

초등학교 2학년 딸아이는 평소엔 말도 야무지게 잘하고 공부도 곧잘 하는 밝은 아이랍니다. 그런데 승부욕이 강하고 예민한 편이라 조그만 일에도 쉽게 짜증을 내고 툭하면 울고 삐치네요. 처음엔 다독이고 설득해봤는데 저도 받아주기 힘든 정도라 야단을 쳤더니 이젠 아예 학교생활 얘기 자체를 하지 않네요. 이유 없이 삐치고 울어버리니 학기 초에 친했던 친구들마저도 멀어졌어요. 친구들은 벌써 끼리끼리 어울리는데 저희 아이는 어디에도 끼지 못하고 겉돕니다.

가끔 아이들끼리 노는 장면을 보면 우리 아이는 잘 어울리다가도 친구들이 자기 것에 조금이라도 손을 대면 지나치게 예민하게 반응합니다. 그렇다고 자기주장을 분명하게 하는 편도 못 돼요. 학년이 올라갈수록 사회성이 부족한 아이들은 교우 관계가 더욱 힘들어지고 학습에도 영향을 받는다고 하네요. 어떻게 해야 할지 답답하고 속상합니다.

우선 아이의 편이 되어주세요

조금 걱정되는 상태입니다. 초등학교 2학년까지의 아이들은 교사와의 관계가 중요하고 아이들끼리 맺는 관계가 제한적이지만, 3학년이 되면 아이들끼리 맺는 관계가 중요해집니다. 이 무렵부터는 친구 관계를 잘 맺지 못하는 경우 학교생활이 재미없어지고 왕따의 피해자가 될 수도 있습니다.

사연 속 아이의 사회성 문제를 한번 나눠서 살펴봅시다. 우선 첫째는 사소한 일에 짜증을 내는 것, 둘째는 쉽게 삐치고 울어버리는 것, 셋째는 다른 친구들과 나눌 줄 모른다는 것입니다. 엄마는 이런 단점에 대해 아이에게 하나하나 지적하며 알려주려고 하는데 아이는 엄마의 지적을 오히려 부담스럽게 느끼고 있습니다. 아직 자신의 태도를 왜 바꿔야 하는지 모르는 상태죠. '왜 사람들이 내게 맞춰주지 않나?', '왜 사람들이 날 싫어하고 괴롭히나?' 하는 생각만 하고 나도 상대에게 맞춰가며 함께 살아가야 한다는 생각까지는 못하고 있습니다. 사회성 발달 단계로 보자면 걸음마 단계인 거죠. 어떤 아이는 세 돌만 되어도 이 단계를 넘어서기도 하는데 어떤 아이는 초등학교를 다니지만 여전히 이 단계에 머물러 있기도 합니다. 사회성 면에서 발달이 정체되는 상황입니다.

이럴 때 부모가 할 일은 '넌 도대체 왜 그러냐?'고 꾸짖는 것이 아닙니다. 꾸짖으면 아이는 더 숨어버립니다. 아이는 자신이 발달하지 못한 이유를 알지 못합니다. 그냥 자기는 생긴 대로 사는 것인데 일이 안 풀리니 속상한 상태죠. 이럴 때 부모는 우선 아이 편이 되어 이야기해야 합니다.

"네가 많이 힘들겠다. 그래, 속상하지" 하며 충분히 위로해준 다음 "그런데 아직 네가 모르는 것이 있는데 세상을 살 때는 이렇게 하는 것이 유리해. 친구들이 건드리면 기분이 좀 상하지만 '뭐 나도 그럴 수 있으니까, 별것 아니야' 하며 그냥 넘어가야 해. 일부러 때리는 것은 참을 필요 없지만 실수로 툭 치거나 살짝 장난치는 건 그냥 참는 거지. 엄마도 처음엔 그런 걸 몰라서 잘 못했어. 그런데 그렇게 생각하고 나니 더 편하더라고. 괜히 속상할 일도 없고" 하는 식으로 이야기를 풀어가야 합니다.

'아 다르고 어 다르다'라는 속담대로 같은 말을 해도 이렇게 말해야 아이가 부모의 말을 좀 더 잘 받아들일 수 있습니다. 강하게 말한다고 해서 아이가 빨리 알아듣고 변화하지는 않습니다. 아이가 변화하는 데는 시간이 필요하고 그 과정에서 부모는 같은 말을 수십 번 들려줘야 합니다. 수십 번을 이야기해야 하니 이왕이면 듣기 좋게, 아이 편이 되어서 이야기하는 것이죠. 그래야 아이가 상처 입지 않고 좀 더 빨리 받아들일 수 있으니까요.

부모가 우선적으로 해야 할 일은 교육이 아닙니다. 아이의 편이 되어주는 것이죠. 그렇다고 잘못한 것을 옳다고 말하라는 것은 아닙니다. 잘못한 것은 잘못한 것이죠. 하지만 잘못한 것을 잘못이라고 말할 때 '같은 편'이 말하는 방식은 다릅니다. 한번 생각해보세요. 내 잘못을 친구가 얘기해줄 때 어떻게 이야기해주면 좋을까요? 특히 내가 잘하지 못하는 분야의 일을 하느라 자신이 없을 때, 게다가 실패하기까지

했을 때, 내 친구가, 또는 내 남편이 어떻게 내게 말해주면 좋을까요? 그 순간에 내가 바라는 조언의 방식처럼 나도 지금 내 아이에게 이야기해줘야 합니다.

그다음에는 말로만 끝내지 마세요. 아이가 엄마는 자기편이라고 충분히 느꼈다면 이제 공책을 하나 준비하세요. 공책이 서른 쪽이라면 각각 열 쪽씩 세 묶음으로 나눕니다. 각 묶음의 첫 장에는 앞서 말한 아이의 세 가지 사회성 문제를 적으세요. 그리고 각각의 문제에 해당하는 사건이 생기면 해당하는 묶음에 적어갑니다. 날짜와 시간, 상황, 벌어진 일과 결과를 적으면 됩니다. 아이보고 적으라고 하지 말고 아이의 말을 듣고 부모가 적으십시오. 아이는 글로 적는 것과 생각하는 것을 동시에 하지 못하는데 더 중요한 것은 아이 스스로 생각하도록 만드는 것이니까요.

다 적었으면 아이와 함께 그때의 감정이나 기분을 이야기합니다. 또 앞으로 같은 상황이 생겼을 때 어떻게 대응하면 좋을지도 이야기해보십시오. 이처럼 벌어지는 상황에 대해 기록하고, 정리하며, 대화를 해가는 것이 교육입니다. 꾸준히 적어가면서 새로운 방법을 생각할 시간을 가지면 아이가 어느 순간 새로운 방법을 현실에서 실천해낼 것입니다. 현실에서 하나라도 실천했다면 그때는 아이를 많이 칭찬해주세요. 이제 변화의 시작이니 아이에게 힘을 실어줘야 합니다. 칭찬이 가장 큰 효과가 있는 순간은 첫 번째 성공을 다음 성공으로 이어줄 때입니다.

어린이집에서 친구가 자꾸 건드린대요

…

어린이집에서 벌어지는 아이들 사이의 갈등은 그 자체로는 심각하게 바라볼 필요가 없습니다. 기본적으로 자기중심적인 아이들이 처음으로 또래와 함께 지내다 보니 갈등은 불가피하죠. 게다가 아이들은 갈등을 해소하는 방법을 아직 알지 못하니 폭력을 사용하는 일도 종종 발생합니다. 이것은 아무 문제없습니다. 교사와 부모가 아이들이 이 과정에서 사회화를 잘 이룰 수 있도록 돕고만 있다면요. 아이들에게 자기주장을 하는 올바른 방법, 자기 뜻대로 안 되는 상황을 받아들이는 방법, 갈등을 해소하는 방법을 적극적으로 가르쳐야 합니다.

'애들은 싸우면서 크는 것'이라고 생각해 그대로 방치하면 문제는 심각해집니다. 아이들은 폭력을 자기주장을 펼치는 한 방법으로 생각하게 되고, 이를 가볍게 볼 경우 폭력이 가진 특성 때문에 폭력이 최고의 문제 해결 수단이 되어버립니다. 폭력을 잘 쓰는 아이가 아이들 사이에서 힘을 갖게 되죠. 아이들은 자기 통제가 안 되고 잔인한 면을 갖고 있어서 매우 심각한 상황으로 전개될 수 있습니다. 이런 폭력이 집단화되어 교사가 보지 않은 곳에서 한 아이에게 폭력을 사용하기도 하죠. 따라서 어른들은 폭력은 안 된다고 분명히 선언하고 폭력을 행사하는 아이의 사회화 과정을 적극적으로 도와야 합니다.

가끔은 폭력이라 말하기 어려울 정도의 부딪힘에도 민감하게 반응하는 아이를 볼 수 있습니다. 아이들은 신체 조절력이 떨어져서 움직이다 보면 다른 아이들을 건드릴 수 있습니다. 대다수 아이들은 그런 부딪힘을 가볍게 넘기는데, 성향상 이를 몹시 힘들어하는 아이도 있습니다. 다른 아이들의 의도를 오해해서 상대를 공격하는 행동도 종종 하게 되죠.

다른 아이들을 완벽히 통제한다는 것이 쉽지 않기에 이런 아이들은 어린이집 적응이 어려울 수 있습니다. 이런 경우에는 상황이 허락한다면 우선은 당분간 아이를 집에 데리고 있길 권합니다. 조금 나이를 먹으면 한결 나아지니까요. 오전에만 기관에 보내는 방법도 좋습니다. 오전에는 교육 프로그램이 진행되어 아이들 사이의 갈등이 적으니까요. 아이들의 부딪힘은 자유시간이 많은 오후에 주로 일어납니다.

그런데 우리 아이가 친구 때문에 힘들다는 것이 구체적으로 어떤 상황인지 정확히 알 수 없는 경우도 많을 것입니다. 선생님에게 물어봐도 정확히 대답하지 못하시죠. 5세만 되어도 어린이집 한 반에 보통 15~20명 정도여서 선생님도 아이들 사이의 관계를 정확히 파악하지 못하는 경우가 상당히 많습니다. 이럴 때는 결국 부모가 정보를 모아야 하죠.

가장 좋은 방법은 아이의 친구를 집으로 초대해서 놀게 해주는 것입니다. 우선 관계가 좋지 않다는 친구를 불러서 놀 기회를 마련해주고, 차츰 그 수를 두 명 세 명으로 늘려가면서 아이가 어떤 상황에서 친구와 부딪치는지 혹은 속상해하는지를 파악하는 것이죠. 이런 과정을 통해 아이가 어떤 상황에서 힘들어하고 무엇을 잘 못하는지 파악할 수 있습니다. 집에서 소수와 어울리게 하면 부모가 아이를 돕기에도 좋습니다. 엄마가 아이의 문제를 파악했다면 아이와 친구 사이에 끼어 함께 놀면서 친구와의 갈등을 아이가 해결할 수 있도록 방법을 넌지시 알려주세요. 친구가 간 다음에 아까의 놀이 상황을 돌아보며 함께 이야기를 나누는 것도 좋은 교육방법입니다.

어떤 부모는 그렇게까지 해야 하냐고 묻습니다. 물론 그냥 놔 둘 수도 있습니다. 다만 아이가 상당 기간 고통을 받을 것이고, 그 기간 동안 부모가 잘 견뎌내야 하죠. 그 견뎌내는 시간이 고통스럽다면 별 수 없습니다. 아이의 약점을 돕기 위해 지금 당장 할 수 있는 일을 해야 합니다.

남의 잘못을
시시콜콜 지적해요

Q 초등학교 1학년인 아들은 원칙이나 규칙을 철저히 지켜야 한다고 믿어요. 길을 가다가 교통신호를 위반하는 차를 보면 차가 가는 쪽을 쳐다보며 그렇게 하면 안 된다고 고래고래 소리를 지릅니다. 길에서 누가 밀치고 지나가거나 담배를 피우면 화를 내거나 때론 분을 못 참고 울기도 해요. 저도 정도에 어긋난 일을 보면 한마디 하고 넘어가는 성격이긴 하지만 아들을 보면 도가 지나쳐 민망할 정도입니다. 그래서인지 아들은 친구들 놀이에 끼질 못합니다. 선생님이 떠들지 말라고 했으니 쉬는 시간에도 조용조용 말을 해야 한다고 친구들에게 잔소리를 하니까요. 친구들이 거짓말을 하고 나쁜 말을 사용하니 같이 놀기 싫다고 하고 친구들이 장난을 치는 것도 못 견뎌합니다.

아이의 행동에 대한 평가를 멈추세요

일반적으로 6~8세의 아이들은 잘잘못을 가리는 데 열중합니다. 잘못된 행동을 보면 상황에 상관없이 지적하곤 해서 부모나 주변 사람을 당황하게 하죠. 옳고 그름이 분명히 나눠져 있다고 생각하고, 이를 구분하는 것이 중요한 '규범의 시기'입니다. 그러다 10세가 넘어가면 세상이 꼭 흑백으로 나눠지는 않는다는 것을 깨닫게 되어 이른바 '지적질'이 줄어듭니다. 또 지적하는 말이 다른 사람을 불쾌하게 할 수 있음을 알게 되어 스스로 자제도 하게 되죠. 지금 사연에 나온 아이의 모습도 이 시기 아이들에게서 볼 수 있는 일반적인 특징을 보여주고 있습니다. 다만 그 정도가 좀 심한 편이죠.

그 원인은 먼저 아이의 타고난 기질에서 찾을 수 있습니다. 이런 기질을 바꾸기는 어렵습니다. 이를 바꾸기 위해서는 남과 자신이 기질적으로 다르다는 것을 이해해야 하고, 그런 특성이 자신에게 불리하다는 것을 느껴야 합니다. 이를 깨닫는 데는 시간이 필요한데 적어도 초등학교 5학년 정도는 되어야 스스로에 대한 객관적인 시선을 가질 수 있습니다.

그때까지 부모는 한편으로는 아이가 지나치게 상처 받지 않도록 보호하고, 다른 한편으로는 아이가 남다른 특성을 가졌음을 스스로 이해할 수 있도록 도와야 합니다. 남과 다르다는 것이 나쁜 것은 아니지만 남과 다르면 자신이 좀 더 노력할 필요가 있습니다. 눈이 나쁘면 안경을 쓰고, 운동신경이 부족하면 더 꾸준히 운동 연습을 해야 하는 것처럼 말이죠.

다음으로는 성장 과정에서 원인을 찾아볼 수 있습니다. 보통 유아기에 부모가 지나치게 아이의 행동을 평가하고 간섭한 경우, 아이는 세 가지 방향으로 발전합니다. 첫 번째는 수동적이고 무기력한 모습을 갖는 것입니다. 강한 부모에게 밀려 뒤로 물러나는 것이죠. 두 번째는 '착한 아이 콤플렉스'를 갖는 것인데, 아이 스스로 부모를 내면화합니다. 그래서 부모가 자신에게 하듯 스스로를 야단치고 주변 아이들을 지적합니다. 마지막은 반항적인 아이로 성장하는 것입니다.

앞의 두 가지는 스스로를 괴롭히는 것인데 반해 마지막은 남을 괴롭히는 방향이죠. 부모와 아이의 역학 관계상 부모의 힘이 강하면 앞의 두 가지 방향으로 가고, 아이의 힘이 강하면 마지막 방향으로 흐릅니다.

많은 부모들이 간섭과 사랑을 혼동합니다. 아이를 바르게 키우기 위한 교육은 당연히 필요합니다. 그런데 매사에 이래라저래라, 잘했다 잘못했다, 지시하고 평가하는 것은 교육이 아닙니다. 아이 스스로 배우도록 기회를 주지 않고 그저 옭아맬 뿐인 거죠. 이런 간섭은 자제해야 합니다.

결벽증 또는 완벽주의 성향을 지닌 부모에게 이런 경향이 강한데 기질적으로 불안이 높은 아이들은 부모의 성향에 동화되기 쉽습니다. 그래서 자신도 완벽주의적인 모습을 가지려다 보니 결국 융통성을 잃게 되죠. 실수를 용납하지 않고 완고하게 원칙을 고수합니다. 그래야 부모에게 사랑 받고 인정받을 수 있다고 생각하니까요. 반대로 불안이 높지 않은 아이들은 부모의 간섭에 반항심을 키우게 됩니다. 무조건 반대로 행동하거나 엇나가기 쉽죠.

이런 이유로 <u>저는 부모가 먼저 자신이 아이의 행동을 하나하나 평가하고 있지는 않은지 돌아보기를 권합니다.</u> 사연을 보면 아이가 자신이 어떤 평가를 받을까 하는 두려움을 갖고 있음이 느껴집니다. 또 원칙에서 벗어난 상황에선 마음이 불편해지고, 그 불편함을 없애기 위해 애를 쓰는 것처럼 보입니다. 다른 사람의 잘못에도 자기 마음이 불편해져 이런 불편함을 없애려고 간섭하는 것이죠.

기본적으로 불안이나 공격성은 두려움에서 비롯됩니다. 당장 보기에는 아이가 공격적으로 보이지만 그 밑바탕에는 두려움이 있습니다. 아이가 두려워하는 것이 무엇일까요? '사랑 받지 못할 수 있다', '잘못된 행동으로 벌을 받을 수 있다'는 두려움입니다. 부모들은 항변할 수도 있습니다. "나는 그렇게 벌을 주지 않았는데 얘는 왜 이럴까요?" 하고요. 그런 경우도 많습니다. 아이가 두려움의 단서, 부정적 평가의 단서에 예민하게 반응한 것이죠. 아이가 현실을 잘못 인식하는 것이지만 "그건 네가 잘못 생각하는 거야"라고 말해봐야 소용없습니다. 그렇지 않다는 것을 부모가 결과로 보여줘야 하죠.

일단 부모 자신의 태도를 돌아본 다음, 이제부터는 아이에게 자율권을 줘야 합니다. 아이의 행동에 대한 평가나 지적은 자제하고 세상에는 다양한 행동의 옵션이 있음을 꾸준히 알려주세요. 사람의 행동이란 자로 잰 듯 딱딱 떨어지지 않는다는 것을 강조해서 말해줍니다. 그리고 "다른 사람도 스스로 반성하고 자기를 돌아볼 줄 아니 다른 사람의 잘못을 네가 일일이 간섭할 필요는 없어. 너는 네 자신의 행동에 좀 더 집중하고 멋진 사람이 되도록 노력하자"라고 얘기해주세요. 남의 잘못은 남이 깨달아야 할 몫이고, 그것을 너그럽게 봐준다면 네가 너그럽고 좋은 사람이 되는 것이라고도 알려줍니다. 이렇게 꾸준히 대하면 아이의 지적하는 행동이 조금씩 누그러질 것입니다. 무엇보다 아이 내면의 불안을 다독여주는 것이 부모의 몫임을 잊지 마세요.

5세 아이가 규칙에 너무 집착해요

…

규칙에 집착하는 아이는 부모 입장에선 키우기 편한 면도 있습니다. 깔끔하고, 정리 정돈을 잘하며, 잘못된 행동도 자제하죠. 다만 규칙을 지키느라 융통성이 부족하고 또래 친구들에게 간섭을 해서 갈등을 유발하죠. 이러한 행동의 밑바탕에는 불안 심리가 깔려 있습니다. 세상이 배운 대로 딱딱 맞아떨어지고 원리 원칙대로 착착 돌아가야 하는데, 이런 규칙에 어긋나면 불안해지고 불편하다고 느끼게 되는 거죠.

발달 과정에서 모든 아이들은 이런 융통성 없는 시기를 거칩니다. 그런데 이렇게 규칙에 집착하는 아이들은 그 시기에 고착되었다고 볼 수 있습니다. 이런 특성은 하루아침에 바뀌진 않기에 꾸준히 아이의 불안한 감정을 읽어주며 불안을 누그러뜨려야 합니다.

아이의 마음이 어떤지, 기분이 어떤지 계속 물어봐주세요. 자꾸 아이 감정을 읽어주다 보면 불안의 핵이 되는 내용을 찾아낼 수 있습니다. 그리고 "그래, 그게 불안하고 불편하구나. 그런데 그럴 수도 있는 거야"라고 불안한 마음을 위로해줘야 합니다. 이때 아이의 감정을 논리적으로 따지는 것은 도움이 되지 않습니다. 논리에서 질 것 같으면 아이는 방어기제를 작동시키게 되고 속으론 자기 생각을 고집하면서 뒤로 숨어버리죠. "그게 뭐가 불안하냐?"라는 식의 부모의 이야기는 논리로는 이기겠지만 아이를 변화시키지 못합니다.

그리고 규칙이란 사람들이 더 즐겁고 행복해지기 위해 존재한다는 사실도 꼭 알려줘야 합니다. 사람을 위해 규칙이 있는 것이지, 규칙을 위해 사람이 있는 게 아니니까요. "엄마는 네가 즐겁고 재미있고 행복한 게 좋아. 규칙은 우리가 즐겁게 지내기 위해 만든 건데, 만일 그렇지 못하다면 규칙이라고 해서 꼭 옳은 건 아니야"라는 이야기를 지속적으로 들려주는 게 좋습니다.

자기밖에 모르고 이기적이에요

초등학교 4학년인 아들은 자기밖에 몰라요. 자기 것만 챙기고, 자기 편한 대로만 행동합니다. 승부욕이 강한 편이어서 친구들과 걸핏하면 티격태격합니다. 아이는 자신이 이해할 수 없거나 납득할 수 없는 상황은 조금도 받아들이려 하지 않습니다. 기다리거나 참는 것도 극도로 싫어하고 질서나 규칙은 지켜도 예절이나 양보는 거부합니다. 어른들이 심부름을 시키면 왜 내가 그 일을 해야 하냐며 반문하고 자기한테 유리한 방향으로 거짓말도 많이 합니다. 놀고 난 후 방을 정리하라고 하면 자기가 가지고 논 장난감만 딱 치웁니다. 나중에 사회생활 하는 데 문제가 생길까 봐 걱정이 됩니다. 도대체 어떻게 가르쳐야 할까요?

역지사지(易地思之)의 마음을 가르쳐주세요

인간은 이기적인 행위를 보면 본능적으로 반감을 갖습니다. 집단을 지키는 것이 생존을 위해 유리하기에 이런 본능을 갖도록 진화한 것이죠. 그래서 자신 역시 종종 이기적인 행동을 하면서도 다른 사람이 이기적인 행동을 하면 참지 못합니다. 자신의 이기적인 행동에 대해서도 끝까지 이기적이지 않다고 항변하는 것이 인간이죠.

아이들이 이기적인 행동을 보이면 부모는 눈살을 찌푸립니다. 본능적인 반감 때문이죠. 나쁜 행동이라 단정 짓고는 하루빨리 고쳐줘야겠다는 압박감을 느낍니다. 그래서 호되게 야단칩니다. "넌 너무 너밖에 몰라. 그래 갖고 누가 널 좋아하겠니!" 이 말에는 공격적인 의도가 강하게 들어 있습니다. 아이의 잘못된 행동을 바로잡기 위해 한 말이지만 아이의 행동에 대해 본능적으로 강한 반감을 느꼈기에 같은 말이라도 공격적으로 하게 된 것이죠.

하지만 이기적인 아이들에 대한 연구를 보면 아이가 이기적이거나 자기중심적으로 행동하는 것 역시 상당 부분 타고난 기질 때문입니다. 다른 사람에게 공감하는 능력도 사람마다 차이가 있어 선천적으로 공감능력이 약한 사람이 있죠. 물론 선천적인 기질 외에 생후 3년까지의 경험도 영향을 미칩니다. 타고난 공감능력이 부족하더라도 이 시기에 배려와 공감이 충만한 환경에서 성장하면 그 능력이 향상되고, 공감능력을 많이 갖고 태어났더라도 이 기간에 충분한 배려를 받지 못하면 능력이 저하됩니다. 어쨌든 기질이든 양육환경이든 그 어느 경우라도 아이의 잘못은 없습니다.

공감능력이 취약한 아이들의 경우, 공격을 받으면 더 날카롭게 반응합니다. 타인의 공격을 자기 내면에 받아들여 담아두고 돌이켜 보는 능력 또한 부족하니까요. 부모는 반성을 기대하는데, 아이는 부모의 공격을 받아칠 생각만 합니다. 결국 야단을 맞으면 맞을수록 상태는 더 나빠지죠. 반복해서 야단을 맞을 경우에는 나만 미워한다는 피해의식을 갖고 성장하게 되죠.

태어날 때부터 공감능력이 부족한데 부모마저 아이에게 공감해주지 않으면 그 능력이 발달할 길이 없습니다. 그러면 아이는 어떻게 생각하게 될까요? '세상은 원래 이런 것이니 끝까지 투쟁해야 살아남을 수 있다'는 생각을 굳히게 됩니다. 투쟁과 이기심, 피해의식으로 무장한 채 세상을 살아가게 되죠.

＊＊

우리가 해야 할 일은 아이의 공감능력을 끌어올리는 것입니다. 아이들에게 하는 교육 중에 무언가를 못하게 하는 '금지의 교육'은 쉽습니다. 반면 무언가를 할 수 있도록 만드는 '능력을 키우는 교육'은 훨씬 어렵습니다. 아이가 이기적인 행동을 못하게 해서 해결할 수 있는 문제라면 쉽겠지만, 우리에게 주어진 과제는 아이의 공감하는 능력을 키워내는 일입니다. 어려운 일이죠.

무슨 일이든 아이의 능력을 키우기 위해서는 공통적인 방법이 있습니다. 첫째, 꾸준히 아이가 알아들을 수 있게 방법을 알려주고, 둘째, 알려준 방법에 따라 경험을 쌓게 하고, 셋째, 경험이 성공할 경우 칭찬 등의 보상을 해줘야 합니다. 여기에 덧붙여 부모부터 모델이 되어 아이에게 제대로 하는 모습을 보여주면 큰 도움이 됩니다.

공감능력을 키우는 방법도 마찬가지입니다. 우선 아이의 말을 오래 들어주십시오. 물론 속으론 답답하실 것입니다. 그렇더라도 아이의 주장을 충분히 인정해준 뒤 다음과 같이 말해주세요. 이를 테면 "네가 참 억울한 생각이 들겠구나. 엄마도 속상하다. 그런데 네 마음과 생각은 충분히 이해하지만 이렇게 생각해보면 어떨까? 한번 들어볼래?" 하고 말을 건네는 것이지요. 아니면 "네 이야기는 충분히 수긍이 가지만 지금처럼 하면 더 불리해지는 경우가 많을 것 같아 아빠도 속상하다. 이렇게 생각해보면 어떨까?" 하고 슬쩍 던지듯 이야기해주세요. 부모가 정답을 말하고 있다는 느낌을 주면 안 됩니다. 그저 같은 편으로서 안타까운 마음이 들어 대안 하나를 제시하는 듯이 말해야 합니다.

아이와의 이런 대화가 낯간지럽다 생각할지 몰라도 어른들끼리 사회생활을 할 때는 대개 이런 대화법을 사용합니다. 다짜고짜 "너는 왜 그렇게 행동하니? 이건 이렇게, 저건 저렇게 해야지" 하고 지적해댄다면 사회생활하기 어렵겠죠. 상대와 같은 편이 되어 이야기하는 것은 올바른 조언하기의 기초입니다. 그런데도 아이들에게 말할 때는 유독 대놓고 강요하듯 말하죠. 무엇보다 이런 대화법 자체가 공감하는 태도의 모델이 됩니다. 아이는 부모가 자기 입장을 이해해주며 자기편이 되어 대안을 제시해주는 대화를 통해 가장 많이 느끼고 배울 수 있습니다.

다음으로 상대의 입장에서 생각하는 역지사지의 태도를 의도적으로 꾸준히 보여주세요. 우선 평소 아이 입장에서 생각하고, 아이 감정을 부모가 자주 읽어줘야 합니다. 그다음으로 다른 사람의 생각을 읽는 것을 연습합니다. 동화책을 함께 읽으며 등장인물의 생각과 감정을 헤아려보는 시간을 갖는 것이 도움이 되고, 엄마가 낮에 겪은 일을 아이에게 말해주며 사건 당사자들이 어떻게 느꼈을지 이야기해보는 것도 좋습니다. 아이와 무관한 상황에서 상대방의 입장이 되어 생각하는 연습을 충분히 해야 자기와 관련된 사건에도 적용할 수 있습니다.

마지막으로 아이에게 벌어진 사건에 대해서 사건의 상대방이 어떻게 생각할지 같이 이야기합니다. 평소에 미리 다른 예를 들어 이야기한 경험이 있으면 아이의 거부감이 크지 않습니다. 그럼에도 아이는 종종 부모가 상대방을 편드는 것은 아닌가 의심합니다. 그럴 때는 아이에게 "대장은 상대의 마음도 이해할 줄 알아야 해. 모두의 마음을 알고 있어야 하지. 아빠는 네가 대장이 될 재목이라고 생각해. 그러니 상대는 어떤 마음인지도 한번 생각해보자. 그렇다고 그 아이 생각대로 따르자는 것은 아냐"라고 말해줍니다. 물론 한두 번으로 아이를 설득할 수는 없을 겁니다. 그래도 포기하지 않고 끊임없이 공감을 표해주며 변화를 이끌다보면 아이가 조금씩 달라지는 모습을 볼 수 있습니다.

＊＊＊

요즘은 '감정 읽기', '감정 코칭'이란 개념이 널리 알려져 있어 부모들도 한두 번쯤 그 내용에 대해 들었을 것입니다. 자기감정을 읽고 이해하는 능력은 공감능력의 기초입니다. 타인의 감정을 공감하려면 자기감정부터 읽어내고 이해할 수 있어야 하니까요. 자기감정을 세분화해 볼 줄도 모르면서 타인의 감정을 읽어내기란 불가능합니다. 감정 읽기는 어렵지 않습니다. 아이가 말을 하면 충분히 듣고 아이의 기분과 감정을 자꾸 읽어줍니다. 아이가 어떤 말을 하거나 행동을 하면 "지금은 이런 마음이구나", "이런 기분이 자꾸 드나 보네" 하고 말해주세요.

공감능력이 취약한 아이, 감성지능이 약한 아이들은 감정을 세분화해 느끼지 못합니다. 싫은 느낌이 들고 기분이 안 좋으면 그냥 "짜증나"라고 말하죠. 그런데 짜증을 유발하는 이유는 굉장히 많습니다. 우울함, 서운함, 서러움, 아쉬움, 절망스러움, 무기력함, 허탈함, 비참함, 역겨움, 화남, 지루함 등등 줄잡아 서른 가지는 될 것입니다. 아이가 짜증이 난다고 하면 "지금 허탈해서 짜증나는 거니? 아니면 서운해서 짜증이 나는 거니?" 하는 식으로 아이가 짜증 밑에 깔린 기분과 감정을 정확하게 인식하도록 도와주세요.

감정을 표현하는 단어를 표로 만들어 아이가 고르게 하는 것도 좋습니다. 자기감정을 정확한 말로 표현할 수 있어야 아이는 그 감정을 보다 효과적으로 처리할 수 있습니다. 타인의 감정에 대해서도 섬세하게 접근할 수 있고요.

이러한 감정 교육은 아이의 감정을 읽어줄 때만 할 것이 아니라 부모의 감정을 표현할 때도 해야 합니다. 평소 부모의 감정을 보다 정확히 표현해주세요. <u>거듭 강조하지만 야단만 쳐서는 결코 발전이 없습니다. 아이들은 비난 받는 느낌을 싫어합니다. 자신이 성장하는 것을 좋아하죠. 성장하기를 원하는 아이들에게 필요한 것은 비난이 아니라 교육입니다.</u> 게다가 공감능력이 약한 것은 답답해하거나 야단을 친다고 해결될 문제가 아니라 가랑비에 옷 젖듯 조금씩 키워가야 합니다. 교육하면 분명 좋아질 수 있습니다. 다만 부모가 인내심을 갖고 끌어올려줘야 하지요. 하나하나 가르쳐주고 상대의 입장을 생각하는 방식을 제시해주면서 차근차근 이끌어주면 아이는 반드시 달라질 것입니다.

사회성이 부족한 아이인데, 친구들과 놀 기회를 더 만들어줘야 할까요?
...

아이가 친구들과 잘 못 어울리고 사회성이 부족해 보이면 부모들은 혹시 친구 사귈 기회가 적어서인가 싶어 친구들과 어울릴 기회를 많이 만들어줍니다. 특히 외동아이인 경우에는 더욱 그렇죠. 물론 아이가 또래 관계를 맺는 연습이 부족해 사회성이 떨어지는 경우도 있습니다. 그런데 요즘 아이들은 어릴 때부터 교육기관을 다니고 있어 또래 관계의 경험이 결코 부족하지 않습니다.

사회성이 부족한 아이들은 대개 기질적으로 사회성에 약점을 가진 경우가 많습니다. 음치, 몸치처럼 사회치(痴)인 셈이죠. 이 아이들에게는 일반적인 교류의 기회를 준다고 나아지진 않습니다. 그렇게 나아질 사회성이라면 유치원 다니고 학교 다니며 벌써 나아졌겠죠. 그만큼 확실한 교류 기회는 없으니까요.

이 아이들에게 어른의 지도나 감독 없이 단순한 사회적 교류 기회를 준다고 발전하진 않습니다. 특히 여러 명이 어울리는 곳에 대책도 없이 집어넣지 마세요. 아이만 외톨이가 될 수 있고 대인관계에서 자신감만 줄어듭니다. 자칫 아이의 약점이 노출되어 공격이나 배제의 이유가 되기도 합니다.

게임의 기술이 약하면 쉬운 게임부터 해야 하듯 사회성도 약하면 쉬운 관계부터 연습하는 것이 좋습니다. 그러니 여러 명이 어울리게 하기보다는 한 명과 반복적으로 놀 수 있는 기회를 갖게 해주세요. 또 다른 곳에 가서 놀기보다는 집으로 친구를 부르는 편이 좋습니다. 누구나 홈그라운드에선 더 여유 있게 행동하기 마련이니까요. 게다가 엄마가 지켜볼 수 있으니 아이의 행동에 대한 정보를 더 많이 얻을 수 있습니다. 약한 아이를 키우고 있다면 부모는 무엇보다 정보가 많아야 합니다. 정보가 많을수록 아이에게 보다 구체적인 도움을 줄 수 있으니까요.

Plus Q 아이가 사회성이 떨어져요. 혹시 외동아이라서 그럴까요?
…

외동아이의 사회성에 대한 오해가 많은데 외동아이가 사회성이 부족하다는 근거는 전혀 없습니다. 오히려 외동아이가 부모와 안정적으로 애착을 형성하는 데 유리해서 타인에 대한 공감능력이 더 낫다는 주장도 있습니다.

텍사스대의 토니 팔보 교수는 외동아이와 형제가 있는 아이를 대상으로 리더십, 성숙도, 사회성, 유연성, 안정성 등 16가지 속성을 분석해보았습니다. 그 결과, 두 집단 간의 차이는 전혀 없었습니다. 오히려 성취동기와 자존감에서는 외동아이의 점수가 상대적으로 더 높았죠. 오하이오대의 더글러스 다우니 교수는 미국 청소년건강연구 자료를 이용해 1만 3천명의 아이를 대상으로 아이의 형제 관계와 사회성의 관계를 조사했습니다. 아이가 친구 이름을 몇 명이나 댈 수 있는지 조사한 결과, 유치원생의 경우 외동아이가 형제가 있는 아이보다 댈 수 있는 친구 이름수가 적었습니다. 하지만 그 차이는 아이들이 초등학교에 들어가고 학년이 올라가면서 점차 사라져 나중에는 전혀 차이가 나지 않았습니다.

그 외에도 외동아이의 사회성 발달에 아무 문제가 없다는 수많은 연구 결과가 있습니다. 사회성 발달은 형제의 수보다는 아이의 타고난 기질과 부모의 양육 방식이 더 큰 영향을 미칩니다.

지는 걸
못 참아요

일곱 살 둘째 딸이 '지는 것'에 지나치게 예민합니다. 얼마 전부터 수영장에 다니기 시작했는데 매일 울고 들어오는 거예요. 시합에서 져서 속상하다면서요. 시합은 재미로 하는 것이고 이길 때도 있고 질 때도 있다고 달래줬지만 거의 일주일 내내 울고 들어오더군요. 그러다 또 일주일쯤 지나니 멀쩡한 얼굴로 돌아오기 시작했어요. 그래서 이젠 괜찮아졌나 보다 했는데 큰딸 말로는 둘째가 아예 시합에 참여하지 않는다는 겁니다. 질까 봐 아예 시합을 안 하는 거죠. 집에서도 언니와 게임을 해서 지기라도 하면 소리를 지르며 울고 가끔은 언니를 때리기도 합니다. 유치원에서도 모둠끼리 하는 경쟁에서 지면 큰 소리로 울고, 못한 아이를 때려주겠다고 말하기도 해요. 이런 딸, 어떻게 지도하면 좋을까요?

아이가 열등감이 있는지 살펴봐야 합니다

일곱 살 무렵이 발달 과정상 이기고 지는 승부에 몰두하고 집착하는 시기입니다. 이기면 다 갖고, 지면 다 잃는다고 생각하죠. 아이들마다 차이가 있지만 이 시기에는 이기면 뛸 듯이 좋아하고 지면 눈물을 뚝뚝 흘리며 속상해하는 아이들이 많습니다. 지기 싫어서 아예 경쟁이나 시합을 피하는 경우도 쉽게 볼 수 있죠. 자기에 대한 믿음이 부족해 승리를 통해 자존감의 근거를 만들고 싶어 하고 실패하면 자기가 가치 없는 존재인 듯 느껴져 견디기 힘들어합니다.

특히 좌절감을 견디지 못하는 아이의 경우 문제는 더욱 심각합니다. 좌절을 경험하지 않는 아이는 없습니다. 인생이란 좌절의 연속이고, 좌절 속에서 삶의 길을 찾아나가는 법이죠. 아이들은 좌절을 통해 참고 기다리는 법도 배우고, 다시 한 번 시도하는 것도 알게 되며, 대안을 찾는 방법도 깨닫게 됩니다. 그런데 융통성이 떨어지는 아이들, 변화를 싫어하고 한 가지에 집착하는 아이들은 좌절 속에서 배우는 데 시간이 오래 걸립니다. 대안을 찾아야 한다는 생각이 얼른 떠오르지 않으니까요. 속상해하면서도 계속 같은 방법만 고집하고 이 상황이 자기를 괴롭히기 위한 것이라 생각하며 억울해하죠.

이럴 때 부모가 과잉보호까지 한다면 문제는 더 심각해집니다. 아이가 좌절한 후 스스로 답을 찾기 전에 부모가 늘 나서서 해결해주니 좌절을 견디는 법을 배우기가 더 어렵죠. 그런 아이들은 이기는 것에 집착하지 않을 수 없습니다. 지면 도저히 견딜 수 없으니까요.

승패에 집착하는 아이들의 경우 무엇보다 융통성을 키워줘야 합니다. '이럴 수도 있고 저럴 수도 있다', '질 수도 있지만 그것이 끝은 아니다. 이긴다고 해도 마찬가지다', '한 가지 방법이 안 통하면 다른 방법을 쓸 수 있고, 다른 방법으로도 효과가 없다면 조금 더 기다리면 된다', '나는 오늘은 못하지만 내일은 또 다를 수 있다' 부모가 늘 아이에게 들려줘야 할 이야기들입니다. 평소에 꾸준히 입버릇처럼 말해야 합니다. 아이가 속상할 때 얘기해서는 별 효과가 없습니다. 그때는 어떤 얘기도 귀에 들어오지 않으니까요.

그리고 되도록 경쟁 상황에는 노출시키지 마세요. 즐기려고 게임을 하는 것인데 게임 때문에 기분이 나빠진다면 게임을 할 필요가 없죠. 학교에서 어쩔 수 없이 하는 것이라면 부모가 특별히 의미 부여를 하지 마세요. 대신 시합이나 경쟁에 참여하기 전 미리 마음의 준비를 하도록 대화를 나눠주세요.

"게임을 하면 한쪽은 지고 한쪽은 이기겠지. 이기면 신 나지만 지면 기분이 나빠질 수도 있을 거야. 우리가 재미있으려고 놀이를 하는 건데 기분이 나빠진다면 좋지 않겠지. 그럼 어떻게 해야 할까?"

져서 기분이 나쁘다면 어떻게 하면 좋을지 아이와 이야기해보고, 그러면서 즐거운 시간을 보내는 게 게임의 목적이니 이기고 지는 건 그다지 중요하지 않다는 점을 반복해서 얘기해줍니다. 혹시 이번 게임에 지더라도 다음번에는 결과가 다를 수 있다고도 말해주세요. 아이 스스로 "내가 못해서 진 게 아냐. 이건 재미있으려고 하는 거야. 재미있게 놀려다 보면 이길 때도 있고 질 때도 있는 거야"라고 말해보게 하는 것도 도움이 됩니다. 미리 이런 말을 연습해보면 예방 접종을 한 것처럼 져서 나쁜 기분이 올라올 때 빨리 떨쳐낼 수 있거든요.

시합이 끝난 후에 이겨서 달려와도 크게 기뻐하는 모습을 보이지 마세요. 졌다고 속상해하면 위로는 하되 승부 자체는 가볍게 생각하세요. 승부에 연연하는 아이를 키울 때 부모는 승부는 중요하지 않다는 태도를 일관되게 보여줘야 합니다. 아이가 속상해서 울 때는 위로는 필요하겠죠. 하지만 그만 울라고 다그치지도 말고, 과장해서 달래주려 하지도 마세요. 아이 스스로 감정을 충분히 표현하게 놔두면 감정은 자연스럽게 해소됩니다. 부모가 굳이 나설 필요가 없습니다. 불편한 감정을 소화하지 못하면 커서도 경쟁적인 관계에서 졌을 때 폭력적인 행동을 보인다거나 남에게 험담을 하는 등 감당 못할 분풀이를 하게 됩니다. 그러면 사회생활이 힘들어지죠.

부모가 주목할 것은 혹시 아이가 열등감을 갖고 있는지의 여부입니다. 눈에 띄는 약점이 없고 여러 면에서 뛰어난 능력을 지닌 아이들도 열등감을 가질 수 있습니다. 부모의 기대가 너무 높거나 지는 것을 못 견디는 경우에 그렇게 되고, 아이와의 관계를 부모가 이기고 지는 관계로 생각해 아이의 기를 꺾으려 애쓸 때도 아이는 열등감을 가질 수 있습니다. 아이는 부모를 이겨보려 노력하지만 어린 나이에 부모를 이긴다는 게 쉽지 않기에 열등감을 갖게 되죠.

당연한 말이지만 **부모와 아이는 누가 이기고 지는 관계가 아닙니다. 부모의 잘못된 생각 때문에 엉뚱한 경쟁이 벌어졌을 뿐이죠. 부모는 아이 모르게 이겨야 하고, 결국은 아이에게 지는 존재입니다. 아이의 기를 꺾는 사람이 아니라 아이보다 높은 차원에서 아이가 갈 길을**

고민하고 조금씩 이끌어주는 사람입니다.

　　열등감이 있는 아이들은 열등감에 자극을 받으면 너무 괴롭습니다. 그래서 열등감이 자극 받는 상황은 피하려 들고 지지 않으려 기를 쓰죠. 부모가 아이에게 네가 어떻게 하더라도 너를 사랑하고 너를 돕겠다는 태도로 대할 때 아이의 열등감은 줄어듭니다. 그러면 승부에 대한 집착도 약해지죠.

　　물론 아이가 가진 약점 때문에도 열등감이 생길 수 있습니다. 여섯 살만 지나도 자기와 다른 아이들을 비교할 수 있습니다. 자기가 보기에도 친구들에 비해 자기가 못하기에 열등감을 갖게 되는 경우도 있죠. 이때는 아이가 가진 약점이 교정 가능한 부분인지, 교정에 얼마나 오랜 시간이 걸릴지를 살펴봐야 합니다. 교정 가능하다면 아이를 빨리 도와주고, 시간이 오래 걸리는 문제라면 아이가 가진 약점이 그저 아이의 한 부분에 불과하니 거기에 매이지 않도록 격려해야 합니다.

＊＊＊

　　요즘은 다들 이기는 데 집착합니다. 우리 사회도 1등만 기억하는 사회로 변하고 있습니다. 그러니 아이들이라고 승부에 집착하지 않을 수 없겠죠. 하지만 1등만 기억한다면 세상을 사는 대부분의 사람은 잊힐 수밖에 없고, 행복은 그 누구에게도 주어지지 않을 것입니다. 부모는 아이에게 1등만 행복하고 이겨야만 행복하다는 생각은 분명히 틀린 생각임을 알려줘야 합니다.

　　누가 뭐라고 해도 부모만큼은 네가 만들어낸 결과가 아니라 네가 어떻게 하는지의 과정을 보고 기뻐한다고 말해주세요. 더 빨리 헤엄

치고 더 좋은 점수를 받는 게 이기는 것이 아니라, 더 즐겁게 운동하고 자기가 계획한 대로 즐겁게 공부하면 이기는 것이라고 말해주세요. 이런 말을 아이와 꾸준히 나눌 때 아이는 승부보다는 자기 앞에 놓인 순간에 집중하는 인생을 살아갈 수 있습니다.

Plus Q

무조건 1등만 하려고 해요

…

아이들의 마음엔 두 개의 '나'가 존재합니다. '엄청나게 대단한 나'와 '너무 볼품없는 나'입니다. 이 둘 사이에서 아이들은 끊임없이 흔들립니다.

많은 아이들이 "내가 최고야"라고 말하곤 합니다. 이런 말을 하는 이유는 자기가 그런 존재가 아니어서 불안하다는 뜻입니다. 유아기의 아이들은 부모와 자기를 비교하면서도 부모에게 의존할 수밖에 없습니다. 불편한 의존이죠. 부모 뜻대로 행동해야 하니까요. 그래서 아주 어릴 때부터 스스로 독립해 홀로 서고 싶다는 욕구가 싹트게 되는데, 그러려면 자신이 대단해야 하고 힘도 세야 한다는 무의식이 자리 잡게 됩니다. 아이들이 부모에게 뭐든 자랑하고 싶어 하고, 무시당했다고 생각하면 크게 화를 내는 것도 이런 심리에서 기인합니다.

그렇기 때문에 부모는 아이를 키울 때 '너는 이미 아주 괜찮은 사람이고 엄마는 너를 무척 좋아한다'는 느낌을 꾸준히 전해줘야 합니다. 어떤 결과 때문에 좋아한다는 인상을 주지 말고 그냥 네 모습 그 자체를 좋아한다고 말해야 합니다. 아이가 이룬 결과에 대해 일

일이 평가하는 태도도 바람직하지 않습니다. 1등을 하고, 달리기가 빠르고, 친구보다 키가 큰 구체적인 결과보다는 아이의 태도나 잘해보려는 마음에 대해 긍정적인 반응을 보여줘야 합니다. 결과를 칭찬하면 아이는 나중에 만족스러운 결과가 나오지 않을 것 같을 때 지레 모든 노력을 포기합니다. 안 해서 결과를 못 얻는 것은 견딜 수 있지만 했는데도 결과가 안 나오는 것은 너무 두려운 일이니까요.

아이에게 "너무 잘했다, 기쁘다"라고 말하기보다는 "참 열심히 했구나, 지난번보다 잘하려고 노력했구나. 기쁘다"라고 말해주세요. 아이의 이기고 싶은 욕구와 인정받고 싶은 마음은 격려해주되, 과정과 태도에 칭찬의 초점을 맞춰야 합니다. 이런 격려를 받으면 아이는 '우리 엄마는 내가 뭔가를 잘해서 좋아하는 게 아니라 내가 열심히 사는 모습을 좋아해. 그러니 계속 열심히 해야겠어' 하는 마음을 가질 수 있습니다. 그런 아이는 실패해도 오래 속상해하지 않습니다. 실패를 딛고 다시 일어나 새로 노력할 수 있는 사람으로 성장합니다.

자기주장이 너무 강해 친구들과 자꾸 부딪혀요

초등학교 5학년 딸을 둔 엄마입니다. 저는 어린 시절 가정 환경 때문에 할 말이 있어도 제대로 못하고 주눅이 들어 말끝을 흐리는 버릇이 있었습니다. 스스로 이런 모습이 너무 싫었기에 제 딸만큼은 할 말을 똑 부러지게 하는 아이로 키우고 싶었습니다.

딸은 타고난 성격도 강한데다 저의 격려까지 더해져 자기주장이나 표현에 거침이 없습니다. 그런데 이제는 도가 너무 지나친 것 같아 걱정이에요. 눈에 거슬리는 바를 마음에 담아두는 법이 없고 자기가 옳다고 생각하면 절대로 의견을 굽히지 않습니다. 친구들의 사소한 잘못도 그냥 보아 넘기는 일 없이 꼭 잔소리를 하고 지나갑니다. 그 바람에 친구들 사이에서도 은근히 따돌림을 당하는 것 같아요. 야무진 것도 좋지만 앞으로의 학교생활에 문제가 있지 않을까 걱정됩니다. 우리 딸을 어떻게 지도하면 좋을까요?

남을 존중해야 자신도 존중 받을 수 있음을 알려주세요

어린 시절에 받은 상처는 우리 인생에 깊이 새겨집니다. 상담을 하다 보면 어린 시절에 부모로부터 입은 상처가 육아에도 크게 영향을 미치는 경우를 많이 봅니다. 내 아이는 나의 어린 시절과는 다르게 키우겠다는 결심으로 부모가 무던히 노력하는데, 때로는 그 노력이 좋은 결과를 낳기도 하지만 가끔은 엉뚱한 결과를 낳기도 합니다. 이번 사연은 엉뚱하게 문제가 진행된 사례로 보입니다.

어머님은 딸만큼은 하고 싶은 말 다 하며 살게 하고 싶어 절대 기를 꺾지 않겠다고 마음먹으셨죠. 그러나 하고 싶은 말을 다 하는 사람이 보기 좋은 것도 아니고, 기가 꺾이지 않고 자라야 자신감을 갖게 되는 것도 아닙니다. 특히 아이를 존중하는 것과 아이가 하는 대로, 원하는 대로 무조건 놔두는 것은 아무 관련이 없습니다. 아이를 진정으로 존중한다면 남에게 존중 받을 수 있는 아이로 키워야 합니다. 다만 그 과정에서 아이에게 과도하게 상처를 주거나 아이를 무시해서는 곤란하겠죠. 남들이 아무리 내 아이를 존중해도, 정작 부모가 존중해주지 않아 상처를 남겼다면 아이는 스스로를 깊이 존중할 수 없을 테니까요. 그렇다고 남에게도 존중 받기 어려운 아이로 키우는 것 역시 곤란한 일입니다.

이제는 아이에게 반드시 이런 이야기를 들려줘야 합니다.

"엄마가 너에게 꼭 알려줘야 했던 걸 빠뜨려 미안해. 다른 사람을 존중해야 너도 존중 받을 수 있다는 것을 어릴 때부터 일러줬어야 하는데 아쉽게도 못 가르쳐줬구나. 엄마가 어릴 때 무슨 말만 하면 외할머니가 조용하라고 했어. 그게 속상해서 내 딸은 하고 싶은 말은 뭐든 하고 살기를 바랐는데, 그러다 보니 꼭 필요한 것을 안 가르쳐줬네. 조금 늦었지만 이제부터라도 그걸 꼭 가르쳐주고 싶단다."

이렇게 말을 꺼낸 후 다른 사람과 부드럽게 소통하는 방법을 알려줘야 합니다. 반드시 부모 자신의 행동에 대한 진심 어린 반성으로부터 시작하세요. 비굴할 정도로 자세를 낮춰서 잘못했다고 말할 필요는 없습니다. '너를 가르치는 데 부족함이 있었다'고 진솔하게 말하는 정도면 충분합니다.

부드러운 소통의 방법으로는 매번 벌어진 상황을 하나하나 정리해서 알려주는 것이 도움이 됩니다. 아이가 잘못 말한 경우, 그 상황과 아이가 한 말을 공책에 적어보세요. 그리고 그 말을 듣고 상대방은 어떻게 느꼈을지, 또 어떻게 말하는 것이 다른 사람을 존중하는 방식일지 이야기를 나눠보세요. 지금과 같은 거침없이 말하는 태도가 어려서부터 몸에 배었으니 아이가 하루아침에 달라지진 않겠지요. 그래도 꾸준히 교육해야 합니다. 말을 함부로 하면 상대방의 마음이 상할 수 있으니 말을 가려서 해야 하는 게 인간의 도리라고 꾸준히 말해주세요.

이 나이 때는 모든 아이들이 자기중심적입니다. 그렇기 때문에 다른 사람이 자기 일에 간섭하고 지적하는 행동을 몹시 싫어하죠. '친구 말에 끼어들고 자꾸 지적하기'는 '잘난 척하기', '지저분하게 굴기'와 더불어 이 연령대 왕따의 3대 원인입니다. 5학년이면 왕따 문제가 빈번히 발생하는 시기이니 더 늦기 전에 아이의 태도를 바로잡아줘야 합니다.

저는 제 아이들에게 이렇게 가르칩니다.

"말은 너를 위해 하는 게 아니라 다른 사람을 위해 하는 거야. 너를 위해 하는 말은 속으로 생각하면 되거든. 그런데 말이라는 건 다른 사람이 듣게 하는 거니까 듣는 사람이 주인이지. 말을 할 때는 상대가 네 말을 어떻게 생각하고 받아들일지, 좋아할지 싫어할지를 생각해야 한단다. 네 말이 친구한테 도움이 되려면 친구가 그 말을 좋아해야 하는데, 친구가 네가 한 말로 마음에 상처를 입는다면 너는 잘못된 칼을 휘두른 거나 다름없는 거야."

상당수의 아이는 이런 문제를 말로만 설명하면 그저 잔소리로 받아들입니다. "알았어, 알았다고" 하며 귀를 닫기도 하죠. 그럴 때는 문서로 작성해서 얘기해주는 게 하나의 요령입니다. 부모가 준비를 많이 해서 이야기할수록 아이를 변화시키는 데 도움이 됩니다. 엄마가 작성한 문서를 앞에 두고 "엄마가 오늘 아침에 보니 이런 상황에서 네가 이렇게 행동을 하더라. 그때 동생 마음은 어땠을까? 그때 만약 네가 이렇게 행동했으면 어땠을까?" 하며 아이와 대화를 하면 아이는 좀 더 대화에 집중합니다. 혹시 아이가 기분 나빠한다면 주인공을 다른 이름으로 바꿔서 짧은 이야기로 만들어보세요. 국어 문제를 만들듯 지문을 만들고 문제도 만드는 것이죠. 주인공이 자신이 아니면 아이가 조금 편하게 생각하고 답을 합니다.

한 발 더 나아가 의욕적인 부모들은 아이의 잘못된 사회적 대응을 몇 가지 유형으로 나눠 정리해주기도 합니다. 그리고 각각의 유형에 제목을 붙이죠. '불필요한 간섭 유형', '같은 말도 기분 나쁜 표현을 쓰는 유형', '위로해준다는 것이 오히려 기분 상하게 하는 유형' 등으로요. 그러고는 각각의 유형에 아이의 상황을 예로 대입하죠. 이 예는 시간이 갈수록 점차 보강이 되겠죠. 이렇게 만든 파일로 매주 시간을 정해서 아이와 이야기합니다. 꾸준히 하다 보면 평소 안 좋은 상황이 벌어졌을 때 아이에게 어떤 유형에 해당한다고만 말해줘도 아이가 자기 행동을 돌아볼 수 있습니다. 그리고 이런 과정을 꾸준히 거치다 보면 아이들의 사회적 상호작용 기술은 당연히 좋아질 것입니다.

아이 친구들이 돌아가면서 한 명을 따돌려요

초등학교 5학년인 딸이 왕따를 당하는 것 같습니다. 같은 아파트 단지에 아이를 포함해 네 명의 단짝 친구가 있는데, 언젠가부터 한 아이가 보이질 않더군요. 알고 보니 그 아이와 싸운 이후로 저희 아이를 비롯한 세 아이가 그 아이를 빼놓고 놀았다고 합니다. 그런데 조금 지나니 나머지 아이 둘이 친해져서 저희 아이를 따돌리고 있더라고요. 그동안은 아이들 일이라 대수롭지 않게 생각했는데, 아이가 동네 친구가 더 많았으면 좋겠다며 우는 모습을 보니 마음이 몹시 아픕니다. 다른 엄마들도 이런 상황을 알고는 있지만 아이들 일에 어른이 뭘 나서냐는 반응이라서 어떻게 해야 할지 모르겠습니다.

건강한 관계 맺기를 가르쳐주세요

요즘은 왕따라는 말을 모르는 사람이 없습니다. 그만큼 보편적인 말이 되었죠. 공식적인 용어로는 '집단 따돌림'인데, 집단에서 한 명 또는 소수의 아이를 다수의 아이들이 따돌릴 때 사용합니다. 그런데 같이 안 놀고 피하는 정도라면 왕따라고 할 순 없습니다. 누군가와 친하게 지내거나 함께 노는 것은 개인의 자유에 해당하니까요. 다른 아이들이 싫어할 행동을 반복하는데다 재미조차 없는 아이라면 당연히 친구가 사라지겠죠. 그렇다고 이 상황이 왕따는 아닙니다. 따돌림이 되려면 '저 아이와는 같이 놀지 말자', '난 쟤가 싫어. 쟤가 끼면 안 놀 거야'와 같은 말로 놀이에서 의도적으로 배제해야 합니다. 그런 태도를 한 명이 아닌 여러 명이 함께 보이며 집단적인 힘을 가질 때 이를 왕따라고 말합니다.

왕따라고 다 같은 왕따는 아닙니다. 우선 따돌리는 아이들이 얼마나 많은지에 따라 당하는 아이의 고통은 크게 달라집니다. 몇몇 아이들이 따돌리지만 나머지 아이들은 관심이 없는 경우도 있고, 반 전체가 한 아이를 따돌리는 일도 있습니다. 가장 심한 경우에는 '전따(전교생이 따돌림)'가 되죠.

따돌림의 강도에 따라서도 차이가 큽니다. 따돌림을 당하는 아이가 다가오면 말없이 피한다거나 투명인간 취급하듯 대하면 '은따(은근히 따돌림)'라고 할 수 있고, "가까이 오지 마", "너랑 놀기 싫어", "넌 네가 왕따인 것도 모르냐"며 공격하는 경우도 있습니다. 여기서 한 발 더 나아가 "쟤랑 놀면 너와도 안 놀 거야" 하는 식으로 적극적으로 따돌리는 경우도 있죠. 따돌림을 넘어서 괴롭히는 경우도 있습니다. 모욕을 주거나, 폭력을 쓰고, 하기 싫은 일을 억지로 시키고, 정상적으로 학교 활동에 참여하는 것을 방해한다면 이때부터는 '집단 따돌림'을 넘어서 '집단 괴롭힘'이 됩니다. 이는 학교 폭력의 일종으로, 훨씬 심각한 문제죠.

왕따는 보통 초등학교 저학년에선 발생하지 않습니다. 이 나이에는 아이들이 부모와 교사의 통제 아래 놓여 있고 또래 관계를 맺는 수준도 아직 미숙합니다. 깊고 오래가는 친구 관계를 맺지도 못하고, 지속적이고 의도적인 따돌림도 하기 어렵습니다. 대략 초등학교 3학년 정도가 되어야 왕따가 슬슬 시작됩니다.

왕따는 분명 잘못된 행위입니다. 하지만 정상적인 발달 과정에서 나타날 수 있는 현상입니다. 사회적 관계를 연습하는 과정에서 관계 기술이 충분히 성숙하지 못했을 경우 보일 수 있죠. 타인에 대한 공감이 취약할 경우, 자신이 받는 스트레스를 타인을 대상으로 해소하려고 할 경우, 인간관계에서 행위의 적절한 한계를 배우지 못했을 경우 왕따 문제를 일으킵니다. 어른이 되었다고 누구나 성숙한 것은 아니기에 어른들 사회에서도 왕따가 나타날 수 있죠.

어쨌든 왕따는 사회적 관계가 깊어지면서 나타나는 현상이기에 아이들의 사회적 관계가 복잡해지면서 왕따도 늘어납니다. 왕따 문제는 여학생들의 경우 4,5학년부터 부쩍 늘어 초등학교 6학년부터 중학교 1학년 무렵에 절정에 달하고, 남학생들은 발달이 좀 늦어서 6학년이나 중학교에 올라가서 왕따 문제가 본격적으로 나타납니다.

아이들이 왕따를 만드는 데 가장 중요한 요인은 담임교사의 태도입니다. 교사가 아이들을 잘 파악하고 아이들의 관계에 지속적인 관심을 가질 경우 왕따는 쉽게 발생하지 않습니다. 교사가 아이들에게 관심이 부족하거나 아이들을 장악하지 못하는 경우 왕따가 쉽게 나타납니다. 어떤 교사는 아이를 믿는 것을 넘어서 모든 문제를 아이들 스스로 해결하도록 맡겨둡니다. 이런 상황에서는 심지어 초등학교 저학년에서도 왕따가 나타날 수 있죠. 아이들은 생각보다 잔인한 면이 있습니다.

✳✳✳

사연 속의 아이가 놓인 상황은 의도적인 집단 따돌림이라 보기에는 정도가 약합니다. 가만 보면 친구들이 돌아가면서 끼리끼리 놀고, 한 친구를 멀리하고 있습니다. 이 아이 역시 예전에는 다른 친구를 따돌린 적이 있었는데 이번에는 자기 순서가 온 것이죠. 다른 부모가 보기엔 부모님이 다른 아이가 당하는 동안에는 가만히 있다가 막상 자기 아이가 당하니 문제를 제기한다며 얄밉게 느낄 수도 있습니다.

제 생각에는 조금 기다려보면 희생양 만들기의 차례는 다른 아이로 넘어가고 아이는 다시 기분 좋게 지내지 않을까 싶습니다. 지금 힘들어하고 있으니 토닥이며 위로를 해줘야겠지만 부모가 나서서 행동할 필요는 없습니다. 힘들어하는 시간 자체가 아이가 인간관계에 대해 느끼고, 과거를 돌아보고, 새롭게 시도하는 시간입니다. 그 시간을 그냥 함께하면 됩니다.

여자아이들은 학년이 올라가면서 편 가르기를 자주 벌입니다. 한 아이를 표적으로 삼아 뒤에서 흉을 보고 부정적인 소문을 내고 조종을 하는 행위도 쉽게 관찰할 수 있죠. 잘난 체해서 싫고, 예쁜 척해서 싫고, 착한 척해서 싫고, 심지어 어떤 아이돌 가수를 좋아한다는 이유로 싫어합니다. 남자아이들 사회에서는 대놓고 신체적인 폭력을 쓰거나 욕설을 하는데 비해 여자아이들은 이런 식으로 자신의 공격성을 해소합니다. 여성이 노골적으로 폭력을 쓰는 것은 사회적으로 용납하지 않기에 은근한 저강도 폭력을 통해 분노와 공격성을 풀어내는 것이죠.

기본적으로 왕따에는 공격성이 강하게 깔려 있습니다. 그래서 당하는 사람이 아프고 괴로운 것이죠. 여자아이들은 이러한 왕따를 아주 집요하게 합니다. 걸려도 딱히 뭐라고 따지기도 어려운 수준인데 아주 지속적이죠. 나쁜 소문을 내고, 일부러 툭 치고 간 다음 미안하다고 말하고, 다가가면 모두 일어나 자리를 피합니다. 어른들에게 공격 받지 않을 정도로 교묘하게 자신의 공격성을 발산하죠.

왕따를 당하는 아이들 대다수가 자신이 당하면서도 창피해서 부모에게 이야기하지 않습니다. 부모한테 이야기할 정도라면 매우 괴로운 지경에 이른 것이죠. 그러므로 아이가 예전과 달리 짜증이 부쩍 늘고 학교에 가기를 싫어하며 여기저기 아프다고 말한다면 아이가 따돌림을 당하고 있는 것은 아닌지 잘 살펴봐야 합니다. 보통은 3인칭으로 물어보는 것이 좋습니다. "너희 반 여자아이들은 다른 아이들을 어떻게 괴롭히니?", "친구를 몰래 괴롭히는 방법은 뭐가 있을까?" 이렇게 대화를 풀어가야 아이들이 이야기를 자연스럽게 꺼내놓습니다.

아이가 왕따의 괴로움을 호소해왔을 때 부모가 할 일은 무엇일까요? 일단은 충분히 들어주는 것입니다. 다 지나갈 거라고, 누구나 겪는 것이라고 말하지 마세요. 그런 말은 아이로 하여금 부모가 자신에게 충분히 공감하지 못하고 있다고 느끼게 합니다. <u>너무 속상하겠다고, 마음이 아프다고 말해주세요. 혹시 부모가 비슷한 경험이 있다면 아이에게 그때의 일을 털어놓는 것도 도움이 됩니다.</u>

아이에게 책임을 돌리는 말은 피해야 합니다. "그러니까 걔랑 놀지 말랬잖아, 엄마 말 안 듣더니…", "네가 어떻게 행동했기에 그런 취급을 받는 거야?"라고 말하지 마세요. 아이는 당장의 친구 관계는 어긋났지만 그럼에도 친구를 사귀고 싶어 합니다. 예전의 친했던 때로 되돌아가고 싶어 합니다. 부모가 친구를 욕해주면 아이가 속 시원해할 것 같지만 마음으로는 불안합니다. 영원히 혼자 지내야 할지도 모르니까요. 그러니 그저 "너무 속상하다. 그 친구랑 이제 어떻게 해야 할까?", "왜 그렇게 되었을지 한번 찬찬히 생각해보자" 정도로 아이의 생각을 유도하세요.

"네가 너무 예민한 거 아니니?", "잘 놀다가 왜 그러는 거야?"라는 표현도 좋지 않습니다. 부모는 한 걸음 물러나 문제를 회피하려는 태도인 거죠. 부모가 그렇게 말하면 아이들은 수치심을 느낍니다. 만약 내 아이가 유난히 예민하다고 느껴진다면 그저 "정말 너를 괴롭히려고 하는 걸까? 어떤 것을 보면 그렇게 확신할 수 있을까?" 정도로 말해주세요. 또 여자아이들은 잘 놀다가도 이런 경우가 흔하다고 설명해주어 아이의 불안감을 달래줘야 합니다. 일단 불안감을 달래놓고 아이에게, 언제부터 그랬는지, 해결할 방법은 없을지 의견을 물어보세요.

여자아이들의 성장 과정에 대해 설명해주는 것도 도움이 됩니다. 여러 연구에 따르면 여자아이들은 청소년기의 분노나 공격성을 편을 가르거나 친구를 표적 삼아 따돌리고 괴롭히는 식으로 푸는 경우가 많다고 말해주세요. 그냥 "여자애들은 원래 그래"라고 말하는 것보다 아이에게 생각할 기회를 줄 수 있습니다.

아이에게 왕따 문제에 대한 얘기를 듣는 즉시 담임교사에게 전화를 거는 부모도 있습니다. 하지만 이 정도 문제로 전화해봐야 학교에서 해줄 일은 없습니다. 오히려 문제를 겪는 아이만 바보가 될 수 있죠. 가끔은 부모가 아이보다 더 흥분해서 학교에 전화를 걸기도 합니다. 대개는 부모가 과거에 괴롭힘을 당했던 순간이 떠올라 이성을 잃은 경우입니다. 결과는 물론 안 좋죠. 전화를 하고 싶더라도 일단은 아이에게 물어보세요. "엄마가 선생님과 통화를 한번 해볼까?" 정도가 좋습니다. 그리고 아이의 대답을 기다리세요.

＊＊

<u>왕따를 당하는 아이를 돕는 기본적인 방향은 아이를 지지해주고, 아이 스스로 생각할 수 있도록 유도하는 것입니다.</u> 아이가 감정적으로 흔들려 잘못된 판단을 하지 않게 하고, 이런 경험을 통해 한 단계 성장하도록 도와주는 것이죠. 분명 이 시간은 지나갑니다. <u>그 시간을 아이와 함께 버텨주세요.</u> 아이에게 짜증을 내지 말고, 언제든 속상하면 이야기해도 좋다고 말해주세요. 부모에게뿐 아니라 아이의 이야기를 들어줄 다른 사람이나 친구에게도 말하게 하세요. 외로움이 가장 무섭습니다. 아이가 외롭지 않게 도와주세요.

다른 사람에게 이야기하는 것 외에 자기감정을 표현할 수 있는 다른 활동도 도움이 됩니다. 일기나 인터넷 소설을 쓰고, 음악을 연주하고, 격렬한 운동을 하는 등 감정을 터뜨릴 방법을 찾아보도록 격려해

주세요. 스스로 즐겁게 할 수 있는 활동을 찾아보는 것도 도움이 됩니다. 무언가 흥미진진한 취미를 만들거나 동아리 활동, 봉사 단체에서 활동하게 해보세요. 공부를 좋아하는 아이라면 공부에 열중하도록 상황을 만들어주는 것도 도움이 됩니다.

가장 중요한 한 가지는 아이가 현실을 인정하고 마음을 내려놓게 하는 것입니다. 혹시 아이가 늘 관계의 중심에만 있고 싶어 하진 않았나요? 또는 인기를 끌려고 한 행동이 오히려 미움을 산 경우는 아니었나요? 이 경우에는 금방 관계를 회복하기 어렵습니다. 다른 아이들이 내 아이를 싫어할 분명한 이유가 있으니까요.

인간관계라는 것은 중심에 들어갈 때도, 좀 밀려날 때도 있습니다. 밀릴 때는 당연히 외롭습니다. 하지만 또 달라질 수 있죠. 살다 보면 이런 다양한 관계와 위치를 경험하게 됩니다. 이것은 나쁜 일이 아닙니다. 여자아이들 사이에선 A와 B가 친했다가 B와 C가 친해지고, 그러다가 또 A와 C가 붙어 다니는 미묘한 관계 변화가 흔히 일어납니다. 이런 과정은 여자아이들의 사회화에 굉장히 중요한 역할을 합니다. 질투, 시기, 호감, 배신, 변화 등 타인과의 관계에서 빚어지는 다양한 감정을 경험하고 복잡 미묘한 역학을 배울 수 있는 기회니까요.

만약 이런 상황을 견뎌내지 못하고 심하게 상처를 받는 아이라면 지나치게 타인에게 의존하거나 반대로 남을 왕따 시킬 수 있습니다. 내 편이 항상 있어야 하기에 먼저 다른 사람을 배제하려는 거죠. 그래야 짝을 이룰 수 있으니까요. 그런데 그 결과, 역공을 당해 왕따의 희생양이 되기도 합니다.

이 모든 것이 아이를 키우는 과정입니다. 이 시간을 잘 통과하면,

부모가 아이를 비난하지 않고 함께해준다면, 아이는 사회성 면에서 한 단계 성장합니다. 그런 희망의 눈빛으로 아이를 대해주세요. 아이가 고통을 견뎌낼 힘은 희망에서 나오니까요.

Plus Q **유치원에 다니는 우리 아이가 왕따를 당하는 걸까요? 우리 아이가 다가가면 한 친구가 계속 피하고 같이 안 놀려고 한대요.**

…

요즘 왕따가 문제가 되면서 아이들 간의 심각하지 않은 갈등에도 놀라는 부모가 많습니다. 혹시 우리 아이가 왕따는 아닐까 걱정하고, 아이가 친구에게 조금만 부당한 대우를 받아도 아이 마음에 상처로 남지 않을까 염려하죠.

아이들 사이의 갈등은 불가피합니다. 아이들은 완성되지 않은 존재이니까요. 친구 관계에서 갈등을 경험하고, 다툼을 벌이고, 벌어진 갈등을 수습하며 인간관계에 대해 배우게 됩니다. 부모나 어른들이 그런 모든 상황에 개입해서는 곤란합니다. 부모가 개입하면 아이는 부모에게 의존할 뿐 문제를 스스로 해결하려 들지 않습니다. 작은 일도 어른들이 해결해줄 때까지 기다리죠. 스스로 해결할 능력이 없다고 생각하니 나이를 먹어도 아이는 성숙해지지 못합니다.

부모나 어른이 개입해야 하는 경우는 두 가지입니다. 첫째는 폭력을 사용할 때입니다. 남자아이들의 경우 친한 아이끼리 하는 일회성 싸움은 그리 심각하게 볼 필요는 없습니다. 다만 반복적으로 폭력을 사용하거나 여러 명이 한 아이를 대상으로 폭력을 사용하는 경우는 심각하게 봐야겠죠.

둘째는 지속적으로 아이가 부당한 대우를 받을 때입니다. 아이들 사이의 관계는 계속 변합니다. 싸우고 안 놀겠다고 다짐하고도 작은 계기로 다시 친해집니다. 게다가 사이좋게 안 논다고 개입할 일은 아닙니다. 한 아이가 좋아해도 다른 아이는 그 아이가 싫을 수도 있으니까요. 어른이 개입해야 할 때는 여러 명이 의도적으로 한 아이를 따돌리고 있고, 그 기간이 한 달 이상 지속되는 경우입니다.

이런 두 가지 경우가 아니라면 부모가 직접 개입하는 것은 피하십시오. 그저 아이의 이야기를 들어주세요. 아이가 힘들어하면 나서서 해결해주고 싶은 것이 부모 마음입니다. 하지만 참아야 합니다. 아이를 위로하고 지지해주며 아이에게 스스로 해결할 기회를 주세요. 어떻게 대응하면 좋을지 살짝 알려주는 것은 좋습니다. 확실한 해결책을 알려줘야 한다는 부담은 갖지 마시고요. 이런저런 방법을 함께 이야기하는 것만으로도 아이는 위로 받고 스스로 답을 찾아 나갈 것입니다. 아이를 믿어야 합니다. 믿고 기다리는 마음이 큰 아이를 만드니까요.

반 친구가 우리 아이만 괴롭힌대요

초등학교 1학년 아들이 반 친구에게 지속적으로 괴롭힘을 당하고 있습니다. 왜 진작 엄마에게 얘기하지 않았냐고 물었더니, 그 아이가 엄마에게 이르면 가만두지 않았다고 협박했다는 겁니다. 담임 선생님께 얘기했지만 큰 문제로 여기지 않으시는 것 같아요. 상대 아이가 개구쟁이긴 하지만 나쁜 아이는 아니라고만 합니다. 하지만 친구들에게 물으니 저희 아이만 단골로 당하고 있다고 해요. 다른 학부모들 말로는 상대 아이 아버지가 사업 실패로 아이만 노모에게 맡기고 간 뒤로 소식도 없다고 해요. 제가 매일 아이의 등하굣길을 함께하고 있는데 언제까지 이럴 수도 없는 노릇이고 어떤 조치를 취해야 할지 고민입니다.

선생님의 적극적인 개입이 필요합니다

학교 폭력, 특히 지속적인 괴롭힘의 경우에는 교사의 대응이 가장 중요합니다. 저학년일 경우에는 교사의 단호한 대응만으로도 대부분의 문제가 해결되기도 하죠. 애들은 싸우면서 크는 것이라며 아이들의 폭력을 대수롭지 않게 보는 경우가 많은데 아이들의 폭력적인 태도를 어릴 때 제대로 교정해주지 않으면 폭력 성향은 사라지지 않습니다. 상급 학교와 군대, 가정 등에서 조금이라도 틈이 보이고 처벌의 위험이 낮다고 생각하면 폭력적인 행동을 쉽게 하죠. 폭력으로 필요한 것을 쉽게 얻어 본 사람은 폭력이라는 수단을 포기하기 어렵습니다.

장난꾸러기지만 곧 스스로 잘못을 깨달을 것이라고 방치하는 사이, 폭력은 집단 내에서 위계질서를 만듭니다. 어른들이 보호해주지 않을 것이라 생각하면 아이들은 맞고서도 대응하지 못하고 그냥 참습니다. 그 이후에는 때리는 아이는 때릴 필요도 없이 상대를 누를 수 있습니다. 이렇게 폭력의 위계질서가 생기면 겉으로는 평온해 보이지만 실제로는 약육강식의 사회인 셈입니다.

어차피 인간 사회가 약육강식이니 아이들도 그것을 느껴야 한다고 말하는 분들도 있습니다. 그렇지 않습니다. 진짜 약육강식이라면 아이들은 대부분 죽고 말겠죠. 어른들의 힘이 훨씬 세니까 길에 다니는 아이를 장난삼아 죽여도 뭐라 할 수 없을 테니까요. 그러다 보면 폭력으로부터 자신과 가족을 보호하기 위해 엄청나게 많은 수고를 해야 하고 결국 사회를 유지할 수 없게 됩니다. **아이들을 사회화한다는 것은 인간이 지닌 본능적인 속성을 사회 안에선 억제해야 함을 가르치고 몸에 익히게 하는 것이죠. 본능대로 살게 한다면 학교가 왜 필요하겠습니까? 학교에서는 아이들에게 약육강식은 안 된다고 분명히 가르치고 잘못된 행동은 단호하게 바로잡아야 합니다.**

***

지금 어머님의 아이를 괴롭히는 아이는 가족의 관심을 제대로 못 받고 방치된 듯 보입니다. 그런 경우 말썽을 부려서라도 (비록 부정적인 관심이지만) 타인의 관심을 갈구할 수 있습니다. 게다가 자기 내부의 불만과 분노를 타인에 대한 공격적인 행동으로 배출할 수도 있죠. 그 아이로서는 친구를 괴롭히는 일이 스스로에겐 만족감을 줄 수 있습니다. 친구를 건드리면 선생님도 잔소리를 해주고, 친구들도 자기를 쳐다봐 주고, 친구의 엄마도 자기를 찾아와 말을 걸어주니 말입니다. 이처럼 문제를 일으킬수록 관심을 받기 때문에 아이는 상황을 무의식적으로 즐기게 되죠.

그러니 아이가 불쌍하다고 가만 놔두면 절대 상황이 좋아지지 않습니다. 오히려 문제 행동이 심해지죠. 이 아이는 폭력을 사용하지 않을 때 주변에서 많은 관심을 기울여주고 아이 내면의 분노를 풀어줘야 합니다.

물론 그 아이를 어머님께서 도울 수는 없겠죠. 어머님이 우선해야 할 일은 내 아이를 돕는 것입니다. 그 아이의 문제는 선생님과 그 아이의 조모, 필요하면 학교 상담 교사와 지역 교육청 상담센터 등에서 도움을 줘야 합니다. 일단 어머님은 당분간 아이와 함께 등하교를 해주세요. 상대 아이가 내 아이를 괴롭힐 상황 자체를 차단해야 합니다.

어떤 부모는 상대 아이를 초대해 함께 놀게 해서 문제를 풀어보면 어떨까 하고 묻기도 합니다. 대부분 좋지 않습니다. 그렇게 쉽게 해결할 수 있는 문제가 아닙니다. 그 아이 입장에서는 자기의 문제 행동으로 인해 친구 집에 초청 받는 이익을 얻었으니 앞으로도 문제 행동을 계속하게 됩니다. 이야기를 잘해서 우리 아이만 괴롭히지 않게 할 수는 있겠지만 대개 오래가지 못합니다. 처음엔 잘 지내지만 꾸준히 자신에게 잘해주지 않으면 다시 폭력을 쓸 가능성이 많습니다. 많은 부모들이 그 경우에 배신감을 느끼면서 더 분개합니다. 하지만 분개할 일은 아닙니다. 잘못된 행동에 보상을 해주었으니 또 잘못된 행동을 하게 된 거니까요.

부모는 교사에게 좀 더 강력하게 말해야 합니다. 필요하다면 엄마뿐 아니라 아빠도 함께 학교에 가서 상의를 하는 편이 좋습니다. 아이가 그간 당했던 괴롭힘의 내용을 일지로 만들어 가면 도움이 됩니다. 만약 담임교사의 반응이 신통치 않으면 교감 선생님을 만날 수도 있고, 그것으로도 부족하다면 부모가 적극적으로 해결해야 합니다. 괴롭히는 아이에게 직접 따끔하게 이야기하는 것도 도움이 됩니다. 괴롭히지 말고 사이좋게 놀라고 친절하게 말하는 게 아니라, 다시는 그런 행동을 보고 싶지 않고, 다시 그런 일이 있을 경우 가만있지 않겠다고 단호하게 말해야 합니다.

교사 입장에서는 두 가지 노력을 해야 합니다. 우선 괴롭힘 문제를 학급에서 적극적으로 공론화해야 합니다.

"얘들아, 원하는 것을 얻기 위해 폭력을 쓰거나 재미를 위해 남을 괴롭히는 친구들이 있어. 그런데 그건 꼭 고쳐야 할 행동이란다. 모두가 힘을 합쳐 우리 반에선 그런 행동을 하는 친구가 없도록 도와주자.

그런 행동을 어른이 되기 전에 고치지 않으면 아주 위험해. 제대로 사회생활을 하기 어렵거든. 그러니 친구들이 그런 행동을 하면 반드시 말려야 한다. 또 꼭 선생님에게 와서 이야기해주렴. '전 고자질이 싫어요' 하는 친구가 있을지 모르겠지만 괴롭히는 행동에 대해 선생님에게 이야기하는 건 고자질이 아냐. 오히려 괴롭히는 친구를 돕는 일이지. 그 친구들은 아직 참는 힘이 부족해 폭력을 쓰고 괴롭히는 거거든. 선생님은 꼭 그 친구들을 도와 참는 힘을 길러줘야 해. 그러니 너희가 꼭 도와주렴."

이렇게 말하면 괴롭히는 아이가 아이들 사회에서 더 이상 우월한 위치를 차지할 수 없습니다. 오히려 열등한 아이로 인식되죠. 그 결과, 아이들은 괴롭히는 행위를 스스로 줄이려 노력하게 됩니다.

아무리 그래도 그렇게까지 하면 아이의 기를 너무 죽이는 것이 아니냐고 묻는 분도 있습니다. 하지만 아이의 기가 죽는 가장 중요한 이유는 잘못을 반복하기 때문입니다. 같은 잘못을 반복할 때 아이의 자존감은 낮아집니다. 알코올중독자들이 술을 마시지 않으면 기분이 나빠져 늘 술을 마셔야 평소의 기분을 유지할 수 있듯, 괴롭히는 아이들은 괴롭히지 않으면 자기 자존감을 유지하지 못합니다. 그래서 더욱 괴롭히는 일에 매달리는데 결국 자존감은 더 낮아지게 되죠. 알코올중독자는 일단 술을 못 마시게 한 후 기분을 올려줘야 하듯, 괴롭히는 아이들은 다른 친구를 건드리지 못하는 상황을 만든 후 의기소침해 있을 때 관심을 주어야 합니다.

교사는 하루라도 빨리 그 아이의 할머니, 아버지와 함께 만나 문제를 설명하고 깊이 있는 대화를 통해 가족의 변화를 촉구해야 합니다. 어른들도 모두 힘들겠지만 평소에 아이에게 조금이라도 관심을 더 기울이고 이야기를 나눌 시간을 가져서 아이의 불안을 덜어주자고 설득해야 합니다. <u>아이는 자신이 버림받을까 봐 불안할 때, 안 좋은 생각이 떠올라 기분이 나빠질 때 문제 행동을 저지릅니다. 그런 기분이 들지 않도록 도울 수 있다면 가장 좋겠지만, 그것이 어렵다면 나쁜 기분이 들 때라도 누군가 아이 곁에서 손을 잡아줄 수 있어야 합니다. 아이가 방치되는 환경을 바꾸지 못하면 아이의 문제 행동은 성격으로 고착되고 결국 아이를 망가뜨리게 됩니다.</u>

※※※

아이들이 싸우면서 큰다는 말은 맞습니다. 그렇다고 싸우는 게 좋은 건 아니죠. 남을 괴롭히는 것은 나쁜 행동임을 아이는 배워야 합니다. 남을 괴롭혀서 자기의 불편한 기분을 해소하는 것은 안 된다는 것을 알고 다른 방법으로 자기 기분을 바꿀 수 있도록 도와줘야 합니다.

지역 공동체가 와해된 요즘에는 방치되는 아이들이 많기 때문에 더 늦기 전에 학교와 가족이 나서서 도와야 합니다. 초등학교 2학년 정도까지는 이런 행동을 바로잡기가 쉽습니다. 그보다 늦어지면 교정은 정말 어려워집니다. 주변의 많은 관심이 필요합니다. 모두가 관심을 기울여 아이가 잘못된 행동을 바로잡아 사회 속에서 잘 어울려 살아갈 수 있게 도와야 합니다.

Plus Q 학교 폭력, 어떻게 알고 대처해야 할까요?

…

아이가 다음과 같은 모습을 보이면 학교 폭력을 당하고 있는지 의심해야 합니다.

1. 물건이 자주 없어지고 돈이 모자란다고 한다
옷이나 운동화가 자주 없어지거나 망가지고 용돈이 자꾸 모자란다는 말을 하면 눈여겨봐야 합니다. 예전과 달리 씀씀이가 헤퍼지고 부모 지갑에 자꾸 손을 대는 경우도 있습니다.

2. 상처가 자주 생긴다
몸에 맞은 상처나 멍이 있으면 주의해서 봐야 합니다. 보통 아이들은 축구하다 다쳤다, 넘어졌다 하는데 그게 아닐 경우가 많습니다. 아이들이 솔직히 말하지 않는 이유는 무엇보다 부모에게 이야기하기 수치스럽거나 부모에게 걱정을 끼치고 싶지 않아서입니다. 물론 폭력의 가해자가 협박을 해서 말하지 못하는 경우도 있습니다.

3. 학교에 가기 싫다는 말을 자주 한다
배가 아프다, 머리가 아프다면서 학교를 빠지려 하고 이유 없이 전학을 보내달라고 하면 폭력의 피해를 겪고 있을 가능성이 높습니다.

4. 외출을 너무 자주 하거나 외출을 극단적으로 피한다
친구들이 불러내서 끌려다니고 있는 것은 아닌지, 외출을 했다가 친구들에게 끌려갈까 봐 두려워하는 것은 아닌지 지켜봐야 합니다. 만

성적인 폭력에 시달릴 경우 실질적인 두려움이 없더라도 아이는 사람 만나는 것 자체를 꺼리게 됩니다.

5. 우울한 모습이 눈에 띈다
말수가 눈에 띄게 적어졌거나 식욕이 없고 매사에 의욕이 저하된다면 학교 폭력이나 왕따의 피해를 의심해봐야 합니다.

아이가 맞으면 맞서 때리라고 말해도 되나요?
…

폭력을 쓰지 말라고 교육하는 부모들은 아이가 맞고 오는 경우 딜레마에 빠집니다. 맞서 때리면 폭력을 가르치는 것이 아닐까 걱정스럽고, 그렇다고 맞고 참으라고 말하기도 답답하죠. 제 생각에는 방어적인 폭력까지 금할 필요는 없습니다. 상대가 때리면 일단 말로 대응해야 하지만 반복해서 공격한다면 자신을 방어할 수 있어야 합니다.

먼저 때리지는 않되, 상대가 먼저 때리면 맞서 때릴 수 있다고 말해주세요. 다만 맞서 때리다가 더 맞을 것 같으면 직접 대응하기보다는 하지 말라고 소리치고 교사를 찾아가 상황을 알리는 편이 낫습니다. 또한 방어적인 폭력은 상대의 폭력이 멈출 때까지만 해야지 흥분해서 지나치게 때리면 오히려 자기 잘못이 되어 억울한 일이 생길 수 있다는 사실도 알려줘야 합니다.

친구들에게
휘둘리는 것 같아요

초등학교 5학년인 딸은 또래보다 키도 훨씬 크고 성숙한 편입니다. 한 학년 언니라고 해도 믿을 정도예요. 체격이 있다 보니 학교 폭력 같은 문제는 남의 일로만 여겼어요. 그런데 생각지도 않게 딸이 친구들에게 휘둘린다는 것을 알게 됐어요. 얼마 전 딸아이가 친구와 통화하는 것을 우연히 들었는데, 딸이 싫다고 하는데도 상대방 아이가 계속 나오라고 종용하더군요. 이리저리 핑계를 대던 딸은 결국 풀이 죽은 얼굴로 옷을 챙겨 입고 나갔습니다.

또 어느 날은 밥도 먹지 않고 색종이로 공을 잔뜩 접고 있기에 왜 그걸 접고 있냐고 물었더니 친구들이 병을 가득 채워 오라고 했다는 겁니다. 네가 싫으면 하지 말아야지 왜 싫다는 말을 못하냐고 했더니, 안 그러면 놀 친구가 없다는 거예요. 친구들이 욕을 해도 아무 말도 못하고 가만히 있는 것 같아요. 딸의 친구들을 만나서 혼내주고 싶은 마음이 굴뚝같은데, 이럴 땐 어떻게 대처해야 할까요?

거절하는 법도 가르쳐야 합니다

체구가 작은 아이들 중에 일부러 큰 친구들을 놀리는 아이들이 있습니다. 자기보다 큰 친구를 눌렀을 때의 쾌감이 더 크거든요. 그래서 큰 아이가 작은 아이를 괴롭힐 때에 비해 작은 아이가 큰 아이를 괴롭힐 때 조금 더 잔인한 모습을 보이기도 합니다.

사연에 나온 아이는 순하고 착한 성정을 갖고 있나 봅니다. 분명 어른이 되어 사회생활을 할 때는 장점이 될 겁니다. 그런데 학교라는 공간은 정글입니다. 즉각적인 폭력과 서로에 대한 과도한 간섭이 흔하기 때문에 순한 아이들은 학교생활에 적응하기가 만만치 않습니다. 어느 정도 거리를 유지하는 인간관계가 편하다고 느끼는 성인의 경우엔 학창시절을 회고하면서 대부분 그 시절이 쉽지 않았다고 고백합니다.

아이들은 독립적인 존재로 인정받고 싶어 합니다. 하지만 그런 욕구를 부모는 인정하지 않고 계속 잔소리를 하죠. 이로 인해 아이들도 내면에 분노와 내 맘대로 하고 싶다는 강한 열망을 쌓아갑니다. 이런 분노와 열망은 겉으로 드러내면 위험하기에 평소에는 눌려 있습니다. 그러다 만만한 상대를 만나면 터져 나오죠. 상대를 함부로 대하고, 마음대로 휘둘러서 자신이 자율적인 존재이고, 충분한 힘이 있음을 확인하려 듭니다.

물론 이런 감정 상태나 욕구를 갖고 있다고 해서 모든 아이들이 가해 행동을 보이지는 않습니다. 인간에게는 타인의 고통에 공감하는 능력이 있어서 남에게 해가 되는 행동을 하는 것이 왠지 꺼려지니까요. 게다가 들키면 처벌을 받을 수 있다는 두려움도 들고요. 이런 힘들이 반대 방향으로 작용해 가해 행동을 하고 싶은 욕구를 참아내는데, 공감능력이 취약하거나 충동적인 성향을 가진 아이라면 쉽게 가해 행동을 보일 수 있습니다. 특히 주변의 다른 아이가 가해 행동을 해도 별다른 불이익을 받지 않고 있음을 알게 되면 많은 아이들이 여기에 동조합니다. 그런 식으로 집단화가 이뤄지면 내면의 충동에 따라 악마의 모습을 쉽게 보일 수 있는 것 또한 인간의 본성입니다.

✳ ✳ ✳

지금 아이의 학교생활은 쉽지 않아 보입니다. 하지만 지금 드러난 일만으로는 아이가 친구들과 실제로 어떤 관계인지 파악하기는 어렵군요. 조금 끌려다니는 정도일 수도 있고, 실제로 친구들은 강요하고 아이는 이에 복종하는 관계일 수도 있습니다. 이 상황에서는 우선 정보를 모아야 합니다. 아이와의 대화를 통해 혹시 친구 관계에서 더 복잡한 일이 있지 않은지 알아봐야 합니다. 또한 담임 선생님과도 문제를 의논하는 게 좋습니다. 정보가 충분히 모이지 않았을 때 개입하면 개입은 실패할 수 있습니다. 부모가 마음을 진정하고 차분히 정보를 모아야 합니다.

아이가 상대 친구들에게 일방적으로 끌려다니는 것이 분명하다면 이는 반드시 바로잡아줘야 합니다. 다만 그 과정에서 아이가 수치심을 느끼게 해선 곤란합니다. "넌 뭐가 부족해서 그렇게 끌려다녀! 창피하지도 않니?", "아빠는 네 나이 때 다른 애들을 패고 다녔는데 너는 팔푼이 같이 그게 뭐냐!" 이런 식의 말은 아이의 수치심을 자극해 대응

능력을 더 떨어뜨릴 뿐입니다.

우리가 해야 할 일은 아이의 자신감을 높여서 스스로를 지킬 수 있다는 확신을 만들어가는 것입니다. 그런데 부정적으로 말해서야 이런 목표가 이뤄질까요? 게다가 이런 비난을 들은 아이는 앞으로는 부모에게 자기 이야기를 솔직하게 하지 못하게 됩니다. 그러면 위험한 상황이 됐을 때 부모가 막을 수 없게 되죠.

아이 행동의 긍정적인 동기를 먼저 읽어주세요. "거절해서 상대를 불편하게 하고 싶지 않은 거구나. 내가 좀 불편하면 되지 하고 참고 있는 거니?" 그런 다음 "그런데 그러다가 네가 더 불편해져서 이러지도 저러지도 못하고 난감하지? 또 저 친구가 세게 나오면 어떨까 좀 겁도 나고?" 만약 아이가 겁은 안 난다고 하면 그대로 인정해주고, 겁이 난다고 하면 아이의 두려운 감정을 충분히 이야기하게 한 후 그런 두려움은 누구나 느낄 수 있다고 말해주세요.

두렵지 않다면 이제는 과감하게 거절해보자고 말하세요. 이런 상황에서의 거절은 자기뿐 아니라 상대에게도 좋은 것이라고 이야기해주는 것이 중요합니다. 그 친구가 계속 나쁜 버릇을 갖게 되면 나중에 나쁜 어른이 되고 말 텐데 네가 그걸 도와줘선 안 된다고 말해줘야 합니다. 그리고 기분 나쁜 것은 나쁘다고, 하기 싫은 것은 하기 싫다고 말하는 것이 친구 관계의 기본이라고 설명해주세요.

<u>적잖은 아이들이 거절을 부정적인 행동이라고 생각합니다.</u> 부모와의 관계에서 그렇게 배웠기 때문이죠. <u>하지만 거절은 꼭 필요한 행동이고, 상대방이 나를 설득해볼 수는 있지만, 내가 설득되지 않으면</u>

포기해야 하는 것이 사람들이 사는 사회의 규칙임을 말해주세요. 아이 역시 남에게 그렇게 대해야 한다고도 덧붙여주고요.

혹시 아이가 많이 두려워한다면 부모가 나서는 것이 좋습니다. 아이에게 용기를 내라고 말해도 스스로에 대한 열등감만 느끼는 경우가 많습니다. 우선 상대를 만만하게 느낄 수 있도록 도와줘야 합니다. 그 친구가 무서워 보이지만 어른들이 볼 때는 그냥 어린애에 불과하다고, 혹시 널 뭐라고 협박했는지 모르겠지만 그런 힘은 없다고 말해주세요. 부모가 나서서 교사와 상의해 그 아이의 행동을 멈추도록 만들어야 합니다. 사회에는 법과 규칙이 있어 힘이 있다고 해서 자기 마음대로 할 수 있는 것은 아님을 보여줘야 합니다. 자기가 힘이 있다고 남을 함부로 대하면 벌을 받는 것이 사회의 규칙임을 아이들은 배워야 합니다.

물론 우리 사회에는 규칙이 제 구실을 하지 못하는 어두운 면이 많습니다. 하지만 사람들은 그 어두운 부분을 없애려고 꾸준히 노력해왔고 예전보다는 많이 발전했음을 말해주세요. 그리고 적어도 학교에서는 어두운 면이 사라졌으니 겁먹지 말고 행동해도 된다고 믿음을 줘야 합니다. 실제로 어른들이 적극적으로 나서면 대부분의 학교 폭력은 해결됩니다. 어른들이 상황을 제대로 보지 못하고, 아이들은 어른들에게 말해봤자 도움은커녕 창피만 당할 것이라 생각해 숨기기 때문에 심각한 사태가 벌어지는 것이죠.

선생님들도 반에서 이런 일이 발생하면 아이들 전체를 대상으로 다시 한 번 분명히 주지시켜야 합니다. 상대가 싫다고 하면 자기주장을 계속 강요하지 말고 멈춰야 한다는 것을요. 우리 교육에서는 타인에게 과도한 강요를 해선 안 된다는 것을 충분히 가르치지 못하는 면이 있습니다. '서로 자신의 생각만 강요하지 않는 것, 적정선에서 멈추는 것'은 우리 사회의 갈등을 줄여 행복한 사회로 만드는 데 꼭 필요한 시민으로서의 중요한 자질입니다.

잘못한 아이를 데려다 야단칠 수도 있지만, 정도가 심하지 않다면 학급 전체를 대상으로 교육하는 것만으로도 충분합니다. 그러면 가해자, 피해자를 노출시키지 않고도 아이들 스스로 자기 행동을 반성하고 올바른 행동을 배울 수 있습니다. 결정적으로는 재발을 막을 수 있죠.

Plus Q

초등학생 아이가 한 친구하고만 사귀려고 해요

…

사회성이 약한 아이들이 주로 한 친구만 사귀려고 하죠. 이런 경우 여러 명을 사귀라고 말해봐야 실천하기 어렵습니다. 억지로 강요하는 경우도 있는데 그렇게 하면 아이는 오히려 더 위축됩니다.

지금 중요한 건 아이가 친구 관계를 잘 맺지 못하는 이유를 파악하는 것입니다. 아이가 지나치게 자기중심적인 경우도 있고, 한 친구에게만 너무 집착하는 경우도 있습니다. 자신감이 없거나 작은 일에 상처를 받는 경우도 있고요. 그런 이유를 잘 분석해서 부모가 친구 관계를 개선할 방법을 가르쳐주는 게 좋습니다.

기본적으로 수학을 잘하는 아이와 못하는 아이, 운동에 능한 아이와 꽝인 아이가 있는 것처럼 사회성도 좋은 아이가 있고 취약한 아이가 있습니다. 당연한 얘기지만 관계 맺기에선 상대의 입장을 고려하고 서로 원하는 바를 채워줘야 잘 어울릴 수 있습니다. 그런데 사회성이 약한 아이들은 그것을 잘 모르죠. 사회적 주고받기가 약한 것입니다. 빨리 깨치는 아이들은 안 배우고도 쉽게 알지만, 사회성이 약한 아이들은 이런 원리를 모를뿐더러 경험을 통해 배우는 데도 시간이 많이 걸립니다. 그러다 보니 다른 아이들에게 비난이나 공격을 받게 되고, 그 결과 피해의식만 점점 커지게 됩니다.

아이가 이런 답답한 모습을 보인다고 야단치지 마세요. 그런다고 해결될 일이 아닙니다. 일부러 그러는 것이 아니라 방법을 모르는 것이니까요. 달리기가 느린 아이한테 빨리 뛰라고 구박한다고 갑자기 우사인 볼트가 될 순 없잖아요. 천천히, 느린 아이에 맞게 가르쳐야 합니다. 대개는 소그룹 사회성 교육이 도움이 되죠.

요즘 지역마다 위(Wee)센터나 정신보건센터 등에서 '또래 사귀기 프로그램'이나 '또래 관계 사회성 증진 프로그램'을 많이 운영하고 있습니다. 이들 프로그램에선 또래와 어떻게 관계를 맺고 갈등을 조절해야 하는지를 직접 실습하면서 배울 수 있습니다. 세부적인 방법을 하나하나 배우다 보면 조금씩 사회성이 늘고, 스스로도 발전에 고무되어 더 잘해보려는 마음이 생깁니다. 참가비용도 무료이거나 비교적 저렴하니 이런 체계적인 프로그램을 적극 활용해보기를 권합니다. 소아정신과 병의원에는 좀 더 수준 높고, 장기간 지속하는 프로그램이 있지만 비용 면에서 다소 부담이 될 수 있습니다.

혹시 당장 사회성 교육을 받는 것이 여의치 않다면 규칙적으로 한 친구를 집에 초대해서 놀게 하세요. 아이가 친구와 놀 때 부모가 놀이에 개입해 아이에게 살짝 코치를 해준다면 아이의 사회성 발달에 도움이 될 수 있을 것입니다.

외모 때문에 놀림을 당한대요

아내와 이혼한 뒤 두 아들을 홀로 키우는 아빠입니다. 초등학교 5학년인 둘째 아들이 외모 때문에 왕따를 당한다며 학교에 가기 싫다고 합니다. 또래보다 성장이 좀 빠른 편이어서 얼굴에 여드름이 많이 났고 벌써 변성기도 시작됐어요. 그래서인지 반 친구들이 아이를 '여드름 박사', '아저씨'라고 놀리고, 더럽다며 따돌린답니다. 요즘엔 친구들이 밥도 함께 안 먹으려 한다며 학교에 가지 않겠다고 해요. 우는 아이를 보니 아빠인 제가 어떻게 도와줘야 할지 정말 고민입니다.

외모에 신경을 써주고 담임 선생님의 도움을 요청하세요

요즘 왕따 문제가 상당히 심각합니다. 이는 비단 우리나라만의 문제는 아닙니다. 몇 년 전 미국 백악관에서도 상당히 큰 규모로 '왕따 근절을 위한 회의'가 열린 바 있습니다. 회의를 시작하는 연설에서 오바마 대통령은 "오늘 회의의 목적은 왕따가 단순한 통과의례라거나 성장 과정에서 피할 수 없는 현상이라는 인식을 없애는 데 있다. 왕따는 수많은 청소년들의 인생에 파괴적인 결과를 초래하는 만큼 결코 우리 사회가 용인해선 안 된다"라고 강조했습니다. 왕따를 주제로 백악관에서 회의를 했다는 것은 미국도 왕따를 국가 차원의 문제로 바라보고 있다는 의미입니다.

우리 사회 일각에서도 왕따 문제에 대해 "애들이 그럴 수도 있는 것 아니냐. 다 그러면서 크는 거다"라는 시각이 있습니다. 이렇듯 용인하는 태도가 왕따를 확대 재생산합니다. 각종 조사에 따르면 학생들 중 왕따를 당해본 경험이 있는 아이가 네 명 중 한 명에 이릅니다. 더 놀라운 것은 피해 학생 중에서 어른들에게 자신이 겪고 있는 왕따 문제와 관련해 도움을 요청한 아이가 고작 25%에 불과하다는 사실입니다. 나머지 75%의 아이들은 그저 무방비로 당하고 있다는 뜻이죠. 특히 교사에게 도움을 요청한 경우는 6.1%에 그쳐 문제의 심각성을 더하고 있습니다.

학교 내의 왕따 문제를 해결해야 하는 1차적인 주체는 학교입니다. 그런데도 아이들이 교사를 믿고 도움을 요청하는 경우가 극히 적다는 것은 우리 사회가 왕따 문제를 개인 차원에서 해결하도록 방치하고 있음을 보여주는 증거입니다. 아이들은 교사에게 왕따에 대해 의논하는 것을 고자질이라고 생각하는데, 고자질은 또래 집단에서 부정적인 행동으로 인식되고 있습니다. 심지어는 일부 교사들도 아이들의 정당한 신고나 도움 요청을 고자질이라며 폄하하곤 합니다. 그렇잖아도 아이들은 신고를 하면서 혹시 이로 인해 더 큰 2차적 피해를 입지 않을까 두려워합니다. 그런데 신고를 부정적으로 보는 분위기마저 있다면 아이들은 대부분 신고를 포기합니다. 그리고 그냥 혼자서 고통을 감당하죠.

그래서 저는 교사들을 만나면 꼭 부탁합니다. 학기 초에 아이들을 처음 만났을 때 "왕따 사실을 이야기하는 것은 고자질이 아니다. 왕따를 쉬쉬하고 방관하는 게 비겁하고 올바르지 않은 행동이다"라고 꼭 말해달라고요. 교사가 이렇게 정리를 해줘야 아이들이 왕따를 고발하는 데 주저하지 않습니다.

* * *

아이들과 이야기를 해보면 왕따 당하는 아이들은 보통 그럴 만한 이유가 있다고들 말합니다. 사실 제가 보기에도 왕따를 당하게 되는 특성이 있긴 합니다. 하지만 그렇다고 해서 왕따를 정당화할 수는 없습니다. 남의 약점을 이용해 상대를 공격하는 것이야말로 가장 나쁜 행위니까요. <u>개인적으로 특정한 행위를 비판하거나 싫어할 수는 있습니다. 하지만 공개적으로 누군가를 싫어한다고 말하면 그것은 공격에 해당합니다. 우리는 타인을 싫어할 권리는 있지만 드러내놓고 싫다고 표현할 권리는 갖고 있지 않습니다. 거기서 한 발짝 더 나아가 상대를 배제하고 의도적으로 불이익을 준다면 그것은 비도덕적 행위입니다.</u>

그럼에도 왕따의 피해자가 되지 않기 위해서는 스스로 노력할 부분이 있습니다. 왕따를 시키는 것은 나쁜 행위지만 아이들은 종종 나쁜 짓을 저지르니까요. 그 나쁜 짓의 희생양이 되면 너무나 괴롭습니다. 그렇기에 저는 아이들에게 <u>왕따의 주된 표적이 되기 쉬운 3대 원인</u>

에 대해 꼭 설명해줍니다.

첫째, '잘난 척하는 아이'입니다. 자기중심적이고 뭐든 자기 마음대로 하려는 아이, 상대의 말을 듣지 않는 아이, 상대를 무시하는 발언을 많이 하는 아이, 자기 자랑을 일삼는 아이들은 친구를 사귀기 어렵습니다. 사방에 적을 만들죠.

둘째, '잘못된 방식으로 교사에게 주목 받으려는 아이'입니다. 친구의 잘못이나 약점을 잘 이른다거나, 작은 일에도 교사에게 달려간다거나, 툭하면 우는 아이들이 이에 해당합니다. 수업 시간에 아이들이 관심 없을 질문을 지나치게 오래 해서 수업의 흐름을 방해하는 경우도 문제가 됩니다.

셋째, '지저분한 아이'입니다. 외모나 행동이 단정하지 못하고 지저분하면 친구들에게 따돌림 당하기 쉽습니다. 특히 여자아이들은 외모나 청결도에 민감한 반응을 보이죠.

이외에도 신체적, 정서적으로 취약한 아이들이 따돌림을 당하기 쉬운데, 이 경우가 최악의 사례입니다. 공부를 못하거나, 뚱뚱하거나, 얼굴에 흠이 있거나, 행동이 어설픈 아이를 약자로 삼아 집단으로 놀리고 괴롭히는 거지요. 약자를 괴롭히면서 스트레스를 푸는 행위인데 반드시 뿌리 뽑아야 합니다.

왕따는 피해자뿐 아니라 가해자에게도 정신적인 상처를 남깁니다. 아이들은 자기가 강한 존재임을 증명하기 위해 다른 아이를 괴롭히지만, 괴롭히다 보면 오히려 두려운 느낌이 듭니다. '나 역시 누군가에게 괴롭힘을 당할지 모른다', '세상은 정글과 같다', '믿을 사람은 어디에도 없다'는 식의 생각이 들어 마음이 편안하지가 않죠. 그러다 보면 왜곡된 세계관이나 자아관을 갖게 됩니다.

✱ ✱ ✱

사연으로 다시 돌아가 보면, 이 아이는 왕따를 당하는 이유가 앞서 말한 세 가지 중 세 번째에 해당하는 것으로 보입니다. 여드름이 지저분한 것은 아니지만 다른 아이들이 보기에 좋지 않을 정도로 심했나 보군요. 외모가 정말 문제라면 부모가 나서서 도와줘야 합니다. 우선 깔끔한 차림새로 다니도록 신경을 써주세요. 아이가 여드름이 많다면 옷차림에 좀 더 신경을 써야 합니다. 얼굴은 단기간에 해결이 어려우니 옷맵시로 보상을 하는 것이죠. 여건이 된다면 피부과에서 여드름을 적극적으로 치료하는 것도 고려해볼 수 있습니다.

다음으로 자신감 문제가 있습니다. 왕따를 당하다 보면 자신감이 뚝 떨어집니다. 스스로 위축되고 상대의 반응을 지나치게 의식하게 됩니다. 자신의 문제는 영원히 해결하기 어려울 것 같다는 부정적인 사고에 빠지기도 합니다. 그러다 보면 친구들 앞에서의 행동이 더 부자연스러워지죠. 표정은 어둡고, 재미도 없고, 긴장한 얼굴로 늘 다닙니다. 이런 얼굴을 해서야 친구들에게 자신의 장점이나 매력을 드러내 보일 수 없습니다. 결국 친구를 만들기가 더 어려워지죠.

그런데 당장 친구가 없으면 또 어떻습니까? 2~3년 친구가 없다고 해서 큰 문제가 되는 것은 아닙니다. 친구가 영영 없을까 봐 두려워하는 마음이 더 큰 문제지요. '나를 싫어하는 것은 너희들 자유고, 나는 거기에 신경 쓰지 않고 내 할 일에 집중하면서 살겠다'고 마음먹는 것이 좋습니다. 일부러 다른 아이들을 따돌리는 '자따(자기 스스로 다른 모든 아이를 따돌리는 행위)'가 되면 곤란하지만 아이들의 반응에 일희일비할 필요는 없습니다. 천천히 시간을 두고 자신을 좀 더 괜찮은 사람으로 만들어 가면 됩니다. 그리고 그렇게 편한 마음을 가져야 친구를 사귀는 데도 유리합니다.

담임교사와도 만나 반드시 상담을 해야 합니다. 문제 해결을 위해서는 교사가 꼭 나서주어야 하기 때문입니다. 교사의 왕따 해소 교육은 아이들에게 생각 이상으로 큰 영향을 미칩니다.

예전에 이런 실험을 본 적이 있습니다. 교실의 아이들을 두 그룹으로 나눕니다. 그리고 어느 날 담임교사가 "미국의 한 조사를 보니, 키 140cm 이하의 아이들이 열등하고 문제를 많이 일으킨다고 하더라"라고 말한 후, 키가 140cm 이상인 아이들에게 빨간 조끼를 입혔습니다. 그러고는 빨간 조끼를 입지 않은 아이들에게는 발표할 기회를 주지 않고 그 아이들이 하는 일마다 부정적인 평가를 했습니다. 소외된 아이들은 무척 힘들어했지요. 그런데 다음 날 선생님이 "내가 착각했는데 어제 말한 조사 결과는 서양에 해당되고 동양에서는 그 반대라더라"라고 전하며 전날과 정반대로 행동했습니다. 그랬더니 빨간 조끼를 입은 아이들이 전학을 가겠다고 울면서 엄마에게 전화를 거는 등 한마디로 난리가 났습니다.

그다음 날 교사는 이 모든 게 실험이었다는 사실을 밝히고 "너희들도 사소한 이유로 친구를 괴롭히고 차별하고 놀리고 있을지 모른다. 지난 이틀간 경험했듯 이런 행동은 엄청난 상처를 준다. 우리 앞으로

다 같이 조심하도록 하자"라고 독려했습니다. 또한 아이들에게 그동안의 행동을 돌아보고 혹시 친구를 따돌린 일이 있다면 반성하는 시간을 갖게 했지요. 단 한 번의 이러한 교육만으로도 그 반의 아이들은 약자를 조금 더 배려하고 예전보다 사이좋은 반을 만들었다고 합니다.

저는 만나는 교사 분들에게 늘 부탁을 드립니다. 새 학년 초부터 반에 왕따를 막기 위한 교육을 적극적으로 해주십사 하고요. <u>제 경험으로 볼 때 교사가 왕따를 근절하려는 분명한 의지를 갖고 있다면 그 학급은 어지간하면 왕따가 생기지 않습니다.</u> 물론 아이가 따돌림을 당할 소지가 있는 경우라면 부모는 부모대로 노력을 해야겠죠. 이렇게 가정과 학교가 함께 노력한다면 왕따 없는 학교도 결코 꿈은 아닐 것입니다.

Plus Q

사이버 왕따를 당할 경우 어떻게 대처해야 할까요?

...

유무선 통신을 통한 집단 괴롭힘이 요즘 심각한 사회적 문제입니다. 학교 누리집의 학급 게시판에 공개적으로 비난을 하거나 단체 카카오톡(아래 '카톡') 대화방에 불러놓고 욕을 하는 경우가 가장 흔하죠. 가끔은 익명의 메일이나 발신자 표시가 없는 메시지를 통해 괴롭히기도 합니다.

사이버 폭력이나 괴롭힘을 당하고 있다면 카톡을 삭제하고 학급 게시판에 들어가지 말아야 합니다. 익명으로 오는 메일이나 발신자 표시가 없는 메시지는 내용을 아예 보지 않는 게 좋습니다. 그래야 정신적인 상처를 줄일 수 있습니다.

다만 보지는 않더라도 부모가 그 내용을 화면 그대로 캡처해서 잘 보관해야 합니다. 그리고 보관한 내용을 교사에게 전달해 가해자를 찾아내야 합니다. 익명의 메시지든 인터넷 글이든 작성자를 찾아낼 방법이 있으니 어른들이 이 문제를 발 벗고 나서서 해결해줘야 합니다. 사이버 공간에서 하는 욕설은 학교 폭력과 동급으로 취급합니다. 가해자들도 자신의 문제를 알고 반성해야 미래에 더 큰 불이익을 당할 위험을 피할 수 있습니다.

일반적으로 왕따를 당하는 아이들은 부모나 교사에게 사실을 알리길 꺼립니다. 오히려 더 못난 아이로 낙인찍힐 거라는 두려움 때문에 혼자서만 괴로워하죠. 하지만 왕따는 하루라도 빨리 다른 사람에게 알리는 것이 문제 해결에 도움이 됩니다. 사이버 왕따 역시 마찬가지입니다.

"왜 넌 친구 하나 못 사귀니?"
아이도 이미 속상합니다.
친구를 만들고 싶어 합니다.
굳이 부모가 다시 공격할 필요는 없습니다.
"너와 몇 번만 놀면 다 널 좋아할 거야.
친구들과 몇 번 놀 수 있는 방법을 찾아보자."
항상 아이 편이 되어 말하세요.
아이에게 실질적인 방법을 알려주세요.

PART 06

남보다
뒤처질까 봐
불안해요

...

아이들은 모두 공부를 싫어한다고 생각하나요?
만약 그렇게 생각한다면
아이에게 공부를 잘 시키기는 어려울 것입니다.
아이들은 똑똑해지고 싶어 합니다.
인정받기를 원합니다. 당연히 공부를 좋아합니다.
하지만 너무 어린 나이에 시험을 치르고, 문제를 풀고,
외우는 걸 강요받아 공부가 싫어집니다.
어른들은 비교를 통해 상처를 주고,
잘 살려면 공부를 잘 해야 한다고 위협합니다.
상처와 위협 때문에 아이는 공부가 무섭습니다.
안 되니까 좌절감에, 무서우니까 자기를 지키려고 도망갑니다.
아이에게 공부를 시키고 싶다면 아이의 본성을 믿어야 합니다.
본성을 지켜서 키워내야 합니다.

연필을 바르게 잡지 못해요

초등학교 3학년 딸이 연필을 아직도 바르게 잡지 못해 고민입니다. 가운뎃손가락으로 연필 앞을 잡고 네 번째 손가락으로 연필 뒤를 받쳐 쓰는데 아무리 고치려고 해도 고쳐지질 않습니다. 처음 글씨를 배울 때 잡는 법을 제대로 가르쳐주지 않은 게 한이 될 정도입니다. 저는 아이의 공부보다 연필을 바르게 잡는 게 더 중요하다고 생각하거든요. 그러다 보니 아이가 공부나 숙제를 할 때마다 연필 때문에 아이를 야단치고 혼내게 됩니다. 무슨 방법이 없을까요?

한 가지 문제에 너무 집착하지 마세요

부모님이 지금 한 가지 문제에 너무 사로잡혀 있습니다. 아이와 함께 많은 노력을 했는데 아이의 행동이 변하지 않으니 좌절감을 느끼고 계시죠. '내 노력이 도대체 먹히질 않네. 앞으로도 아이 양육에서 내 노력이 무용지물이 되는 것은 아닐까? 그러다 우리 아이가 결국 잘못되지 않을까?' 하는 식으로 걱정이 확장되는 것이 느껴집니다. 걱정은 마음의 안정성을 깨뜨려 해결되지 않는 문제에 더 매달리게 만듭니다. 이 문제를 해결해야만 다른 것도 잘될 것 같아 시간이 갈수록 더 매달리게 되죠.

인생을 살다 보면 어떤 문제가 꼬였을 때 거기에 너무 얽매이는 경우가 있습니다. 지나치게 가치를 부여하고 에너지를 쏟아붓죠. 그런데 한 걸음 떨어져서 그 문제가 정말 그 정도의 가치와 중요성을 가졌는지, 이 문제가 해결되지 않으면 걱정하는 것만큼 심각하고 치명적일지를 생각해보면 그렇지 않은 경우가 대부분입니다. 그저 관성에 따라 매달리는 경우가 많죠. 사람이란 본전 생각 때문에 어떤 문제에 에너지를 쏟을수록 거기서 벗어나기가 더 어려워집니다. 문제는 그렇게 한 가지에만 매달리다 다른 중요한 것들을 놓칠 수 있다는 것입니다.

지금 부모님은 연필 잡는 문제에 너무 매달려 있습니다. 앞으로도 혹시 사소한 문제에 매달려 자녀 양육을 위한 큰 그림을 보지 못하실까 염려됩니다. 아이의 해결되지 않는 문제에 지나치게 매달리면 아이에게 상처를 주기 쉽습니다. 내 마음이 답답하니 아무래도 말은 거칠어지고 훈육에서 이성적인 절제는 어려워지죠. 앞으로 오래 아이에게 공부를 시키려면 관계가 좋아야 할 텐데 고작 연필 잡는 법 때문에 관계를 놓친다면 그야말로 소탐대실입니다.

초등학교 3학년에도 연필 잡기가 어려운 아이들이 제법 많습니다. 그리고 그중 상당수는 안 하는 게 아니라 못하는 것입니다. 검지와 중지로 연필을 감싼 채 쓰는 아이도 드물지 않게 볼 수 있습니다. 원인은 손가락에 힘이 정확히 들어가지 않기 때문이죠. 글씨를 쓸 때 우리는 검지로 연필의 옆면을 누르며 힘 조절을 해서 연필을 움직입니다. 이때 누르는 힘이 충분치 않으면 엄지와 검지만으로 연필을 지탱하지 못하고 결국 중지를 사용해야 합니다. 중학교에 가서야 연필을 바르게 잡는 아이들도 있습니다.

부모님께서는 일단 글씨와 공부를 분리해서 보십시오. 공부는 공부이고, 글씨 쓰기 연습은 따로 시키는 편이 낫습니다. 하루에 10~15분씩 글씨 쓰기 연습을 시키고 공부를 할 때는 연필을 어떻게 잡는지, 글씨를 어떻게 쓰는지는 문제 삼지 마세요.

글씨 쓰기 연습을 할 때는 우선 연필을 쥐는 기술을 익혀야 합니다. 연필심이 내 가슴 쪽을 향하게 책상 위에 연필을 올려놓고 엄지와 검지를 이용해 연필 몸통 중 연필심 바로 윗부분을 양옆으로 잡습니다. 그렇게 잡아서 들어 올린 후 중지로 연필심을 툭 밀어서 반 바퀴 돌립니다. 그러면 엄지와 검지가 연필의 양옆을 잡고, 중지는 아래에 놓이며, 연필 몸통은 자연스럽게 엄지와 검지 사이에 위치합니다. 이것을 50번이든 100번이든 반복해서 연습합니다.

연필을 쥐는 게 어느 정도 익숙해지면 큰 글씨를 써보게 합니다. 큰 글씨로 써야 검지로 조종하는 훈련이 되기 때문입니다. 글자를 쓸 때 손가락의 움직임을 보면, 검지의 첫째 마디와 손목이 움직이고 다른 손가락은 움직이지 않습니다. 다른 손가락은 받쳐주는 역할만 하죠. 매일 10분씩 큰 종이에 한 글자씩 쓰는 연습을 한두 달만 하면 검지에 힘이 조금씩 생깁니다.

　연필 잡기와 검지의 움직임이 자연스러워지면 그때부터는 작은 글씨를 씁니다. 종이에 같은 글자를 작게 여러 번 쓰면서 세밀한 움직임을 연습해갑니다. 다양한 글자를 쓰기보다는 같은 글자를 여러 번 쓰면서 마음에 드는 모양이 어떤 손의 움직임에 의해 나오는지 스스로 발견하게 하세요. 물론 정확한 모양이나 획순은 미리 익혀둬야 합니다. 부모가 시키니 의무감으로 쓰는 것이 아니라 스스로 좋은 글자 모양을 발견해간다는 마음이 들게 격려해주세요. 아이 스스로 잘 쓰고 싶은 마음이 들 때 글씨 쓰는 실력도 빠르게 좋아집니다.

6세 딸아이가 아직 한글을 몰라요

6세 의붓딸을 키우는 엄마입니다. 딸아이의 친엄마는 아이가 3세 무렵에 세상을 떠났고, 제가 새로 가족이 된 지는 1년 남짓 됐습니다. 엄마의 손길을 한창 필요로 할 때 엄마를 잃은 까닭에 아이가 정서적으로 상당히 불안한 모습을 보였지만 지금은 많이 안정을 찾았습니다. 저와의 관계도 상당히 좋아졌고요.

그런데 딸아이가 아직 한글을 모릅니다. 우리 아이는 가나다도 모르는데, 유치원의 같은 반 친구들은 대부분 한글을 읽고 쓰더라고요. 엄마가 떠난 빈자리가 영향을 미쳤나 싶어 걱정스러운 마음에 한글을 가르치기 시작했지요. 아이는 제가 가르치면 꼼짝도 안 하고 열심히 집중하며 들어요. 그래도 물어보면 답을 못하더라고요. 답답해서 이렇게 못하다가는 큰일 난다고 야단을 치는데 그럴 때면 눈물을 뚝뚝 흘리며 잘못했다고 빌어요. 그 모습을 보면 마음이 아픕니다. 부족하나마 친엄마의 빈자리를 채워주고 싶은데, 어떻게 해야 할지 모르겠습니다.

6세엔 아직 한글을 몰라도 됩니다

배 아파 낳은 아이가 아닌데도 아이를 위해 진심으로 노력하시는 모습에 박수를 보내드립니다. 그런데 어머니가 아이들의 학습과 인지 발달에 대해 약간 오해를 하고 계신 부분이 있습니다. 여섯 살이면 한글을 꼭 알아야 하는 나이는 아닙니다. 이렇게 오해가 생긴 이유가 있습니다. 2000년도에 개정된 초등학교 1학년 국어 교과서에서 한글 학습은 불과 6시간만 배정되었죠. 그러다 보니 학부모들 사이에서 조기 한글 학습이나 사교육이 필수적인 것으로 이야기될 수밖에 없었습니다.

2013년부터 개정된 1학년 교과서에서는 한글 학습을 다시 27시간 정도로 늘려놓았지만 여전히 부족합니다. 실제 교육 현장에서는 아이들이 한글을 다 안다고 가정하고 수업을 진행하는 교사들이 존재하는 것도 사실이죠. 이러다 보니 부모들 역시 아이들에게 한글을 되도록 일찍 가르치는 게 좋다고 생각하고, 심지어 경쟁적으로 조기 교육에 나서고 있습니다. 하지만 한글 교육은 만 5세에 천천히 시작해도 충분하고, 이 시기에 잘 안 되면 만 6세에 배워도 무방합니다. 먼저 이와 관련한 몇 가지 연구 결과를 알려드릴게요.

한국교육개발원이 만 5세에 한글을 터득한 아이와 만 6세에 터득한 아이의 초등학교 기간 동안의 학업 성취도를 조사해 비교해봤습니다. 그랬더니 아무 차이가 없었습니다. 심지어 한글을 모르는 채 초등학교에 진학한 아이들도 1학년 2학기가 되면 한글로 읽고 쓰고 국어를 공부하는 데 별 지장이 없었습니다. 학업 성취도는 초등학교 2학년 무렵부터는 차이가 나지 않았고요. 1학년 때 못하면 기가 죽지 않겠나 싶지만 그런 면도 관찰되지 않았습니다. 그러니 만 4~5세 아이들에게 야단을 치면서까지 한글을 가르칠 필요는 없는 것이죠.

영국 케임브리지대에서도 비슷한 연구를 했습니다. 우샤 고스와미 교수 팀은 5세부터 글 읽기를 학습한 아이들과 7세부터 시작한 아이들을 10년 가까이 장기 추적했습니다. 놀랍게도 <u>5세에 글자 공부를 시작한 아이들의 학업 성취도가 7세에 시작한 아이들보다 더 낮았습니다. 읽기 준비가 되어 있지 않은 시기에 무리하게 학습을 시도하다간 장기적인 학업 문제를 일으킬 수 있다는 의미죠. 아이가 스스로 글자를 읽으려 하고 배우길 원한다면 가르쳐주는 것이 좋습니다. 굳이 미룰 필요는 없죠. 하지만 아이가 글자 학습을 싫어한다면 느긋하게 기다려주는 것이 옳습니다.</u>

부모들이 많이 간과하는 것인데, 한글은 간단한 언어가 아닙니다. 소리를 작은 음으로 구분해 인지할 수 있어야 배울 수 있습니다. '여'라는 글자는 'ㅇ'에 'ㅕ'가 합쳐진 것이고, '성'은 'ㅅ'에 'ㅓ'와 'ㅇ'이 합쳐진 것입니다. 각각의 낱글자를 이해할 수 있어야 한글을 정확히 아는 것이지, 그렇지 않다면 통글자를 그림 형태로 외우게 됩니다.

아이들의 머리에 통글자라는 불필요한 기억을 강제로 집어넣으면 장기적으로 학습에 방해 요소가 될 수 있습니다. 우리말의 글자 조합은 수천 개 이상입니다. 통글자로 한글을 익힌다는 것은 수천 개의 글자를 각각 따로 외운다는 것이죠. 머릿속에 수천 개 글자의 모양을 입력해두고 어떤 글자를 보면 그중 무엇에 해당하는지 끌어내서 맞혀야 합니다. 이 과정은 비효율적이고 많은 에너지와 시간을 들여야 합니다. 그래서 아이들은 자주 보는 단어를 통으로 외웁니다. 외우지 않은 낯선 글자는 읽어내지 못하고 넘어가죠. 그러다 보면 읽기는 귀찮고 피곤한 일이 되고 맙니다.

다행스럽게도 처음엔 통글자로 한글을 익힌 아이들도 시간이 지나면 자연스럽게 낱글자로 분해해 받아들입니다. 하지만 불필요한 학습이 괜히 끼어드는 셈이고, 이것이 일부 아이들에겐 글 읽기 속도를 느리게 만드는 원인이 됩니다. 독서에 대한 거부감도 심어주죠.

3세 아이들한테 자전거를 타보라고 하면 어쩔 줄 몰라 합니다. 이때는 무릎관절을 꺾고 어깨를 움직일 수 있는 능력이 발달하지 않았으니까요. 그러다가 4세 정도가 되면 따로 연습하지 않아도 거뜬히 탑니다. 운동능력의 발달이 따라주지 않는 3세 아이에게 자전거 타는 법을 무리하게 가르칠 필요가 없는 것처럼 한글 역시 아이가 음소를 정확히 구분하고 청각 정보와 시각 정보를 통합하는 능력이 생기는 나이, 즉 평균 만 5세가 지난 후부터 가르쳐야 쉽게 배울 수 있습니다. 초등학교에 가서도 한글을 습득하는 데 어려움이 있다 싶으면 그때 전문적인 도움을 받아도 늦지 않습니다.

＊＊

지금은 한글 학습보다 아이가 엄마에게 혹시 너무 잘하려 드는 행동을 보이진 않는지 주의 깊게 살펴봐야 할 것 같아요. 한번 친엄마를 잃었던 아이는 과거와 같은 이별이 재현되지 않을까 하는 두려움을 갖습니다. 두려움으로 인해 아이는 자기를 돌봐주는 사람에게 잘 보이려고 과도하게 노력하죠. 이 아이의 경우에도 내면의 부정적 감정, 불편한 감정은 무의식적으로 억압하고 잘 보이기 위해 긍정적인 행동만 하려는 것은 아닌지 우려됩니다. 엄마가 가르치면 꼼짝 않고 듣고 있는 모습이 마음에 걸립니다.

어머님이 아이의 양육에서 조금만 더 여유를 가져보십시오. 그래야 아이가 혹시 겁을 먹고 있는 것은 아닌지, 불안 때문에 제 감정을 억압하고 있지는 않은지 볼 수 있습니다. 더불어 아이에게 은연중에 '협박'이라는 카드를 쓰지 않도록 주의해야 합니다. 우리 시대에 아이를 키우는 기본 방법은 안타깝게도 '협박'입니다. 사랑하는 아이를 키우면서 사랑에 가장 어울리지 않는 방법을 사용하고 있죠.

예를 들어 "지금 공부 안 하면 커서 바보가 된다"고 흔히 말합니다. 거지가 된다거나 고생한다는 말도 많이 하죠. 그런데 사실 그렇지만은 않다는 것을 우리는 잘 알고 있습니다. 확률상 조금 더 가능성은 있겠지만, 학창시절에 공부를 열심히 하지 않은 사람도 그럭저럭 잘 사는 경우도 많으니까요. 놀랍게도 아이들은 부모의 이런 위협을 다 기억하고 있습니다. 그러고는 크면서 부모의 말이 사실이 아니라고 생각할 때 부모가 하는 모든 말에 대해서 진실성을 의심합니다.

게다가 아이를 불안하게 만들어 공부를 하게 할 경우, 공부가 뜻대로 되지 않으면 아이는 더 불안해집니다. 공부를 못하면 못 산다고 부모가 늘 말했기에 아이 입장에선 노력을 해도 결과가 잘 안 나온다거나 노력하는 것이 뜻대로 안 될 경우 아예 자기 인생을 망쳤다고 생각합니다. 더 이상의 노력을 포기하고 되는 대로 살며 삶의 문제를 회피하죠. 부모 입장에서는 잘하라고 격려한 것인데, 아이 입장에서는 자기 인생은 가능성이 없다고 느끼고 맙니다.

불안이 동기가 되어 공부하는 아이들은 결코 자기 주도적으로 공부를 할 수 없습니다. 창의적인 생각을 펼쳐나가지도 못합니다. 그저 시키는 것만, 시키는 대로 공부할 뿐이죠. <u>아이가 아직 학습을 제대로 받아들이지 못한다면 좀 더 기다려주십시오. 다른 아이와 비교하지 마세요. 사회는 비교해도 부모는 비교하지 않는 것입니다. 부모마저 비교하면 아이는 버티기 어렵습니다. 지금은 그저 아이를 품에 안고 책을 읽어주세요. 또 책을 내려놓고 이야기를 많이 들려주세요. 이것이 어휘를 늘리고 언어를 발달시키는 방법입니다.</u> 함께 놀이를 하며 상호작용도 많이 해주세요. 부모의 품 안에서 부모의 따뜻한 목소리를 들을 수 있을 때 아이는 서서히 불안을 내려놓고 자기 세계를 만들어나갈 수 있을 겁니다.

Plus Q | 방금 읽은 것도 기억을 못하는데, 난독증일까요?

…

난독증이란 두뇌의 일부 영역에 이상이 있어 읽기에 특별한 어려움을 보이는 질병입니다. 지금은 두뇌의 어느 부분에 이상이 있어 난독증이 생기는지도 잘 밝혀져 있고, 이에 대해 적절한 치료를 하면 두뇌 기능이 정상화된다는 것도 입증되어 있습니다. 두뇌 이상이라고 하면 겁을 먹기 쉽지만 음치나 몸치 역시 두뇌의 일부 영역에서 기능의 이상을 보이는 상태입니다. 우리 두뇌는 매우 복잡해서 일부 영역의 기능 이상을 보이는 일이 흔한데, 이런 이상 증상이 일상생활에서 중요한 기능 문제를 초래할 때 질병이라 할 수 있습니다.

일부에서는 아이가 자음의 좌우를 뒤집어서 쓰면 난독증이라고 설명하는데, 이는 난독증의 증상이 아닙니다. 글자를 배우는 초기에 흔히 나타나는 현상이죠. 또 청지각이나 시지각의 이상으로 설명하는 경우도 보는데 이 역시 잘못된 것입니다. 난독증은 소리(음절)를 들었을 때 음소로 구별하는 기능에 이상이 있는 것입니다.

일반적인 사람들은 '독'이란 소리를 들으면 자연스럽게 'ㄷ', 'ㅗ', 'ㄱ'의 소리로 나눠 듣고 이를 문자로도 나타낼 수 있습니다. 또 '강'이란 글자를 보면 이 글자가 'ㄱ', 'ㅏ', 'ㅇ'의 자소로 구성되었음을 알고 그 자소의 소릿값을 떠올립니다. 그러고는 함께 묶어 '강'이란 소리를 만들어낼 수 있고, 마침내 그 소리를 통해 자신이 아는 흘러가는 강의 의미까지 떠올리죠.

우리는 글자 모양을 보고 아는 것이 아니라 속으로 소리 내어 읽으면서 소리를 통해 의미를 떠올립니다. 사람은 언어를 처음 배울 때 눈이 아닌 귀로 들어 익히기 때문입니다. 시간이 지나면 반복 학습을 통해 글자만 봐도 의미 파악이 되는 단어가 늘어나지만(이것을 일견단어(一見單語), 한번 보면 의미를 아는 단어라고 합니다.), 익숙하지 않은 단어의 경우 자기 머릿속에서 글자를 소리로 만들어내고, 소리로 의미를 파악해야 합니다.

난독증을 앓는 경우 이런 읽기 과정이 원활하지 않습니다. 그냥 통글자를 모양으로 외우거나 때로는 단어를 통째로 외우게 되죠. 모든 글자를 통으로 외워야 하니 머릿속에 수많은 글자판이 필요하고 그러다 보니 읽는 속도가 느려집니다. 배우는 데도 시간이 많이 걸리게 되죠.

난독증을 가진 아이라 하더라도 영원히 읽기가 안 되는 것은 아닙니다. 나이를 먹으면 대다수는 정확히 읽을 수 있게 됩니다. 다만 읽는 데 시간이 걸리고, 읽는 속도를 높이려다 보니 대충 짐작으로 읽어 잘못 읽곤 합니다. 우리는 책을 읽을 때 글자 읽기에는 아주 작은 에너지만 쓰고, 읽은 내용을 파악하거나 앞으로 나올 이야기를 상상하는 데 대부분의 에너지를 사용합니다.

그런데 난독증을 앓는 아이들은 글자 읽기에 많은 에너지가 들어갑니다. 그러다 보니 책을 읽어도 내용을 파악하는 것이 어려워 재미를 느끼지 못합니다. 누가 읽어주면 내용을 잘 아는데, 스스로 읽으려고 하면 내용 이해를 못하는 경우가 많죠. 그래서 읽기를 더욱 기피하게 되고, 그러다 보니 독서량에서 뒤처지며, 결국 어휘력이나 독해력이 떨어져 학습에도 심각한 지장이 생깁니다.

아이가 방금 읽은 것을 기억하지 못한다면 난독증 증상일 수도 있고 다른 여러 원인 탓일 수도 있습니다. 기억력의 문제일 수도 있고 이해를 못하는 것일 수도 있죠. 원인이 무엇인지는 좀 더 자세히 알아봐야 합니다. 원인을 정확히 알아야 아이를 제대로 도와줄 수 있을 테니까요. 이를 위해서 우선 전문가의 진단이 필요합니다. 그리고 만약 난독증이라면 음운 인식 훈련 등 읽기를 위한 기초 훈련을 꾸준히 시켜야 합니다. 치료 개입 시기가 너무 늦지 않았다면 아이는 오래지 않아 많이 좋아질 것입니다.

취학 전 아이, 얼마나 가르쳐야 할까요?

> 4세, 5세 연년생 딸을 둔 엄마입니다. 요즘 또래 엄마들이 모이면 아이들의 사교육 얘기로 불꽃이 튀어요. 아이가 한글을 깨쳤는지, 영어는 어느 정도 하는지 서로 묻고 재고 야단법석입니다. 저나 남편은 아이가 학교에 들어가기 전까지는 실컷 놀게 하자는 생각인데, 엄마들 사이에서 얘기를 듣고 있노라면 은근히 불안해집니다. 곧 있으면 6세가 되는 첫째 아이에게 하는 교육이라곤 하루에 책 한 권 읽어주는 게 전부거든요. 취학 전에 어느 수준까지 가르치는 게 적절한 걸까요? 신체 발달 지표처럼 학습도 나이별로 정해진 기준표가 있나요?

아이에게 정말 필요한 관심을 보여주세요

아이의 나이에 따른 인지 발달 수준을 평가하는 지표가 있기는 합니다. 또 유치원에서도 연령별로 학습 목표를 세워두고 있죠. 그런데 아이가 어릴 때는 목표나 평가 기준을 그리 중요하게 여기지 않습니다. 어린 시절에는 발달이 늦다가 나중에 빨라지는 경우도 많고 그 반대의 경우도 흔하기 때문입니다. 한마디로 현재의 발달 수준을 가지고 아이의 미래 모습을 예측할 수는 없습니다. 예를 들어 한글을 빨리 깨쳤다고 해서 아이가 나중에 국어 공부를 잘하느냐 하면 꼭 그렇지는 않습니다. 정확히는 '관계가 없다'고 해야겠지요. 아인슈타인만 해도 어릴 때의 수학 실력은 형편없었습니다.

유아기에 부모가 주의 깊게 봐야 할 의미 있는 발달 영역은 학습이 아니라 운동과 언어 발달입니다. 왜 이 영역들에 주목해야 하냐면 이 영역에서 뚜렷한 지연을 보이는 경우 나중에도 문제가 지속되는 경우가 많기 때문입니다. 언어 발달이 1년 이상 지연되거나 운동 발달이 또래보다 현저히 늦어지는 경우, 그러한 발달 지연이 성인기까지 이어지는 일이 흔합니다.

앞에서도 언급했지만 현재의 교육과정에서 한글 학습은 이제 유치원 과정에서 일부 진행하도록 내려왔습니다. 예전처럼 초등학교에 들어가서 한글을 처음 배우는 것은 아니죠. 하지만 유아 교육에서 한글이나 수 학습은 여전히 중심적인 학습 목표는 아닙니다. 정서적인 안정감을 획득하고, 사회의 규칙과 다른 사람과 관계 맺는 기술을 배우며, 기본 인성을 확립하는 것이 가장 중요한 목표입니다. 인지 발달상으로는 다양한 사물을 직접 경험하면서 사물의 연관성을 찾아나가야 하는 시기입니다. 이 과정을 생략한 채 글자에 집착하게 되면 아이들이 습득할 수 있는 능력의 최대치가 제한될 수 있습니다. 생각하는 힘이나 생각의 깊이가 충분히 자라지 못하기 때문이죠.

예를 들어 글자를 일찍 뗀 아이들에게 그림책을 보여주면 주로 글자를 따라 읽곤 합니다. 그런데 그림책에서 글은 그림책이 담고 있는 내용 중 아주 작은 부분에 불과합니다. 그림이 주는 메시지가 많고 색이나 구성, 형태 등이 모두 의미를 담고 있습니다. 글자에만 집중하다 보면 그 외의 다양하고 풍부한 메시지나 작가가 의도했던 바를 놓치게 됩니다. 책을 깊이 있게 이해하지 못하는 거지요.

반면 글자를 아직 모르는 아이들은 혼자서 그림책을 볼 때 전체로서 그림책을 경험합니다. 부모가 읽어준 내용을 떠올리면서 거기에 자기만의 이야기를 덧붙여 상상하고, 책에 있는 다양한 장치에도 충분히 주의를 기울입니다. 글자를 아는 아이들이 그림책에 더 쉽게 다가가고 좋아할 것 같지만, 오히려 글자를 모르는 아이들이 그림책을 더 좋아하고 한 가지 책을 더 반복해서 보는 경향이 있습니다. 여러 번 읽으니 이해의 폭도 깊어지죠.

그렇기 때문에 유아에게 그림책을 읽어줄 때는 글자에 집착하기보다 그림을 바탕으로 이야기를 자유롭게 지어내서 읽어주기를 권합니다. 한 글자 한 글자 똑바로 읽어주는 것은 아이가 이야기의 줄기를 따라갈 수 있을 때 하는 게 좋습니다. 이야기의 흐름을 따라갈 수 있는 나이는 대개 만 4세 정도입니다. 그 전에는 이야기보다는 한두 가지 장면에 흥미를 보이는 경우가 많습니다. 그때는 그림을 보면서 이런저런 이야기를 지어내는 편이 좋습니다.

그런데 많은 부모들은 그냥 무조건 처음부터 끝까지 읽으려고 듭니다. 그러면 아이는 딴생각을 하기 쉽습니다. 아까 본 재미있는 그림을 떠올리거나 재미있었던 말을 곱씹고 있죠. 그걸 모르고 부모는 왜 열심히 안 듣나 싶어 짜증을 냅니다. 성격이 급한 부모는 "듣는 거야, 안 듣는 거야!" 하며 혼을 내기도 하죠. 애써 시간을 내서 그림책을 읽어주려다 결국 아이에게 상처만 주게 되고, 아이는 그림책 보는 시간이 즐겁기보다는 괴로운 시간이 될 수 있습니다. 머리에 남는 것도 안 좋은 기억일 뿐이죠. 이런 아이들은 결국 책 읽기를 싫어하게 됩니다.

✳ ✳ ✳

아이들에게는 자신의 발달 수준에 맞는 교육이 필요하지, '진도를 빨리 빼는 것'은 중요하지 않습니다. 이 시기에는 꼭 필요한 것만 뽑아서 효율적으로 공부하는 것이 아니라 <u>무엇이든 깊이, 충분히, 제대로 경험하는 것이 중요합니다</u>. 아이들에게 주어진 시간은 똑같습니다. <u>무언가 하나를 한다는 것은 다른 무언가를 놓치는 것입니다</u>. 한글, 영어, 숫자를 열심히 가르친다면 그 시간에 달리 경험하고 배울 무언가를 놓치는 것입니다. 그리고 그렇게 놓치고 경험하지 못한 것이 아이에게는 더 중요한 것일 수도 있습니다.

아이를 방치하라는 것이 아닙니다. 가능한 한 아이와 더 많이 놀고, 더 많은 이야기를 나누며, 아이가 탐색하는 것을 관찰하세요. 많은 지식을 쌓는 것이 중요하지 않습니다. (유아기에 쌓은 지식은 시간이 지나면 대부분 잊어버리죠.) 그보다는 아이 자신이 탐색하는 것을 좀 더 해보도록 격려해주세요. 부모는 앞서 갈 필요 없이 한 발 뒤에 서서 살짝 거들어주면 됩니다. 되도록 <u>추상적인 개념이 아니라 감각을 통해 실제 사물을 느끼도록 도와주고, 편안한 조건에서 생생한 생활 속 언어로 아이</u>

에게 이야기를 들려주세요.

유아기에 한글과 영어를 가르치지 않는다고 해서 '아무것도 하지 않는' 것은 아닙니다. 불안해하지 마세요. 아이에게 관심을 갖고 있고 아이의 관심사에 맞춰 부모가 아이를 돕고 있다면 잘하고 있는 것입니다. 그대로 흔들림 없이 꿋꿋이 나아가기를 응원합니다.

? **Plus Q** **아이에게 책을 읽게 할 때 소리 내서 읽게 하는 게 좋을까요?**
…

아이가 글자를 읽기 시작하면 부모는 밥을 안 먹어도 배부른 느낌입니다. 한 글자 한 글자 읽어가는 아이의 귀여운 목소리가 사랑스럽죠. 하지만 얼마 지나지 않아 아이에게 한마디 하고 싶어집니다.

"그게 아니잖아. 잘못 읽은 것 같은데."
"빼먹고 읽으면 안 되지. 쓰여 있는 글자는 제대로 다 읽어야지."

이제 아이에게 독서는 부담스러운 일이 되고 맙니다. 즐겁게 시작한 책 읽기가 혹시 틀려서 한 소리 들을까 봐 눈치 보며 하는 의무가 되고 말죠.

일부 아동교육 서적에는 아이에게 책을 읽게 할 때는 가급적 소리를 내서 읽게 하라고 쓰여 있습니다. 말도 안 되는 이야기죠. 어른들에게도 책을 읽을 때 소리를 내서 읽으라고 하면 독서는 즐거운 활동이 되기 어렵습니다. 독서를 할 때 들이는 에너지 중 글자 읽기에는 10% 이하의 에너지를 써야 합니다. 90% 이상의 에너지를 읽은 내용을 이해하고, 다음 내용을 예상하고, 자신이 알고 있던 기존 정보와 이어서 생각하는 데 써야죠. 그래야 독서가 즐거운 활동이 됩니다.

그런데 소리를 내서 읽게 되면 우리는 에너지의 상당 부분을 읽는 활동에 들여야 합니다. 소리를 내기 위해서는 추가적인 에너지가 들고, 귀로 들리는 자기 목소리를 듣는 데도 에너지가 듭니다. 거기다 제대로 읽고 있는지 계속 스스로 감시하며 읽어야 하죠. 그러다 보니 내용이 머리에 들어오지 않습니다. 독서의 재미가 사라지죠.

물론 읽기능력을 키우기 위해서는 소리 내어 읽기가 도움이 됩니다. 제대로 읽는지 옆에서 짚어주는 것도 도움이 되죠. 그런데 그런 독서는 하루에 15분 정도면 충분합니다. 정확한 읽기기술을 가르치기 위한 활동과 아이들의 자율적인 독서는 구별해야 해야 합니다. 그래야 아이가 책 읽기를 즐거운 활동으로 받아들입니다.

전문가들은 읽기능력을 키우기 위한 책읽기 활동을 할 때는 한 권을 여러 번 반복해서 읽게 합니다. 같은 책을 읽으며 최대한 속도를 내도록 하죠. 정확성도 중요하지만 읽기능력의 발전에는 속도 역시 중요하니까요. 물론 이런 활동은 아이가 매우 지루해하기 때문에 하루에 15분을 넘지 않도록 계획을 세워서 해야 합니다.

아이가 책을
안 읽으려고 해요

초등학교 5학년인 큰딸이 책을 통 읽으려 들지 않아 걱정입니다. 거실에 책장을 놓고 입소문 난 전집은 다 들여놨지만 책 보기를 돌멩이 보듯 해요. 책 좀 읽으라고 잔소리를 하면 마지못해 몇 페이지 읽는 척하다간 치워버리고 기껏 보는 책이라곤 겉장이 다 닳아버린 오래된 만화책입니다. 제가 워킹맘이다 보니 퇴근하면 피곤에 절어 애들 밥만 겨우 먹여 재우는 데 급급했어요. 그래서 책 읽는 습관을 길러주지 못한 것 같아요. 자신이 좋아하는 만들기를 할 땐 몇 시간이고 몰입하는 걸 보면 집중력에 문제가 있는 것 같진 않습니다. 초등학교 때 책을 안 읽어두면 중학교에 가서 후회한다는데, 어떻게 하면 우리 아이에게 독서 습관을 들일 수 있을까요?

취향에 맞는 책부터 함께 읽어가세요

지금 5학년이라면 독서 습관을 잡을 수 있는 가장 중요한 시기는 지났다고 볼 수 있습니다. 아이의 독서 습관을 들이는 데 중요한 시기는 두 번 있습니다. 우선 초등학교 입학 전입니다. 유아기에 부모가 책을 많이 읽어주고 책 읽기가 즐거운 활동이라는 것을 느끼도록 도와주면 아이는 독서를 여가 생활의 일부로 자연스럽게 받아들입니다. 이 시기에 독서에 친숙해진 아이들은 굳이 권하지 않아도 스스로 책을 집어 듭니다.

중요한 것은 독서가 '여가 생활'이어야지 공부 또는 의무가 되면 곤란하다는 것입니다. 요즘 '책 육아'가 유행하면서 아이들에게 읽힐 책 목록을 정하고 진도 나가듯 경쟁하며 책을 읽게 하는 부모도 있습니다. '책 육아'의 잘못된 방식이죠. 억지로 읽게 해도 독서능력은 자라겠지만 책에 대한 호감은 갖지 못합니다. 책 읽기를 스스로 즐기지 않는 아이들은 자기주장을 강하게 하는 나이가 되면 더 이상 책을 보지 않게 됩니다. 억지로 시켜서 하는 일의 운명이 원래 그런 법이죠. **아이 스스로 독서를 일종의 즐거운 놀이, 시간을 보내기에 좋은 여가 활동이라고 생각할 때 사춘기 이후에도 꾸준히 책 읽기를 이어갈 수 있습니다.**

책 읽기 습관을 만드는 데 있어 두 번째로 중요한 시기는 아이들의 사고가 풍부해지는 초등학교 3,4학년입니다. 여자아이들은 대체로 인지 발달이 조금 빠르기 때문에 3학년, 남자아이들은 4학년인 경우가 많은데, 이 무렵의 아이들에게 권장하는 도서들을 보면 이전 시기에 비해 내용이 좀 어려워지고 호흡도 길어집니다. 그래서 그 전까지 책을 잘 읽던 아이들도 이맘때부터 책을 멀리하는 경우가 있습니다. 긴

호흡을 갖고 이야기 줄기를 따라가야 재미를 느낄 수 있는데, 이것이 버거워지는 거죠. 읽다 보면 앞의 이야기가 가물가물해지며 생각이 안 나 책 읽기가 재미없다고 말하는 아이를 종종 보게 됩니다.

그래서 이 시기의 아이들은 부쩍 만화책이나 흥미 위주의 책을 찾곤 합니다. 어느 부분을 골라 읽어도 재미를 느낄 수 있는 호흡이 짧은 책들이죠. 단거리만 뛰다가 장거리를 뛰려면 힘이 들듯 일시적으로 버거워하는 것이니 부모가 함께 책을 읽으며 책 읽기를 거들어주면 큰 도움이 됩니다. 이 고비만 잘 넘기면 분량이 제법 긴 책도 읽어낼 수 있게 되고, 책에 재미를 붙여 본격적으로 책을 가까이하게 됩니다.

독서의 즐거움은 짧고 압축적인 문장, 촌철살인의 재미에서도 오지만 역시 복잡다단한 삶의 이모저모를 보여주는 구성의 묘미에서 오는 경우가 많습니다. 이야기의 흐름이 길고 구성이 복잡한 책은 처음 잡을 때는 부담스럽지만 막상 읽어 들어가면 큰 즐거움이 있죠. 이런 책들을 소화하기 위해서는 그에 걸맞은 독서능력이 필요합니다. 그런데 이 고비를 넘지 못한 아이들은 책에 대한 흥미가 떨어지고, 부모나 학교의 강요에 의한 책 읽기만 겨우 하게 됩니다.

***

아이가 독서를 싫어하도록 만드는 부모의 태도가 몇 가지 있습니다. 그 첫 번째가 바로 강요하는 책 읽기입니다. 부모가 "누구는 책을 몇 천 권 읽었다더라" 하며 남과 비교하고 경쟁하는 분위기를 만들면 아이들, 특히 독서능력이 좀 떨어지는 아이들은 책에 반감을 갖게 됩니다. 심해지면 책만 생각해도 짜증이 나는 지경에 이르지요. 독서의 즐거움은 아예 남의 나라 이야기가 되어버리고 맙니다.

두 번째는 아이가 읽지 않으려는 종류의 책을 자꾸 권하는 것입니다. 부모가 보기에 아무리 중요하다 싶은 책이라도 아이가 그 분야에는 흥미가 없을 경우 자꾸 들이밀면 책 읽기 자체가 버겁게 느껴집니다. 상당수 부모들은 전집을 들여놓고 앞에서부터 차례대로 읽기를 강요합니다. 이게 얼마짜리인 줄 아냐며 한 권도 빼놓지 말고 다 읽으라고 종용하는 경우도 종종 보게 됩니다. 그런 강요는 아이들에게 독서를 즐거운 활동이 아닌 지루한 의무처럼 느끼게 해 결과적으로 책을 멀리하게 만들 뿐입니다.

<u>책은 무엇보다 아이가 흥미를 갖는 분야를 통해 익숙해져야 합니다. 늘 좋아하는 쪽만 읽으려고 하면 어쩌나 걱정할 수 있지만, 많이 읽다 보면 인근 분야로 관심의 폭이 넓어지는 경우가 일반적입니다.</u> 독서에 필요한 기초 능력으로 독서의 속도가 있습니다. 일정한 속도로 책장이 넘어가지 않을 경우 책 읽기는 재미가 없어집니다. 주의가 분산되고 자꾸 멈추게 되죠. 또한 머릿속에서 지나간 내용을 기억하고 새로운 이야기를 덧붙여가는 능력도 중요합니다.

이런 능력은 성장하면서 조금씩 자라나지만 훈련에 의해 길러지기도 합니다. 그리고 이 훈련에 가장 좋은 방법은 흥미 있는 분야의 책을 읽는 것입니다. 아무래도 흥미가 있으면 주의력을 최고로 발휘할 수 있고, 그러다 보면 이야기의 흐름을 따라가기도 쉽고 독서 속도도 빨라지죠. 그렇게 길러진 독서능력은 다른 분야의 책을 읽을 때도 도움이 됩니다.

<u>아이의 독서 취향을 넓혀주고 싶다면 아이가 좋아하는 것을 출발</u>

점 삼아 부모가 바라는 방향으로 징검다리를 놓아주세요. 예컨대 아이가 공룡 그림책을 좋아하는데 부모는 창작 그림책을 좀 읽히고 싶다면 공룡이 나오면서 스토리가 있는 책, 나아가 공룡과 좀 비슷한 괴물이 나오는 이야기책으로 목록을 조금씩 확장해나갑니다. 또 아이가 좋아하는 그림책은 혼자 보게 두고 부모가 읽히고 싶은 책은 직접 재미있게 읽어주기도 합니다. 이런 과정을 통해 편향성을 조금씩 줄일 수 있습니다.

독서를 싫어지게 하는 부모의 세 번째 태도는 아이에게만 책을 읽으라고 하는 것입니다. 부모는 늘 드라마를 보거나 휴대폰만 만지작거리면서 아이에게는 책 좀 읽으라고 야단친다면 아이들은 내심 '재미있는 건 엄마 혼자 다 하려 한다'는 불만을 갖게 됩니다. '내가 힘이 좀 더 생기면 나도 책 안 읽고 휴대폰을 갖고 놀아야지' 하는 마음을 품게 되죠. 결국 독서는 억지로 하는 일이 되어 관심에서 점점 멀어집니다.

아쉽게도 가장 중요한 시기는 놓쳤지만 그렇다고 기회가 없는 것은 아닙니다. 힘은 더 들겠지만 조금 더 열심히, 시간을 두고 노력하면 됩니다. 부모님께서 지금부터라도 아이의 취향에 맞는 책을 매개로 아이가 부담 없이 독서에 접근하도록 도와주면 좋겠습니다. 아이가 만들기를 좋아한다니 만들기에 대한 책부터 시작해서 만들기 솜씨를 높이는 데 도움이 되는 책, 만들기를 잘하는 사람에 관한 책 등으로 반경을 넓혀가는 거지요. 인물과 관련한 책은 너무 위대한 인물 말고 현실적이고 친근한 인물의 에세이나 자서전 등을 먼저 접하게 하는 것이 좋습니다.

이야기를 좋아한다면 재미난 소설도 좋습니다. 부모들이 어린 시절에 읽었던 동화책이 우선 떠오르겠지만 그보다 훨씬 재미난 동화들도 많이 나와 있으니 고전 동화책 위주로 고르지는 마세요. 국내 작가가 쓴 현대 창작동화 중에 실감나고 재미난 책이 더 많습니다. 공공 도서관 사서의 도움을 받아도 좋고, 인터넷 서점에서 재미있다는 댓글이 많은 책부터 우선 권해보세요. 책과 친해지는 초기에는 '재미있는' 책을 고르는 것이 가장 중요합니다.

또 한 가지 팁을 드리자면 부모가 바쁘고 힘들더라도 아이와 함께 책을 보기를 권합니다. 꼭 나란히 앉아 읽지 않더라도 부모도 아이가 읽는 책을 함께 읽으면서 책에서 특별히 재미있었던 부분, '빵 터졌던' 부분 등을 함께 이야기해보세요. (교훈적인 내용을 토대로 한 설교는 아이의 짜증을 유발하기 십상입니다. 아이에게 책의 내용에 대해 자꾸 질문하는 것도 독서 의욕을 떨어뜨립니다. 독서 토론은 재미난 것 위주로 하는 것이 좋습니다. 진지한 질문은 아이가 꺼낼 때까지 기다리세요.) 이렇게 함께하다 보면 아이가 틀림없이 자신이 좋아하는 분야에서 부모와 뭔가를 공유하는 것에 흥미를 느낄 겁니다. 일단 책에 대한 아이의 거부감이나 부담감을 없애고 활자와 읽는 행위에 익숙하도록 만들면 아이의 독서 확장은 한층 수월해질 것입니다.

Plus Q. 아이의 책 읽기 자세를 바로잡아줘야 할까요?

…

아이들은 책을 읽다 보면 몸을 뒤틀고 자세를 자주 바꿉니다. 아주

독특한 자세로 책을 읽는 아이들도 있죠. 그 이유는 아이들의 낮은 각성도에 있습니다. 아이들은 정신이 깨어 있는 수준이 어른들만큼 높지 않습니다. 같은 자세로 오래 있으면 금방 졸음이 오죠. 그래서 몸을 움직이거나 손톱을 뜯는 등의 방식으로 스스로의 각성도를 높입니다. 특히 수업 시간에 손톱을 뜯는 아이들이 많은데, 이런 행동은 주의력이 부족해서가 아니라 오히려 주의력을 유지하기 위한 행동입니다. 그러니 아이에게 바른 자세로 가만히 앉아 책을 읽도록 요구하지 마세요. 특히 7, 8세에 바른 자세로 책을 읽으라고 강요하면 책만 읽으면 졸려 하거나 독서를 몹시 지루한 일로 치부할 수 있습니다.

책 정리에 대한 부모들의 개념도 좀 바뀌어야 합니다. 초등학교 저학년까지는 책이 손에 금방 닿는 곳에 있어야 아이들이 부담을 느끼지 않습니다. 서점에 가보면 책꽂이에 꽂혀 있는 게 있고 좌판에 있는 것이 있는데, 보통 우리는 좌판에 놓인 책에 손이 먼저 갑니다. 집에서도 마찬가지입니다. 아이들이 책을 많이 읽기를 바란다면 책을 책꽂이에서 빼놓는 게 오히려 도움이 됩니다. 몇 권 정도는 일부러 바닥에 늘어놓는 것도 아이의 손이 책에 닿을 수 있게 하는 방법 중 하나입니다.

또 이 책 저 책 찔끔찔끔 읽는 것도 나쁘지 않습니다. 아이들의 독서는 어른과 달라서 한 권 꺼내서 보다가 생각나면 그와 연계된 책을 또 꺼내 읽는 과정을 반복하며 사고를 확장합니다. 깔끔한 서재가 부모들의 바람일 수 있지만 아이의 독서에는 그다지 도움이 되지 않습니다.

7세 아이,
학교에 보내도 될까요?

1월생인 아들은 또래에 비해 키도 크고 인지 발달도 빠른 편입니다. 어쩌다 보니 어린이집에서도 한 살 윗반에서 생활했어요. 반 친구들이 모두 내년에 초등학교에 입학하는데 아이도 당연히 같이 간다고 생각하네요. 유치원 선생님들도 아이 성격이 내성적이긴 하지만 학습능력이 떨어지지 않으니 일찍 보내도 괜찮을 것 같다고 말씀하시고요.

그런데 요즘은 1, 2월생이 빨리 입학하는 제도도 없어졌고 학교를 일찍 보내면 아이가 치인다며 제 나이에 보내는 게 추세라고 하네요. 제 경험을 생각하면 또래보다 인생에서 1년을 앞서가는 셈이어서 일찍 보내고 싶은데, 주변에선 조기 입학의 부작용이 많다며 만류합니다. 조기 입학에 대한 선생님의 조언을 듣고 싶습니다.

네 가지 체크 포인트를 확인하세요

예전에는 1, 2월생 아이들이 7세에 학교에 입학했지요. 그러다가 2003년생부터 제도가 바뀌어 1월부터 12월까지 같은 해에 태어난 아이들이 함께 초등학교에 입학합니다. 1, 2월생 중 워낙 입학유예자가 많다 보니 불편을 해소하기 위해 제도 자체가 바뀐 것입니다. 대신 먼저 입학하고 싶은 사람은 따로 신청해 조기 입학할 수 있습니다.

부모들 사이에선 조기 입학에 대해 부정적인 의견이 많습니다. 친구들 사이에서 따돌림을 당할 수 있다거나 학교 적응에 어려움을 겪는다는 등의 이유를 대죠. 하지만 실제 연구를 통해 살펴보면 조기 입학한 아이들의 학교생활 적응에는 큰 문제가 없습니다. 저는 1, 2월생들은 학교에 일찍 입학해도 문제없다고 생각합니다. 차이가 그리 크지 않기 때문입니다. 전년도 12월생이나 올해 1월생이나 한 달 차이에 불과합니다. 물론 3학년 정도까지는 적응도에 차이가 날 수 있습니다. 옛말에 '오뉴월 하루해가 무섭다'고 했듯, 다만 몇 달이라도 '햇빛을 받은' 시간이 있으니 어느 정도 격차가 있을 수 있죠. 하지만 4학년쯤 되면 출생 시기에 따른 차이는 거의 사라집니다.

부모들이 조기 입학을 걱정하는 데는 아이가 처음부터 뒤처지지 않았으면 싶은 마음이 큽니다. 아이가 뒤처진 채 출발하면 자존감 형성에 부정적인 영향을 미치지 않을까 염려하죠. 물론 일리는 있습니다. 그런데 그 여부는 부모의 태도에 달려 있다고 해도 과언이 아닙니다. 아이가 좀 뒤처지는 모습을 보이더라도 "그런 거 별 상관없어. 어릴 땐 잘하고 못하고가 중요하지 않아. 지금의 네 모습이 전부가 아니란 다"라며 편하게 대해주면 부정적인 자아상이 형성되지 않습니다. 반면 "너 이러다가 점점 뒤처진다. 다른 애들은 잘하는데 넌 왜 못하냐?"라고 하면 당연히 자아상이 왜곡되겠지요.

그렇다면 학교를 일찍 보낼지, 아니면 기다릴지를 어떻게 정할까요? 관건은 우리 아이가 학교에 다닐 준비가 되었는지의 여부입니다. 보통 네 가지를 확인하면 됩니다.

첫째, 기본적인 자기 관리가 가능해야 합니다. 입학 후 초기에만 등하교를 도와주면 길을 잃지 않고 학교를 오갈 수 있어야 합니다. 책가방 등의 소지품을 챙길 수 있고 화장실도 혼자서 다녀올 수 있어야 합니다.

둘째, 다른 사람과 말로 소통하는 데 어려움이 없어야 합니다. 선생님이나 친구들에게 자기 생각과 원하는 바를 표현할 수 있어야 하고, 남의 말에도 귀를 기울일 수 있는 수준이 되어야 합니다.

셋째, 또래와 어울릴 수 있는 능력을 갖춰야 합니다. 아이가 친구와 전혀 못 어울리고 혼자서만 지낸다면 초등학교 생활에 적응하기가 어렵습니다. 학교생활에 재미를 느낄 수도 없죠. 기질상 어울림 능력이 취약한 아이들이 있습니다. 친구에게 어떻게 다가가야 할지 모르는 아이들이죠. 또 기분이 나쁠 때면 자제를 못하고 부정적인 감정을 행동으로 다 드러내는 아이도 있습니다. 이런 경우엔 학교생활이 많이 어려워집니다.

넷째, 40분 동안 자기 자리를 지킬 수 있어야 합니다. 초등학교 수업 시간은 40분씩입니다. 여기에 적응할 수 있어야 합니다. 물론 선생님들이 40분 내내 일방적으로 얘기만 하는 것은 아니지만 15~20분 동안은 선생님의 말씀을 귀 기울여 듣고 설명의 흐름을 따라갈 수 있어야 합니다.

이 네 가지가 준비되어 있나요? 만약 그렇다고 판단된다면 조기에 입학시켜도 별 문제가 없습니다.

? Plus Q 초등학생 아이를 마냥 놀게 둬도 될까요?

…

부모들은 흔히 말합니다. "이제 그만 놀고 공부 좀 해야지." 워낙 많이들 하는 말이어서 당연한 듯 들리지만 좋은 표현이 아닙니다. 무엇보다 어린 시절에 놀이와 공부를 분리해서 바라보게 하면 곤란합니다. 아이들은 놀이를 좋아합니다. 그런데 놀이를 그만하고 공부를 하라고 하면 공부는 자연스럽게 괴롭고 싫은 일이 됩니다.

아이들에게는 노는 것도 공부입니다. 어린 시절에는 놀이를 통해 신체를 발달시키고 사회적인 규칙도 배우게 됩니다. 놀이 과정에서 배우는 지식도 결코 적지 않습니다. 창의적으로 문제를 해결하는 방법도 배울 수 있죠. 학원에 가서 문제를 풀고 책 속의 지식을 머리에 집어넣는 것만이 공부가 아닙니다. 오히려 놀이 과정에서 관계의 형성과 유지 등 사회생활의 기초 능력과 문제 해결 기술을 더 많이 배웁니다.

이런 말씀을 드리면 매일 하는 컴퓨터게임이 무슨 공부가 되겠냐고 반문하는 부모도 있습니다. 하지만 여러 연구 결과를 보면 컴퓨터게임 역시 아이들의 두뇌 기능 향상에 긍정적인 효과를 갖고 있습니다. 다만 지나치게 많이 하거나 다른 여가 활동을 갖지 못할 때가 문제인 것이죠.

아이에게 놀이와 공부를 분리해서 이야기하지 마세요. 공부는 괴로운 것이고 공부하면서 받는 스트레스를 놀면서 풀어야 한다고 생각하면 공부는 점점 괴로운 일이 되고 맙니다. 실제로는 공부 역시 즐거움을 줄 수 있고, 놀이에서도 많은 것을 배울 수 있습니다.

가끔 "지금이 좋을 때다. 좀 있으면 공부하느라 고생깨나 할 거다"라는 말도 듣게 됩니다. 그런 말은 아이에게 '지금 노는 것은 너무 좋은데 좀 지나면 괴로운 공부가 기다리고 있다'는 생각을 은연중에 심어줍니다. 그러다 보면 앞으로 해야 할 공부를 더욱 피하고 싶어지죠. 차라리 이것도 공부이고 저것도 공부라고 말해주세요. 세상을 사는 데 다 필요한 것이고 골고루 공부해야 한다고 말해주는 편이 낫습니다. 어떤 일이든 하다 보면 즐거울 때도 있고 지겨울 때도 있으니 조화롭게 균형을 잡아가야 인생에서 행복할 수 있다고 아이에게 말해주세요.

종종 '어릴 때 공부 습관을 잡아야 한다'는 말을 듣습니다. 말도 안 되는 얘기죠. 공부 습관이라는 것은 없습니다. 어릴 때부터 공부를 시킨다고 공부가 습관이 되진 않습니다. 어릴 때부터 일을 시키면 일이 습관이 될까요? 대개는 더 하기 싫고 지겨워질 뿐입니다. 어릴 때부터 일하느라 고생한 분들은 일이 더 지긋지긋하다고 말합니다. 더군다나 습관이 될 수 있는 일은 기껏해야 단순노동 말고는 없습니다.

공부는 공부 과정에 두뇌가 얼마나 적극적으로 참여하느냐에 따라 같은 시간을 하더라도 효과에서 엄청난 차이가 납니다. 마음이 내켜서 하는 공부라야 효과가 있습니다. 학년이 올라가고 학습 내용이 복잡해질수록 더욱 그렇습니다. 흥미가 느껴지고, 오기가 생기고, 욕심을 낼 때 공부가 되는 것이지 습관적으로 책상에 앉아 있다고 해서 공부가 되지는 않습니다. 어릴 때부터 훈련시키면 책상에 앉는 습관은 들일 수 있겠죠. 하지만 공부 습관은 들지 않습니다. 자칫하면 책상 앞에는 앉아 있지만 공부는 하지 않는 잘못된 습관만 몸에 밸 수 있습니다.

공부에 꼭 보상을 요구해요

Q 초등학교 3학년 딸이 공부를 할 때마다 보상을 요구해서 걱정입니다. 어릴 때부터 칭찬 스티커를 많이 줘 버릇한 데서 오는 부작용인 것 같아요. 칭찬 받을 행동을 하면 스티커를 주고 일정한 개수가 모이면 인형이나 옷 등을 사주곤 했거든요. 그런데 크고 나니 공부 1시간에 게임 1시간을 요구한다거나 시험에서 100점을 맞으면 원하는 물건을 사달라는 등 반드시 보상을 요구합니다. 상이 없으면 아무 노력도 하려 들지 않으니 걱정이 큽니다.

보상 중독에서 벗어나게 해야 합니다

보상은 나쁘지 않습니다. 인간의 행동을 결정하는 가장 중요한 요소 중 하나죠. 아이도 어른도 보상에 따라 움직이고 보상을 통해 새로운 것을 학습합니다.

우리는 다른 사람에게 선물을 받으면 자연스럽게 감사 인사를 합니다. 감사 인사는 어떻게 하게 되었을까요? 어릴 때 선물을 받으면 어른들이 "'감사합니다' 해야지" 하고 일러주었겠죠. 그리고 인사를 하면 "인사를 잘하는구나" 칭찬을 듣다 보니 학습이 된 것입니다. 칭찬이라는 보상을 통해 인사하는 습관을 만든 것인데, 심리학에서는 이를 '강화'라고 합니다. 강화는 특정한 행동을 더 많이 하도록 만드는 것으로 보상을 통해 이뤄집니다.

물론 보상에는 여러 가지가 있습니다. 먹을 것 등 원하는 물건을 주는 것도 보상이지만 칭찬하고 밝게 웃어주는 것도 보상입니다. 자신이 좋아하는 일을 더할 수 있는 권리를 주거나 싫어하는 일을 피할 수 있게 하는 것도 보상이죠. 인간에게는 내적인 보상도 중요합니다. 새로운 것을 배우고 나면 우리는 더 똑똑해졌다는 느낌을 갖게 되고, 운동을 열심히 하면 스스로가 더 강해졌다고 느끼게 됩니다. 다른 사람을 도와주고 나면 뿌듯한 기분을 느끼고 속 깊은 친구와 이야기를 나누면 마음이 따뜻해집니다. 이 모든 것이 내적인 보상입니다. 자신이 발전하고 있고 더 나은 사람이 된 듯한 느낌은 눈에 보이지는 않지만 엄청난 힘을 가진 보상입니다.

사연에 나온 아이의 경우 외적인 보상에 지나치게 집착하고 있습니다. 외적인 보상과 내적인 보상을 결합하지 못했을 때 이런 현상이 자주 나타납니다. 아이가 뭔가를 제대로 해냈을 때 부모는 장난감 등 아이가 좋아하는 것을 사줄 수 있습니다. 이것은 외적인 보상입니다. 그런데 장난감을 가졌다는 사실에만 기쁨을 느끼게 하면 곤란합니다.

그 일을 잘해냈다는 기쁨과 보람을 함께 연결지어줘야 합니다.

예를 들어, 공부를 열심히 했다면 아이스크림을 사줄 수 있겠죠. 외적인 보상은 감각으로 느낄 수 있는 것이어서 아이들은 보통 외적인 보상을 더 좋아합니다. 하지만 아이스크림을 사주기 전후에 부모는 "야, 실력이 쑥쑥 늘어나는 걸. 오늘도 아는 게 새로 생겼네? 우리 아들이 좀 더 자란 느낌에 엄마도 기분이 좋아졌어. 우리 아들의 실력이 늘어난 기념으로 엄마가 아이스크림 하나 사줄게" 식으로 격려를 해줄 수 있습니다.

우리 모두는 뭔가를 새롭게 알았거나 예전에 못 풀던 문제를 스스로 풀어냈을 때 발전했다는 뿌듯함과 기쁨을 느낍니다. 이것이 내적인 보상입니다. <u>부모는 칭찬을 통해 아이에게 내적 보상을 다시 환기시키고, 여기에 외적 보상을 결합시켜야 합니다. 그러면 아이는 외적인 보상에 머물지 않고 더 잘하고 싶고, 더 발전하고 싶은 마음을 갖게 됩니다.</u>

외적인 보상의 힘이 강력하기에, 부모는 아이에게 외적인 보상은 작은 것이고, 진짜 중요한 것은 내적인 보상임을 자주 이야기해줘야 합니다. 그래야 아이가 보상 중독에 빠지지 않습니다. 그런데 적잖은 부모들이 외적인 보상을 주는 데만 그치는 경우가 많습니다. 아이에게 상을 내걸어 목표를 달성하게 하고 부모는 마치 검사관이라도 된 듯 상을 탈 자격이 있는지 확인하는 데만 정신을 집중하죠. 아이가 성장하는 과정을 돕고, 함께 느끼며 기뻐하는 코치가 되어야 하는데, 아이를 고용한 고용주라도 된 듯 아이를 평가하고 물질적 보상으로 아이를 흔들려고 합니다.

가끔은 아이와 싸우기도 합니다. 이 정도로는 애초에 약속한 기준에 못 미치니 상을 줄 수 없다고요. 그러면 아이는 "엄마는 맨날 엄마 마음대로만 한다"며 공격하고 결국 싸움으로 발전합니다. 어떤 부모는 아이의 공격이 무서워 적당히 들어주고는 뒤늦게 내가 일관성이 없는 것은 아닌지 염려합니다. 그런데 정말 묻고 싶어요. 왜 부모가 그런 역할을 해야 합니까?

***

그렇다면 아이를 위한 보상의 적절한 방법은 무엇일까요?

<u>첫째, 부모부터 보상에 대한 원칙을 세우세요. 보상을 사용하는 이유는 아이를 교육하고 발전시키기 위해서입니다. 보상은 수단이지 목표가 아닙니다.</u> 만약 아이가 보상만을 목표로 하고 있다면 이미 일이 잘못되어가고 있는 것입니다. 그때는 우선 보상을 멈춰야 합니다. 다시 처음으로 돌아가 아이와 함께 목표에 대해 이야기하고, 그 목표가 왜 좋은지를 설명해야 합니다. 그 목표를 이루려면 연습이 필요한데, 연습이란 처음에는 익숙하지 않기에 보상을 사용하여 도움을 주려는 것이라고 밝혀야 합니다.

"7시엔 책상에 앉아 숙제를 시작해야 해. 그래야 숙제를 마친 후 엄마랑 책도 보고 놀다가 잘 수 있잖아. 자기 할 일을 제때 해내는 것은 꼭 필요한 거야. 그래야 멋진 사람이지. 그런데 처음엔 시간을 지키기가 쉽지 않아. 귀찮고 자꾸 미루고 싶거든. 그래서 엄마가 조금 도움을 주려고 해. 7시에 스스로 책상에 가서 앉으면 스티커를 붙여줄게. 스티커를 일주일에 4개 모으면 토요일에 딱지를 사러 가자."

만약 아이가 7시에 못 앉고 7시 10분에 앉았다면 어떻게 할까요? 아이는 그래도 앉았으니 스티커를 달라고 요구할 것이 분명합니다. 하지만 약속과 다르니 부모로선 스티커를 줄 수가 없죠. 그렇다면 '네 말은 틀렸다'고 해야 할까요? 이때 부모의 태도가 중요합니다.

"너무 아깝다, 진짜. 좀 억울한 생각이 들겠네. 평소보다는 잘하고 발전한 것인데. (잠시 고민하다) 그래도 약속했으니까 어쩔 수 없지. 엄마가 약속을 어기는 사람이 되면 곤란하잖아. 우리 아들도 약속 잘 지키는 엄마를 바라니까. 그래도 발전한 것이니 오늘은 엄마가 크게 칭찬해줄게. (아이를 쓰다듬는다.) 내일은 더 발전해서 스티커를 꼭 붙이도록 하자. 아들, 파이팅!"

평가하는 사람이 아니라 아이를 격려하는 사람의 태도를 유지하세요. 실패해도 격려하고, 목표를 버거워하면 살짝 도와줘서 성공하도록 이끌어야 합니다. 도와준 티는 내지 말고 아이에게 공을 돌리세요. 의욕을 잃으면 끝이니, 몇 번 실패할 경우 다시 이야기를 해 목표를 낮춰 잡고 한 단계씩 발전하도록 도와줍니다. 이때도 보상을 주고받는데 집착하지 말고 아이가 발전하려는 마음을 유지할 수 있도록 해야 합니다. <u>보상이 아니라 발전이 중심에 놓여야 합니다. 보상은 그저 도구에 불과합니다.</u>

둘째, <u>아이가 성공할 경우 외적인 보상은 반드시 내적인 보상과 연결해서 줍니다.</u> 아이가 잘했다고 선물 하나 던져주면 그만이 아닙니다. 외적인 보상은 분명히 효과가 있습니다. 하지만 단독으로 사용하면 보상에 의존하게 만드는 독이 될 수 있죠. 외적인 보상을 받으면 아이는 기분이 좋아집니다. 그런데 기분이 좋은 이유가 그저 물건을 갖게 되어서라고 생각하면 곤란합니다. 그러면 결국 물건만 탐하는 아이가 되고 말죠.

아이가 좋은 기분을 자신의 발전과 연결해 생각할 수 있도록 부모는 도와줘야 합니다. 그래야 아이는 앞으로도 발전을 위해 노력합니다. 이것이 바로 보상을 할 때 반드시 칭찬을 해야 하는 이유입니다. 외적인 보상을 줄 때 칭찬을 결합하면 아이는 외적 보상을 내적 동기를 높이는 도구로 이용하게 됩니다. 선물을 받아서 기분이 좋아진 것이라 하더라도 아이는 자신이 발전해서 선물도 받은 것이고 여러 가지 이유로 기분이 좋아졌다고 생각하게 됩니다. 일종의 조건반사를 만드는 것이죠.

부모들은 흔히 보상으로 무엇을 줄지를 고민합니다. '강화물'에 주로 신경을 쓰죠. 하지만 강화물보다는 강화물을 줄 때 어떤 말을 하느냐가 더 중요합니다. 이 부분이 생략되면 아이는 보상을 마치 노동을 하고 받는 월급처럼 여기고 맙니다. 부모에게 '닥치고 보상이나 빨리 내놓으라'는 식으로 대하게 되죠. 아이가 그렇게 굴면 부모는 상처를 입고 맙니다. 아이에게 보상을 줄 때는 반드시 칭찬을 곁들이도록 하나의 의식으로 만들어야 합니다. 물론 칭찬의 의식은 간결해야죠. 하지만 무엇을 잘했는지, 아이가 어떻게 발전했는지를 구체적으로 짚어줘야 합니다.

셋째, 보상의 내용도 중요합니다. 강화물은 크고 비싸지 않은 것으로 해야 합니다. 초등학교 저학년 때는 딱지 같이 동네 문방구에서 흔히 파는 소소한 물건이나 음료수 같은 것이 좋습니다. 레고나 비싼 장난감을 선물로 주면 부모는 본전 생각이 나게 마련입니다. 그래서 아이를 자꾸 평가하는 눈으로 보게 되고, 어지간하면 보상을 해주지 않으려 들죠.

보상을 통해 우리는 행동을 강화할 수 있습니다. 이때 강화를 빨리 이루기 위해서는 보상의 횟수가 잦아야 합니다. 그런데 큰 선물은 자주 할 수 없죠. 그러니 행동을 강화하는 데 큰 선물은 불리합니다. 이를 해결하기 위해 가끔은 스티커 등의 상징물을 준 후 이것을 모아 최종적인 강화물을 주기도 합니다. 그러나 이런 상징적인 강화물의 경우에도 너무 많이 모아야 하면 중도에 흐지부지되기 쉽습니다.

또, 보상의 내용이 아이가 가진 당연한 권리를 주는 것이어선 곤란합니다. 예를 들어 숙제를 다 마치면 놀 수 있다고 보상을 주는 것은 좋지 않습니다. 엄밀히 말하면 그것은 보상이 아니라 처벌이죠. 노는 것은 아이에게 꼭 필요한 일상입니다. 그런 일상을 완전히 빼앗으면 아이는 부모에게 반감을 갖게 됩니다. 강력해서 효과가 좋을 듯싶지만 막상 시행해보면 강력하기에 오히려 부모가 자기가 한 말을 지키지 못하게 됩니다. 아이가 공부를 안 했다고 전혀 놀지 못하게 하는 것이 어디 쉽겠습니까? 작은 보상물과 칭찬을 통해서도 아이의 행동을 조금씩 만들어갈 수 있습니다. 그러니 무리한 행동 규정은 정하지 마십시오.

❋❋❋

다시 정리해볼까요? 사연에 나온 아이는 지금 외적인 보상만 취하는 습관이 들었습니다. 이럴 경우 당분간은 보상을 중단하세요. 게임은 일정 시간을 정해놓고 그냥 허용해주면 됩니다. 자기 할 일을 끝내면 나머지 시간에는 아이가 알아서 할 자유를 주세요. 공부는 자신을 위해 하는 것임을 깨닫도록 이끌어주는 것도 꼭 필요합니다. 그런 깨달음은 '잔소리'가 아닌 일상생활을 통해 자연스럽게 느낄 수 있게 해야 합니다.

예를 들어 아이에게 이런 말을 해줘도 좋습니다. "네가 발전하려고 애쓰는 모습이 보기 좋구나. 엄마도 어떤 날은 발전을 위해 아무 노력도 하지 못하는데 네가 나보다 나은 것 같다." 이런 격려를 받으면 아이는 공부를 통해 자신이 발전한다는 느낌, 더 큰 사람이 되어간다는 느낌을 가질 수 있게 됩니다. 그 느낌이 시작입니다. 그리고 몇 달 후 보상에 대한 집착이 사라졌다면 보상을 다시 이용하십시오. 물론 보상을 하는 이유를 충분히 설명하고 내적인 보상을 결합시키는 것을 잊지 마세요.

Plus Q

늑장부리는 아이에게 좋은 보상법이 있을까요?

...

빨리 끝낼 수 있는 일을 아이가 느리게 할 때 부모는 속이 터지죠. 어떤 일을 하든 오래 걸리니 아이는 아이대로 고생하고, 부모도 너무 오래 아이에게 집중해야 하니 피곤합니다. 물론 능력이 안 되어 오래 걸리는 거라면 어쩔 수 없습니다. 능력이 자랄 때까지 기다려야겠죠. 하지만 빨리 끝낼 수도 있는 일을 질질 끌 때는 이런 방법을 사용해볼 수도 있습니다.

아이가 게임을 즐긴다면 게임 시간을 이용하는 것입니다. 가령 아침 등교 준비가 20분이면 충분할 텐데도 평소 40분 내지 1시간이 걸리는 아이가 있다고 합시다. 그러면 40분을 기준 시간으로 정한 후 아침에 학교 갈 준비를 20분 만에 마치면 엄마의 휴대폰으로 20분간 게임을 할 권리를 줍니다. 10분 만에 마치면 30분, 30분 만에 마치면 10분만 하게 되는 거죠. 스스로 시간에 집중할 수 있게 만드는 방법입니다.

물론 이때도 빨리 준비를 마칠 수 있는 능력이 발전했다는 칭찬을 계속해줘야 합니다. 빨리 준비하기를 게임 시간과 이어지지 않는 다른 상황, 예를 들면 등교 시간이 아닌 외출 준비에서도 스스로 실천할 수 있게 격려해줍니다. 아이의 준비 속도가 전반적으로 빨라졌다고 생각하면 그때는 서서히 게임이 아닌 다른 활동으로 이어가게 해야 합니다. 이를 위해 처음부터 게임 보상은 한시적인 것임을 아이에게 말해줘야 합니다.

학원에 안 보내는데
자꾸 불안해져요

중학생, 초등학생, 그리고 유치원생 딸 셋을 키우는 엄마입니다. 아이들의 공부를 직접 봐주고 있어요. 아이들의 성적이 썩 우수하진 않지만 그래도 매년 조금씩 나아지고 있습니다. 누가 아이들 학원을 몇 곳씩 보낸다는 말을 들으면 속으로 혀를 차기도 했어요. 그런데 제 친구를 만나고 온 날에는 제가 과연 잘하고 있는 건지 내심 불안합니다.

친구는 중고생 대상 공부방 교사예요. 그런데 제 아이들의 성적을 보고는 고등학교 가서 꼴찌를 면하기 어렵겠다고 해요. 무슨 배짱으로 학원도 보내지 않느냐고 제게 막 퍼붓듯 이야기하죠. 이런 말을 듣고 나면 집에 와서 아이를 더 다잡게 됩니다. 아무래도 불안하니까요. 그러면 아이들은 또 힘들어하죠. 얼마 전에도 아이들에게 공부를 좀 더 열심히 하라고 다그쳤더니 첫째는 세상에서 공부가 사라졌으면 좋겠다며 시험도 학교도 질색이라고 하더군요. 둘째는 그저 제 눈치만 봅니다. 셋째는 위의 두 언니를 건사하느라 바빠서 방치 상태고요. 선생님, 이대로 아이들을 믿고

> 내버려둬도 될까요? 아니면 저도 '정신 차리고' 아이들을 학원으로 돌려야 하는 걸까요?

아이를 믿고 동기와 의지를 더욱 북돋워주세요

아이의 학습을 집에서 부모가 직접 봐주는 경우, 부모의 가장 큰 적은 불안입니다. 나름 자기 철학을 갖고 결정은 내렸지만 과연 잘하고 있는 것인지 확신을 갖기 어렵죠. 인생이란 두 번 살 수 없고, 어린 시절은 다시 오지 않기에 부모는 두렵습니다. 혹시 나만의 고집 때문에 아이 인생에 해를 끼치는 것은 아닐까?

이런 불안은 아이의 학년이 올라갈수록 더해갑니다. 대한민국 사회에서 입시가 가진 의미는 결코 작지 않습니다. 그런 입시가 다가올수록 '과연 우리 아이가 잘해낼 수 있을까?', '내가 잘못하고 있는 것은 아닐까?', '내가 정한 방향이 정말 옳은 건가?' 이런 걱정은 마음을 아무리 다잡아도 계속해서 치고 올라옵니다.

사교육을 시킨다고 해서 이런 불안이 줄어들지는 않습니다. 일단 어딘가에 맡겨두니 마음은 조금 편할 수 있지만 '여기가 괜찮은 학원일까?', '여기만 믿고 맡겨도 되는 걸까?' 하는 염려가 들지 않을 수 없죠. 결과가 미치는 영향은 막대한데, 그 결과를 얻을 수 있을지가 불확실한 경우 불안은 늘어나지 않을 수 없죠. 지극히 자연스러운 현상입니다.

부모들이 불안에 흔들릴 수밖에 없다 보니, 이를 이용한 다양한 장사꾼들이 등장하고 온갖 터무니없는 정보가 나돕니다. 저마다 자기주장이 옳다고 하는데 부모는 그 정보를 소화하기가 어렵습니다. 아는 게 병이라고 정보가 많아지니 불안만 더 커질 뿐이죠. 흔히들 '사교육 하면 대치동이 최고'라고 하지만 대치동 부모들을 만나보면 그들 역시 학원에 대한 불만은 적지 않습니다. 아이에게 제대로 도움을 주지 못한다는 생각에 이리저리 학원을 순례하는 부모가 한둘이 아니죠.

그럴 때일수록 불안은 당연한 것이라는 생각을 먼저 가져야 합니다. 그리고 시간은 제한되어 있다는 점도 잊지 마세요. 필요하다고 해서 모든 것을 다 할 수는 없습니다. 공부든 입시든 성공의 길은 하나가 아닙니다. 더 나은 길이 물론 있을 것입니다. 그것은 아무도 모르죠. 그런데 다른 사람에게 맞는 그 길이 내게는 맞지 않을 수도 있습니다.

하지만 다행스럽게도 **어떤 길을 선택하든 묵묵히, 꾸준히 걸어간다면 그 길에서 어느 정도의 성과를 얻을 수 있습니다. 중요한 것은 바로 이 부분입니다. '묵묵히, 꾸준히 걸어갈 수 있는 길'** 말입니다. 가다가 멈추게 되는 길이면 곤란합니다. 너무 어렵거나 너무 지치면 아이는 포기합니다. 겉으로는 포기하지 않아도 내면에서 포기합니다. 그래서 하는 둥 마는 둥하며 책상에 앉아 시간을 보내죠. 책장은 넘어가지만 머리에는 아무것도 남지 않는 상태, 소위 '영혼 없는 공부'를 하는 아이들이 너무 많습니다.

아이 자신에게 맞는 '길'을 찾기 위해서는 아이와 자주 대화를 해야 합니다. 처음에 가장 기본적인 길은 제시해야겠죠. 공부하는 목적과 그 목적을 이루기 위한 효과적인 방법을 몇 가지 아이에게 말해주세요. 하지만 공부는 결국 자기 자신이 하는 것입니다. 아이도 선택할 수 있어야 합니다. 그리고 선택한 것을 하기 시작하면 부모는 아이의 공부가 잘되고 있는지, 어려운 점은 없는지 함께 이야기하고, 어려움이 지나칠 때만 나서서 같이 해결책을 모색하면 됩니다. 그런데 많은 부모들이 혼자서 이런저런 정보를 찾아가며 고민에 고민을 거듭하다가는 마음이 급해져 아이에게 지시와 질책을 퍼붓습니다. 도와주는 위치에 서는 게 아니라 노예에게 지시하는 주인의 위치에서 아이를 대합니다. 그러니 아이로서는 노예가 되어 자기 공부마저 자기 일이 아니라고 생각하게 되는 것이죠.

✱✱✱

사연에 나온 아이들의 경우, 성적이 조금씩 오르고 있다면 부모님이 잘하고 계시다고 생각합니다. 일찍부터 입시교육의 소용돌이로 아이들을 던져 놓기보다는 저는 아이들에게 시간을 좀 더 주는 편이 어떨까 합니다. 지금까지 해왔던 것처럼 꾸준히 계속하면 충분히 잘할 수 것이라고 믿고 격려해주세요. 아직은 대학입시까지 시간이 많이 남아 있습니다.

부모들 사이에 퍼진 말 중에 '초등학교 4학년이면 인생이 결정 난다'는 이야기가 있습니다. 제가 보기에는 전혀 그렇지 않습니다. 그렇지 않은 경우를 너무 많이 보았습니다. 공부를 잘하다가 부진해진 아이, 별로였던 성적이 꾸준히 오른 아이 등 '초등학교 4학년에 인생이 결정 나지 않은' 예는 너무도 다양합니다. 중학교 1학년 때 반에서 중간 정도 성적이었다가 나중에 서울대에 입학한 학생도 몇 명이나 봤습니다. 옛날이야기가 아니라 최근에 접한 일입니다.

물론 잘하는 아이는 어릴 때부터 잘할 확률이 높습니다. 공부의 재능이 있기 때문이죠. 하지만 공부 재능이 늦게 트이는 아이도 있고, 정서적인 문제로 집중을 못하다가 뒤늦게 공부에 집중하는 아이도 있습니다. 반대로 부모가 억지로 공부를 시켜 중학교 때까지는 좋은 성적을 유지했지만 자기 힘으로 공부해야 하는 고등학생이 되자 성적이 뚝뚝 떨어지는 아이도 종종 봅니다.

부모 자신의 불안은 부모 스스로 다스려야 합니다. 부모가 자기 불안을 소화하지 못해 아이에게 전가하면 아이는 견디기 힘들어집니다. 아이 역시 부모가 말하지 않아도 불안을 느끼고 있습니다. 미래가 걱정되고 자기의 부족함에 속상해합니다. 친구들에게 뒤처지면 마음이 불편하고, 불편한 마음 때문에 현실을 회피하고 싶어집니다. 게임에 빠진다거나 자극적인 놀이를 하며 복잡한 생각을 잊으려고 하죠.

아이가 그렇게 딴짓에만 열중하면 부모의 걱정은 더해갑니다. 그러다 낙오자가 된다며 야단을 치죠. 그것이 아이의 불안을 오히려 자극합니다. 강하게 자극을 주면 생각을 바꿀까 싶어 이야기한 건데 정작 아이들은 불안이 커져 도망가고 맙니다. 그러면 부모는 답답해서 더 아이를 통제하고, 아이는 '에라, 다 때려치우자'며 자포자기하게 됩니다. 악순환인 거죠.

아이에 대한 관심의 끈을 놓으라는 이야기가 아닙니다. 아니 오히려 절대 놓아선 안 되죠. 부모는 아이를 세심히 관찰해 아이가 현재 어떻게 하고 있는지 잘 알고 있어야 합니다. 하지만 빨리 개입하려는 마음은 오히려 상황을 악화시킵니다. 마음은 급해도 개입을 급하게 해선 안 됩니다. 조금씩 아이를 좋은 방향으로 이끌어야 합니다. **아이의 불**

안한 마음, 도망가고 싶은 마음을 인정하고 위로해줘야 합니다. 부모는 스스로에게 실망한 아이를 몰아세우지 말고 아이의 가능성을 진심으로 믿고 있음을 보여줘야 합니다. 절대로 부모의 불안한 마음을 아이에게 떠넘기지 마세요. 부모가 불안해하면 아이는 무너집니다.

* * *

'지금 빨리 정신 차리지 않으면 너무 늦는 것은 아닐까?' 하고 많은 부모들이 걱정합니다. 하지만 요즘 아이들의 공부가 어려워졌다고는 해도 공부의 절대량이 늘어난 것은 아닙니다. 예전에는 고등학교 시절에 배운 내용을 요즘에는 초등학교, 중학교 때 배우느라 교과서가 어려워지고 상대평가제로 경쟁이 치열해져 힘든 면이 있습니다. 절대평가 시스템을 최근 도입하고 있지만 아직은 상대평가적인 성격이 강합니다.

하지만 한정된 양을 더 철저히 공부해야 할 뿐 학습해야 할 절대량이 늘어난 것은 아닙니다. 3, 4년 정도만 열심히 하면 고등학교 졸업 때까지 배우는 내용은 모두 숙지할 수 있습니다. 성적도 올릴 수 있고요. 오히려 관건은 기초 체력입니다. 기초 체력은 신체적인 체력만을 의미하지 않습니다. 정신력, 집중력, 해보려는 의지와 동기, 자신에 대한 믿음이 강해야 힘든 공부를 버텨낼 수 있는데, 이 부분을 키워주지 못해 실패하는 경우가 많습니다.

저는 초등학생들에게 이렇게 말해줍니다.

"중요한 것은 시험 하나하나가 아니라 네 실력이야. 예를 들어 실력이 돼지저금통이라면 너는 공부하고 책을 읽으면서 그 통에 돈을 넣는 거야. 계속 돈이 쌓이고 쌓여 실력이 가득 차면 그 실력만큼 네가 어떤 일을 할 수 있게 되는 거지. 그래서 실력을 갖추기 위해 노력하는 게 중요해. 시험점수가 좋다고 실력이 늘어난 것은 아냐. 그보다는 시험 준비를 하면서 네 실력이 늘어나지. 계속 꾸준히 실력을 쌓아서 더 멋진 사람이 되렴."

<u>부모님들도 당장 시험점수나 결과에 연연해하지 말고 장기적인 관점에서 아이가 실력을 쌓아나가도록 끝까지 격려해주셨으면 합니다. 중요한 것은 당장의 성적이 아닙니다. 공부할 수 있는 기본 능력이 필요합니다. 그러기 위해서는 무엇보다 아이에게 용기와 믿음을 줘야 합니다.</u> 그렇다고 반에서 꼴찌인 아이에게 너도 반드시 명문대에 갈 수 있다고 말해서야 곤란하겠죠. 하지만 지금보다 조금씩 실력이 나아질 수 있고, 부모가 아이를 믿는다는 확신을 주십시오.

또 한 가지 주의할 점이 있습니다. <u>절대 남과 비교하지 마세요.</u> "네가 그 아이보다 못한 게 뭐냐"라거나 "누구네 집 아들은 몇 점을 받았다는데 네 성적은 왜 이 모양이냐"라는 식으로 비교하면 반감만 커집니다. 반감이 생기면 그 불편한 감정을 해소하기 위해 많은 정신력을 낭비하게 됩니다. 경우에 따라서는 자극을 받기보다 열등감만 갖게 되죠. 그보다는 비교적 성적이 좋은 과목을 중심으로 칭찬하며 "이 과목은 제법 잘했네. 이유가 뭘까? 이 느낌으로 다음엔 다른 과목에도 실력 발휘 한번 해보자!"라고 격려해주는 게 훨씬 도움이 됩니다.

마지막으로 말씀드릴 것은 <u>아이에게 긍정적인 사고방식을 보여줘야 한다는 것입니다.</u> 대다수 부모들이 아이에게 너무 쉽게 부정적인 말을 던집니다. 예를 들어 "기껏 돈 들여 학원 보내면 뭐 하나! 네가 할 마음이 있어야지"라며 훈계합니다. 그보다는 "엄마가 뭘 도와줄까? 세상엔 열심히 해도 금방 안 되는 일이 진짜 많지. 열심히 해도 안 될 때는 엄마랑 얘기하고 같이 방법을 찾아보자. 분명히 함께 더 나은 방법을 찾아볼 수 있을 거야"와 같이 공감하는 마음을 갖고 아이의 의지를 조금씩 북돋워주세요. 그 방법이 아이를 움직이는 데 훨씬 효과적입니다.

Plus Q. 잘하는 게 없는 초등학교 5학년 아이, 어떻게 해야 할까요?

…

많은 부모들이 우리 아이의 적성은 무엇일지 궁금해합니다. 누구나 한 가지쯤은 잘하는 것이 있다는 말을 오해해서 내 아이에게 특별한 재능이 있지 않을까 기대합니다. 하지만 전체 인구 10명 중 8명은 남보다 탁월한 재능을 갖고 있지 않거나, 재능이 있다 하더라도 사회적으로 가치를 인정받기 어려운 능력입니다. 그렇다고 절망적이진 않습니다. 특별한 재능이 없다 하더라도 대다수가 사회에서 자기 역할을 하며 살아갈 정도의 능력, 남에게 존중 받고 살 만한 능력은 갖고 있으니까요.

아이의 특별한 재능을 찾아보려고 음악, 미술, 체육 등에 눈을 돌리곤 합니다. 하지만 예체능 분야일수록 아주 특출한 재능이 없는 한 직업 생활로 재능을 이어가기가 어렵습니다. 그 분야에 종사할 수 있는 사람의 수는 얼마 안 되니까요.

저는 어느 정도의 능력, 어느 정도의 성실성만 가지면 잘 살아갈 수 있다고 아이에게 말해주는 것이 오히려 낫다고 생각합니다. 그래야 아이가 겁먹지 않고 인생에서 자기의 꿈을 지켜갈 수 있습니다. 꿈을 갖고 걸어가다 보면 어느 순간 자신의 꽃을 활짝 피울 기회를 맞을지 모릅니다. 그것은 부모가 준비시켜서 되는 것이라기보다는 아이 인생의 몫입니다.

아이에게 대단한 재능이 있기를 바라는 마음, 부모라면 누구나 갖는 소망이겠죠. 하지만 그 마음이 아이에게도 부모에게도 짐이 될 수 있습니다. 아이에게는 열등감을, 부모에게는 좌절감을 주고, 부모와 아이의 사이를 멀어지게 만듭니다. 하루하루 즐거운 마음을 갖고 주어진 일을 꾸준히 해나가자고 격려하는 부모가 아이를 더 큰 사람으로 만들 수 있습니다.

갑자기 학원에
다니지 않겠대요

초등학교 2학년 딸이 잘 다니던 학원을 갑자기 그만두겠다고 해서 걱정입니다. 학원이라고 해봐야 매일 가는 피아노 학원과 태권도장, 일주일에 두 번 가는 미술 학원과 수학 학원이 전부입니다. 억지로 떠밀려서 다닌 것도 아니고 늘 즐겁게 수업을 받았는데 어느 날부터 갑자기 학원에 다니질 않겠다고 합니다. 이유를 물어도 그냥 가기 싫다고만 해요. 학원에 다녀야 하는 이유를 설명해주면 자신도 안다고 하면서도 막무가내로 학원을 거부하네요. 게다가 최근에는 반항적인 말이나 행동도 부쩍 늘었습니다. 그러고 나서는 잘못했다고 울고요. 지금은 일단 학원을 쉬게 하고 있는데, 앞으로도 이렇게 계속 학원을 안 간다고 하면 어떻게 해야 하나 걱정입니다.

아이가 싫어하면 당분간 학원에 보내지 마세요

초등학교 2학년 아이가 학원에 가야 하는 이유를 과연 명확히 알고 있을까요? 한번은 제가 초등학교 3학년 교실에서 학교를 다니는 이유를 아이들에게 물어본 적이 있습니다. 그때 가장 많이 나온 답이 '안 간다고 하면 엄마에게 혼나니까'였습니다. '당연히 가야 하니까', '바보가 되지 않기 위해' 등의 답이 그 뒤를 이었지요.

부모들의 기대와 달리 초등학교 저학년 아이들의 추상적 사고 능력은 그리 높지 않습니다. 미래를 내다보고 준비한다거나 자신이 해야 할 일을 정리해서 실행하는 것도 아직 어렵죠. 스스로 동기 부여를 하지 못하고, 기껏해야 '시험 잘 보면 기분 좋으니까', '엄마에게 야단맞지 않으려고'와 같은 단기적인 이유를 대는 경우가 많죠. 그러다 보니 시키니까 하기는 해도 꽉 짜인 스케줄을 볼 때면 답답하고 버겁다는 생각을 자주 갖게 됩니다.

부모들은 피아노, 태권도, 미술은 공부가 아니라 노는 활동이라고 생각합니다. 아이도 갈 때는 귀찮아하지만 막상 학원에 가면 재밌어하죠. 하지만 적잖은 아이들이 이 학원이 끝나면 또 저 학원에 가야 하고 자기 마음대로 할 수 있는 자유는 거의 없다는 점에 좌절합니다. 혹시 가야 할 스케줄을 놓친 것은 아닌가 늘 불안하고, 왜 자기가 이렇게 다람쥐 쳇바퀴 돌듯 살아야 하나 싶어서 짜증이 나죠.

우리 어른들도 비슷한 조건에 놓이면 마찬가지 감정을 느낄 것입니다. 하나하나 떼어 놓고 보면 괜찮은 일이지만 의무적으로 시간에 맞춰 해야만 한다면 귀찮고 싫죠. '3시부터 4시까지는 옆집 부모를 만나 수다를 떨고, 4시부터 5시까지는 운동장을 빠르게 걷고, 5시부터 6시까지는 명상을 해야 한다.' 만약 이런 일정을 매일 반복해야 하고, 늦게 가도 안 되고, 예외는 허용하지 않는다고 하면 어떨까요? 생각만 해도 답답해질 것입니다.

사교육은 정말 필요한 걸까요?

잘 알려진 바와 같이 우리나라 학생들은 학원에 많이 다닙니다. 사교육에 들이는 시간이 단연 세계 1위죠. <u>부모 입장에서 보면 사교육은 부모의 부담입니다. 아이에 대한 투자이고 사랑이라 할 수 있죠.</u> 다른 아이들은 하는데 우리 아이만 하지 않으면 뒤처질까 봐, 힘들게 번 돈을 들여 사교육을 시킵니다. <u>그런데 아이들은 그것을 사랑이라 느끼지 않습니다. 괴롭다고 생각할 뿐이죠. 그래서 부모는 나를 사랑한다며 왜 나를 괴롭히나 생각합니다. 그렇게 부모와 아이의 관계가 흔들립니다.</u>

사교육기관들은 지금 당장 하지 않으면 늦다는 메시지를 끊임없이 이야기합니다. 아이들은 열심히 시키는 만큼 발전할 수 있고 서두르지 않으면 경쟁에서 탈락한다고 위협하죠. 하지만 사교육의 효과는 제한적이고, 장기적으로는 해롭다는 것이 최근의 연구 결과입니다. 사교육은 당장은 효과가 있지만 의존적인 학습 태도를 갖게 해 자발적인 문제 해결 능력을 떨어뜨립니다. 그 결과, 학년이 올라갈수록 사교육을 멈출 수 없게 만들고, 더 이상 사교육이 도와줄 수 없는 대학이나 직장 생활에선 어려움을 겪을 수 있습니다. 한국개발연구원 김희삼 연구위원의 논문에 의하면, 실제로 같은 조건에서는 사교육을 많이 받은 사람일수록 대학 학점과 졸업 후 평균 연봉이 낮았습니다.

또한 사교육은 필연적으로 학습량을 지나치게 늘립니다. 이런 과도한 학습량은 학습에 대한 부정적인 인식을 만들어 학습 효율성을 떨어뜨리죠. 사람이란 무한히 공부할 수 없습니다. 두뇌가 효율적으로 활동하기 위해서는 휴식이 필요합니다. 휴식을 취할 수 없을 경우 효율성은 낮아지고 소위 말하는 '영혼 없는 공부'를 하게 됩니다. 풀어야 할 문제가 많기에 오래 앉아서 풀기는 하지만 그 문제가 어떤 개념과 이어지고, 어떤 의미를 갖는지 깊이 생각하지 않죠. 그 순간에만 '눈에 바르는' 식으로 공부하니 기억은 오래가지 않습니다.

아이들이 하는 공부, 제대로 하고 있는 건가요?

가끔 신문에 요즘 대학생들의 실력이 예전보다 못하다는 대학교수들의 인터뷰가 실리곤 합니다. 영어 실력을 제외하면 다른 영역은 오히려 처진다고 합니다. 요즘 아이들이 과거보다 얼마나 더 많이 공부하는데 실력이 예전만 못하다니 황당하다는 생각이 들죠. 하지만 진료실에서 아이들의 삶을 들여다보면 충분히 그럴 수 있겠다는 생각도 듭니다. '영혼 없는 공부'는 아이들의 시간을 빼앗지만 그만큼 실력을 남겨주지는 않습니다. 게다가 공부하는 내용도 아이들의 실력을 본질적으로 향상시키는 것과는 거리가 있습니다.

제가 관찰하기에 초등학생은 예전보다 공부를 훨씬 많이 합니다. 그리고 많은 공부 시간의 대부분은 과도한 문제풀이와 선행학습으로 채워져 있습니다. 우선 문제를 너무 많이 풉니다. 시험에서 한 문제도 안 틀리기 위해서죠. 그런데 놀랍게도 아이들이 틀리는 문제들의 대부분은 향후에 중학교, 고등학교 과정에서 반복되는 내용입니다. 상급학교에 올라갔을 때 배우면 쉽게 풀 수 있을 내용을 초등학교 문제집에 넣어놓고 틀리지 않기 위한 공부를 시키는 것입니다. 시간 낭비죠. 틀려봤자 실수인 거고요.

<u>초등학교 기간에는 실수를 줄이는 것이 중요하지 않습니다. 실수를 줄이려는 노력은 적어도 초등학교 기간 중에는 시간 낭비일 뿐입니다.</u> 이 시기에는 실수를 줄이기보다는 중요한 개념을 이해하고 자기 수준에서 현실을 이해하는 데 마음껏 응용하도록 가르쳐야 합니다. 맞히든 못 맞히든 실험하고 대입하며 원리를 이해시키는 데 집중해야 합니다. 실수는 자기 행동을 스스로 조망하며 변화를 줄 수 있는 열다섯 살 무렵이 되면 쉽게 교정할 수 있습니다.

선행학습도 전형적인 시간 낭비입니다. 적절한 나이에 배우면 쉽게 배울 것도 일찍 가르치려면 무척 어렵죠. 아이들의 인지능력은 한 해 한 해 나이를 먹으면서 놀라울 정도로 향상되니까요. 그렇다 보니 학원에서는 선행학습을 하며 쉬운 것만 가르칩니다. 어려운 부분은 그때 가서 배우라는 식이죠. 그런데 막상 진학해서 해당 내용을 배울 때는 학원에서 또 다른 선행학습을 하느라 바빠 어려운 내용을 소화할 시간이 나지 않습니다. 또다시 제대로 배우지 못하고 넘어가는 것이죠. 그래서 쉬운 부분만 알고 어려운 부분은 계속 모르는 아이들이 적지 않습니다. 적기에 제대로 배우면 간단할 것을, 당겨서 배우느라 제대로 못 배우는 것입니다.

고등학생의 경우는 어떨까요? 고등학생은 전체적으로 보면 예전보다 공부를 많이 한다고 보기 어렵습니다. 이미 학습에 대한 패배 의식이 가득한 아이들이 너무 많습니다. 이 아이들은 자리에는 앉아 있어도 공부를 하지 않고 시간만 때우곤 합니다. 공부를 어떻게 해야 할지 모르는 상태로 하루하루를 보냅니다. 중위권 아이들도 장시간 앉아 비슷한 문제를 반복해서 풀며 공부 시간의 대부분을 보냅니다. 학원에서는 듣고 잊어버리고, 들었던 것을 또 듣고 또 잊어버리는 시간을 반복합니다.

상위권 아이들의 경우에는 예전만큼, 아니 예전보다 많이 공부를 합니다. 하지만 이들이 하는 공부 중 대부분은 '완벽주의' 공부입니다. 한 문제라도 틀리면 등급이 낮아지기에 구석구석 놓치지 않으려 하고 복잡한 문제를 풀어내는 요령을 익히죠. 그다지 중요하지 않은 내용이라도 넘어갈 수 없습니다. 많은 시간을 들여 반복하고 외웁니다. 본질적인 실력 향상과는 무관한 공부이고, 엄밀히 말하면 시간 낭비인데 안 할 수가 없습니다. 국가적으로 심각한 자원 낭비를 하고 있습니다.

진료실에서 보면 중학교나 고등학교 시절에 성적이 급격히 올라가는 아이가 제법 많습니다. 스스로 학습에 대한 높은 목적의식을 갖게 된 경우죠. 목적의식이 분명해지면 효율성이 높아지고 성적 향상으로 이어지는데, 이는 역설적으로 대부분의 아이들은 효율성이 낮은 공부를 하고 있음을 의미합니다. 다들 효율성 높게 공부하고 있다면 그 사이에서 누가 조금 더 열심히 한다고 성적이 급변하겠습니까? 아주 조금씩 오를 뿐이겠죠.

역설적이게도 사교육 강사들도 이런 이야기를 자신의 강의에서 종종 합니다. 자신이 맡은 뒤로 5등급 이하의 아이들이 1,2등급까지 올라갔다고 말하죠. 자기 홍보를 위해 하는 말이지만 그 말만 들어도 수많은 아이들이 하는 공부가 얼마나 비효율적인지 알 수 있습니다. 제대로 하면 그렇게 쉽게 오를 성적이 그토록 안 오르고 있으니까요.

이 시대의 공부는 대표적인 시간 낭비 행위입니다. 10 정도의 에너지와 시간을 들일 일에 100이나 200의 에너지와 시간을 들이고 있으니까요. 그런 고생을 하는 아이들이 안타깝고, 그런 고생을 시켜야 하는 부모가 불쌍합니다. 경쟁을 시켜놓고 가장 먼저 목표 지점에 도달하는 몇 명에게만 기회를 주는 시스템을 만들어놓으니 개인으로서는 어떻게 할 도리가 없어 보입니다. 그런데 이 경쟁에 대한 과도한 두려움이 우리의 눈을 멀게 하는 면도 있습니다.

어린 시절부터 악착같이 시켜야 아이들이 공부를 잘할 수 있다는 말은 진실이 아닙니다. 누구나 알듯이 공부는 제 나이에 하면 훨씬 짧은 시간에 많은 양을 할 수 있으며, 시험을 잘 보려면 시험이 가까운 때에 열심히 해야 합니다. 초등학교 4학년에 죽어라고 공부한다고 좋은 대학을 가는 것이 아니라 고등학교 시절에 열심히 공부해야 좋은 대학을 갑니다. 물론 사람은 대체로 변하지 않으니 어릴 때 열심히 공부하는 아이들이 나이 들어서도 열심히 하는 경우가 많고, 어릴 때 공부를 안 해 성적이 낮으면 자기는 공부와 맞지 않는다고 지레 포기하기 쉽습니다.

그렇다면 어려서 억지로 시켜서 공부를 하긴 했지만 스스로 열심히 한 것은 아니었다면 어떨까요? 이 아이들은 나이 들어서는 더 지능적으로 부모를 속이면서 대충 시간만 때울 가능성이 높습니다. 아예 더 이상은 공부하지 않겠다고 반항할 수도 있겠죠. 반면 어려서는 공부를 열심히 하지 않았지만 자기도 얼마든지 할 수 있다는 자긍심을 가진 아이라면 어떨까요? 그런 아이들이라면 뒤늦게 공부를 시작했다고 하더라도 얼마든지 잘할 수 있습니다. 물론 잘하기 위해서는 공부에 필요한 재능이나 재능을 피우기 위한 노력이 뒤따라야겠죠.

공부를 위한 마음 상태를 만들어주세요

공부가 인생의 전부는 아닙니다. 하지만 공부는 중요합니다. 그런 공부를 오랫동안 제대로 하게 하고 싶다면 아이가 공부를 싫어하지 않게 만들어야 합니다. 공부를 아이 자신의 일로 받아들이도록 유도해야 합니다. 부모가 공부 타령을 너무 해서, 그런 부모가 미워서라도 공부는 꼴도 보기 싫다고 생각하게 해선 안 됩니다.

인간에 대한 과학적인 연구를 보면 자존감, 성격, 습관, 성적, 이 네 가지를 놓고 볼 때 나이 들어서 가장 변하기 쉬운 것이 성적입니다. 반면 가장 변하기 어려운 것은 자존감이죠. 자기와 외부 세계를 바라보는 시각은 어린 시절에 형성되어 나이가 들어서도 쉽게 변하지 않습니다. 그럼에도 부모들은 아이의 성적을 높이려고 아이의 자존감을 떨어뜨리는 방식을 종종 택합니다. 아이는 부모의 공부에 대한 압박을 피하기 위해 적당히 시간을 때우는데, 그런 시간이 아이의 자존감을 떨어뜨립니다. 그렇게 공부를 위한 기초 자산을 잃어버리게 되는 거죠.

미국심리학회 회장을 역임하고 평생 동안 학습 동기에 대해 연구해온 캐럴 드웩 교수는 결과로 평가하는 것은 항상 성취동기를 떨어뜨린다는 것을 밝혀낸 바 있습니다. 특히 어린 나이에 평가 위주의 교육을 경험하면 악영향은 더욱 커지죠.

아이의 성적을 걱정한다면 지금 아이들과 함께할 가장 중요한 일은 따로 있습니다. 사교육 시장이 만들어내서 엄마들 사이에 널리 퍼져 있는 근거 없는 유령을 떨쳐내야 합니다. 하루빨리 공부를 시켜야 성공할 수 있다는 믿음에서 이젠 벗어나야 합니다. 유령으로부터 벗어나야 진정한 내 아이를 마주할 수 있습니다. 유령에 홀리면 내 아이가 보이지 않습니다.

<u>내 아이를 이해하고 우선 좋은 관계를 만들어야 합니다. 그래야 나중에 아이에게 부모의 말이 설득력을 가질 수 있습니다. 자기에 대한 믿음을 잃지 않게 하고, 타인과 비교하며 자기를 낮춰 보지 못하게 도와줘야 합니다. 공부란 지겨운 것이 아니라 세상을 사는 데 필요하고 도움이 되는 행위임을 알게 해야 합니다.</u>

아이가 학원을 거부한다면 보내지 마세요. 학원에 보내지 않으면 아이를 마냥 방치하고 있는 게 아닐까 하는 걱정이 들겠지만 그런 마음을 부모 스스로 다독이세요. 아직 저학년이라면 그 시간 동안 아이와 즐거운 시간을 보내는 것이 가장 유익합니다. 같이 놀고, 대화하고, 책도 보세요. 물론 조금 더 피곤하겠죠. 하지만 아이에겐 큰 도움이 됩니다.

사교육을 완전히 끊어야 한다고는 생각지 않습니다. 적절히 이용하면 도움이 됩니다. 학원에 다니는 것을 좋아하는 아이들은 학원에 다녀도 좋습니다. 어떤 과목이 특별히 약하다면 학습 전문가인 학원의 도움을 받을 수 있습니다. 하지만 아이가 학원을 싫어한다면 가급적 빨리 그만두게 하는 편이 낫습니다. 그래야 나중에 필요할 때 학원을 열심히 다닐 수 있으니까요. 아이가 싫다는데도 한 달만, 두 달만 하면서 질질 끌다 보면 나중에는 아이가 학원만 생각하면 '가기 싫은 곳'이라는 반감을 갖게 됩니다.

아이가 학원이 싫다고 하면 어떤 점이 싫은지, 어떤 점이 힘든지에 대해 편안하게 이야기를 나눠보세요. 어떤 아이는 학원 그 자체가 아닌 친구 문제를 호소하기도 하고, 어떤 아이는 선생님에게 작은 상처를 받은 것이 원인이 되었을 수 있습니다. 그 문제를 풀어주면 해결되는 경우도 많습니다.

다만 부모가 보기에 학원 스케줄이 무리이겠다 싶으면 과감히 학원을 정리해주세요. 다 필요한 과목인 듯싶지만 사실은 그렇지 않다는 걸 지나고 보면 알게 됩니다. 그렇게 꼼꼼하게 악착같이 할 필요 없습니다. 가끔은 막상 학원을 끊으려 하면 아이가 다 하길 원하는 경우도 있습니다. 아이도 불안하기 때문이죠. 그 경우에도 부모가 결단을 해서 일부는 정리하는 것이 좋습니다. 아이를 다 키워낸 부모들과 대화를 나누다 보면 자주 듣는 후회가 있습니다. 어릴 때 이것저것 보내지 말고 좀 더 자유롭게 놀렸어야 하는데 그러지 못했다고요. 하기야 어릴 때 못 놀리면 도대체 언제 맘 편히 놀릴 수 있겠습니까?

Plus Q 사교육이 정말 효과가 있는 걸까요?

...

모든 아이에게 그렇지는 않겠지만 당연히 사교육은 효과가 있습니다. 효과가 있으니 그렇게들 많이 시키는 것이죠. 한두 명도 아니고, 수많은 사람을 속임수로 현혹할 수는 없습니다. 이렇게 많은 부모들이 사교육을 시킨다는 것 자체가 사교육의 효과를 보여주는 증거입니다.

실제로 한국개발연구원 김희삼 연구위원이 실시한 연구를 보면 사교육은 학업 성적을 높이는 데 효과가 있습니다. 중간 성적의 아이들이 하루 두 시간의 수학 사교육을 받으면 사교육을 받지 않는 상위권 아이들과 성적이 비슷해집니다.

물론 이런 사교육의 성적 향상 효과는 모두가 사교육을 받는 상황이 되면 사라집니다. 중간 정도의 성적을 받는 아이가 하루 두 시간의 사교육을 받아도 하루 한 시간의 사교육을 받는 상위권 아이들을 따라잡지는 못합니다. 상위권 아이들이 전혀 사교육을 받지 않을 때만 따라잡을 수 있죠.

그런데 알다시피 지금은 모든 아이들이 사교육에 뛰어들어 사교육을 받을 수 없는 일부 아이들만 피해를 입는 상황입니다. 그래서 사교육을 없애기 위한 노력을 정부가 해야 한다는 말이 나오고, 2014년에는 〈선행교육금지법〉이 국회를 통과했습니다.

당연한 말이겠지만 사교육이 효과가 있다고 해서 모든 아이들에게 효과가 있는 것은 아닙니다. 또 한때 사교육의 효과를 얻었다고 해서 계속해서 사교육이 도움이 되는 것도 아닙니다. 공부는 결국 스스로 하는 것이기에 공부를 하겠다는 자신의 의지가 있을 때만 사교육도 효과를 볼 수 있습니다.

아이 자신이 공부하고 싶은 마음이 없을 때라면 학원에 보내는 효과는 딱 한 가지뿐입니다. 부모의 부아를 돋우는 아이의 게으른 모습을 눈앞에 보이지 않도록 하는 효과죠. 부모의 속이 편해지려고, 그리고 혹시나 하는 기대를 갖고 비싼 학원비를 내는 것이죠.

사교육이 아이의 공부를 시켜줄 수는 없습니다. 공부를 하려는 아이에게 얼마간의 도움을 줄 뿐이죠. 게다가 적잖은 사교육이 엉뚱한 학습 이론, 잘못된 정보에 의지해 많은 시간을 낭비하게 합니다. 아이의 인지능력이 충분히 발달하지 않았는데 학습을 시킨다거나, 무작정 암기를 강요하며 학습 의욕을 꺾기도 하죠. 아이를 자극하려고 야단치는 과정이 아이에게 무력감을 심어주기도 합니다. 사교육 과정에서 얻을 수 있는 한 가지 이익을 위해 열 가지를 희생하고 낭비하는 경우가 참 많습니다.

가끔은 이런 생각을 합니다. 어차피 다들 이렇게 사교육을 할 거라면 올바른 사교육에 대한 정보를 주고, 사교육 교사의 질을 높이는 데 국가가 도움을 줘야 하지 않을까? 물론 공교육도 제대로 관리가 안 되는 상황에서 말도 안 되는 이야기겠죠. 그래도 답답한 마음이라 별별 생각이 다 들곤 합니다.

공부에 점점
흥미를 잃어가요

Q 초등학교 5,6학년 남매를 둔 부모입니다. 저희 부부는 사교육을 시키고 싶지 않아 저희가 직접 끼고 열심히 공부를 가르쳤습니다. 엄마 아빠가 공부하는 본을 보이면 좋다기에 TV도 없애고 의도적으로 책 읽는 모습을 많이 보여주었어요. 시험 때면 함께 공부하고, 성적이 오르면 용돈을 더 주거나 상을 주는 식으로 동기 부여에도 신경을 썼고요. 아이들도 이렇게 노력하는 부모를 잘 따라줘서 초등학교 저학년 때는 학교 성적도 좋았고, 영어도 학원을 다닌 또래 친구보다 더 잘하곤 했어요.

그런데 아이들이 고학년이 되면서 눈에 띄게 공부에 흥미를 잃어가고 있습니다. 보상도 아무런 효과가 없고 책을 펼치고 있어도 마음은 딴 데 가 있는 게 눈에 보여요. 사교육을 받지 않아서 아이들이 부족한가 싶고, 저희 부부도 학창시절에 공부를 잘하지 못했는데 부모를 닮아가는 건가 싶기도 해서 걱정이 이만저만이 아닙니다.

자신을 믿고 자신의 길을 찾을 수 있도록 도와주세요

우리 사회가 공부 잘하는 사람을 과도하게 우대하는 경향이 있습니다. 유교 문화의 영향이 강하게 남은 상태에서 지식 정보 사회로 빠르게 이동하다 보니 공부나 학력에 대해 세계 어느 나라보다 높은 가치를 부여하고 있습니다. 대학을 나왔는지, 대학을 나왔다면 어느 대학을 나왔는지가 직업을 얻는 데 여전히 중요하고, 직업에 따른 급여 차이도 크다 보니 학력에 대한 열망이 매우 높습니다. 그러니 부모는 아이를 위한답시고 아이를 괴롭히게 됩니다. '공부만이 살길'이라며 아이를 몰아치게 되죠.

엄밀히 말하면 공부도 하나의 재능입니다. 노래를 잘 부르는 사람, 못 부르는 사람이 있고 운동을 잘하는 사람, 못하는 사람이 있듯, 학교 공부에도 잘 맞는 사람과 맞지 않는 사람이 분명 있습니다. 초등학교 저학년까지는 아이의 공부가 그야말로 부모 하기 나름입니다. 인지능력이 현저히 부족한 아이가 아니라면 부모가 열심히 시키면 시키는 대로 결과가 나옵니다. 그렇게 해서 이해 못할 내용은 아직 배우지 않으니까요.

초등학교 고학년이 되면 배우는 내용이 점점 어려워집니다. 무엇보다 문제 해결을 위해 여러 단계의 복잡한 사고를 요구하게 되죠. 이때부터 본격적으로 공부 적성에서 차이가 드러납니다. 5학년 초반까지만 해도 부모가 어느 정도 시키면 아이들이 따라가지만 5학년 후반, 6학년이 되면서부터는 부모가 시켜도 어려운 부분이 생기기 시작합니다. 이때부터 많은 아이들이 공부를 힘들어합니다. 사교육이 본격화되는 시점이기도 하죠.

모든 사교육 강사가 그런 교육을 하지는 않지만(사교육은 이제 하나의 교육방식으로 단정 짓기는 어렵습니다. 정말 많은 방식의 사교육이 이뤄지고 있죠. 기술적인 면에서는 엄청난 수준에 도달한 사교육도 많습니다.) 평범한 학원에서는 문제에 빨리 익숙해지도록 하고 내용을 빨리 암기하는 비법 등의 '요령'을 가르칩니다. 그런데 이런 요령은 특정한 유형을 벗어난 문제가 출제될 경우 그다지 효과가 없습니다. 이 경우 학원에선 곧잘 하는데 학교 시험만 보면 성적이 안 나오는 현상이 나타납니다. 이른바 '학원 우등생'이죠. 그렇게 몇 번 실망하다 보면 아이들은 자기 자신에게 실망하면서 학습 의욕이 뚝 떨어집니다.

공부 재능은 사람마다 다릅니다

<u>공부 재능이란, 문제를 보면 해결을 위한 시도를 여러 방향으로 전개하여 빠르게 답을 찾는 능력입니다.</u> 사물이나 상황을 조직화하는 데 강점이 있고 자신이 가진 기존 지식을 재빨리 가려 꺼내어 문제 해결에 응용합니다. 하나가 안 되면 융통성 있게 다음 방법을 찾아가죠.

중요한 것은 속도인데, 이런 활동들을 빠른 속도로 해낼 수 있다면 힘이 적게 듭니다. 적은 힘을 들여 빠르게 문제를 풀어내어 보상을 얻을 수 있으니 공부가 재미있습니다. 이런 능력을 가진 아이들을 공부 재능이 있는 아이라고 할 수 있죠. 이 아이들은 공부가 크게 힘들지 않습니다.

대부분의 사람들은 눈앞에 문제를 시각적으로 보여주거나 촉각으로 느끼면서 해결하게 하면 흥미를 갖고 답을 찾아나갑니다. 그런데 공부 재능이 있는 사람은 구체적인 감각으로 경험할 수 없는 추상적인 문제가 주어져도 머릿속에서 끈질기게 해결 과정을 밟아나갈 수 있습니다. 상당수 학생들은 '아, 머리가 안 돌아가. 골치 아파' 할 상황인데, 오히려 재미있게 생각을 이어나가며 문제를 해결하고 자기만의 지식 체계를 쌓아나가죠.

교육으로 이런 재능을 만들기란 어렵습니다. 이런 재능은 대부분 타고나는 것이죠. 이런 재능을 가진 사람이라고 해서 다른 재능까지 두루 갖춘 것은 아닙니다. 그 재능이 전부인 사람도 많습니다. 간단한 동작을 따라 하는 것도 어설플 수 있고, 어울리는 색깔의 조합을 찾아내지 못할 수도 있습니다. 다른 사람의 마음을 잘 읽어내지 못해 친구 관계에 어려움을 겪을 수도 있고요.

공부 재능은 사람마다 차이가 큽니다. 공부 재능이 뛰어날수록 학습에는 분명 유리합니다. 어떤 아이에겐 정말로 공부가 제일 쉬울 수도 있습니다. 그러나 이런 말은 많은 부모에게 답답함만 안겨줄 뿐입니다. '그렇다면 재능이 부족한 우리 아이에겐 해결책이 없는 걸까?' 하고 말이죠.

그런데 재능이란 '있다/없다'로 단순히 나뉘는 것이 아니라 0부터 100까지의 스펙트럼 속에 존재하는 것입니다. 그러니 최악의 수준만 아니라면 자기가 가진 재능만 충분히 발휘해도 어느 정도의 결과를 얻을 수 있습니다. 문제는 부모가 그 정도의 결과에 만족하기 어렵다는 데 있죠.

공부를 잘해야만 잘 살 수 있을까요?

제가 생각하기에 근본적인 해결책은 직업에 따른 급여의 차이를 줄이는 데 있는 듯합니다. 완전히 평등할 수는 없겠지만 유럽의 선진국 수준으로 직업별 급여의 차이가 줄어든다면 우리 아이들의 행복 수준은 많이 높아질 것입니다. 부모들도 공부에만 매달리지 않고 아이들이 자기에게 맞는 적성을 찾아 그 일을 즐겁게 할 수 있도록 도와줄 수 있을 테니까요.

혹시 지금 아이의 성적이 잘 나오지 않는 것이 아이의 생활 태도 문제 때문인가요? 공부를 제외한 생활에서도 자기 관리가 안 되고 지나치게 부정적으로 행동하나요? 만약 그렇다면 아이의 문제에 대해 진지하게 접근해야 합니다. 전문가의 도움이 필요할 수도 있습니다.

하지만 힘들어하는 부분이 단지 공부 한 가지라면 아이에게 큰 문제가 있는 것은 아닙니다. 오히려 아이의 공부에 대한 의욕 저하가 인생 전반에 대한 의욕 저하로 이어지지 않도록 주의해야 합니다. 그리고 부모가 먼저 아이에게 잘 맞는 일이 무엇이 있을지 고민해봐야 합니다.

공부를 잘해야만 세상에서 살아남을 수 있다고 부모가 굳게 믿고 있다면 아이로서는 난감하지 않을 수 없습니다. 공부는 해도 안 되는데 그렇다면 이제 앞날은 어두운 셈입니다. 그 상황에서 삶의 의욕을 지켜가기란 어렵습니다. 차라리 부모의 말이 틀렸다고 생각해야 자기 삶의 의욕을 유지할 수 있습니다. 그래서 공부가 안 되는 아이들은 부모와 다투고, 부모와 멀어지려 노력합니다.

아이와 멀어질 생각이신가요? 그렇지 않다면 부모의 마음부터 바꿔야 합니다. 아이에게도 자신에게 맞는 길이 분명히 있다고 믿어주고, 천천히 함께 찾아가세요. 비록 그 길이 남에게 자랑할 만한 길이 아니더라도 부모는 자랑스럽게 생각해야 합니다. 그래야 아이가 자기 삶을 사랑하며 열정을 갖고 살아갈 수 있습니다. 열정이 있어야 자기 일에서 성공할 수 있습니다. 실제로 학창시절 공부는 별로였지만 삶을 잘 가꾸어가는 사람들을 보면 대개 그렇습니다.

'엄마표 공부'에도 장단점이 있습니다

한 가지 더. '엄마표 공부'에 대해 좀 더 이야기해보겠습니다. 요즘 '책육아'와 '엄마표 공부'가 유행하고 있습니다. 지나친 사교육 탓에 가정경제도, 아이들의 정서도 엉망이 되어간다는 비판이 많다 보니 반작용으로 '엄마표 공부'가 유행하는 듯 보입니다. 돌아가는 모양을 보면 유기농이 각광을 받던 초기 분위기와 유사합니다. 무공해와 자연주의. 조금 비싸고 불편하지만 아이에게 건강을 줄 수 있는 살아 있는 교육.

그런데 저는 가끔 '지나친 사교육'의 반대말이 왜 꼭 '엄마표 공부'여야 할까 하는 의문이 듭니다. 진료실에서는 '지나친 사교육'만큼이나 '지나친 엄마표 공부'로 힘들어하는 아이를 많이 만나게 됩니다. 제가 볼 때 지나친 사교육보다는 지나친 엄마표 공부가 더 해롭습니다. 사교육에 지쳐 아이에게 문제가 발생하면 그냥 사교육을 끊어주면 됩니다. 그러면 아이는 바로 '엄마 만세'를 외치며 예전의 밝은 모습으로 돌아오죠. 그런데 지나친 엄마표 공부로 힘들어하는 아이는 학습과정에서 엄마와 상처를 많이 주고받은 탓에 회복에 오랜 시간이 걸립니다. 부딪힘이 많았던 만큼 상처도 심하죠.

제가 만난 초등학교 4학년 유민이의 이야기입니다. 유민이는 아직도 아기 짓을 합니다. 작은 일에도 깜짝 놀라고 화장실에도 혼자 못 간다고 떼를 쓰죠. 학교 숙제를 엄마가 옆에 붙어서 도와주는데 엄마의 공부인지 아이의 공부인지 구별하기 어려울 정도입니다.

초등학교 3학년 1학기까지는 그렇지 않았습니다. 유민이는 한자급수시험 5급에다, 엄마표 영어 공부로 챕터 북도 곧잘 읽고, 독서일기 스티커 개수는 반에서 1등이었습니다. 전직 컨설턴트 출신의 엄마는 학부모가 천직인가 싶을 정도로 유민이의 교육에 열심이었습니다. 그러던 중 단원평가에서 연속으로 두 번 100점을 못 받은 뒤로 유민이는 달라졌습니다.

엄마가 실수에 대해 따끔히 야단친 것은 사실입니다. 뻔히 아는 것을 틀렸으니까요. 아이가 자꾸 틀리면 자신감을 잃을 수 있으니 다음에는 실수하지 말라는 좋은 뜻이었겠죠. 그다지 심하게 야단친 것도 아니고 오답노트를 다섯 번 적으라고 했을 뿐이랍니다. 그런데 다음 단원평가를 앞두고 유민이는 배가 아프다고 했고 엄마는 꾀병이라며 야단을 쳤다고 해요. 그 뒤로 아이는 점차 퇴행하는 모습을 보였습니다.

유민이가 4세 때부터 시작된 엄마의 일생일대 작업은 그렇게 점점 엉망이 되어갔습니다. '프로페셔널' 학부모서의 엄마는 해고되고,

유민이 엄마는 그저 고전적인 부모 역할을 해야 하는 처지가 되었습니다. 해고를 받아들일 수 없었던 엄마는 아이와 맹렬히 싸웠습니다. 아이는 따져 물으며 채근하는 엄마에게 반항하지 않았습니다. 그저 멍한 표정으로, 느릿느릿 움직였죠. 결국 유민이 엄마가 깨달은 진리는 아이가 움직이지 않는 한 부모가 할 수 있는 일은 아무것도 없다는 것이었습니다. 엄마도 점차 무기력해졌습니다.

물론 이 경우는 극단적인 사례일지 모릅니다. 유민이의 엄마는 지나치게 성과 중심이었고, 거기다 완벽주의이기까지 해서 아이가 숨 쉴 틈이 없었지요. 아이는 스트레스에 대한 대응력은 약한데 엄마를 만족시키고 싶은 욕구는 지나치게 컸습니다. 중재자가 될 수 있는 아빠가 가정에 별 관심이 없다 보니 모녀의 싸움은 극단적으로 흘렀고, 엄마는 자존심 때문에 타인에게 도움을 청하지 않았습니다. 그런데 이처럼 극단적이진 않더라도 아이와 엄마를 회의와 좌절에 빠뜨리는 사례는 현실에서 쉽게 발견할 수 있습니다. 그리고 그 경우 상당수는 실패를 가슴에 새기고 다시 사교육 시장으로 향합니다.

엄마표 공부가 꼭 나쁜 것은 아닙니다. 좋은 점이야 많죠. 가장 좋은 점은 아이에게 맞춤 교육을 해줄 수 있다는 점입니다. 사교육은 상업적인 목적 때문에 아이의 자연적인 발달 과정에 맞출 수 없습니다. 다른 아이들과 자연스럽게 비교가 되기에 진도 빼기에 급급하죠. 반면 엄마표 공부는 내 아이의 학습 상황에 맞춰나갈 수 있습니다. 일상 속에서 자연스럽게 학습할 수 있다는 점도 큰 장점입니다. 초등학교 2학년까지는 학습이 생활 속에서 자연스럽게 이루어져야 아이가 공부를 두려워하지 않고 흥미를 유지할 수 있습니다. 게다가 엄마표 공부는 사교육기관에 오가느라 들이는 시간의 낭비를 최소화합니다. 그래서 남는 시간에 아이는 인형놀이를 좀 더 할 수 있고, 친구들과 뛰놀 수도 있습니다.

그런데 이것을 뒤집어서 보면 어떨까요? 만약 엄마표 공부가 아이에게 맞춰진 것이 아니라 엄마의 의도대로 진도를 빼려는 식이라면? 일상을 통한 학습이 아니라 감시가 따르는 문제지 풀이식의 학습이라면? 조금의 여유도 주지 않고 하루 종일 더 많은 과제로 아이를 옭아매는 덫이라면? 이런 식이라면 엄마표 공부의 장점은 전혀 얻지 못하고 아이가 엄마에게 꼭 얻어야 하는 가장 중요한 부분마저 놓치게 됩니다.

<u>엄마는 아이에게 최후의 보루입니다. 본질적으로 엄마의 존재 이유는 아이에게 공부를 시키는 역할이 아닙니다. 아이가 가장 힘든 순간에 아이 곁을 지키며 아이를 지지해주는 것이 엄마의 역할입니다.</u> 아이가 안정적으로 성장해 부모의 지지가 필요하지 않다면 별문제가 없겠죠. 하지만 모든 아이는 자라면서 한두 번은 힘든 상황을 만나게 됩니다. 이때 엄마가 필요합니다. 그런데 그 순간, 엄마가 아이를 돕기보다는 괴롭히는 역할을 하고 있다면 아이는 어떻게 될까요? 아이는 무너집니다. 그렇게 무너져 집 밖으로 돌거나 컴퓨터나 핸드폰 속에서 위안을 찾으며 엄마를 바라보지 않는 아이들이 지금 우리 주변에 너무나 많습니다.

Plus Q **5학년 아이가 소설가가 되겠다며 공부를 멀리해요**

…

지금 아이가 글을 쓰는 걸 막을 이유는 전혀 없습니다. 오히려 글을 잘 쓸 수 있도록 격려해주는 게 좋을 것 같습니다. 바야흐로 1인 미디어 시대가 열렸고, 꼭 글을 써서 먹고사는 일을 하지 않더라도 다양한 직업에서 글쓰기가 중요한 역량으로 부상했으니까요.

글을 쓰다 보면 아무래도 생각을 정리하기 쉽고, 특히 자기 글을 읽는 사람들을 생각하게 됩니다. 아마 이 아이 역시 이미 글쓰기 카페 같은 곳에 가입했을 거예요. 자기 글을 올리고, 그에 대한 다른 사람들의 반응을 보면서 타인의 감정이나 마음을 읽는 능력이 발전하게 되는데 이 역시 미래의 직업과 무관하게 중요한 역량입니다.

글쓰기 능력이 뛰어난 아이의 경우 앞으로의 진로와 가능성이 생각 외로 다양하기 때문에 어머니께서는 너무 염려하지 마시고 아이가 능력을 마음껏 펼칠 수 있도록 든든한 지원군이 되어주는 게 어떨까 합니다.

부모는 대개 자신이 살아온 경험을 통해 아이의 장래희망에 대해 평가하곤 합니다. 하지만 세상은 빠르게 변합니다. 변화의 속도는 과거보다 더 빨라지고 있죠. 부모가 아이의 미래 설계에 도움을 주고 싶다면 자신의 사고틀에 갇히지 말고 미래 사회에 대해 열린 마음으로 연구할 필요가 있습니다. 세상이 어떻게 변하고 있는지, 변하는 세상에 제대로 적응하려면 아이에게 어떤 능력이 필요한지 깊게 고민해야 아이에게 실질적인 도움을 줄 수 있습니다. 그러지 않으면 '답답한 부모'로 아이가 대화를 피하는 대상이 될지도 모를 일입니다.

수업 시간에 자꾸 딴생각을 한대요

올해 초등학교 3학년이 된 남자아이입니다. 1학년 때는 학교에 적응을 잘 한다 싶었는데 2학년에 올라가고부터 문제를 풀 때 자꾸 딴생각을 하는 모습이 눈에 띕니다. 선생님 말씀이 수업 시간에도 집중을 못하고 다른 생각을 할 때가 많다고 해요. 그러다 보니 주어진 시간 안에 과제를 수행 하지 못해 늘 야단을 맞아요. 심지어는 시험 보는 시간에도 문제는 안 풀 고 멍하니 앉아 있어서 선생님이 몇 차례나 주의를 주었다고 하더라고요. 학원에서도 다른 아이가 하는 양의 절반도 안 되는 분량을 붙들고 시간을 질질 끈다고 합니다. 다행히 수업 내용을 이해하지 못하는 건 아니고 늘 착한 아이라는 평가를 받아요. 그래도 자꾸 아이를 혼내게 되고, 그러다 보니 아이도 상처를 많이 받은 것 같아 늘 마음이 아픕니다.

주의력이 떨어지는 원인을 찾아보세요

수업 시간에 자주 딴생각을 하고, 심지어 시험 시간에도 문제를 풀지 않고 다른 생각을 하고 있다면 아이의 주의력이 많이 떨어진 상황입니다. 이 경우 가장 흔한 원인은 아이가 수업 내용을 이해하기 어렵거나 수업에 흥미를 느끼지 못하는 것입니다. 저 역시 어려운 강의를 들을 때면 저도 모르게 공상에 빠지는 때가 종종 있으니까요.

강의가 어렵지 않더라도 아이의 마음을 사로잡는 다른 중요한 일이 있다면 아이의 주의력은 흐트러질 수 있습니다. 예를 들어 새로 시작한 게임이 너무 재밌어 그 생각만 하는 경우에도 수업 시간의 주의력은 엉망이 됩니다. 쉬는 시간마다 자신을 괴롭히는 아이가 있을 경우에도 아이의 신경은 온통 그 아이에게로 향하게 되죠. 또 좋은 일이든 나쁜 일이든 아이가 감정적으로 흔들리는 상황에서도 아이의 주의력은 떨어집니다. 아침에 엄마에게 등짝을 한 대 맞고 나와서 기분이 안 좋은 아이가 수업 내용에 귀를 기울이긴 어렵겠죠. 오랜만에 시험에서 백점을 맞아 엄마에게 자랑할 마음에 들떠 있을 때도 집중은 어려울 것입니다.

그러니 **아이가 집중력이 떨어져 있을 경우 우선 다음 네 가지를 확인해보십시오. 첫째, 아이의 신경을 잡아끄는 다른 중요한 일이 있는 것은 아닌지, 둘째, 아이가 지금 정서적으로 불안정한 것은 아닌지, 셋째, 지금 공부하는 내용을 아이가 이해하기 어려운 건 아닌지, 넷째, 아이의 인지능력이 학교 수업 내용을 따라가기에 버거운 것은 아닌지 살펴보십시오.** 그 외에도 공부 문제로 부모에게 야단을 많이 맞은 아이들에게서도 공부할 때 주의력이 떨어지는 현상을 관찰할 수 있습니다. 이 아이들에게 물어보면 공부만 생각하면 기분이 나빠지고 조건반사적으로 딴생각을 하게 된다고 합니다. 공부에 질린 아이들이죠.

또 한 가지 의심할 수 있는 가능성은 주의력결핍과잉행동장애, 즉 ADHD입니다. <u>흔히 ADHD라고 하면 충동적이고 공격적인 아이를 주로 떠올립니다. 하지만 ADHD 아이 중 과잉 행동을 보이지 않는, 이른바 '조용한 ADHD'로 분류되는 아이가 전체의 20%를 차지합니다.</u>

이 아이들은 행동이 부산하거나 공격적이지 않습니다. 혼자 '멍때리는' 시간이 많고, 무슨 일을 하다가도 자꾸 딴 길로 새는 모습을 보이죠. 친구들과 대화를 할 때면 자기 생각에 빠져서 흐름에 맞지 않는 엉뚱한 말을 꺼내기도 하고, 해야 할 일은 계속 미루는 경향이 있습니다. 반면 겉으로 보기에는 전혀 산만해 보이지 않아요. 오히려 조용해 보일 정도입니다. 기껏해야 손발을 계속 꼼지락대는 모습만이 눈에 띌 뿐이죠.

주의력이 부족한 아이를 도와주기 위해 가장 중요한 것은 주의력이 떨어지는 원인을 밝히는 것입니다. 원인에 따라 도와주는 방향이 다를 수밖에 없으니까요. 만약 우리 아이가 어디에 속하는지 얼른 판단이 서지 않는다면 전문가를 한번 찾아가 보는 것도 좋습니다.

***

주의력이 떨어지는 아이들을 도와주기 위해서는 원인에 대한 치료가 가장 중요합니다. 하지만 원인에 대한 치료는 시간이 오래 걸리는 경우가 많습니다. 그렇다고 그 기간 동안 아이를 그대로 두고 볼 수는 없겠죠. 그래서 이 아이들을 위해 집에서 손쉽게 실천할 수 있는 몇 가지 팁이 있습니다.

첫째, 지시를 할 때는 반드시 아이 옆에서 해야 합니다. 자꾸 주의가 산만해지는 아이들은 "1번부터 20번까지 문제를 풀어라" 하고 놔두면 딴 길로 샙니다. 이럴 땐 짧게 끊어서 문제를 풀 수 있게 해주세요. 부모가 옆에서 문제를 하나씩 잘라서 주면 아이는 훨씬 잘 따라오고 주의력도 좀 더 오래 유지할 수 있습니다. 1번 문제를 주고 풀게 하고, 다 풀면 2번 문제를 주고 풀게 하는 식이죠.

둘째, 시계를 적극적으로 활용합니다. 저학년 아이도 숫자는 읽을 수 있으니 전자 타이머를 앞에 놓고 집중하는 시간을 늘리도록 노력합니다. 우선 시계를 보면서 자신이 몇 분간 집중할 수 있는지 확인하게 합니다. 예를 들어 아이와 테스트해본 결과 5분 정도 집중하는 것 같다면 5분간 최대한 집중하고 1분간 쉬고, 또 5분간 집중하고 1분간 쉬는 식으로 학습합니다. 이후 집중시간을 6분, 7분, 8분으로 조금씩 늘려갑니다.

이런 훈련을 1년 정도 꾸준히 하다 보면 집중할 수 있는 시간이 5분, 10분에서 20분, 25분까지 발전합니다. 막연히 "너는 왜 자꾸 집중을 안 하고 딴생각을 하느냐"고 다그쳐봐야 아무 소용없습니다. 꾸중이 아닌 훈련이 아이를 발전시킵니다.

주의할 점 한 가지는 집중하는 시간은 과목별로 다를 수 있습니다. 국어는 5분밖에 집중하지 못하는데 수학은 20분간 집중할 수도 있죠. 이 경우에는 과목에 따라 다른 기준을 정해서 과목별로 따로 적어두며 훈련을 해야 합니다.

셋째, 집중하는 시간이 조금이라도 늘어나면 보상을 해줍니다. 집중시간이 10분에서 15분이 되면 축하 파티를 열어준다든지 하는 식으로 집중시간이 늘어난 데 대해 충분히 보상을 해주세요. 다만 처음부터 집중시간의 목표를 너무 높게 잡지 마세요. 10분 집중하는 아이라면 15분까지만 늘려보자는 식으로 실현 가능한 목표를 제시해야 합니다. 그래야 아이도 힘을 합칠 수 있습니다.

영어 단어 하나 더 알고 수학 문제 하나 더 푸는 것보다 집중하는 시간을 늘리는 노력이 훨씬 중요합니다. 『탈무드』에서도 아이에게 생선을 주지 말고 생선 잡는 법을 가르치라고 합니다. 집중력은 모든 학습과 일 처리의 기본 토대이니, 부모는 아이의 집중력 자체를 향상시키는 데 초점을 두고 노력을 기울여야 합니다.

넷째, 숙제나 과제를 마치고 나면 아이에게 자유를 줍니다. 예를 들어 1시간 정도 걸릴 것이라 예상했던 숙제를 빨리해서 30분 안에 다 끝냈다면 남는 시간에 다시 다른 공부를 들이밀지 마세요. 그냥 아이가 하고 싶었던 일을 하게 해주세요. 빨리 끝내든 늦게 끝내든 한 시간 동안은 꼼짝없이 공부를 해야 한다고 하면 아이는 굳이 숙제를 빨리 끝낼 의욕을 갖지 못합니다. 집중력을 높일 이유도 없죠.

다섯째, 아이가 뭔가에 집중하고 있는 순간을 발견하면 칭찬해줍니다. "너 참 집중을 잘하는구나. 이런 게 중요한 거야"라고 칭찬해주세요. 아이가 자신에게 집중할 수 있는 능력이 있음을 인식하는 것이 중요합니다. 아이는 자기를 믿지 못합니다. 자기도 잘할 때가 있다는 것을 스스로 알아야 더 노력할 마음을 갖게 됩니다.

✱ ✱ ✱

주의력이 떨어지는 아이는 공부할 때 되도록 부모가 곁에 있어주는 것이 좋습니다. 누군가 옆에 있다는 것만으로도 각성상태가 좋아지니까요. 또한 주의가 흐트러지려 할 때 살짝 각성을 유도하면 아이가 주의력을 길게 유지하는 데 도움이 됩니다. 판소리 가락에 장단을 맞추듯 "괜찮네", "좋아, 좋아", "힘들지 않아?", "와, 잘했네" 정도의 간결한 추임새를 넣어주고 머리도 한 번씩 쓰다듬어주세요. 물론 학년이 올라갈수록 추임새의 빈도는 줄어들어야 합니다. 또 추임새는 칭찬의 추임새여야 야단치고 잔소리하는 것이어서는 곤란합니다.

아이는 혼낼수록 부모를 멀리합니다. 그리고 아이가 부모를 멀리하는 순간, 부모가 아이를 도울 방법은 사라지고 맙니다. 아이의 곁에 오래 머무르세요. 그래야 아이에게 도움을 줄 수 있습니다. 그러기 위해서 부모는 견뎌내야 합니다. 한마디 하고 싶은 마음, 등짝이라도 한 대 때리고 싶은 마음. 그 충동을 견뎌낼 때 아이에게 부모가 오랫동안 도움을 줄 수 있습니다.

어려운 일에 도전하는 것은 누구나 어렵습니다.
아이들도 마찬가지죠.
그래서 도망가면 부모는 겁이 납니다.
이렇게 계속 도망갈까 걱정도 되죠.
하지만 도망가는 마음 뒤에는
꼭 잘해내고 싶다는 마음이 있습니다.
그 마음을 읽어주고 인정해줘야 아이가 다가옵니다.

"너무 억울하지. 너도 잘하고 싶은데 자신이 없고.
그래서 짜증도 나고 안 하고 싶은 건데
그런 네 마음을 몰라주니 힘들었겠다."

이런 말을 하면 아이들은 울고 맙니다.
울고 나면 다시 다독여 조금씩 이끌어가세요.
거북이처럼 천천히 아이랑 가는 겁니다.

PART 07

우리 가족 이대로 괜찮을까요?

...

좋은 부모가 아니라고 자책하지 마세요.
좋은 부모가 과연 있기는 할까요?
마찬가지로 좋은 자식도 찾기 어려워요.
확실한 것은 한 가지.
서로 모자란 모습 그대로 사랑하고 있다면
좋은 가족이에요.

양육관의 차이로
남편과 부딪혀요

유치원에 다니는 딸을 키우는 방식을 놓고 남편과 갈등이 심합니다. 한마디로 다소 엄격한 엄마와 한없이 관대한 아빠의 대립이라고 할까요? 저는 어지간한 일은 아이가 스스로 하도록 지도하는 반면, 남편은 하나부터 열까지 도움을 주려 합니다. 저는 아이에게 골고루 먹어야 한다고 가르치는데 남편은 자신이 편식을 하다 보니 아이가 좋아하는 것만 먹입니다. 저는 꾸준한 학습과 정리 정돈을 강조하는데 남편은 아이가 싫다고 하면 네 마음대로 하라며 엉덩이를 토닥여줍니다.

상황이 이렇다 보니 저는 아이에게 혼내고 잔소리하는 나쁜 엄마이고 남편은 오냐오냐 마음 좋은 아빠가 되었어요. 아이도 엄마에게 요구가 통하지 않을 것 같으면 아빠한테 바로 짜증을 부립니다. 그러면 아빠는 아이 말을 다 들어주죠. 이 문제로 부부 싸움도 잦아지고, 무엇보다 아이에게 일관된 교육을 하지 못한다는 점이 걱정됩니다.

대화와 타협을 통해 의견을 조율하는 과정이 교육입니다

부모님의 성격이 달라도 너무 다르군요. 그런데 여기서 돌아볼 점이 있습니다. 두 분은 어떻게 결혼에 이르게 되었을까요? 아마도 자신이 갖고 있지 않은 상대방의 모습에 서로 끌리지 않았을까 싶습니다. 아내 분은 자유분방하고 정 많은 남편의 모습에 마음이 흔들렸고, 남편 분은 원칙에 충실하고 야무진 아내의 모습에 매력을 느꼈겠죠. 그런데 결혼을 하면 누구나 '맨 얼굴' 그대로의 상대를 보게 됩니다. 한 걸음 떨어져서 볼 때는 매력적으로 느껴졌던 부분이 가까이서 생생하게 접하면 견디기 어려운 단점으로 느껴지기도 하죠. 살짝 맛보면 달콤한 설탕이 숟가락으로 퍼 먹으면 견디기 어렵 듯이요.

사람들은 보통 집에서만큼은 있는 그대로 자기를 드러내도 된다고 생각합니다. 가족들은 그런 자기를 있는 그대로 받아주길 기대하죠. 그러면서도 정작 자신은 다른 가족의 모습을 있는 그대로 인정하고 받아주려 하지 않습니다. 저는 가족이라고 해서 모든 것을 받아주려고 애쓰기보다 집에서도 어느 정도의 자기 조절이나 통제를 해야 한다고 생각합니다. 특히 아이를 키울 때는 더욱 그렇죠. 아이는 부모의 모든 행동을 다 보고 있습니다. 부모가 자신의 모습을 가감 없이 다 보여주면 아이가 소화하기에는 벅찰 수 있습니다.

아이라는 새로운 존재가 부부의 삶에 들어오면, 그래서 부모가 되면, 집에서도 조금은 신경 써서 행동해야 합니다. 어머님은 꼼꼼한 분이지만 밖에서는 집에서처럼 잔소리를 많이 하지 않겠지요. 아버님은 자유로운 분이지만 밖에서는 일정한 기준을 정해놓고 행동하실 테고요. 물론 집에서 바깥에서 하듯 조심할 수는 없겠죠. 하지만 내가 하고 싶은 대로가 아니라 상대를 생각해서 어느 정도 수위를 조절해야 합니다. 그것이 바로 '예(禮)'이고, '예'는 행복한 가정을 꾸려나가는 데 꼭 필요한 덕목입니다.

또 한 가지 조언을 드리자면 부부간에 의견 차이가 없어야 한다는 생각을 바꿔보세요. 부부가 육아를 하다 보면 서로 다른 육아 태도를 아이에게 보여주게 됩니다. 그런 다양성은 아이에게 해롭지 않습니다. 오히려 아이에게 좋은 자극이 됩니다. 우리가 사물을 깊게 이해하기 위해서는 사물 간에 존재하는 차이를 인식해야 합니다. 아이들이 언어를 배울 때도 한 사람의 목소리로 익힐 때보다 여러 사람의 목소리와 음조로 언어를 들을 때 언어 습득이 더 빨라집니다. 다양성이 아이를 헷갈리게 하지 않을까 염려하지만 다양성은 오히려 아이의 학습과정을 촉진합니다.

아무리 부부라도 모든 생각이 일치할 수는 없습니다. 육아에서도 마찬가지죠. 부부 사이에 의견 차이가 존재한다고 해서 나쁜 것은 아닙니다. 오히려 사람마다 생각이 다르다는 것을 아이가 자연스럽게 배워갈 수 있습니다. 그러니 부부가 완전히 일치하는 양육관을 갖고 아이를 돌봐야 한다는 불가능한 기대는 어서 버리세요. 어차피 가능하지도 않고 바람직하지도 않습니다. 일관성이 없는 양육이 되지 않을까 우려하시겠지만 일관성은 각자 개인이 지켜야 할 덕목입니다. 아이를 돌보는 사람 모두가 같은 육아 태도를 보여야 하는 것은 아닙니다.

진짜 문제는 상대를 자기 쪽으로 끌고 오기 위해 부부가 서로 비난하는 것이죠. 아이가 절대 배워서는 안 되는 태도입니다. 부부의 의견이 서로 다르더라도 대화와 타협을 통해 '가장 나은 선택'을 서로 합의해가는 과정을 아이에게 보여주세요. 아이도 자라면서 자신의 의견을 갖게 될 것입니다. 그때를 위해서도 자기 생각을 적절히 피력하고 타협과 조율을 통해 절충안을 찾아가는 과정을 부모가 먼저 보여주세요. 아이가 크면 아이를 그 과정에 참여시켜주시고요. 서로 의견이 다른 주체가 만나 타협하며 살아가는 것이 사회이고, 가정은 사회의 가장 기본적인 단위입니다.

＊＊＊

어머님의 이야기를 들어보면 내가 옳고, 상대는 틀렸다는 생각을 갖고 있는 것은 아닌지 염려됩니다. 그런 생각은 분열을 낳습니다. 상대는 나의 그런 태도를 받아들이려 하지 않으니까요. 그래서 더욱 변하지 않고 자기 고집을 지키려 할 것입니다. 결국 분열은 돌이킬 수 없게 되고, 관계는 원망만이 남습니다. 이런 태도로 아이를 키우면 아이와의 관계도 마찬가지 결과로 흐를 수 있습니다.

저는 부부가 서로 '저럴 수도 있겠구나' 하는 마음을 가져보라고 늘 권합니다. 상대가 왜 그렇게 행동하는지 들어보고 그 이유를 이해하려는 마음을 가져보세요. 그리고 <u>어느 한쪽을 따르는 것이 아니라 부부가 함께 지금보다 더 나은 방법을 찾아보도록 권하고 싶습니다. 함께 일치된, 하나의 방법으로 육아를 할 필요는 없습니다. 각자, 자기가 받아들일 수 있는 더 나은 방법을 찾는 것으로 충분하죠. 조금씩 더 나은 방법을 찾다 보면 분명 육아는 더 나아집니다.</u> 그리고 조금 더 나아지려는 마음만 계속 간직한다면 그것만으로도 충분히 좋은 부모입니다.

물론 거기서 한 발 더 나아가 함께 부모교육을 받아본다면 더욱 좋겠죠. 어느 한쪽이 옳다고 주장하지 말고 두 분 다 자기에게 부족한 점을 배워보십시오. 어머님은 적절한 잔소리 수준과 잔소리를 넘어설 수 있는 교육방법을 배우고, 아버님은 육아에 있어서 중심을 잡는 방법을 배운다면 큰 도움이 될 것입니다.

한 가지 더, 아이가 나를 싫어한다는 피해의식도 버리길 바랍니다. 어머님은 자신은 아이를 잘 가르치려고 잔소리를 하는데 아빠는 무조건 오냐오냐하니 아이가 나를 싫어하고 아빠만 좋아한다고 생각하고 계십니다. 하지만 아이들은 그렇게 어리석지 않습니다.

물론 아이들이 올바른 사람보다는 자기편을 좋아하고 따르는 것은 맞습니다. 그렇다고 아이에게 있어서 '자기편'이 그저 자기 말을 무조건 들어주는 사람을 의미하지는 않습니다. 아이들에게도 자기편이란 자기 마음을 알아주고 자기를 따뜻한 눈빛으로 봐주는 사람, 더 나아가 끝까지 자기를 책임져줄 사람이죠. 그래서 놀 때는 아빠를 따르는 듯 보여도 아프면 엄마만 찾고 엄마에게 안기는 아이들이 많습니다.

사연만 봐서는 지금 어머님과 아이의 관계가 어떤지 정확히는 모르겠습니다. 하지만 아이도 크면서 무엇이 옳은지, 어느 쪽이 자신에게 도움이 되는지 다 알게 됩니다. 그러니 지금 하시듯 원칙을 지켜가는 육아를 계속 유지하세요. 다만 원칙과 함께 아이에게 따뜻한 마음을 보여주고, 진심으로 아이를 대하는 태도를 지켜가세요. 그러면 아이는 엄마를 분명 좋아하게 될 것입니다.

또 지나치게 심각해지지는 마십시오. 육아에서 원칙을 지킨다고 매사 심각한 태도를 지어야 하는 것은 아닙니다. <u>아이가 밝게 자라기를 원한다면 무엇보다 부모가 먼저 밝아야 합니다. 아이를 키우는 집안은 즐거움이 흘러야 합니다. 천천히 아이 수준을 인정하며 발전을 꾀하고, 무엇보다 순간순간을 즐기려고 노력하는 것이 육아에 있어서 가장 소중한 원칙입니다.</u>

＊＊＊

엄마들에게 아빠들의 육아 참여에 대해서 한 가지 힌트를 드리고 싶어요. 우리 사회의 현실 상 아빠들은 육아에 관심을 갖기가 어렵습니다. 무엇보다 OECD 국가 중 최장 시간의 노동을 소화해야 하죠. 게다가 모델이 될 만한 어른을 경험해본 적도 없습니다. 최근 들어 예능 프로그램에서 아빠의 육아를 다루고 있지만 아직까지 엄마의 육아를 돕는 입장에 머물고 있습니다.

아빠들 역시 대부분 육아에 대한 관심이 크지 않습니다. 아이를 보면 귀여워하지만 육아의 어려움은 피해가고 싶어 하죠. 그런데 이런 아빠들의 태도에 엄마들이 자기도 모르는 사이에 동조하는 경우가 많습니다. 아빠가 하는 것을 보면 어설픈데다 제대로 못하니까 그냥 엄마가 해버리고 말죠. 그래서 아빠는 그저 엄마가 시키는 일만 하는 심부름꾼 역할에 머물게 됩니다. 그런데 누구든 심부름꾼 역할을 하며 주체적으로 행동하기는 쉽지 않습니다. 주어진 역할만 적당히 해내게 되죠.

　이렇게 육아 초기부터 육아의 중심축이 엄마 중심으로 기웁니다. 그러다가 엄마 혼자 감당하기 어려워지면 아빠를 육아에 동참시키죠. 그러나 그때는 이미 아빠들의 마음이 '이 일은 내 일이 아니다'라는 쪽으로 기운 상태입니다. 내 일이 아니라고 생각하다 보니 아무 준비도 안 되어 있죠. 결국 이런 태도는 힘든 아내의 마음을 서운하게 하고 부부간 갈등의 원인이 됩니다.

　그러니 엄마들은 육아 초기부터 의도적으로 아빠를 육아에 동참시켜야 합니다. 좀 어설프고 못마땅해도 '잘한다, 잘한다' 하면서 끌어들여야 합니다. 양육 방식의 차이를 존중하면서 아빠의 실력이 향상될 때까지 기다려주세요. 제대로 못한다고, 내가 하는 육아 방식과 다르다고 절대로 빼버리지 마세요. 그것이 장기적으로 보면 엄마가 편해지는 길입니다. 물론 아이에게도 좋고, 힘은 들지만 아빠들에게도 가정에서 소외당하지 않고 살아가도록 돕는 해결책입니다.

형제자매의 싸움, 누구 편을 들어야 하죠?

Q 18개월 터울이라 연년생이나 다름없는 5세, 7세의 두 딸을 둔 엄마입니다. 두 아이 모두 질투가 너무 심합니다. 그러다 보니 시도 때도 없이 싸우는데 머리를 다치고 얼굴에 상처가 나는 사고도 있었어요. 저는 서열 정리를 위해 주로 큰아이 편을 들어주었는데, 그 부작용 탓인지 큰아이는 '징징이', 작은아이는 '떼쟁이'가 되었습니다.

싸울 때 누구 편을 들어야 할지, 싸우는 과정을 두고 혼내야 하는지, 결과를 두고 판단해야 하는지, 어떤 훈육이 가장 효과가 있는지 알고 싶어요. 엄마의 사랑을 차지하기 위해 싸운다는 걸 알지만 이젠 저도 중재하기보다 방관하거나 소리를 지르게 됩니다. 커갈수록 아이들의 감정을 읽기가 어려워지니 육아가 너무 힘드네요.

형제자매간 다툼에서는 부모의 태도가 중요합니다

육아 상담에서 형제자매간 다툼은 첫손으로 꼽을 만큼 자주 등장하는 이슈입니다. 아이를 여럿 키우는 집은 원래 싸움이 잦을 수밖에 없습니다. 부모의 사랑을 나눠 가져야 한다는 사실 자체가 아이들에겐 엄청난 스트레스입니다. 아이들이 좀 더 크고, 또 성격이 맞아서 서로 잘 놀 때나 형제가 좋은 것이지, 그 전까지는 아이들 입장에서 형제가 좋은 점은 하나도 없습니다. 오죽하면 '형제 덕은 큰일 치를 때나 본다'는 옛말이 있겠습니까?

형제의 다툼은 운명적입니다. 성경에 나오는 첫 형제인 카인과 아벨이 싸움으로 비참한 최후를 맞이한 것이 그 상징이죠. 그러니 우선 부모는 아이들이 사이좋게 지냈으면 하는 기대부터 버려야 합니다. 행복이란 기대치와 실제의 간극이 좁을수록 커집니다. 기대가 크면 실망도 커서 불행을 느끼기 쉽죠. 많은 불행의 이유는 잘못된 기대에 있습니다. 그러니 우리 아이들이 서로 안 싸웠으면, 사이좋게 지냈으면 하는 기대를 내려놓으세요. <u>형제자매간 싸움은 일상적인 일이고 그다지 나쁜 것도 아닙니다. 아이들은 싸우는 과정을 통해 갈등에 대처하는 연습을 할 수 있고 사회성도 더 발전할 수 있습니다.</u>

물론 유난히 심한 시기심과 질투를 보이는 아이들이 있습니다. 그 아이들을 두 가지 유형으로 나눠볼 수 있죠. 첫째는 타고난 기질 자체가 사람에 대한 욕심이 많고 유난히 주목 받고 싶어 하는 아이입니다. 둘째는 부모의 사랑을 안정적으로 느껴본 경험이 없는 아이입니다.

아이들은 보통 8~9개월부터 낯가림을 하고 12~18개월에는 분리 불안을 보입니다. 그 전에는 돌봐주면 다 자기편으로 생각하고 구별하지 않다가, 이때부터는 부모나 주된 양육자 한두 사람에게만 매달립니다. 누가 자기의 생명줄인지 알고, 그 사람과 깊은 관계를 형성하려고 하는 것이죠. 그것이 자신에게 유리하다는 것을 아이들은 본능적으로 압니다.

그런데 이 시기에 부모가 아이에게 충분히 민감하게 반응해주지 못한 경우 아이는 결핍감을 느끼게 됩니다. 부모가 반응을 제대로 해주지 못하는 이유는 다양합니다. 부모가 아프거나, 우울하거나, 아니면 동생이 태어났거나 하는 이유 때문이죠. 부모가 다른 걱정에 빠져 있는 경우에도 아이에게 민감하게 반응해주기 어렵습니다. 이 시기의 아이들은 양육자와 충분한 유대감을 형성하는 것이 절실합니다. 그런데 그게 잘 안 되니 더 매달리게 되죠. 결국 시샘이나 불안이 많은 아이가 됩니다.

사연에 나온 두 아이가 시기와 질투가 심한 이유는 큰아이가 한창 부모를 찾고 애착이 깊어질 시기에 동생이 태어나면서 두 아이 모두 충분한 만족을 얻지 못해서가 아닌가 싶습니다. 엄마에 대해 이 사람은 내 것이고, 내게서 떠나지 않을 것이라는 믿음을 가져야 하는데, 그런 믿음이 생기기 전에 엄마의 사랑을 빼앗아 가는 경쟁자가 나타난 셈이죠. 그러니 엄마를 빼앗아 가는 형제가 더 미워집니다.

엄마가 자신을 사랑하고 있다는 믿음이 아이의 내면에 단단하게 만들어졌다면 좋았겠죠. 그런 상황이라면 동생이 태어났어도 작은 질투의 감정만 느끼며 넘어갔을 것입니다. 그런데 사랑 받고 있다는 확신을 갖지 못하다 보니 아이는 괴롭습니다. 엄마가 곁에 있어도 늘 엄마의 사랑에 목마르고, 질투와 시샘은 일상이 됩니다.

이런 상황에서는 부모의 대처가 무척 중요합니다. **부모는 두 아이의 입장을 각각 이해해야 합니다.** 엄마를 독차지하고 싶은 마음을 이해해주면서 큰아이에겐 "네 마음도 이해해. 동생이 얼마나 얄밉겠니" 하고 말해주고, 작은아이에게도 "네 마음도 이해해. 항상 언니에게 밀리니까 속상하지?" 하며 양쪽 아이의 마음을 다 읽어줘야 합니다. 서로가 안 보이는 데서 마음을 읽어주면 좋겠지만 상황이 여의치 않다면 같이 있는 자리에서 말해도 괜찮습니다. **아이들의 마음을 이해해주기만 할 뿐 굳이 어떤 행동을 할 필요는 없습니다. 누구의 편을 들어줄 필요도 없고 미안한 마음에 더 잘해줄 필요도 없습니다.**

만약 싸움의 원인이 일방적으로 큰아이가 괴롭힌다거나 작은아이의 방해 때문이라면 원인에 대한 부모의 개입이 필요합니다. 아이가 말로 설득되는 나이라면 대화를 많이 나눠야 합니다. 아이는 자기 행동의 이유를 정확히 말하지 않고 상대를 탓할 것입니다. 그럴 때는 상대 형제에 대한 아이의 부정적인 감정을 인정해주되, 기분이 안 좋더라도 그런 행동 대신 달리 행동해보자며 대안을 제시해주세요. 아이에게도 자꾸 대안에 대해 묻는 것이 좋습니다. 누구 때문이라는 식으로 아이가 대화의 초점을 옮기려 하더라도, 그것은 알겠는데 그렇더라도 앞으로는 이렇게 행동하자며 대안 행동에 초점을 맞춰 이야기해주세요.

말이 아직 통하지 않는 아기라면 "이런 행동은 안 돼" 하고 반복적으로 말해주되 지나치게 야단치진 마세요. 동생이 아기인 경우 무엇보다 중요한 것은 큰아이를 위로해줘야 합니다. "동생이 아직 너무 어려서 말을 못 알아들으니 네가 힘들겠구나. 네 속상한 마음 이해해"라고 위로해주고, 따로 있을 때 특별 대우도 해주며 격려해야 합니다. 아무래도 아기보다는 큰아이에게는 손길이 덜 가게 되니까요.

* * *

그런데 형제자매 간의 다툼은 어느 한쪽이 뚜렷하게 잘못하는 경우보다는 둘 모두의 문제인 경우가 많습니다. 어떤 때는 언니가, 어떤 때는 동생이 원인을 제공하죠. 그 선후관계는 매우 복잡하고, 전날, 전전날까지로 싸움의 원인이 거슬러 올라갈 수 있습니다. 이런 상황에서 누가 먼저 잘못한 것인지 따지는 것은 불가능에 가깝습니다. 그러니 **아이들 싸움에선 누구의 잘못인지 굳이 가리려 들지 마세요. 부모는 형사도 아니고 판사도 아닙니다. 형제 둘이 싸우면 원인이 누구 때문이든, 마음이 가장 아픈 사람은 부모라는 말만으로도 충분합니다.**

누가 잘못한 것인가를 따지기보다는 행동에 초점을 두어 이야기하세요. 어떤 행동은 되고, 어떤 행동은 안 되는지 아이들에게 말해줘야 합니다. '이유가 무엇이든 집 안에서 폭력은 안 된다. 엄마 앞에서 싸우는 것은 용납할 수 없다'는 원칙으로 끌고 가야 합니다. "속상할 수 있지. 이해는 하는데 폭력은 안 돼. 가족끼리 서로 상처를 줘서도 안 돼. 너희 중 누가 맞아도 엄마는 같이 아파." 이런 말을 반복하면서 폭력에 대응해야 합니다. 서로 말로 해결하게 하고, 싸우면 각자 3m 이상 떨어져 있으라고 말하세요.

아이들이 서로 상대를 탓하며 엄마에게 심판 역할을 맡겨도 넘어가지 마세요. 괜히 싸움의 원인을 파고들어봐야 두 아이 모두 엄마가 상대방 편만 든다고 할 것입니다. 그저 "이유는 상관없고 폭력은 안 돼"라는 말로 접근하는 게 낫습니다. 싸울 것 같은 기미가 보이면 떨어뜨려놓고, 실제로 싸움이 벌어지면 각자 다른 방으로 보내세요. 그리고 진정되면 다시 나와서 놀게 하고요.

지금 아이들이 걸핏하면 싸운다면 한동안은 이런 다툼이 계속될 것입니다. 아이들이 싸우는 모습을 당분간은 지켜볼 수밖에 없지만 시간이 가면 분명 다툼은 줄어든다는 믿음을 갖고 견뎌주세요. 폭력에만 초점을 맞춰 아이들의 다툼에 접근하고, 따로 시간을 내서 자기 생각을 말로 표현하는 방법을 아이들과 함께 연습해보세요. 틀림없이 지금보다는 싸움을 두고 보기가 한결 편해질 것입니다. 그리고 다음의 세 가지를 꼭 지키세요.

첫째, 형제자매에겐 똑같은 물건을 나눠주는 편이 좋습니다. 다른 물건 두 개를 사서 함께 갖고 놀라고 말하기보다는 같은 물건 두 개를 사서 따로 놀라고 나눠 주는 것이 좋습니다. 형제간 갈등의 가장 큰 이유는 물건을 적절히 배분하지 않는 데서 비롯됩니다.

둘째, 형이든 동생이든 때리는 행동에 대해서는 분명하게 안 된다는 메시지를 전해야 합니다. 물론 메시지를 전한다고 때리는 행위가 당장 사라지지는 않습니다. 하지만 금지 메시지를 분명히 할수록 그 횟수나 빈도가 확연히 줄어듭니다.

셋째, 형제자매끼리 즐겁게 노는 시간을 마련해줘야 합니다. 부모와 형, 동생이 함께 공을 주고받거나, 좀 더 크면 보드게임을 같이 하는 식으로 재미있게 노는 경험을 유도합니다. 형제가 함께 즐겁게 논 경험이 많을수록 성인기에도 우애가 깊습니다. 또 그 과정에서 양보하기, 주고받기, 패배 받아들이기 등 다양한 사회화 과정을 경험할 수 있습니다.

Plus Q

10세 누나가 동생에게 사사건건 간섭해서인지 남매 사이가 좋지 않아요…

형제자매간의 간섭은 딱 잘라 끊어주는 것이 좋습니다. 형제끼리는 서로 간섭해선 안 된다고 명확히 알려줘야 합니다. 전통사회에서는 형이 동생을 돌보고 동생은 형에게 순종하도록 가르쳤습니다. 그런 영향으로 지금도 형에게 동생을 돌보게 하는 부모가 있죠. 하지만 지금의 가족은 예전과 같은 대가족이 아니기 때문에 손위 형제가 간섭을 하면 손아래 형제는 엄청난 압박을 경험합니다. 예전의 대가족에선 형을 제외하고도 다양한 가족을 만날 수 있었고, 형 역시 가족 내에서 지위가 높지 않았죠. 그런데 요즘 아이들은 두 형제끼리 하루 종일 지내는 경우도 많습니다. 그럴 때 부모가 형에게 힘을 실어주면 형은 동생을 장난감처럼 마음대로 할 수도 있습니다. 자칫 위험한 일이 생길 수 있죠.

아이들에게 부모와 선생님 같은 어른들은 너희를 가르치고 교육할 수 있지만 형제나 친구끼리는 간섭하면 안 된다고 말해주세요. 서로 돕고 가볍게 충고할 수는 있지만 원하지도 않는데 상대가 못한다고 가르치려 들면 곤란합니다. 이것은 형제 관계뿐 아니라 아이들이 사회생활을 하는 데 있어서도 알아둬야 할 중요한 태도입니다. 간섭과 도와줄 일을 잘 구분해서 꼭 필요한 도움은 주되, 남의 행동을 지적하고 섣불리 충고하는 행동은 자제해야 한다고 꾸준히 교육해야 합니다.

한 가지 더, 큰아이가 동생을 자꾸 간섭한다면 부모가 큰아이를 지나치게 간섭하고 있지는 않은지 돌아봐야 합니다. 아이들은 부모의 행동을 모방하고 배울 확률이 높습니다. 부모에게 잔소리를 많이 듣는 형이나 언니는 동생들에게 잔소리를 많이 하고, 나중에 결혼해서도 자기 자녀들에게 잔소리를 많이 하는 경향이 있습니다. 이럴 때는 부모부터 변해야겠죠.

4세 동생이 형의 장난감을 무조건 탐내요. 제 것을 사줘도 형 것만 빼앗으려 해서 형이 속상해해요

...

어머님이 취할 방향은 명확합니다. 조금 소란스러워지더라도 형의 물건은 형 것으로 인정해주세요. 형에게 양보를 강요하면 안 됩니다. 양보를 강요받은 형은 동생을 더 미워하고, 양보에 대해 조금 더 부정적으로 생각합니다.

동생의 행동은 이해는 할 수 있습니다. 자기보다 훨씬 크고 강해 보이는 형의 장난감을 가지면 자기도 형처럼 되지 않을까 하는 심리에서 비롯된 것이죠. 그렇다고 동생의 행동을 그대로 용납할 수는 없습니다. 동생이 형 물건을 빼앗으려 들면 "안 돼. 갖고 싶은 마음은 알겠지만 그건 형 거야"라며 상황을 정리하고 어머님은 그 자리를 떠나면 됩니다. 동생이 울면 좀 달래주면 되고요.

물론 5세 미만의 아이라면 엄마가 하는 말의 의미를 정확히 이해하지 못할 것입니다. 그저 '나는 저 물건이 갖고 싶은데 엄마는 왜 나를 방해하나. 엄마가 날 미워하나' 하는 정도로 생각하겠죠. 그럼에도 자기 마음대로 행동해선 안 된다는 느낌을 아이에게 심어줄 필요가 있습니다. 형에게는 부모의 이런 행동이 큰 의미가 있습니다. 부모가 자신을 보호하고 자신의 것을 인정해주고 있음을 알게 되죠. 그러면 동생에게도 좀 더 너그럽게 대하게 되고 갈등도 조금씩 줄어듭니다.

Plus Q 두 살 터울의 형제를 키우고 있어요. 형과 동생 중 누가 더 스트레스를 받을까요?

…

누가 더 스트레스를 받을지는 중요하지 않습니다. 둘 다 스트레스를 받으니까요. 형도, 동생도 나름의 스트레스를 받습니다. 형이 받는 스트레스는 빼앗긴 스트레스죠. 동생이 태어나기 전까지 독차지하고 있던 부모의 사랑을 동생이 태어난 후 나눠 갖게 되었으니까요. 게다가 공평하게 나눠 갖지도 못합니다. 아무래도 어린 동생에게 부모의 정성이나 사랑이 조금 더 가기 마련이죠.

　동생이 받는 스트레스는 자신은 늘 손해보고 있다는 스트레스입니다. 동생은 형이나 누나, 언니를 처음 만나고는 자신보다 훨씬 강하다는 것을 알게 됩니다. 그리고 그 이유를 부모에게서 찾습니다. 부모가 자신에게는 부족하게 조금만 주고, 손위 형제에게는 더 많은 것을 주었다고 생각합니다. 그래서 손위 형제가 자신보다 크고, 강하다고 생각하죠. 그러니 동생들은 늘 피해의식을 갖게 됩니다. 사랑을 더 받으면서도 늘 부족하다고 생각하죠. 특히 손위 형제와 나이차가 많이 나지 않는 경우에는 경쟁심이나 질투심까지 갖게 됩니다.

　부모 입장에서 보면 이런 두 아이의 생각은 모두 잘못된 생각일 뿐입니다. 말도 안 된다고 느끼죠. 하지만 아이들은 그렇게 생각하지 않습니다. 지극히 올바른 생각이라고 확신하죠. 그래서 부모가 너희 둘 모두를 똑같이 사랑한다고 해도 믿지 못합니다.

　굳이 둘 중 누가 더 힘든지 따져본다면 형과 동생 중 어느 쪽이 더 힘들까요? 개인차가 크겠지만, 나이차가 나지 않는 경우에는 아무래도 손위 형제가 조금 더 힘듭니다. 처음부터 못 살던 사람보다 잘 살다가 못 살게 된 사람이 견디기 더 힘들 듯, 독차지했던 사랑을 빼앗긴 형이 동생보다는 조금 더 힘듭니다. 부모들이 흔히 생각하는 것과는 많이 다르죠.

　물론 동생과 나이차가 많이 난다면 상황은 달라집니다. 큰아이는 부모와 안정적인 애착을 형성한 경우가 많아 크게 힘들지 않습니다. 약간의 불편함이 전부죠. 이때는 동생이 받는 스트레스가 더 큽니다. 물론 출생 순서는 두 아이가 열 살이 넘어가면 큰 의미가 없어집니다. 이때부터는 아이들이 가진 실질적인 능력의 차이에 따라 스트레스의 정도가 결정됩니다. 능력의 차이가 없다면 다행이지만, 능력 차가 분명한 경우 능력이 부족한 쪽은 지속적으로 부정적인 영향을 받게 됩니다.

회사에 간 엄마를 계속 찾아요

4세 딸을 둔 워킹맘입니다. 태어나서부터 줄곧 친정어머니가 딸을 봐주고 계시는데, 돌 이후부터는 퇴근할 때 집으로 데리고 와서 제가 돌보고 있어요. 그런데 요즘 제가 회사에 가 있는 동안 아이가 엄마를 찾으며 계속 운다고 해서 걱정입니다.

전에는 엄마가 회사를 가든 말든 별 관심이 없었는데, 제가 최근에 회사를 쉬는 세 달 동안 아이와 함께 지낸 후부터 문제가 시작됐어요. 오전 내내 집 안을 돌아다니며 저를 찾아다니는가 하면 할머니한테 "엄마가 회사 안 갔으면 좋겠어요. 가지 말라고 해주세요" 하며 울기도 한대요. 또 저녁마다 저를 붙들고 "내일 엄마 회사 안 가면 안 돼?" 하며 슬프게 울고 도통 잠이 들지 않아요. 야단을 맞고서야 겨우 잠이 들죠. 주말이면 저에게 딱 붙어서 한시도 떨어지지 않으려고 합니다. 제가 시장에 다녀오는 것도, 제가 청소를 하는 동안 아빠랑 잠깐 노는 것도 싫다고 해요. 너무 마음이 아파요. 제가 어떻게 대응해야 할지 정말 고민됩니다.

엄마에 대한 믿음을 줘야 합니다

짐작하시겠지만 아이가 갑자기 달라진 이유는 엄마와 세 달간 함께 지냈기 때문입니다. 드디어 엄마에게 강한 애착이 생긴 것이죠. 조금 늦었지만 참 다행입니다. 만약 엄마와 애착관계를 만들지 못했다면 나중에 더 큰 문제가 생길 테니까요.

지금 아이 입장에서 보면 엄마의 사랑은 너무 '감질납니다'. 그동안 할머니를 엄마로 여기고 살았는데 어느 날부터 엄마가 나타나 밤에 함께 자줍니다. 그러다 세 달 동안 같이 지내게 되었는데 자기를 더없이 예뻐하고 사랑해주는 거예요. 이 사람이 내 편이다 싶고 너무 좋아졌겠죠. 사랑이 싹튼 겁니다.

그런데 또 어느 날부터인가 아침에 일어나면 안 보이고 저녁에만 모습을 비춰요. 아이 입장에서는 애가 타죠. 이 사람이 과연 내 편인지 아닌지 혼란스럽고 의심도 생깁니다. 엄마의 사랑이 확실하지 않은 것 같으니 마냥 불안해서 안절부절못합니다. 어쩌다 만나면 눈물로 사랑을 호소하게 됩니다. 믿음이 생기지 않으니 주말에 같이 있을 때도 엄마가 사라질까 봐 잠시도 떨어지지 않으려 합니다. 아이로선 절실한 행동인데, 엄마에게는 너무 마음 아픈 상황입니다.

그리운 사람은 원래 잠들 때와 깰 때 가장 많이 생각나는 법입니다. 그런데 잠은 같이 들어도 아침에 일어나면 보이지 않으니 그것이 아이에게는 상처입니다. 아침마다 상처를 다시 자극 받으니 오전 내내 방마다 돌아다니며 엄마를 찾습니다. 저녁이면 다음 날 아침이 올까 불안해지죠. 잠들기 싫을 수밖에 없습니다.

저는 직장 다니는 부모들에게 아이와의 애착이 불안정할수록 아침에 꼭 인사를 하고 나가라고 당부합니다. 아이가 잠결이라도 깨워서 인사를 하고 오늘은 언제 온다고 말해주는 것이 좋습니다. 물론 그랬다가 아이가 많이 울고 떨어지지 않으려고 더 난리를 피울 수 있습니다. 그런데 그걸 견디면서 헤어져야 합니다. 그래야 부모가 나갈 때는 꼭 얘기를 하고 가고, 언제나 약속을 지켜 돌아온다는 믿음을 아이가 갖게 됩니다. 믿음이 생겨야 아이와의 아침 이별이 한결 쉬워집니다.

많은 직장맘들이 아침에 헤어지기 어려워 퇴직을 고려합니다. 아이의 눈물을 보면 마음이 약해지고 이렇게 아이를 울리면서까지 회사를 다녀야 하나 생각하게 되죠. 아이에게 죄를 짓는 것만 같고 직장을 다니는 내가 이기적인 듯 느껴집니다. 이 모든 생각은 아이를 사랑하기 때문에 갖게 되는 생각입니다. 하지만 아이를 위해서라도 결정은 신중하게 내려야 합니다.

무엇보다 일과 직장은 엄마에게도 소중한 삶의 일부분입니다. 엄마가 되는 것을 삶의 유일한 목표로 생각하고 살아온 분은 거의 없을 것입니다. 부모로서의 삶이 소중하듯 한 인간으로서 자신의 삶도 소중합니다. 아이를 잘 키우는 것이 삶의 유일한 목적일 수는 없습니다.

무엇보다 부모가 노력한다고 아이가 잘 자라는 것도 아닙니다. 부모는 아이와 좋은 관계를 맺고 좋은 영향을 주려고 노력할 뿐, 그 결과까지 보장할 수는 없습니다. 그런데 부모 삶의 목적이 오직 아이를 잘 키우는 것이라면 아이가 잘 자라지 못할 경우 부모는 아이를 미워할 수밖에 없습니다. 자기 삶의 소중한 목적을 아이가 망가뜨렸으니까요.

아이가 어릴 때는 부모가 많이 필요합니다. 아이가 조금 나이가 들면 부모의 역할은 뒤로 물러날 수밖에 없습니다. 부모가 알아서 물러나지 않으면 아이가 부모를 내쫓습니다. 내쫓기지 않으려고 아이와 기 싸움하는 부모들이 많죠. 기 싸움을 하든지, 아이에게 밀려서 물러나든지 아이가 어른이 되었을 때 부모의 나이는 대략 50세 전후입니다. 그때부터 30년 이상을 더 살아야 합니다. 그러니 부모에게 자신의 일도 소중합니다. 예전에는 끝까지 전업주부로 남아 있는 경우도 많았지만 요즘은 아이가 크면 일을 찾는 엄마들이 뚜렷이 많아졌습니다.

'일이냐, 아이냐'는 잘못된 선택입니다

'일이냐, 아이냐'는 잘못된 선택입니다. 어느 때는 아이에게, 어느 때는 일에 좀 더 집중하는 식으로 균형점을 옮겨가며 삶을 살아가야 합니다. 아직은 한국 사회의 직장 문화나 여성들의 노동 환경이 뒷받침되지 못하고 있지만 앞으로 점차 나아질 것입니다. 나아지지 않으면 한국 사회가 유지될 수 없습니다.

그러니 아이와 일 중 어느 한쪽으로 생각을 정리하기보다는 양쪽을 병행해 나아갈 수 있는 방법을 먼저 찾아보세요. 아이 쪽으로 균형점을 많이 옮길 경우 당장은 아이에게 집중하느라 직장에서는 좋은 평가를 못 받을 수 있습니다. 인사고과가 낮아지고 배치 받은 부서도 한직이라 자존심이 상할 수 있습니다. 그런데 아이를 어느 정도 키우고 나면 이번에는 일 쪽으로 균형점을 이동시킬 수 있습니다. 그러면 다시 좋은 성과를 내고 직장에서 인정받을 수도 있습니다.

요즘은 진료실에서도 그런 경험을 합니다. 예전에 만났던 정호의 어머니가 우선 기억이 나는군요. 정호는 친구들에게 반복적으로 폭력을 사용하는 아이였습니다. 아이의 내면에는 어둠이 가득했죠. 저는 어머니에게 정호가 심각한 문제를 갖고 있으니 부모가 적극적으로 도와야 한다고 말했습니다. 그랬더니 어머니는 고개를 푹 숙이시면서 자신이 어제 과장으로 승진했다고 하시더군요. 회사에서 여성으로는 처음으로 중요 부서의 과장이 된 것이라고 했습니다. 잠시 아무 말도 할 수 없었죠.

침묵을 깨고 어머니는 저에게 아이를 위해 엄마가 꼭 필요한지, 필요하다면 그 기간은 얼마나 걸릴지 물어보았습니다. 그리고 제가 답하자 며칠 고민을 하고는 바로 회사에 부서를 옮겨달라는 소원 수리를 냈습니다. 다행히 그런 소원 수리가 가능한 회사였고, 회사에서도 정호의 어머니가 필요한 인재라서 잡고 싶었나 봅니다.

그 후 2년간 비교적 쉬운 업무를 하면서 낮은 연봉을 받고 정호의 어머니는 회사에서 버텼습니다. 중간에 후배인 남자 직원이 부서장으로 오자 회사를 그만둘까 잠시 고민하기도 했지만 버텼습니다. 다행히 정호는 조금씩 나아졌고 어머니는 다시 일 쪽으로 균형점을 옮길 수 있었습니다. 그리고 몇 년 뒤에는 부장으로 승진했습니다. 지금도 어머니는 회사에 잘 다니고 정호와도 잘 지내고 있습니다.

물론 이 경우는 한국 사회에서는 지극히 예외적인, 행복한 사례일 것입니다. 대부분은 직장을 그만둬야 하고, 직장을 그만두지 않고 버티면서 아이를 돌볼 시간을 충분히 내는 것은 쉽지 않습니다. 하지만 비록 회사에서 배려해주지는 않더라도, 내 마음속에서 직장 일에 대한 에너지 배분을 줄일 수 있습니다. 대신 일을 통해 인정받으려는 욕심도 그만큼 내려놓아야겠죠. 언제 다시 기회가 오면 도전하리라고 마음을 굳게 먹으면서요.

또 불가피하게 직장을 그만두는 경우에도 일에서 완전히 손을 뗄 필요는 없습니다. 관심을 갖고 정보를 모으고 인간관계를 이어갈 수도 있습니다. 아니면 전부터 관심이 있던 다른 분야에 대해서 새롭게 정보를 모아갈 수도 있겠죠.

여기까지 읽으면서 마음 한구석이 답답한 엄마들이 많을 것입니다. 무엇보다 "왜 나만?"이란 질문이 올라오겠죠. 똑같이 공부하고, 똑같이 어렵게 직장에 들어오고, 아이도 함께 낳은 것인데 왜 남편은 이런 고민을 하지 않나 싶을 것입니다. 아이를 더 사랑한다는 이유만으로 너무 큰 희생을 감당해야 하는 상황이 억울하게 느껴지겠죠. 저는 그런 억울한 마음이 모여 그래도 지금 수준의 변화를 만들어냈다고 생각합니다. 앞으로도 더 많은 변화가 필요하겠죠.

워킹맘을 위한 애착 증진 방법

다시 사연으로 돌아가 보겠습니다. 지금 아이를 위해 직장을 그만두는 것은 어려운 선택일뿐더러 그것만이 유일한 해답도 아닙니다. 그렇다고 다시 아이와의 애착관계를 끊어서는 안 됩니다. 현재의 흔들리는 애착관계를 빠른 시간 내에 튼튼히 다지기에는 엄마에게 주어진 시간이 부족합니다. 하지만 조금씩 다져간다면 엄마에게도 충분한 시간이 있습니다.

아이를 열두 시간씩 한 달을 볼 여유는 없지만, 한 시간씩 열두 달은 얼마든지 볼 수 있습니다. 빨리 애착을 단단하게 만들려는 욕심은 버려야겠죠. 천천히, 하지만 꾸준하게 아이와의 애착을 다지기 위해 노력해봅시다. 자, 그렇다면 어떻게 해야 할까요? 직장 다니는 부모들을 위한 애착 증진 방법입니다.

첫째, 아이에게 꼭 인사를 하고 나가세요. 또 귀가 시간을 가급적 알려주고 약속을 한 경우에는 되도록 지켜야 합니다. 늦게 들어오는 날은 늦게 온다고 아이에게 말해주는 것이 좋습니다. 예상과 달리 늦어지게 되면 전화로라도 꼭 알려주세요. 늦을 듯싶은데 아이가 속상해할까 봐 일찍 온다고 말하지 마세요. 차라리 늦게 온다고 말하고 일찍 올 때 아이는 좋아합니다.

둘째, 엄마를 떠올릴 수 있는 물건을 제공해주세요. 엄마 체취가 밴 이불이나 엄마를 닮은 인형을 주고 엄마가 그리울 때 그 물건을 보며 아이가 마음을 달랠 수 있게 해주세요. 밤에 아이와 함께 잔다면 잠자리에 그 물건도 함께 하는 것이 좋습니다.

셋째, 퇴근하자마자 아이를 안아주세요. 엄마들은 퇴근해도 바쁩니다. 옷만 겨우 갈아입고 식사 준비하느라 정신이 없죠. 하지만 집안일을 시작하기 전에 우선 아이를 안아주세요. 다만 10분이라도 눈을 맞추면서 정말 보고 싶었다고 말해주세요. 그다음에 할 일을 해도 늦지 않습니다. 아이에게 엄마가 자기를 보고 싶어 했다는 것을 알려주고, 자신이 엄마에게 굉장히 특별한 존재라는 느낌을 줘야 합니다.

그런데 더 중요한 것은 엄마의 컨디션입니다. 엄마도 직장 생활을 하다 보면 기분이 안 좋은 채로 집에 돌아올 수 있습니다. 그럴 때는 단 10분이라도 되도록 밖에서 호흡을 가다듬고 들어오세요. 동네 카페에서 차를 한 잔 마신다거나 자동차에서 음악을 틀어두고 조금 쉬었다가 들어오는 것도 좋습니다. 집에 돌아온 엄마가 화가 나 있을 경우 아이는 그 이유를 자기 때문이라고 생각하기 쉽습니다.

넷째, 아이를 두고 일하러 다니는 것에 대해 죄책감을 갖지 마세요. 일하는 엄마들은 자주 죄책감에 시달립니다. 엄마들이 집에 있는 아이들만 보면 우리 아이가 마냥 안쓰럽게 느껴지죠. 아이에 대한 사랑에서 나오는 감정입니다. 그런데 죄책감은 엄마들을 불안하게 만듭니다. 그래서 오히려 아이에게 짜증을 내게 됩니다.

자신의 어쩔 수 없는 한계는 받아들이십시오. 그리고 양보다 질이라는 마음가짐으로 같이 있는 시간에 아이에게 사랑을 듬뿍 주세요. 아이가 아플 때는 아이에게 많은 시간을 내주지 못해 더 마음이 아프죠. 그럴 때 회사에서 연차휴가도 못 내게 하면 더 속상합니다. 하지만 힘든 시간은 곧 지나갑니다. 엄마로서 부족한 순간도 있지만, 또다시 아이와 좋은 시간을 보내면 됩니다. 힘든 때일수록 희망을 보세요. **아이가 보고 싶은 것은 엄마의 우울한 얼굴이 아닙니다. 자기를 보고 웃어주는, 희망이 담긴 엄마의 얼굴입니다.**

Plus Q 아이를 언제부터 따로 재워야 할까요?

...

일반적으로 서양에서는 아주 어릴 때부터 아이를 아기 침대에 따로 재웁니다. 방도 일찌감치 분리하고요. 같이 자면 성격이 나빠지고 어린아이가 어른 몸에 눌려서 위험할 수 있다는 것이 지배적인 견해입니다. 부부를 가족 관계의 중심으로 보는 문화적인 특성도 영향을 미쳤겠죠. 반면 동양에서는 전통적으로 아이가 제법 클 때까지 엄마가 데리고 잤습니다.

그런데 최근 들어 서양에서도 '애착 육아', '자연주의 육아'가 유행하면서 아이와 함께 자는 것의 긍정적인 효과에 대한 목소리가 높습니다.

예를 들어 아기들은 체온 조절 등의 신진대사의 조절능력이 부족합니다. 그런데 엄마와 아기가 함께 잘 경우 아기의 체온이 올라가면 엄마의 체온이 떨어지고, 반대로 아기의 체온이 떨어지면 엄마의 체온이 올라가는 현상을 관찰할 수 있습니다. 아기와 엄마가 서로를 이용해 체온을 조절하는 셈인데, 이 경우 아이의 잠자리는 훨씬 편안해질 수 있습니다. 편안한 잠자리는 아이의 안정적인 성격 형성에 도움이 되죠.

아동심리학에서도 과거에는 부모와 아이의 잠자리를 일찍 분리하는 것을 강조했는데 지금은 조금 유연하게 바라보고 있습니다. 저는 자연스럽게 분리할 수 있다면 일찍 잠자리를 분리하는 편이 좋다고 생각합니다. 무엇보다 같이 자면 자리가 좁고, 그러다 보면 엄마가 잠을 푹 자지 못해 다음 날 아이에게 짜증을 내는 악순환이 이어질 수 있습니다. 아이가 함께 잘 경우 부부간의 관계에도 지장이 생길 수 있습니다. 별도의 대책이 필요하죠.

자연스럽게 분리가 되지 않더라도 초등학교에 들어가면 잠자리의 분리를 시도해야 합니다. 만약 아이가 심하게 불안해하면 같이 자더라도 몇 달에 한 번은 아이에게 따로 잘 수 있는지 물어봐야 합니다. 따로 자는 것이 성숙한 아이의 모습이라고 이야기해서 따로 자는 것에 높은 가치를 부여해야 합니다. 그래서 아이가 스스로 따로 자고 싶어 하면 바로 따로 재워야 합니다.

아이가 거부하더라도 아이와 함께 잠을 자는 것이 부모 입장에서 물리적으로, 또는 심리적으로 불편해질 경우 따로 재우는 것을 시도해보세요. 처음엔 아이가 힘들어할 것입니다. 이 시기에는 처음 잠들 때 부모가 도와주는 것이 좋습니다. 그리고 중간에 잠이 깨면 부모의 침실로 와도 좋다고 허락해주세요.

엄마 대신 엄마의 느낌이 나는 특정한 물체를 제공하는 것도 한 방법입니다. 예컨대 "엄마가 베던 베개야", "엄마가 제일 좋아하는 이불이야" 하면서 베개나 이불을 물려주는 거지요. 큰 곰 인형 같은 것도 괜찮습니다. 아이가 친밀감을 느끼고 정서적으로 의존할 수 있는 물건들을 잠자리 독립의 중간 단계로 삼으면 도움이 됩니다.

가끔은 중학생인데도 부모와 함께 자는 아이도 보게 됩니다. 이 경우에는 사춘기의 심리적 독립이나 성적 정체성 형성에 지장을 초래할 수 있습니다. 초등학교 졸업 이후에도 아이가 혼자 못 잘 경우에는 전문가의 도움을 받는 편이 좋습니다.

동생이 생기면서 큰아이가 달라졌어요

큰아이가 이제 두 돌입니다. 둘째를 낳고 2주 후부터 첫째를 어린이집에 보냈습니다. 처음엔 잘 적응하는 듯하더니, 점점 투정도 심해지고 어린이집 가기 전에는 울면서 저만 찾아요. 잠투정도 별로 하지 않던 아이가 졸리기만 하면 울어대고 동생한테 젖을 물린 것을 보면 무조건 와서 때립니다. 둘째를 가지면서 시어머니가 큰아이를 많이 돌봐주셔서 저와 보내는 시간이 적어졌는데, 그래서 저와의 애착 형성이 덜 된 걸까요?

항상 말로 설명해줍니다. '동생이 엄마 아빠를 빼앗은 게 아니다', '조금 지나면 좋은 친구가 돼줄 거다', '엄마는 너를 세상에서 제일 사랑한다' 매번 이렇게 얘기해주고 안아주며 둘째가 울더라도 첫째부터 먼저 돌아봐 줍니다. 그런데도 큰아이 우는 소리만 듣다가 하루가 가는 것 같아요. 어떻게 하면 우리 셋, 덜 힘들게 이 시기를 헤쳐 나갈 수 있을까요?

큰아이에게 먼저 사랑과 관심을 표현해주세요

지금이 바로 큰아이에게 집중할 때입니다. 많은 분들이 실수하는 때가 바로 이 시기입니다. 동생을 낳고 나면 부모들은 대부분 새로 태어난 동생에게 집중합니다. 갓난아기는 모든 일을 어른이 챙겨야 하니 아무래도 그쪽으로 손이 가기 마련이죠. 게다가 이제 막 태어난 아기와 비교하면 첫째아이는 이미 다 큰 아이처럼 느껴집니다. 그 아이도 아직 아기에 불과한데도요.

둘째아이를 낳은 직후에는 둘째아이보다 첫째아이에게 더 집중해야 합니다. 둘째아이는 아직 사람을 알아보지 못해요. 누가 돌보는지 구별하지 못하죠. 반면 첫째아이는 엄마를 알고, 엄마가 누구를 주로 돌보는지 주목해서 살피고 있습니다. 마침 친할머니도 계시니 둘째아이는 할머니가 많이 보시게 하고, 두세 달 동안은 엄마가 주로 큰아이를 돌봐주세요.

큰아이가 이제 두 돌이라고 하셨죠. 지금 어머님은 말로 큰아이를 설득할 수 있다고 생각하고 있습니다. 그런데 두 돌 아이는 인지 수준이 오랑우탄에도 미치지 못합니다. 순간적인 욕구나 충동이 우선일 수밖에 없죠. 그러니 말로 설득하려 하면 아이는 그냥 '엄마가 내 요구를 안 들어주는구나' 하는 생각밖에 들지 않습니다.

물론 들어주지 말아야 할 요구는 분명히 거절해야겠죠. 하지만 두 돌 아이가 하는 요구라면 대개 부모가 들어줄 수 있는 요구이고, 장기적으로 볼 때도 들어주는 편이 유리합니다. **큰아이에게 당분간 더 집**

중해보세요. 그래서 아이가 엄마에게는 정말로 자기가 우선이고, 자기를 먼저 생각하고 있다는 것을 느끼게 해주세요. 그러면 아이의 마음은 한결 편해지고 엄마에게 매달리는 행동도 줄어들 것입니다.

가끔 둘째를 낳자마자 큰아이를 어린이집에 보내는 부모를 보게 됩니다. 어머님과 거의 같은 경우죠. 그런데 이는 잘못된 것입니다. 아이 입장에서 보면 자기를 어린이집에 보내놓고 엄마는 동생이랑 뭘 하려고 하나 싶을 겁니다. 조금 우스운 비유이지만, 옛날에 처첩 제도가 있었을 때 남편이 첩을 집에 데려온 다음부터 본처를 자꾸 밖으로만 내몰았다면 본처의 기분이 어땠을까요? 딱 그 심정을 큰아이가 느끼게 되는 것입니다.

동생 때문에 큰아이를 어린이집에 보내야 한다면 출산 후가 아닌 출산 전에 어린이집에 보내기 시작하세요. 동생이 태어나기 전에 큰아이가 어린이집에 완전히 적응한 상태여야 모두에게 무리가 없습니다. 이를 위해서는 엄마의 몸이 조금 편해지는 임신 중기부터 어린이집을 시도하는 것이 좋습니다. 적잖은 부모들이 아이가 가기 싫어한다면서 최대한 큰아이를 집에 데리고 있다가 둘째 출산 후에야 어린이집에 보냅니다. 그래서 아이도, 부모도 고생하게 되죠.

부모의 생각과 달리 아이의 어린이집 초기 적응은 꽤 큰 스트레스입니다. 새로운 환경에서 새로운 사람들과 적응하는 일입니다. 집에서는 뭐든 자기가 중심이었는데, 어린이집은 더 이상 자기가 중심이 아닙니다. 게다가 엄마와는 달리 선생님은 뭐든 정확하게 표현해야만 자기 말을 들어줍니다. 이런 모든 것이 아이로서는 큰 도전이고 스트레스입니다. 그러다 보니 부모에게 짜증을 부리기도 하고 어린이집에 가지 않겠다며 떼를 쓰게 되죠.

사연 속 아이의 경우에는 가능하다면 어린이집 보내는 것을 잠시 미뤄보십시오. 아이가 좀 더 편안해할 것입니다. 만약 여건상 보내야 한다면 당분간은 아이가 짜증낼 것을 각오하고 있어야 합니다. 그리고 되도록 엄마가 아이를 데려다주고 데려오세요. 이때 분위기는 될 수 있는 한 밝게 해주시고요. 물론 아이는 엄마가 데려다주면 다른 누가 데려다줄 때보다 더 떨어지지 않으려고 할 것입니다. 하지만 그래도 엄마가 감당하는 것이 좋습니다. 도망치기보다 정면 승부를 해야 아이의 불안이 줄어듭니다.

큰아이 문제는 세 달 정도 집중하면 지금보다 많이 나아질 것입니다. 그쯤 되면 변화한 상황에 어느 정도 적응하게 되니까요. 다만 엄마가 지쳐서 문제로부터 도망치려 든다면 상황은 더 복잡해집니다. 힘들지만 지금은 집중해서 문제를 해결해야 하는 시점입니다. 생각보다 시간이 오래 걸리지는 않을 것입니다.

※ ※ ※

동생 출산 후 큰아이가 스트레스를 받아 퇴행 행동을 보이는 경우도 가끔 보게 됩니다. 잘 가리던 대소변도 못 가리고, 기저귀를 차려 한다거나 공갈 젖꼭지에 집착하기도 합니다. 이런 모습은 사랑 받으려는 아이 나름의 몸부림입니다. 동생처럼 기저귀를 하고 젖꼭지를 물고 있으면, 동생이 엄마에게 사랑 받듯, 자기도 사랑 받지 않을까 생각하는 것입니다. 아이 수준의 사고 흐름이죠.

부모는 아이의 이런 생각을 이해하지 못하다 보니 아기처럼 굴지 말라고 나무랍니다. 물론 야단쳐봐야 아무 효과는 없습니다. 오히려 아이에게 상처만 주고 문제를 복잡하게 만들 뿐이죠. 그보다는 아이의 사랑 받고 싶은 감정을 받아주세요. 동생이 태어나면 부모들은 큰아이에게 형처럼, 언니처럼 의젓하게 행동하라고 하지만 그래 봐야 큰아이도 네댓 살밖에 먹지 않은 어린아이일 뿐입니다. 지나고 보면 알 것입니다. 그 나이 역시 얼마나 어린 나이인지.

동생을 낳은 후 처음 두세 달은 되도록 큰아이에게 집중해주세요. 주변의 도움을 받을 수 있는지 찾아보시고요. 혹시 그럴 여건이 안 된다면 하루에 단 30분이라도 큰아이와 함께하는 시간을 따로 가져야 합니다. 아빠의 적극적인 도움이 필요하고, 공공기관에서 시행하는 방문 보육 서비스를 이용하는 것도 한 방법입니다.

이런 시간이 주어지면 큰아이는 처음엔 옳다구나 하며 엄마에게 달라붙습니다. 전보다 더 매달리고 집착하죠. 하지만 엄마가 꾸준히 자기와 시간을 보내준다는 확신이 생기면 집착은 줄어듭니다. 그 고비는 한두 달이고, 그 시간이 지나가면 아이는 안정을 찾습니다.

<u>그리고 큰아이에게 의무만 부여하지 말고 권리도 주세요. 밤에 동생보다 늦게 잘 수 있게 해준다거나, 언니니까 이런 건 할 수 있다고 허용해주세요. 허용할 때 반드시 '언니니까'라는 말을 덧붙여줘야 효과가 있습니다. 또 큰아이에게도 동생을 돌보는 데 도움이 되는 일정한 역할을 맡겨주세요.</u>

부모들은 노파심에서 큰아이에게 보통 "아기한테 그러지 마", "건

드리면 안 돼"라고 자주 잔소리를 합니다. 이런 말이 큰아이에겐 굉장히 큰 상처가 됩니다. 가족 구성에 변화가 생겼으니 그에 맞는 자기 역할을 주고 인정해줘야 아이도 소외감을 느끼지 않고 자기 자리를 찾을 수 있습니다. 그렇다고 아이는 하기 싫어하는데 엄마를 도와달라고 억지로 시키는 것은 좋지 않습니다. 큰아이가 동생과 관련해 뭔가를 하고 싶어 하면 그때 역할을 맡겨주세요. 그 정도면 충분합니다.

? Plus Q 25개월 된 큰아이가 백일 된 동생에게 자꾸 장난감을 던져요

…

장난감을 던지는 행동은 강하게 막아야 합니다. 아이들은 대개 던지는 걸 재미있는 놀이로 여기기 쉽습니다. 던지면 날아가고 쫘당 부딪히는 데 재미를 느끼죠. 거기에 부모들이 또 '적극적인' 반응을 보이거든요. 아이 입장에선 무관심보다는 야단을 맞는 편이 낫습니다. '동생이 태어난 후 엄마 아빠가 나한테 관심을 안 보였는데 이 놀이를 하니까 관심을 보이는구나' 싶으면 아이는 더 하게 되죠. 던지는 것도 재미있는데 부모의 관심까지 덤으로 얻을 수 있으니 더 재밌겠죠.

앞서도 말씀드렸지만 지금은 백일 된 동생보다는 25개월인 큰아이에게 관심을 보여줄 시기입니다. 정서적으로 큰아이가 엄마를 더 필요로 합니다. 던지는 행동은 단호히 제지하되, 몸으로 더 많이 놀아주고 큰아이에게 더 많이 웃어주세요.

혹시 단호한 제지는 어떻게 하면 되는지 궁금하신가요? 아이를 똑바로 보면서 팔을 엑스 자로 교차하고 "던지면 안 돼"라고 분명

한 목소리로 말하세요. 그리고 던진 물건은 아이 손이 닿지 않는 높은 곳에 잠시 치워둡니다. 한 가지 주의할 점은 아이가 부모의 눈앞에서 물건을 던졌을 때만 제지를 한다는 점입니다. 부모가 보지 않는 곳에서 던졌을 때는 관심을 주지 마세요. 동생이 울면 동생만 데리고 나가 달래주고, 아이에게는 관심을 주지 않고 무시하세요. 그것이 가장 효과적인 행동 제지법입니다.

Plus Q 동생 스트레스로 인한 큰아이의 투정을 언제까지 받아줘야 할까요? 이렇게 투정을 받아주다 아이 성격이 나빠질까 봐 걱정입니다

…

이에 관한 수많은 연구가 있는데 결론은 한 가지입니다. '부모가 아이의 투정을 충분히 받아줘도 아이에게는 별다른 문제가 생기지 않는다.' 투정을 받아주면 버릇이 없어진다는 말은 근거가 없습니다. 게다가 아이를 받아준다는 것이 제멋대로 하도록 내버려둔다는 의미도 아니죠. 부모가 받아주는 것은 아이의 감정일 뿐입니다. 아이의 화난 감정, 불편한 감정을 받아주지만 잘못된 행동까지 다 받아주라는 의미는 아니죠.

우선 표정으로든 언어로든 "네가 화가 났나 보구나. 충분히 그럴 수 있지" 하는 반응을 보여주세요. 그런 다음 시간을 두고 "행동을 바꾸는 것이 쉽지 않다는 건 엄마도 알아. 하지만 그래도 엄마는 이런 행동은 좋아하지 않아. 다르게 표현해주었으면 좋겠어"라고 이야기해주세요.

보통 부모들은 아이가 나쁜 행동을 하면 "어디서 지금 이런 짓을?" 하고 반응합니다. 그게 본능적인 반응이죠. 그러면 아이는 자신의 감정을 인정받지 못한다고 생각해 불편한 감정이 그대로 남습니다. 그리고 해소되지 못한 부정적인 감정은 시간이 지나면 또 터지기 마련입니다. 그렇게 몇 번 참고 터지기를 반복하면 아이는 아예 자신을 나쁜 아이라고 생각해 참는 것을 포기합니다.

형제간 갈등에는 깊은 뿌리가 있습니다. 본능의 밑바닥에서부터 올라오는 불안감이 깔려 있죠. 쉽게 사라지지 않는 감정이기에 아이의 감정을 존중해줘야 합니다. 대부분의 부모는 큰아이에게 그냥 네가 좀 잘하면 된다고 이야기합니다. 왜 맨날 그런 행동을 하냐고 야단치고요. 하지만 아이는 잘하기 어려워 못하는 것입니다. 그런 아이에게 못한다고 야단쳐봐야 소용이 없습니다. 아이에게도 잘하려는 마음이 있음을 꼭 알아주세요. 그렇게 인정해준 후 아이에게 "지금 행동은 좋지 않아. 물론 아직 어리니까 잘못할 수도 있어. 앞으로 조금씩 더 잘할 수 있게 엄마가 옆에서 도와줄게"라고 말해주세요. 그것이 아이의 감정을 받아주며 아이를 돕는 태도입니다.

아들이 엄마를 왕따시켜요

4세 아들과 돌이 갓 지난 딸을 키우는 아빠입니다. 저는 회사 일 때문에 늦는 경우가 많아서 아내가 두 아이를 키우느라 고생을 많이 하는데, 큰아이가 어린 동생을 못살게 굴어 혼을 많이 내는 모양입니다. 그래서인지 언젠가부터 큰아이가 노골적으로 엄마를 따돌리고 저에게만 잘 보이려고 무진장 애를 쓰네요. 맛있는 반찬이 있으면 제 입에만 쏙쏙 넣어주고 "엄마는 안 돼!"라고 소리를 지르며 반찬을 숨깁니다. 잘 때도 저와 둘이 자겠다고 우기며 엄마는 바닥에서 자라고 합니다. 아내는 힘들게 키운 공이 없다며 무척 속상해하고요. 게다가 제 엄마나 누가 좀 나무라면 "싫어! 미워!"가 반사적으로 튀어나옵니다. 벌써부터 반항아의 조짐을 보이는 걸까요?

담담히 반응하며 일관된 사랑을 보여주세요

젊은 시절, 누군가를 사랑하면서도 쌀쌀맞게 대했던 경험이 있으신지요? 저 역시 속마음과는 달리 거리를 유지하며 조심스럽게 상대를 대했던 적이 있습니다. 마음속에는 좋아하는 마음이 가득했지만 겉으로는 표현하지 못했습니다. 표현한다고 사랑이 이뤄지는 것은 아니니까요. 사랑을 표현했다가 상대에게 거절당할까 봐, 그래서 상처 받고 힘들어질까 봐 우리는 마음속의 사랑을 드러내지 않을 때가 있습니다. 심지어는 상대가 내게 상처를 주기 전에 내가 먼저 상처를 주고 상대에게서 멀어지기도 합니다. 사랑하는 마음보다 상처 받고 싶지 않은 마음이 더 큰, 용기가 부족한 모습이죠.

사연 속의 큰아이의 행동을 보면 엄마를 사랑하면서도, 사랑을 인정하지 않으려는 마음이 느껴집니다. 엄마로 인해 상처를 입은 아이는 이제 더 이상은 상처 받고 싶지 않은가 봅니다. 또 다시 엄마에게 거절당하느니, 자신이 먼저 거절하고 말겠다는 결기가 느껴져요. 비록 잘못된 생각이지만, 그렇게 느낄 수밖에 없는 아이가 많이 안쓰럽습니다.

<u>큰아이는 엄마에게 배신감을 느끼고 있겠죠. 자신이 사랑했고, 자신을 사랑해주던 엄마가 이젠 자기를 버리고 동생만을 바라보고 있으니까요. 큰아이로서는 생애 처음 경험하는 실연입니다.</u> 부모가 생각할 때는 이제 막 태어나, 자기 앞가림도 못하는 동생에게 조금 더 신경을 써주고 있는 것뿐인데 아이는 전혀 다르게 현실을 느끼고 있습니다. '사랑과 전쟁'이 벌어지고 있죠.

생애 첫 실연을 경험하며 아이는 자신에게 잘해주는 사람도 언제

든 자신에게 상처를 주고 떠나갈 수 있음을 느낍니다. 내 마음이 변하지 않아도 상대의 마음은 달라져 다른 사람을 더 사랑할 수 있다는 '깨달음'을 얻습니다. 그리고 사랑이 그렇게 불안한 것이라면 차라리 내가 먼저 상대방을 멀리하겠다는 '절박함'을 가집니다. 그래서 지금 사연 속의 아이는 엄마를 따돌리고, 아빠에게 애교를 부리고 있습니다. 귀엽기도 하고, 안쓰럽기도 하고, 걱정스럽기도 합니다.

이처럼 아이가 엄마를 멀리할 때는 서운해하거나 매달리지 말아야 합니다. 그냥 웃으면서 '그럴 수도 있지' 하는 마음으로 반응해주세요. 사연 속의 아이처럼 엄마와 자고 싶지 않다고 하면, "아, 그렇구나. 엄마는 너랑 자고 싶은데. 네가 그렇게 말하니 엄마는 바닥에서 잘게"라고 응해주세요. 그러면 아이는 내심 '이게 아닌데' 싶을 겁니다. 기대했던 반응은 너무 섭섭하다든지, 그러지 말고 엄마랑 자자는 애원이었을 텐데 말이죠.

그러고는 "자다가 혹시 엄마랑 자고 싶으면 내려와서 자도 돼. 엄마는 항상 우리 아들이랑 자는 게 좋으니까"라고 담담하게 얘기해주세요. 아이는 겉으로는 "아냐. 난 그러고 싶지 않아. 엄마랑 자는 것 별로야"라고 답하면서도 속으로는 조금 안심할 것입니다. 엄마의 사랑을 확인할 수 있으니까요.

마음속에 부정적인 감정이 생겼을 때 빨리 걷어내면 좋으련만, 우리는 부정적인 감정을 더 크게 키워가는 경향이 있습니다. 나쁜 감정을 끝까지 밀고 가서 자신의 감정이 정당하다고 인정받으려 하죠. 내가 나쁜 사람이라서 나쁜 감정을 가진 것이 아니라, 나쁜 감정을 갖지 않을 수 없었다며 정당성을 갖고 싶어 합니다.

이때 상대가 나의 뒤틀린 행동에 부정적으로 반응해주면 아주 고마운 일입니다. 마음 놓고 더 화를 내며 내 감정을 키워갈 수 있으니까요. 아이들 역시 마찬가지입니다. 기분이 나쁘면 부모의 신경을 긁어서 부정적인 반응이 나오게 합니다. 그러고는 부정적인 반응에 힘입어 점점 더 부모를 미워하고, 공격의 수위를 높여가죠.

이런 반응 양식은 인간의 보편적인 모습입니다. 그러니 아이가 부모에게 날을 세우고 공격하면 부모는 한 걸음 물러나야 합니다. 부모에게 책임을 돌리려는 아이의 의도에 걸려들지 마세요. 속은 부글부글 끓더라도 짐짓 웃으면서 아무렇지도 않게 넘겨야 합니다. 그래야 아이가 빨리 안정을 찾습니다.

아이가 아직 어리다면 부모에게 필요한 것은 기다림입니다. 기다리면 아이는 부모에게 돌아옵니다. 튀어봤자 부모의 손바닥 위를 벗어나기 어렵다는 사실을 기억하세요. 불안해할 필요 없습니다. 아이의 행동은 관심 받고 싶고, 사랑 받고 싶은 마음의 표현입니다. 저는 아이들의 이런 모습을 보면 사랑하는 연인들의 모습이 떠오릅니다. 작은 일에 마음이 상하고, 마음이 상하면 상대의 기분도 망쳐놓고 싶어 하는 연인들. 연애를 하면 누구나 조금 유치해지는데 딱 어린아이 수준으로 돌아가는 것입니다.

모든 사람의 첫사랑은 엄마입니다. 지금 아이의 엇나가는 행동은 첫사랑을 빼앗겨 힘들어 하는 모습입니다. 물론 잘못된 생각이죠. 하지만 아이에겐 절실한 감정입니다. 아이가 창피하지 않을 정도로, 아이의 마음을 읽어주며, 아이에게 꾸준히 관심을 보여주세요. 아이는 사랑이 떠나지 않았음을 느끼면 다시 엄마에게 돌아옵니다.

* * *

아이가 자는 동생을 자꾸 깨우고 못살게 굴면 "동생이 커서 너랑 같이 재밌게 놀면 좋을 텐데 쟤는 아직 너랑 놀 수준이 안 되나 봐. 빨리 너만큼 커서 둘이 잘 놀 수 있으면 좋겠다"라고 아이 편에 서서 말해주세요. 아이 편에 서서 하는 말이지만 '동생을 깨우지 말라'는 부모가 말하고 싶은 의도는 충분히 담겨 있습니다. 또 "엄마는 너랑 지금 놀고 싶어. 그런데 동생을 재워야 놀 수 있거든. 빨리 동생 재우고 같이 놀아보자" 하고 눈을 찡긋하며 아이의 귀에 속삭여주세요. 너와 나는 한 팀이라는 뉘앙스가 중요합니다.

엄마들은 보통 아기가 잠들면 밀린 집안일을 합니다. 젖병을 씻고, 빨래를 하고, 청소하느라 정신이 없죠. 이런 엄마를 보며 큰아이는 어떤 감정을 느낄까요? 엄마가 오로지 동생 뒤치다꺼리만 할뿐 자기는 뒷전이라고 느끼겠죠. 그러면 동생이 더 얄미워질 수밖에 없습니다. 엄마가 큰아이와 같은 편이라는 느낌을 줘야 합니다. 그러기 위해서는 힘들어도 큰아이와 교감하는 시간을 따로 가져야 합니다. 그래야 큰아이도 엄마를 조금씩 이해하고 너그럽게 엄마의 편을 들게 됩니다.

흔히 벌어지는 또 하나의 위험 상황은 아기인 동생이 큰아이의 물건을 건드려 망가뜨리는 경우입니다. 큰아이가 정성 들여 만든 것을 우악스럽게 잡아당겨 부술 때도 있죠. 그러면 큰아이는 화가 나서 순간적으로 동생을 때리기도 합니다.

이때 엄마들은 보통 본능적으로 동생을 보호합니다. 고작 장난감 때문에 동생을 때리느냐고 큰아이를 야단치죠. 큰아이로선 억울할 수밖에 없습니다. 동생이 이 모든 일의 원인이라고 생각하게 되죠. 동생이 태어나기 전에는 평화로웠으니까요. 동생이 밉고, 엄마에게 배신감을 느끼지 않을 수 없습니다.

이런 상황에서는 몸으로는 동생을 보호하면서도 말로는 동생을 야단치는 편이 낫습니다. "너는 왜 형 것을 이렇게 망가뜨려? 형이 속상하잖아. 형이 얼마나 열심히 만든 건데… 엄마가 형 같아도 정말 화나겠다." 이 말은 동생에게 하고 있지만 실제로는 형에게 전하는 위로의 말입니다. 형의 마음을 엄마가 다 알고 있다는 뜻을 전달하는 것이죠.

엄마가 이런 식으로 반응해줄 때 큰아이는 엄마의 말에 조금씩 마음의 문을 열게 됩니다. 그때 큰아이의 귀에 대고 "쟤는 언제 커서 이런 짓을 안 할까? 아유, 답답하다. 때려서라도 말을 들으면 때리기라도 할 텐데. 때리면 울기만 하지 말을 절대 안 들어. 더 말썽부릴지도 몰라. 1,2년만 더 참아봐야지"라고 속삭여주세요. 이렇게 해야 큰아이의 감정이 극단으로 흐르지 않습니다. 양쪽 아이들의 비위를 맞추느라 엄마가 힘들겠죠. 그래도 아이의 감정이 어느 선을 넘어서지 않아야 엄마가 더 살 만해집니다. 기운 내시기 바랍니다.

Plus Q **아들이 툭하면 "엄마는 몰라도 돼. 말해도 모르잖아"라며 무시해요**

…

이런 말을 듣고도 기분이 상하지 않을 엄마는 얼마 없을 것입니다. 하지만 아이가 엄마를 모욕하려고 이렇게 말하는 것은 아닙니다. 그저 어떻게 말해야 할지도 모르겠고, 이야기하려면 머리가 복잡해서 지금은 말하기 귀찮다는 의미죠. 어른들도 이런 기분을 느낄 때가 종종 있습니다. "아유, 됐어. 지금은 얘기하고 싶지 않아. 혼자 생각 좀 해볼게" 하고 배우자에게 말할 때가 있습니다. 이게 꼭 상대를 무시해서 하는 말은 아닙니다. 어떻게 상황을 이해해야 할지 모르겠고, 짜증은 나고, 내게도 문제가 일부 있다고 느껴서 뱉는 말이죠.

아이가 이런 식으로 말한다고 발끈할 필요는 없습니다. 아이가 부모를 무시하는 것은 아니니까요. "엄마한테 말버릇이 그게 뭐냐?"고 야단치면 잠시 움찔하겠죠. "잘못했습니다" 하며 예의를 차릴 수도 있을 것입니다. 하지만 결국 아이와 부모 사이는 더 멀어집니다. 예의에 신경 써야 하는 사이가 가까운 사이일 수는 없으니까요.

"그래, 혼자서 좀 고민하고 싶을 때가 있지. 힘들거나 엄마의 도움이 필요하면 언제든 얘기하렴" 정도로 말하고 넘어가면 됩니다. 물론 부모로서 돌아볼 부분도 있습니다. 혹시 아이와 일상적인 대화가 너무 없지는 않았는지, 아이가 부모에 대해 오해하고 있지는 않은지 돌아봐야 합니다. 아이들은 부모가 자신을 전혀 이해할 수 없고, 이해할 마음조차 없다고 오해하는 경우가 많습니다.

<u>아이와의 대화는 잡담이 기본입니다. 잡담 스무 번에 행동 지시가 네 번, 진지한 대화가 한 번이면 딱 적당한 수준이죠.</u> 아이와 일

상에서 잡담을 많이 나누세요. 진지한 이야기를 하려 들지 말고 일상적인 대화를 해야 합니다. 아이에게 무언가 캐묻기보다는 부모부터 벽을 허물고 자신에게 있었던 일을 들려주세요. 부모가 조금은 허점을 보여야 아이도 자기 속내를 털어놓습니다.

말을 잘 못하는 아이라면 놀이를 하세요. 무슨 놀이를 해야 할지 모르겠다면 컴퓨터게임을 해도 좋습니다. 놀이는 그저 놀이가 아닙니다. 하다보면 아이가 놀이를 통해 자기의 심리적인 고통을 꺼내놓고, 고민하고, 해결책을 찾는 것을 볼 수 있습니다. 그 과정은 얼마든지 부모가 함께할 수 있습니다.

아들이 아빠를 만만하게 봅니다

9세 딸과 7세 아들, 남매 아빠입니다. 예전부터 친구 같은 아빠가 꿈이었고 딸과는 정말 친구처럼 사이좋게 지내고 있습니다. 둘째가 태어난 후 첫째 돌보기가 자연히 제 몫이 되어 둘이 보내는 시간이 많았지요. 주변에서 '부녀 놀이 원정대'라 부를 정도로 이곳저곳 즐겁게 잘 다녔습니다. 그러다 둘째가 5세가 되면서 놀이모임에 둘째도 합류하게 됐어요. 제 딴엔 아이들 눈높이에서 정말 재미있게 놀아주었습니다. 그런데 둘째가 7세가 되니 저를 편하게 여기다 못해 만만히 보는 것 같아요. 잘못을 나무라면 곧바로 반격이 시작되고 결국 싸움으로 끝이 납니다. 큰애는 같은 상황에서 잘못했다고 사과하는데 둘째는 아빠나 잘하라고 말대꾸를 하고 무시해요. 엄마에게는 나긋나긋 공손하게 굴고 말도 정말 잘 듣습니다. 저는 두 아이 모두 똑같이 대해줬는데 아들은 대체 왜 이러는지 모르겠습니다. 저도 사람인지라 화도 나고요. 지금이라도 아빠로서 제대로 된 자리를 찾고 싶습니다.

권위주의는 나쁘지만 권위는 필요합니다

일단 아버님이 참 좋은 분이네요. 아이들에게 정말 큰 선물을 주고 있다는 점을 말씀 드리고 싶어요. 어린 시절 부모와 같이 놀았던 시간, 삶의 즐거운 순간을 함께했던 경험은 아이들이 삶을 긍정적으로 바라보게 하는 씨앗입니다. 부모와 신 나게 놀았던 아이들은 삶을 행복한 것이라고 생각하고, 자신감을 갖고 자기만의 꿈을 펼쳐가고 싶어 합니다.

예전 아이들은 동네에서 또래들끼리, 또는 동네 형, 언니들과 함께 뛰어놀며 지냈지요. 요즘의 주거 환경은 아이들에게 이런 기회를 제공하지 못합니다. 이런 상황은 아이들이 삶을 바라보는 기본적인 관점에 큰 영향을 미칩니다. 삶은 뛰어들어, 즐기고, 함께하는 것임을 아이들은 몸으로 느껴야 합니다. 그래야 삶에 대한 건강한 열정을 가질 수 있습니다. 많은 부모들이 요즘 아이들은 삶에 대한 열정이 부족하고 꿈이 없다고 이야기합니다. 이렇게 된 데는 여러 이유가 있겠지만 생애 초기에 놀이가 줄어든 것도 분명 그 이유 중 하나입니다.

지금 아들은 엄마에게는 좋은 아이 역할을 하며 아빠는 의도적으로 멀리 하는 시기로 보입니다. 일곱 살이라는 나이가 꼭 그럴 시기입니다. 보통 우리 나이로 5~7세에 남자아이들은 이전과는 다르게 엄마에게 강렬하게 집착하곤 합니다. 아빠는 일부러 배제하려고 들고요. 프로이드는 이 시기의 아이들이 엄마의 사랑을 두고 아빠와 경쟁하는 모습을 관찰하고 '오이디푸스 콤플렉스'라고 이름을 붙였습니다. 물론 모든 남자아이가 이런 양상을 보이는 것은 아니라는 반론도 있습니다.

특히 아들의 경우 성장 과정에서 아이는 줄곧 엄마와 붙어 지냈습니다. 아빠는 누나와 함께 지냈고요. 이 경우 아이는 가족을 두 개의 작은 집단으로 느낄 수 있습니다. 부모 입장에서는 역할 분담을 한 것인데, 아이는 전혀 다르게 가족을 두 개의 편으로 나눠서 생각할 수 있습니다. 그러던 중 이제 막 아빠와 누나의 놀이모임에 들어갔습니다. 이 모임은 '남의 편' 모임입니다. 원래는 엄마와 자기가 한편이고, 아빠와 누나가 한편인데 자기는 엄마와 떨어져 남의 편 모임에 참여한 것이죠. 마음이 불편합니다. 이런 상황에서는 아이가 피해의식을 갖기 쉽습니다. 중립적인 자극도 자신에게 불리하다고 해석할 수 있죠. 쉽게 설명하자면 남의 가족 틈 사이에 끼어서 사는 느낌입니다. 마음이 편치 않죠. 게다가 엄마에게 버림받았다는 느낌도 살짝 가질 수 있어 아빠와 놀 때마다 기분이 불쾌할 수 있습니다.

아이는 이런 상황에서 어색한 기분을 누르고 놀이에 참여했습니다. 그랬더니 아빠와 누나는 다년간 함께 놀았기에 '코드'가 착착 맞습니다. 서로를 잘 알고 놀이도 익숙하니까요. 반면에 자신은 누나에 비해 능력도 떨어지고, 어떻게 놀아야 할지도 모르겠습니다. 자꾸 소외되는 느낌입니다. 이런 소외감과 피해의식은 아이를 공격적으로 만들어갑니다. 놀이를 즐기기보다는 대결 구도로 바라보고, 자신의 약점을 숨기기 위해 상대를 의도적으로 무시하게 되죠. 그래봐야 스스로 더 소외될 뿐인데도 자신을 지켜가기 위해서 태도를 바꾸지 못합니다.

아버지로선 답답한 상황이겠지만 이때는 그저 버텨야 합니다. 조금만 기다리면 기회가 옵니다. 아들의 경우 보통 초등학교 3,4학년이 되면 기회가 옵니다. 엄마에게서 독립하려는 의지가 생기는 시기죠. 게다가 이성인 엄마에게는 숨기고 싶은 부분이 생겨 마음을 줄 다른 대상을 찾게 되죠. 그때가 되면 자연스럽게 아빠와 친밀한 관계를 형성할 수 있습니다.

지금은 아이에게 따뜻한 태도를 유지하며 여유를 갖고 기다려보세요. 조금 지나면 아이가 다가오고 싶어 하니까요. 가장 큰 문제는 아이가 다가오고 싶을 때 아빠가 곁에 없는 것입니다. 아빠가 있더라도 불편한 느낌이 크다면 마찬가지죠. 그 경우 아이는 다른 곳에서 마음을 줄 대상을 찾습니다. 친구일 수도 있고, 유명 운동선수일 수도 있고, 게임 캐릭터일 수도 있습니다. 그렇게 되면 부자관계는 영원히 가까워지기 어려울 수 있습니다.

***

요즘은 아이에게 '친구 같은 부모'가 되고 싶다는 분들을 종종 만나게 됩니다. '친구 같은 부모'는 아이와 친근해서 아이가 언제든 자기의 고민을 털어놓고 대화할 수 있는 부모죠. 그런데 종종 이 말뜻을 오해하는 분들이 있습니다. **'친구 같은 부모'는 자녀와 소통의 문을 활짝 열어놓으라는 얘기지, 아이의 친구가 되라는 뜻이 아닙니다. 부모는 아이의 친구일 수 없습니다. 부모는 아이를 도와주고, 아이를 책임져야 합니다. 잘못은 바로잡아줘야 하고 때로는 한 걸음 뒤에서 아이를 돌봐줘야 합니다. 친구는 그런 존재가 아닙니다.**

친구에게 무언가를 배울 수 있지만 친구는 기본적으로 가르치는 사람이 아닙니다. 함께 살아가며 서로 의지하는 존재죠. 부모 역시 아이와 함께 살아가지만 부모에게는 아이를 가르치는 역할이 있습니다. 아이는 흔들리며 삶을 배워갑니다. 자기를 믿을 수 없기에 자주 불안에 시달립니다. 극단적으로 행동하기도 하고, 그런 과정을 통해 자기 행동의 적절한 범위를 배워갑니다. 부모는 이때 기준이 되어야 합니다. 아이가 흔들릴 때는, 부모는 흔들리지 말고 아이를 잡아줘야 합니다. 뿌리를 내린 나무는 바람에 흔들려도 쉽게 뽑히지 않습니다. 그런데 뿌리를 잡아주는 땅이 무너진다면 나무는 자랄 수 없습니다. 부모가 함께 흔들리면 아이의 불안은 더 심해집니다.

권위주의는 좋지 않지만 권위는 필요합니다. 부모는 아이를 책임져야 하니까요. 권위를 갖지 못한 부모는 오히려 아이를 함부로 대합니다. 그러다 서로 상처를 받고 아이에게서 멀어지죠. 아이를 키우며 세상 모든 이치와 옳고 그름을 다 설명하고 설득할 수는 없습니다. 부모에게 그 정도의 여유나 지혜는 없으니까요. 아이는 실시간으로 잘못을 벌이고 부모는 빠르게 결정해야 할 일이 많습니다. 시간은 우리를 기다려주지 않기에 많은 경우 부모는 권위를 갖고 아이를 책임지며 이끌어야 합니다.

권위와 권위주의는 차이가 큽니다. 무엇보다 권위주의는 책임을 지지 않습니다. 일이 잘못되면 자신의 권위를 내세워 책임을 아랫사람에게 미루죠. 부모가 아이를 책임진다는 것은 일이 잘못되었을 때 아이에게 책임을 미루지 않고 자신이 아이를 끝까지 돕는다는 의미입니다.

저는 업무상 아이에게 심각한 폭력을 행사한 부모나 교사를 만날 때가 있습니다. 그중에는 언론에 크게 보도가 된 경우도 있습니다. 놀라운 점은 이들 중 상당수가 평소 아이들을 대하던 태도입니다. 평소부터 폭력적이고 아이를 함부로 대한 분들도 있지만, 상당수는 평소에는 매우 수용적이고 아이에게 잘해주려 노력한 분들입니다. 아이에게 자유를 주고, 아이의 이야기를 들으려 하고, 뭐든 합의해서 풀어가려 노력한 분들이 많습니다.

만약 그들에게 시간이 충분했다면, 그들이 조금 더 지혜로웠다면, 그들 앞의 아이가 순하게 행동했다면 불행한 사건은 일어나지 않았을 것입니다. 그러나 우리에게 시간은 늘 부족합니다. 우리는 그다지 지혜롭지 않습니다. 때때로 아이들은 거칠고 함부로 행동합니다. 그래서 참고 참다, 버티고 버티다 아이와 함께 망가지는 경우가 많습니다. 권위를 버리려다 폭력으로 치달은 관계를 보면 마음이 아픕니다.

※※※

친구 같은 부모는 '친구 같'지만 결국 '부모'여야 합니다. 아이를 사랑한다면 부모는 건강한 권위를 갖고 있어야 합니다. 그래야 아이가 부모라는 든든한 땅에 뿌리를 내리고 안정적으로 성장할 수 있습니다. 그렇다면 부모의 권위는 어떻게 만들어야 할까요?

첫째, 부모가 권위에 대한 긍정적인 관점을 가져야 합니다. 아이와 놀 때는 즐겁게 놀더라도, 지시를 하거나 가르칠 때는 분명한 태도로 하세요. 그동안 부모가 친구처럼 행동해 왔다면 초반에는 아이가 적응하기 어려워할 수 있습니다. 하지만 일관된 태도로 대하면 오래지 않아 아이도 익숙해집니다.

둘째, 아이를 책임지며 부모 스스로 아이가 존경할 만한 사람이 되려고 노력해야 합니다. 부모라고 어느 날 갑자기 훌륭한 인격을 가질 수야 없겠죠. 다만 인간적인 사람, 좋은 사람이 되려는 노력을 꾸준히 해야 합니다. 아이는 놀랍게도 끊임없이 부모를 평가합니다. 부모가 믿을 만한 사람인지, 기댈 수 있는 사람인지 본능적으로 파악합니다. 어디서 배우지 않지만, 아이의 판단은 비교적 정확합니다.

셋째, 아이와의 관계에서 원칙을 갖고 행동해야 합니다. 아이를 존중하되 부모를 함부로 대하면 이를 그냥 넘겨서는 안 됩니다. 아이가 기분을 상하게 하는 말을 했을 때는 우선 아빠의 기분이 좋지 않다고 분명히 말해주세요.

"네가 그렇게 말하면 아빠는 기분이 안 좋아. 아빠는 아빠로서 충분히 고민한 다음에 너에게 얘기한 거야. 아빠 말을 함부로 받아들이지 않았으면 좋겠다."

화를 내거나 흥분할 필요 없이 낮은 목소리로 기분을 그대로 전달하면 됩니다.

넷째, 아이에게 매달리는 모습을 보이지 마십시오. 남녀 간의 연애처럼 부모 자녀 관계에도 이른바 '밀당'이 있습니다. 너무 쫓아다니고 사랑을 애걸하면 오히려 마음을 얻을 수 없습니다. 아이는 결국 부모에게 의존할 수밖에 없습니다. 이것이 아이의 숙명입니다. 부모의 마음이 급해서 아이를 쫓아다니고, 아이를 통해 이루고 싶은 일이 있기에 아이에게 부모가 휘둘리는 것입니다. 그냥 놔두고 부드러운 태도만 보여준다면 아이는 스스로 부모에게 다가옵니다.

사연을 쓰신 아버님, 이제부터 아이가 다가오면 잘해주되 어린아이처럼 굴면서 아이와 어울리려고 노력하지는 않았으면 합니다. 그런 모습이 아이에게는 다소 '값싸게' 느껴질 수 있습니다. 부모라면 누구나 아이에게 사랑 받고 싶어 합니다. 사랑이 많은 부모일수록 더욱 그렇죠. 아이가 조금이라도 내게서 멀리 있는 듯 느껴지면 더 많은 사랑을 줘서라도 아이가 나를 사랑하게 만들려고 합니다. 하지만 이런 태도는 아이의 마음에서 부모의 존재를 더 작게 만들 뿐입니다. **아이에게 사랑을 갈구하지 말고 사랑을 주는 것으로 만족하세요. 그리고 아이가 다가올 때까지 느긋하게 기다리세요. 아이는 곧 부모 곁으로 올 것입니다.**

? Plus Q | 여덟 살 아들이 아빠의 얼굴을 자꾸 때려요

…

아이에게 그냥 맞아주는 부모가 많습니다. 별로 아프지 않으니까 맞아주고, 아이도 재미로 하는 것이니까 맞아줍니다. 어떤 부모는 하지 말라고 말하는데도 아이가 계속하니 말릴 방법이 없어 맞고 있기도 합니다. 그런데 사람을 때리는 행동은 언제든, 어떤 이유로 하든 봐주면 안 됩니다.

잘못된 행동은 제대로 제지해야 합니다. 아이가 얼굴을 때리려 들면 손을 꽉 잡아 못하게 하고 기분이 좋지 않다는 것을 분명히 표현하세요. 아들이 이제 여덟 살이라면 아들이 때리는 것을 얼마든지 피하거나 막을 수 있습니다. 되도록 한 대도 맞지 않으려 노력하세요. 때리면 맞고 나서 혼내지 말고, 때리는 것을 맞지 않으려 해야 합니다. 맞아주고 야단치면 아이는 그런 주고받음을 놀이로 여길 수 있습니다.

아이가 공격적인 행동을 하면 엄격한 제지를 당한다는 것을 가르쳐줘야 합니다. 부모에게는 그것을 가르칠 의무가 있습니다. 제지는 단순히 야단치는 것과는 다릅니다. 그런 행동이 불가능하고, 받아들일 수 없음을 보여줘야 합니다. 가끔은 부모의 관심을 받고 싶어서 때리는 아이가 있습니다. 그럴 때는 다른 방식으로 관심을 요청하게 하고 아이가 요청하면 충분히 관심을 표현해주세요.

주의할 점이 한 가지 있습니다. 일부 부모는 아이가 폭력을 쓰면 거기 대응하기 위해 부모 역시 더 심한 폭언이나 폭력을 쓰기도 합니다. 너도 한번 당해보라는 것이죠. 그것은 폭력으로 비폭력을 가르치는 것인데 대부분 실패합니다. 물론 아이가 무서워서 더 이상 부모를 때리지는 못할 수 있습니다. 대신 다른 곳에서 폭력을 씁니다. 상대가 잘못하면 때릴 수 있는 것이라고 부모에게 배운 셈이기에 자기에게 잘못한 동생이나 약한 사람에게 자연스럽게 폭력을 쓰게 됩니다.

아빠와 아이들의 사이가 좋지 않아요

초등학교 6학년 딸과 5학년 아들, 연년생 남매를 둔 맞벌이 엄마입니다. 남편은 밖에서는 너무나 호인인데 집에서는 가족들에게 함부로 하는 편이에요. 기분 좋을 때는 자상하고 제 일도 잘 도와주는데, 가끔은 별것 아닌 일로도 소리를 지르곤 합니다.

아이들, 특히 아들과 사이가 너무 좋지 않아요. 제가 집을 비우고 아빠와 아이들만 남았을 때는 분위기가 살벌해집니다. 아들 말로는 아빠의 잔소리가 너무 심하고 자꾸 화를 낸다고 합니다. 남편 말을 들어보면 아들이 빠릿빠릿하지 못하고 무슨 말을 해도 듣질 않는다고 하고요. 요즘엔 덜하지만 예전엔 아이를 때리기도 했어요. 저는 이러다 아들이 빗나갈까 봐 남편에게 아들과 공감대를 형성해보라고 잔소리를 하는데 남편은 요지부동이에요. 제가 아이들에게 너무 오냐오냐해서 아이들이 아빠를 존중하지 않는다고 말해요. 어떻게 하면 좋을까요?

아빠가 소외되지 않도록 배려해주세요

집 밖의 사람들을 만날 때는 부드럽고 사람 좋다는 말을 듣는데 아이들에게는 유독 엄격하고 원칙적으로 대하는 아빠들이 있습니다. 특히 아들에게 더욱 그런 모습을 보이죠. 대개는 자신의 아버지가 자기를 대했던 모습을 그대로 따라 하는 경우입니다. 의식적으로 따라 하는 경우도 있고, 자기도 모르게 따라 할 때도 있지만 어느 쪽이든 결과는 좋지 않습니다. 그 아빠들은 말하죠. "아버지도 저를 엄격하게 키웠고 그 덕분에 제가 지금 이 정도는 사는 겁니다. 남자들 사회에서 살아남으려면 아이들에게 분명한 규율을 가르쳐줘야 해요."

그런 말을 들을 때면 저는 '지금 이 정도는 살고 있다'는 기준이 무엇인지 궁금해집니다. '지금 이 정도'라는 말에서 저는 아빠들이 사회생활에서 이뤄낸 성취에 대한 자부심을 느낍니다. 밀림 같은 사회에서 살아남기 위해 애쓴 아빠들이 자부심을 갖는 것은 당연합니다. 하지만 가족 내부로 눈을 돌려보세요. 가족과 친밀한 관계를 맺지 못하고 아이들에게도 존경 받지 못하는 아빠입니다. 가장으로서 자부심을 갖기에는 많이 부족합니다. 아빠들은 자신이 이런 처지에 놓이게 된 것은 모두 아이들 엄마 때문이라고 이야기합니다. 엄마가 아빠를 무시하니 아이들도 아빠를 무시한다고 이야기하죠. 조금만 생각해보면 '누워서 침 뱉기'이고 책임 회피에 불과한데도 당장의 현실을 받아들이고 싶지 않아 합니다.

아빠들은 이렇게 항변합니다. "우리 아빠는 자식들에게 살갑게 대하지도 않았고, 그저 바깥일만 했을 뿐인데 늘 집안의 중심이었습니다. 요즘의 아빠들은 예전에 비하면 엄청나게 노력하고 있는데 더 무시당하고 있어요. 너무 힘듭니다." 맞는 말입니다. 남자, 특히 가장이 중심이었던 전통사회에서는 아빠들이 큰 노력 없이도 쉽게 존경을 받았죠.

그런데 그런 옛날이야기가 무슨 의미가 있겠습니까? 한국전쟁 때는 풀뿌리만 먹고 살았고, 70년대에는 하루에 열다섯 시간씩 일했다고 어른들이 이야기하시면 감동을 받습니까? 세상이 달라지는데 과거의 이야기를 해봐야 퇴물 취급만 더 받을 뿐입니다. 지금의 부모들은 예전의 부모들이 했던 방식대로 따라 할 경우 후회할 가능성이 높습니다. 과거와는 다른 부모와 자녀 관계를 만들어야 하는 이유가 두 가지 있으니까요.

첫째, 세상이 변했고 가족이 변하고 있습니다. '가족 관계'라는 말에서 예전에는 '가족'이 핵심어였는데 이젠 '관계'가 핵심이 되고 있습니다. 가족이라는 울타리의 힘은 약해져갑니다. 부모가 자녀에게 물려줄 수 있는 것은 점점 사라지고 있습니다. 가족이라는 틀 안에서 자기 정체성을 찾기도 어렵습니다.

현재의 30대와 60대를 놓고 봐도 '가족'이라는 말은 다른 무게를 갖습니다. 60대의 경우 가족은 절대적인 단어입니다. 30,40대의 경우에는 그 정도는 아닙니다. 우리 아이들에게는 가족의 의미가 더 가벼워지겠죠. '가족'이기에 서로 책임지기보다 '관계'가 끈끈해야 책임지는 사회로 변하고 있습니다. 문화도 달라져서 강압적인 관계는 견뎌내기 어렵습니다. 예전에는 강압적인 문화가 평균적인 환경이었다면 지금은 강압적인 관계가 특이한 상황입니다.

둘째, 평균 수명이 길어졌습니다. 이제는 90세가 평균 수명입니다. 큰 병이 없다면 80세까지는 왕성한 활동이 가능합니다. 그때 우리 아이들의 나이는 50세입니다. 지금의 부모들 나이보다 더 많은 나이입니다. 부모와 자식이 적어도 30년 이상 성인으로서 함께 나이 들어갈 것입니다.

성인이 되어서 부모와의 관계가 갑자기 달라지기란 쉽지 않습니다. 성인이 되어서도 어린 시절에 만들었던 관계의 수준 그대로 지내게 되겠죠. 가까웠던 사람은 가깝게, 멀었던 사람은 더 멀어진 채 살아갈 것입니다. 평균 수명이 길어진 미래에는 자녀와의 관계가 가까운 사람과 그렇지 않은 사람의 삶의 질은 엄청난 차이가 날 것입니다. 일상 자체가 다르겠죠. 삶에 있어서 중요한 행복 중 하나를 가졌느냐, 갖지 못했느냐의 차이가 될 것입니다.

미래에 불행해지고 싶다면 내 아버지가 나에게 대했듯 나도 내 아이를 대하면 됩니다. 아버지가 자신을 강압적으로 대했어도 그런 아버지를 존경하고 살갑게 대하는 자녀도 분명 있겠지요. 하지만 그런 확률은 점점 줄어들고 있습니다. 과거에 즐겨 사용하던 물건이 지금은 그저 골동품이 되었듯 과거에는 누구나 갖고 있던 삶의 태도도 미래에는 사라질 수 있습니다.

만약 아무 생각 없이 내 아버지의 행동을 답습하고 있다면 당장 바꿔야 합니다. 바꾸고 싶은 마음은 있는데 나도 모르게 자꾸 아버지의 행동이 나온다면 좀 더 의식적으로 노력해야 합니다. 장기간에 걸쳐 몸으로 익힌 부모의 양육 태도를 벗어나기란 쉽지 않습니다. 스스로를 돌아보며 꾸준히 노력하고 아내에게도 도움을 요청해야 변할 수 있습니다. 아내에게 지적해달라고 하세요. 발전을 위해서는 자존심을 고집할 필요가 없습니다.

* * *

다음으로 어머님께 드리는 조언입니다. 남편 분이 왜 그렇게 행동하는지 이해해야 합니다. **강압적인 아버지들이 지닌 기본 심리는 두려움입니다. 아이에게 지면 어떻게 하나 싶은 마음에 두렵고, 아이에게 버림받을까 두렵습니다. 가진 힘을 모두 잃어 자기 자리를 빼앗기지는 않을까 두려워합니다. 겉으로는 강해 보이지만 내면에는 버림받을까 봐 두려워하는 약한 자아가 있습니다.**

두려움이 많은 아빠들을 상담해보면 대개 가정 내에서 소외되고 있습니다. 엄마와 아이들이 정서적으로 같은 편이고 아빠는 외톨이가 되어 있죠. 이 경우 가장 좋은 해결책은 스스로 변화해서 아이들을 따뜻하게 대해주고 함께 시간을 보내며 소외에서 벗어나는 것이겠죠. 그런데 소외당하는 아빠들은 자기 내면의 두려움 때문에 계속 잘못된 방식으로 대응합니다. 권위를 강조해 아이가 조금 버릇없게 굴면 견디지 못하죠. 그래서 상황이 복잡해집니다.

보통 이런 아빠들은 사회생활에서는 친절하고 예의 바르며 완벽한 태도를 보입니다. 유독 가족, 특히 아이들에게만 과도하게 강압적으로 굴죠. 이분들의 아내를 보면 수동적인 성향을 지닌 경우가 많습니다. 의도적으로 그런 파트너를 아내로 고른 것이죠. 버림받을지 모른다는 두려움이 크기에 내 말을 잘 듣고 어긋나지 않을 사람을 배우자로 고르는 경우가 많습니다.

그런데 사람이란 뜻대로 움직이지 않습니다. 아내가 수동적이어서 순하리라 생각했는데 그런 태도가 쭉 계속되는 것은 아니죠. 초반에는 말을 듣더라도 시간이 가면 불만이 쌓이게 됩니다. 불만은 결국 겉으로 드러나고 점점 자기주장은 분명해집니다. 그러다 보니 아빠들은 속았다는 생각에 불안이 더 늘어납니다.

콤플렉스가 강한 사람일수록 나이를 먹으면 성격이 더 괴팍해집니다. 나이를 먹으면 성숙해진다는 말은 콤플렉스가 약한 사람에게 해당합니다. 두려움이 많은 아빠는 가족 중 누군가가 '말대꾸'를 하면 자신을 공격하는 것으로 받아들입니다. 그리고 상대가 자신을 버리고 떠날 것이고 결국 자기 혼자만 남겨질지 모른다는 두려움을 갖습니다. 이런 아빠에게 "그렇게 하면 애들이 싫어해요"라고 말하는 것은 역효과를 냅니다. 안 그래도 버림받을까 두려운데 정말 버려진다고 하니 점점 방어 수준을 높이게 됩니다. 그래서 상황은 점점 악화되죠.

가끔 아이들을 부추겨 아빠에게 대항하게 하는 엄마들을 보게 됩니다. 효과도 없고, 아이들을 더 위험한 상황으로 빠뜨리는 일이죠. 엄마가 아이들과 같은 편이 되어 아빠를 위협하는 일은 피해야 합니다. 아내만큼은 "당신을 좋아하고 사랑해요", "나는 언제나 당신 편이에요"라는 말을 계속 들려주는 것이 사태 해결에 도움이 됩니다. 물론 그간 남편한테 상처를 많이 받았다면 이런 말이 잘 나오지는 않겠죠. 그러나 상황을 호전시키고 싶다면 이 말이 가장 도움이 됩니다.

"그렇게 하지 않아도 돼요. 당신은 있는 그대로 괜찮은 사람이에

요"라는 말로 안심시켜주시면 남편의 두려움이 줄어들고 강압적인 태도도 누그러집니다. 잘못하는데 잘했다고 말하라는 얘기냐 싶겠지만, 잘했다고 말하라는 뜻이 아닙니다. 굳이 잘했다고 말할 필요는 없어요. 그저 상대를 위해주고, 상대가 가진 두려움을 공감해주면 됩니다.

아이들과 가깝지 않은 아빠에게는 의무를 덜어주세요. 아이의 행동을 다스리는 역할을 주면 아빠는 더 곤란한 처지에 놓입니다. 아빠와 아이의 관계가 좋아질 때까지는 편하게 어울리는 역할을 주세요. 많은 엄마들이 아빠에게 구원투수 역할을 맡깁니다. 엄마 힘으로 아이를 통제하지 못하면 아빠를 등장시키죠. 이런 구원투수 아빠들은 몸도 풀리지 않은 상태에서 경기장에 끌려왔다가 그대로 아이에게 홈런을 맞고 쓰러집니다.

사연에 나온 아버님에게 필요한 것은 우선 아이에 대한 자신감입니다. 내 아이에 대해 알게 해주고, 아이를 내가 도울 수 있다는 자신감을 갖게 해야 합니다. 아이를 칭찬하는 역할을 주고, 아이와 같은 취미를 갖게 해 함께 즐기게 해주세요. 아이의 느린 행동을 보면 답답할 테니 아빠보다는 아이가 잘하는 일을 공동의 취미로 만들어야 합니다. 한 걸음씩 아빠가 자기 역할을 할 수 있도록 도와주세요.

내가 남편까지 키워야 하나 답답할 수 있지만 아빠를 잘 키워야 결국 엄마가 편해집니다. 그리고 아빠를 키워놔야 아이를 키우면서 서로 상의할 수 있습니다. 그래야 부부 사이도 가까워집니다. 이것이 엄마의 행복을 이루고 가족의 행복을 이루는 가장 나은 길입니다.

시부모님과 함께 살면서 아이의 버릇이 나빠졌어요

Q 7세 딸을 둔 엄마입니다. 얼마 전부터 시부모님과 함께 살기 시작한 뒤로 아이의 버릇이 너무 나빠져서 걱정이에요. 특히 시어머님은 제가 세워둔 육아 원칙은 아랑곳하지 않고 손녀딸의 말이라면 무조건 다 들어줍니다. 제가 듣기 좋게 한마디 해도 아이 키우는 것은 당신이 더 잘 안다고 일축해버리시죠. 어쩌다 아이를 혼낼라치면 할아버지 할머니에게 아이가 쪼르르 달려가 숨어버리고 시부모님은 오히려 저를 나무라십니다. 잘 시간이 다 되어도 아이가 시부모님 방에서 나오질 않아 늘 늦잠을 자고 유치원에 지각하기 일쑤고요. 어떻게 바로잡아야 할지 정말 모르겠어요.

부모가 중심에 서야 아이를 더 사랑할 수 있습니다

아이가 자라는 과정에서 조부모의 무조건적인 수용과 사랑은 큰 도움이 됩니다. 무슨 일이든 너그럽게 이해해주고 여유롭게 품어주는 할머니 할아버지에 대한 기억은 어른이 되어 각박한 세상을 살아갈 때 큰 위안과 힘이 되죠. 진료실에서도 어린 시절 자신을 돌봐주던 할아버지 할머니가 떠오른다는 분들을 종종 만납니다. 삶에 지쳤을 때, 사람에게 실망했을 때 그분들을 떠올리면 찬바람 부는 인생길에서 화톳불을 만난 듯 마음 깊은 곳에서 온기가 올라오죠. 이처럼 조부모의 사랑은 아이들에게는 좋은 것입니다.

가끔 이런 질문을 해오는 부모들이 있습니다. 자신에게는 그렇게 냉정하고 모질게 대하던 부모가 손자손녀에게는 어떻게 저렇게 따뜻하게 대할 수 있을까 하는 궁금증이죠. 그런 모습에 배신감과 질투를 느낀다고 말하는 분도 있습니다. 어린 시절에 부모에게 받은 상처가 크다면 충분히 느낄 수 있는 감정이죠.

그렇다면 나이가 드니 냉정했던 분들이 너그러워지신 걸까요? 그렇지는 않습니다. 나이가 든다고 사람이 너그러워지지는 않습니다. 대개 사람은 나이를 먹으면 오히려 각박해지고, 잘 삐치고, 감정적으로 흐르기 쉽습니다. 할아버지 할머니가 손자 손녀들에게 너그러울 수 있는 이유는 무엇보다 자기 자식이 아니기 때문입니다. 자기 자식을 키운다는 심리적인 부담이 덜하니 여유를 갖고 아이를 바라볼 수 있죠.

책임을 맡은 당사자는 아무래도 마음이 불편하기 마련입니다. <u>아이의 요구를 끊지 않으면 괜히 기대를 키울 수 있고, 결국 더 크게 실망하도록 만들 것이라는 염려에 부모는 매정해집니다. 반면 조부모는 제삼자라 할 수는 없지만, 그렇다고 당사자도 아니기에 아이에게 좀 더 너그럽게 대할 수 있습니다. 경험도 중요합니다. 한번 키워 보니 심</u>

하게 아이를 다그친다고 긍정적으로 변하는 것도 아니고, 조금 놔둔다고 아이에게 심각한 문제가 생기는 것도 아님을 알게 된 것이죠. 그러니 작은 문제에 아등바등하지 않고 대범하게 아이를 대할 수 있습니다.

물론 좋은 이유만 있는 것은 아닙니다. 부정적인 면도 있습니다. 무엇보다 힘이 달립니다. 훈육은 많은 에너지를 필요로 합니다. 아이 스스로 잘못을 깨닫고 바로잡게 하는 일은 결코 쉽지 않습니다. 많은 대화가 필요하고 상당한 감정 노동을 감내해야 합니다. 나이가 들면 이런 일이 버겁습니다. 귀찮고 어지간하면 피하고 싶죠. 그래서 조부모들은 훈육이 필요한 상황에서도 그 책임을 부모에게 넘기고 적당히 넘어갑니다. 다 그런 것은 아니지만 할머니 할아버지가 키운 아이들이 버릇없는 아이로 크는 경우가 더 많습니다.

게다가 적잖은 조부모들이 손자 손녀의 사랑에 집착합니다. 조부모들은 아이가 원하면 바람직하지 않은 요구도 못 이긴 척 들어줍니다. 웬만하면 거절하지 않으시죠. 아이를 사랑하기에 들어주는 것은 아닙니다. 그보다는 아이에게 사랑 받고 싶어서, 거부당하고 싶지 않아서 아이의 요구를 들어줍니다. 많은 조부모들이 자신이 아이의 요구를 거부하면 아이가 자신을 좋아하지 않게 될까 봐 염려합니다. 물론 이것은 제대로 된 사랑이 아닙니다. 아이의 미래를 생각해 행동하는 것이 사랑이지, 당장의 환심을 사기 위해 행동하는 것이 사랑일 수는 없죠. 하지만 남은 삶이 길지 않다고 느낄 때 인간은 본능적으로 당장의 사랑을 얻고 싶기 마련입니다.

이런 조부모 특유의 심리를 부모는 이해해야 합니다. 조부모들이 아이의 요구에 밀리기 쉽다는 사실을 안다면 그분들에 대해 가질 수 있는 현실적인 기대는 아이에 대한 훈육이 아닙니다. 그저 아이에게 충분한 사랑을 주고, 아이가 그것을 경험할 수 있다는 데 만족해야 합니다. 그와 더불어 자신이 이제 막 부모가 되어 지나치게 긴장하고 있고, 그 긴장감이 불필요한 통제로 나올 수 있다는 것도 기억해야 합니다. 조부모의 행동을 보면서 자신의 훈육이나 통제가 지나치지 않은지 돌아보되, 결국 아이를 책임지고 키우는 것은 자신임을 분명히 해야 합니다.

<u>아이를 책임지고 키우는 주체는 부모입니다. 할머니 할아버지는 아닙니다.</u> 이 점은 조부모 앞에서도 분명히 해야 합니다. 기분 나쁘게 생각하실 수 있겠지만 한번은 분명히 해야 할 일입니다. 현명한 조부모라면 이것을 잘 알고 계십니다. 부모에게 미흡한 부분이 보이더라도 부모의 의견을 존중하죠. 부모 역시 그런 과정을 통해 성숙한다는 것을 알고 계시니까요. 아이는 곧 사춘기라는 혼돈의 시간을 넘어가야 합니다. 그 시간을 함께하고 성인이 될 때까지 뒷바라지하는 것은 부모의 몫입니다. 이런 시간을 앞두고 부모와 자녀가 좋은 관계를 맺지 못하고 있다면, 혹 아이가 부모를 미워하기라도 한다면 아이는 위험에 빠질 수 있습니다.

자녀를 키워본 경험이 있는 조부모가 보기에 부모의 양육 방식이 못마땅하거나 미숙해서 성에 안 차는 경우도 있을 것입니다. 젊어서 당신들이 자녀를 키울 때는 몰랐던 지혜를 뒤늦게 깨달아 알려주고 싶은 것도 있을 테고요. 하지만 아무리 부모의 양육 방식에 모자란 점

<u>이 있더라도 조부모는 어디까지나 조언자로 머물러야 합니다. "이렇게 해보면 어떻겠니", "내가 경험해보니 이럴 땐 이런 방식도 도움이 되더라" 하는 선에서 조언을 해주며 부모가 권위와 책임감을 갖고 아이를 대할 수 있도록 도와주어야 합니다.</u>

✽ ✽ ✽

지금 이 사연에서는 지나치게 아이를 받아주는 조부모의 태도가 문제를 만들고 있습니다. 아이의 미래에 가장 중요하다고 할 수 있는 부모와의 관계를 멀게 만들 정도죠. 아이가 "할머니가 최고야", "난 할아버지를 제일 사랑해"라고 말한다면 할머니 할아버지 입장에서는 행복할 것입니다. 그렇다고 그것이 아이의 미래에 도움이 될까요?

부모는 자신의 권위를 인정받을 때 아이에게 더 따뜻하게 대합니다. 권위에 손상을 입은 부모는 자녀를 더 함부로 대합니다. 그러니 조부모가 먼저 손자 손녀에게 사랑 받고 싶은 마음을 조금 내려놓으시길 바랍니다. 엄마가 뭔가를 못하게 해서 속상하다며 손녀가 울더라도 조부모님은 그냥 힘든 마음만 받아주세요. "엄마한테 혼나고, 하고 싶은 것도 못하고… 에구, 우리 아기 힘들겠구나. 그래도 너 위해서 엄마가 그러는 거니까 할머니도 들어줄 순 없어" 정도로 이야기하는 편이 좋습니다.

아빠의 역할도 중요합니다. 부모와 아내의 의견이 다른 경우 많은 남편들이 아내에게 양보를 강요합니다. 부모는 수십 년간 그렇게 사셨으니 아내더러 이해하라는 것이죠. 얼핏 들으면 맞는 말 같지만 사실은 그렇지 않습니다. 아내는 남편과 결혼한 것이지 시부모와 결혼한 게 아니니까요. 남편이 이렇게 대응하면 아내는 '남편은 역시 내 편이 아니라 남의 편'이라는 생각을 갖게 됩니다. 남편에 대한 믿음이 약해지고 부부간에 불신이 생깁니다. 시간이 지나면서 불화로 이어지죠.

부부간의 불화야말로 가장 큰 불효입니다. 아이의 미래에도 심각한 악영향을 주고요. 고부 갈등이 있을 때 남편이 제대로 중재를 할 수 있다면 가장 좋습니다. 만약 중재가 어렵다면, 우선 아내에게 미안하다고 해야 합니다. 부모님을 이해해달라고 말하지 마세요. 이해는 아내가 하는 것이지 강요할 부분은 아니니까요. "미안해. 당신 마음 충분히 이해해. 내가 뭔가 도울 게 없을까?"라고 말하며 다독여주는 게 가장 현명한 방법입니다. 그렇게 아내의 쌓인 감정이라도 받아줘야 사태가 악화되지 않습니다.

엄마의 경우 지금 많이 답답할 것입니다. 우선 시부모와 남편에게 도움을 요청해야겠죠. 그런데 도와주지 않으면 어떻게 해야 할까요? 엄마에게 드릴 첫 번째 조언은 엄마도 나쁜 역할은 맡지 말라는 것입니다. 다른 사람들이 아이에게 허용적일 경우, 엄마는 훈육 일변도로 나가기 쉽습니다. 아이에 대한 책임감이 가장 강한 분이 엄마니까요. 그런데 이는 상황을 더 엉망으로 만듭니다. <u>엄마가 아이에게 가장 먼저 줘야 할 것은 훈육은 아닙니다. 사랑이죠. 사랑이 1번, 훈육이 2번입니다. 1번을 안 하고 2번을 하면 2번도 제대로 되지 않습니다.</u>

오히려 "나는 아이에게 사랑을 줄 테니 훈육은 다른 사람이 맡아달라"고 역할을 방기하세요. 엄마가 안 챙기고 시간이 지나면 다른 사람이 분명 챙기게 됩니다. 지금 엄마가 나서서 훈육을 하니 다른 사람은 그 역할을 하지 않는 것입니다. 다른 분들은 좋은 역할만 하고, 가장 책임감이 높은 엄마에게 악역을 죄다 떠맡긴 상황입니다. 여기에 말려들지 마세요. 엄마도 좋은 역할을 하세요. 이러다 아이가 어떻게 잘 못될까 봐 걱정스러운 마음이 들기도 하겠죠. 하지만 때로는 돌아가는 길이 빠른 길입니다.

무엇이 옳고 무엇이 그른지 아이에게 말로 충분히 설명해주세요. 아이가 좋은 행동을 하면 많이 칭찬해주시고요. 나쁜 행동을 할 때는 엄마는 그것을 좋아하지 않는다고만 간단히 말해주세요. 그 이상의 훈육은 피하세요. 엄마를 싫어하게 만들면 곤란합니다. 인내심을 갖고 다른 사람이 그런 역할을 할 때까지 기다리세요. 분명 누군가 나설 것입니다.

가족 중에 없다면 유치원 선생님이라도 하게 되고, 친구들이라도 아이에게 뭐라고 한마디 하겠죠. 아이가 밖에서 나쁜 소리 듣는 것이 죽기보다 싫겠지만 견뎌야 합니다. 나쁜 소리를 듣고 아이가 상처 받으면 그때가 아이를 가르칠 기회입니다. 속상해하는 아이를 위로하며 더 나은 행동을 해보자고 가르치세요. 길게 보면 이것이 아이와의 관계를 유지하며 효과적으로 아이를 훈육하는 방식입니다.

함께 사는 시어머니의 소리 지르는 말투를 아이가 배울까 봐 걱정돼요
…

할머니가 아무리 소리를 질러도 엄마가 차분하게 말하면 아이는 잘 자랄 수 있습니다. 여러 가족이 함께 살다 보면 누군가는 아이에게 부정적인 영향을 주게 되죠. 그런데 식물이 해를 향해 자라는 것처럼 아이들은 따뜻하고 사랑을 주는 사람을 향해 자랍니다. 아이들도 옳고 그른 것을 판단할 줄 압니다. 그리고 결국 더 나은 쪽으로 흐르게 되어 있습니다.

할머니의 소리 지르는 말투를 듣다 보면 물론 일시적으로는 영향을 받을 수 있겠죠. 그러나 시간이 갈수록 그 말투의 괴로움을 스스로도 느끼게 됩니다. 그때 아이가 따라 배울 수 있는 다른 좋은 말투를 가까이에서 접할 수 있다면 아이는 당연히 더 좋은 말투를 따라 합니다. 아이를 둘러싼 어른들 모두가 나쁜 말투를 사용할 때가 문제겠죠.

한 가지 어머님이 주의할 점이 있습니다. 할머니가 자꾸 소리를 지르니까 엄마는 자녀들의 행동을 단속하려 들기 쉽습니다. 미리 잔소리를 해 큰소리 날 상황을 안 만들려하는 거죠. 이렇게 되면 아이들은 할머니가 아닌 엄마를 싫어하게 됩니다. 할머니는 가끔 소리를 지를 뿐인데, 엄마는 쉴 새 없이 잔소리를 해대니까요. 시어머니가 소리 지르는 것은 그대로 놔두고 엄마 자신이 아이를 대하는 행동에만 집중하기를 권합니다.

부모의 이혼을
어떻게 설명해야 할까요?

3세, 6세 자매를 키우는 싱글맘입니다. 2년 전 남편과 이혼한 후 두 아이를 위해 정말 열심히 살았고 아빠 몫까지 사랑을 쏟았다고 자부합니다. 아이들에게는 아빠가 돈 벌러 먼 데 갔다고 말해줬어요.

그런데 큰아이가 좀 자라니 아빠의 빈자리를 부쩍 크게 느끼는 것 같습니다. 가끔 아빠와 통화를 하게 되면 큰아이는 "엄마도 돈을 버니 아빠도 돈 조금만 벌고 빨리 집에 오라"고 조릅니다. 평소에도 아빠가 보고 싶다는 얘기를 많이 하고요. 결혼 생활을 하며 너무 상처를 많이 받은 터라 전남편과 재결합할 생각은 추호도 없습니다. 이런 상황에서 아이들에게 아빠의 부재를 어떻게 설명해야 할지 아이들이 커갈수록 고민이 깊어집니다.

이혼도 소중한 선택입니다. 솔직하게 이야기하세요

이혼은 분명 아이들에게 상처를 줍니다. 하지만 아이들이 성장하며 받는 상처는 한두 가지가 아닙니다. 무척 다양하죠. 불의의 사고와 재난, 질병과 이별은 물론이고 자신이 갖지 못한 것과 이루지 못한 많은 것들로 인해 아이들은 상처를 입습니다. 부모의 이혼으로 인한 상처는 그중 하나에 불과하죠. 상처는 인간에게 고통을 주지만 상처를 극복하면서 인간은 성숙해집니다. 우리가 갖는 개성이란 삶의 과정에서 받은 다양한 상처를 스스로 견디고 이겨내면서 만들어낸 모습이죠. 상처 없이 아이를 키우고 싶은 것이 부모의 마음이지만 상처 없이 자란다는 것은 가능하지도 않고 바람직하지도 않습니다.

저는 아이에게 닥친 위기와 상처가 문제라고 생각하지 않습니다. 위기의 순간에, 상처로 고통 받는 순간에 누군가 아이 곁에 머무르며 함께하지 못할 때 문제가 생긴다고 생각합니다. 이혼을 하지 않으면 더 좋겠지만, <u>이혼을 한다고 해서 아이에게 씻을 수 없는 상처를 남기는 것은 아닙니다. 부모의 이혼으로 받게 될 크고 작은 상처의 순간에 부모가 곁에 있어줄 수 있다면, 아이의 이야기를 듣고 아이와 함께 시간을 보낼 수 있다면</u> 아이는 상처를 삶의 일부로, 성숙의 계기로 만들어갈 것입니다.

이혼 가정에 관한 다양한 연구를 봐도, 이혼 가정의 아이가 이혼이라는 사건만으로 특별한 어려움을 겪지는 않습니다. 이혼 후 부모의 삶이 더 바빠지면서 부모와 함께할 시간이 적어지는 것, 부모 자신이 겪는 심리적인 문제, 사회경제적인 어려움이 아이들 삶에 부정적인 영향을 끼치는 것이죠. 반면 이혼의 긍정적인 면도 있습니다. 이혼에 이르게 된 부부 관계는 대부분 심한 갈등과 다툼을 동반합니다. 이 과정에서 아이들의 불안감은 극도로 높아지고 심리적인 성숙은 방해를 받습니다. 이혼으로 결론이 나면 부부의 싸움은 자연스럽게 종결되고 이는 아이들의 정서 발달에 긍정적인 영향을 미칩니다. 연구를 보면 이혼을 하지 않고 계속 심각한 다툼이 지속되는 가정의 아이들보다 이혼한 가정의 아이들이 정서 상태가 양호합니다.

*　*　*

<u>이혼한 부모를 둔 아이들이 갖는 심리적인 문제 중 가장 흔한 것은 잘못된 책임감과 버림받았다는 감정입니다.</u> 아이들은 부모의 이혼을 자기 때문이라고 생각하곤 합니다. 부모가 실수로 지나가듯 던진 이야기, 예를 들어 "네가 자꾸 그러니까 아빠랑 엄마가 맨날 싸우게 되지"와 같은 말들이 아이의 잘못된 인식을 만드는 경우도 있습니다. 하지만 그런 말을 부모가 하지 않아도 아이들은 아무 근거도 없이 부모의 이혼을 자기 때문이라고 생각합니다.

아이들의 이런 잘못된 죄책감은 아이들 특유의 자기중심적 사고에 기반하고 있습니다. 자기 주변에서 벌어지는 모든 문제는 자기에게서 비롯된다고 생각하는 것이죠. 어른들이 보기에는 황당한 생각이지만 아이들은 진심으로 이렇게 믿습니다. 그 결과, 죄책감과 불안에 시달리죠. 부모가 여러 번 분명하게 아니라고 확인해주지 않으면 어른이 될 때까지 지속적으로 죄책감에 시달리는 경우도 많습니다.

버림받았다는 감정도 이혼 가정의 아이들이 흔히 갖는 감정입니다. 특히 이혼 후 한쪽 또는 양쪽 부모와 지속적으로 만나지 못할 경우 버림받았다는 느낌은 강해집니다. 우리나라의 경우, 최근에는 상황이 나아지고 있지만 이혼 후 아이를 키우지 않는 부모가 연락하지 않는 것을 당연하게 여기는 문화가 있습니다. 그러다 보니 버림받았다는 감정에 오랫동안 힘들어하는 아이들이 많습니다.

아이들은 자기를 사랑하던 부모가 어느 날 갑자기 떠나 자기에게 더 이상 연락하지 않는 것을 받아들이기 어렵습니다. 어른들은 이유를 알지만 아이에게는 제대로 알려주지 않죠. 그래서 아이는 혼자서 상황을 설명하는 이야기를 자기 멋대로 지어냅니다. 그리고 그 이야기의 대부분은 부모가 자신을 버렸다는 내용으로 이뤄져 있습니다. 자기에게 부족한 점이 있어서, 자기가 나쁜 아이여서 부모가 자기를 버렸다고 생각하죠. 결국 아이는 평생을 자신에 대한 열등감을 갖고 살아가게 됩니다.

이혼을 해도 부모는 부모입니다. 부모는 아이와 지속적으로 연락하고 만나야 합니다. 아이가 버림받았다는 생각을 갖지 않게 하고, 부모는 "예전과 다름없이 너를 사랑한다"고 말해줘야 합니다. 그래야 아이가 불필요한 열등감이나 죄책감에 시달리지 않고 자랄 수 있습니다. "엄마 아빠는 서로 사이가 나빠 헤어졌지만 그것은 엄마 아빠 둘만의 문제일 뿐, 너와 나 사이, 부모와 자녀의 사이는 변하지 않는다"고 말해줘야 합니다.

물론 아이는 조릅니다. 남들처럼 같이 살면 안 되겠냐고. 어떤 아이는 자기가 더 잘할 테니 부모가 같이 살라고 조르기도 해서 부모의 마음을 아프게 합니다. 그런 상황이 견디기 어려워 아이를 보지 않으려는 부모도 있습니다. 자신을 만나면 아이가 더 힘들어하니 아이를 안 보는 것이 낫지 않겠냐고 말하기도 하죠. 하지만 아이에게 슬픔을 주었다면, 그 슬픔의 시간을 함께하는 것이 부모로서의 도리입니다.

    웃고 즐길 때 같이하는 것은 쉽습니다. 슬프고 괴로운 순간을 같이하기가 어렵죠. 아이가 슬프다면 그 슬픔의 시간을 같이해야 합니다. 아이는 어쩔 수 없다는 것을 흐르는 시간 속에서 받아들이게 될 것입니다. 아이는 빨리 극복하지 못합니다. 그렇게 간단한 일이 아니니까요. 하지만 시간을 두고 제대로 극복한다면 어떤 해로운 상처도 아이에게 남지 않습니다. 죄책감과 열등감에 시달리지 않고 세상을 살아갈 수 있습니다.

* * *

    우리 사회의 경우 아직도 부모가 이혼했다는 말을 하는 것이 쉽지 않습니다. 주변의 시선을 의식해야 하니까요. 사회적으로 이혼이 급증해 거의 세 가정 당 한 가정이 이혼을 경험하지만 주변을 둘러보면 그런 가정이 눈에 띄지 않습니다. 어지간하면 숨기기 때문이죠. 아이 입장에서 보면 부모가 숨긴다는 것은 곧 부끄러운 일입니다. 자신은 부끄러운 무언가를 가진 존재가 되는 셈이죠.

    <u>저는 부모부터 이혼에 당당해지기를 권하고 싶습니다. 사람은 누구나 실수할 수 있습니다. 살다 보니 서로 안 맞아 헤어지는 것은 실수도 아닙니다. 우리는 그렇게 완벽한 존재가 아니니까요. 늘 싸우면서도 제대로 헤어지지 못하고 서로에게, 또 아이들에게까지 심한 상처를 주는 것이 부끄러운 일이지 현명하게 이혼 과정을 밟았다면 부끄러운 일</u>

은 아니라고 생각합니다. 아이들에게도 이에 대해 말해야 합니다. 담담하게 엄마와 아빠는 여러 노력을 했지만 서로가 맞지 않아 따로 살기로 했다고, 그래야 서로 상처를 더 이상 주지 않을 수 있을 것 같아 결정했다고 말해줘야 합니다. 대신 엄마 아빠 모두 너를 책임지고, 이혼 후에도 지속적으로 만날 것이라고 약속하면 됩니다.

이번 사연의 경우에도 아이가 너무 어려 제대로 정보를 알려주지 않았나 봅니다. 그저 아빠가 사정이 있어 집에 못 오는 것이라고 이야기하셨겠죠. 이는 바람직하지 않습니다. 이혼에 대해 처음부터 아이들에게 터놓고 얘기하는 편이 낫습니다. 이에 대해서는 다양한 연구가 있어 왔습니다. 그 연구 결과들은 아이가 어려도 이야기해주는 게 좋다고 일관되게 이야기합니다. 가끔 홧김에 이혼은 했지만 곧 다시 재혼하는 부부도 있는데, 그 경우라면 상황이 다르겠죠. 부부가 서로 관계에 대한 기대를 완전히 끊고 각자의 미래를 만들기로 결심했다면 그때는 아이에게 말해야 합니다.

많은 이혼 부모가 자녀에게 아빠 혹은 엄마의 부재를 거짓말로 둘러댑니다. 외국에 갔다, 출장을 갔다는 식으로 이야기하죠. 아이들은 직관적으로 어른들이 뭔가를 감추려 한다는 것을 느낍니다. 가족 내에 감추고 숨기는 묘한 분위기가 공기처럼 머뭅니다. 아이들은 이 분위기에 답답함을 느껴 엉뚱한 행동을 저지르기도 하고, 정서적으로 위축되어 자연스럽고 아이다운 행동을 못 하기도 합니다.

아이들이 부모의 말을 사실로 믿는 경우라고 하더라도 견디기 어려운 것은 마찬가지입니다. 아무리 돈을 벌려고 외국에 갔다 해도 이렇게 자신을 보러 오지 않을 수 있을까 생각하죠. 혹시 자기가 보고 싶지 않은 게 아닐까 생각이 들어 상처를 입습니다. 앞서 말했듯이 아이들은 이혼 그 자체가 아니라 자신이 버려졌다는 사실에 더 크게 상처받습니다.

    만 4세, 우리 나이로 5,6세까지는 부모가 이혼한 경우 일시적으로 퇴행을 보일 수 있습니다. 더 어린아이처럼 행동하는 것이죠. 그런데 그런 퇴행도 지나가는 한 과정입니다. 아이가 이런 모습을 보인다고 죄책감을 갖거나 힘들어하지 마세요. 그저 아이와 좀 더 즐거운 시간을 많이 갖고, 아이와의 약속을 확실히 지키려고 노력하면 됩니다.

    아이가 퇴행 행동을 보이면 부모들은 당황하고 죄책감을 느끼기 쉽습니다. 그리고 죄책감 때문에 자신이 힘들어하느라 이 중요한 시기에 아이와의 시간을 즐기지 못합니다. 결국 상황을 더 악화시키죠. 부모가 중심을 잘 잡아야 합니다. 이미 벌어진 일은 돌이켜 생각하지 마십시오. 수습에 집중해야 피해를 최소화할 수 있습니다.

    아이가 만 5세 이상이라면 정확한 정보를 제공하고 부모가 아이와의 약속을 잘 지키며 차분히 새로운 상황에 적응할 경우 별다른 문제가 생기지 않습니다. 물론 아이는 부모의 이혼을 알게 되면 당황하고 혼란스러워할 겁니다. 시간이 지나면 많이 슬퍼하겠죠. 이때 부모는 아이가 느끼는 감정이 당연한 것이라고 인정해줘야 합니다. 그 후 "네가 슬프고 괴롭고 많이 힘들 수 있어. 엄마 아빠가 다시 같이 살기를 바라는 마음도 잘 알아. 하지만 엄마 아빠는 따로 떨어져서 살 수밖에 없게 됐어. 그래도 아빠 엄마가 너의 부모라는 사실엔 변함이 없고, 너를 언제나 지켜줄 거야"라고 말해주세요. 아이가 이 말을 당장은 받아들이지 못하더라도 반복해서 확인시켜주는 것이 굉장히 중요합니다.

또한 엄마 아빠의 이혼에 대해 궁금한 게 생기면 언제든 물어보라고 이야기해주세요. 아이들은 혼자서 온갖 상상을 하고 자기 나름의 이야기를 만듭니다. 그러고는 그 이야기를 기정사실로 믿어버리죠. 이 과정에서 자기가 잘못해서 부모가 이혼했다는 죄책감을 갖게 되면 곤란합니다. 부모가 아무리 안심을 시켜도 아이는 상당 기간 버림받는 두려움에 시달립니다. 그래서 불안 증상을 보이죠. 부모가 서로를 버리듯 자기도 버릴 것이라는 현실적인 염려 때문입니다. 사랑해서 같이 살았는데 결국 헤어졌다면, 나를 사랑한다고 해도 역시 헤어질 수 있지 않을까 생각하죠. 이 염려를 빨리 없앨 방법은 없습니다. 하지만 아이와 함께하는 시간이 쌓일수록 걱정은 자연스럽게 사라집니다. 시간이야말로 불안을 이기는 가장 강력한 치료약이니까요.

*＊＊

마지막으로 이혼한 부모들에게 우리보다 먼저 이혼이 보편화된 서양의 연구에 대해 다시 한 번 말씀드리고 싶습니다. 이혼이 아이들의 미래에 꼭 부정적인 영향을 미치는 것은 아닙니다. 버락 오바마 미국 대통령도 이혼 가정 출신이죠. 이혼 가정의 자녀가 정서적으로 혼란을 일으키는 것은 부모의 이혼을 인식하고 난 뒤 2,3년 정도입니다. 그 기간이 지나면 제자리를 찾는 경우가 많습니다. 학업 성적이나 자존감이 떨어지지만 이 역시 4~6년이면 원상회복됩니다. 장기적으로는 거의 차이가 없습니다.

이혼은 이제 현실이 되었습니다. 아이는 처음에는 힘들어하겠죠.

하지만 부모가 심리적으로 안정되어 있고, 자신을 예전과 다름없이 사랑하고 아껴준다는 것을 느낀다면 아이들은 차츰 안정을 찾게 됩니다. 아이의 불안은 대부분 부모의 불안에서 옵니다. 이미 이혼이 이뤄졌다면 이제는 더 이상 죄책감을 갖지 마세요. 지금 이 순간, 아이와 행복을 만들어가며 최선을 다하는 것이 아이를 위한 가장 좋은 길입니다.

Plus Q. 저는 원치 않지만, 이혼 후에 아빠를 만나게 하는 것이 좋을까요?

…

아이가 아빠를 만나지 않았으면 하는 어머님의 마음에는 분명 이유가 있겠죠. 아이에게 부정적인 영향을 주리라 생각해서일 것입니다. 아빠가 아이를 신체적, 정서적으로 학대해왔거나 아이에 대한 사랑이 거의 없다면 그렇게 해도 괜찮습니다. 그러나 누구나 동의할 만한 명백한 이유 없이 단지 엄마의 감정이나 걱정 때문에 아이가 아빠를 만나지 못하게 한다면 그것은 아이에게 해로운 일입니다.

엄마가 보기에는 부족한 사람이더라도 아이에게는 아빠입니다. 아이는 아빠에 대해 부모 한쪽의 편견을 통해 바라보기보다 자기 스스로 경험하고 판단할 권리가 있습니다. 그러니 가급적이면 아이에게 전 배우자에 대해 부정적으로 말하지 마세요. 아이 입장에서 보면 한쪽 부모의 부정적인 언급이 '너는 절반은 나쁜 피를 갖고 있다'고 말하는 것처럼 들릴 뿐입니다. 자기를 결함을 가진 존재로 생각하게 되죠. 그렇다고 전 배우자에 대해 억지로 지어내서 긍정적으로 말할 필요는 없습니다. 좋은 말이 생각나지 않으면 아예 말하지 않는 편이 낫습니다.

아빠에게 여러 가지 문제가 있더라도 아이들은 아빠를 만나는 것이 좋습니다. 자기 존재에 대한 안정감을 얻을 수 있을 뿐 아니라 그 시간을 통해 아빠의 한계도 알게 되고 마침내 엄마를 이해할 수 있게 됩니다. 아이들의 판단력을 믿어야 합니다. 안 좋은 것을 배우면 어떨까 걱정하지만 아이들은 다양한 문화를 경험하며 올바른 것을 선택할 능력이 있습니다. 아빠가 아니라도 안 좋은 문화는 얼마든지 접하게 되고, 안 좋은 행동도 얼마든지 보게 됩니다. 기껏해야 아빠를 통해 조금 빨리 경험하게 될 뿐이죠. 물론 아빠가 정서적, 신체적 학대에 해당하는 행동을 한다면 상황은 달라집니다. 적극적으로 만나지 못하게 해야겠죠.

아이를 키우는 엄마는 아이가 아빠를 만나게 하고 싶은데 아빠가 피하는 경우도 있습니다. 이럴 때는 엄마가 나서서 상대의 정확한 의중을 알아봐야 합니다. 감정을 배제한 채 아빠를 만나 "당신에게 별 감정 없고 양육 문제로 부담을 줄 생각도 없다. 다만 아이가 원해서 만나게 하고 싶은데 협조할 생각이 있는지" 물어보세요. 아이를 규칙적으로 만나 아빠로서의 사랑을 주면 좋겠지만 만약 그럴 의향이 없다면 아이에게 감정을 정리하라고 말하겠다고 하세요.

그렇게 해서 상대의 결정에 따랐다면 엄마의 할 일은 다한 것입니다. 아이를 만나는 것을 아빠가 거부하면 담담한 태도로, 있는 그대로, 그 이야기를 아이에게 하면 됩니다. 그러고는 아이를 꼭 안아주세요.

아이와 새엄마의 갈등이 심합니다

6년 전 이혼한 후 지금의 아내와 재혼했습니다. 전처와의 사이에 낳은 남매를 4년 전부터 데려와 키우고 있지요. 저는 직장 일이 바빠서 아이들의 교육을 아내가 전적으로 맡고 있습니다. 아내는 맞벌이를 하면서도 아이들을 성의 있게 돌보지만 혹시라도 엇나갈까 봐 그러는지 상당히 엄하게 교육하는 편입니다. 아이들을 회초리로 훈육하기도 했는데 처음에는 갈등도 많았지만 시간이 흐르며 그럭저럭 안정되는 것 같았어요.

그런데 최근 아들이 학교나 학원에서 반항이 심하고 돌출 행동을 많이 한다는 사실을 알게 됐습니다. 선생님 말씀에 토를 달고 학원을 수시로 빼먹으면서 친구 집에서 게임을 한다고 합니다. 이 때문에 저도 몇 번 아이를 나무랐는데 아이는 제 앞에서는 잘못했다고 고개를 푹 숙여요. 반면 아내가 야단치면 적개심을 드러내고 들은 체 만 체랍니다. 이 일을 어찌해야 할지 정말 걱정이 태산입니다.

재혼으로 이룬 가정은 다른 규칙이 필요합니다

우선 아버님이 지금 벌어진 문제의 원인을 재혼 가정이라는 틀에서 찾지 않았으면 합니다. 아이가 사춘기여서 자기 일을 소홀히 한 채 엄마에게 반항하며 대드는 일은 재혼 가정이 아니어도 흔히 벌어지는 일입니다 아빠는 아이들의 양육에 신경 쓰지 않고 엄마는 무리한 방법으로 아이를 양육하다 보면 쉽게 일어나는 상황이죠.

아이들이 일상에서 주로 접하는 사람은 엄마입니다. 아빠는 실제로 만나는 시간이 얼마 되지 않죠. 이것은 엄마들에게 무척 힘든 일입니다. 아빠가 혼내는 건 정말이지 '어쩌다 한 번'이니까요. 여기에다 엄마들은 '아빠의 권위'를 지켜주기 위해 아빠는 가족을 위해 일하느라 고생한다고 말하는 경우가 많습니다. 그러니 아이들은 아빠에게 혼이 나면 힘들게 일하는 아빠에게 걱정을 끼쳤다는 생각에 미안한 마음을 갖게 됩니다. (물론 아빠의 권위가 바닥인 집도 적지 않습니다. 다양한 이유로요.)

반면 엄마는 일상을 같이하기 때문에 부딪히는 횟수가 훨씬 많고 당연히 혼나는 일도 잦습니다. 그렇기 때문에 똑같은 사안에 두고 엄마가 혼을 내면 아이들은 대개 짜증스럽게 받아들입니다. 엄마로선 내가 아이를 더 많이 생각하고 노력도 더 많이 하는데 왜 아이는 엄마를 우습게 여길까 속상하죠. 아빠 말은 존중하면서 엄마 말은 우습게 여긴다는 생각에 굉장히 섭섭합니다. 재혼 가정 여부와 관계없이 보통의 가정에서도 흔히 벌어지는 상황입니다.

이런 상황에서 <u>아버님은 혹시 재혼 가정이라 이런 상황이 벌어진 게 아닐까 생각하기보다 그간 아버지로서 양육에 거의 참여하지 않은</u>

것에 대해 먼저 책임감을 가져야 합니다. 재혼 가정이라는 사실에 책임을 돌리면 자칫 아이들의 새어머니에게 책임을 지울 수 있습니다. 지금까지 남의 아이를 돌보려고 무던히 애를 쓴 어머니가 책임을 뒤집어쓰고, 남에게 아이를 맡기고 바쁘다는 이유로 들여다보지 않은 아버지는 책임을 면하는 것이죠. 그렇게 되면 해결책은 점점 더 멀어지고 문제는 미궁으로 빠져듭니다. 아버지가 현재의 상황에 책임을 지고 나서서 문제를 해결해야 합니다. 그래야 내 핏줄인 아들을 다시 바로 세울 수 있고 어렵게 만든 가정을 지킬 수 있습니다.

※ ※ ※

재혼 가정의 경우 처음부터 평화로운 가정을 꾸리겠다는 생각은 욕심입니다. 새엄마가 잘하면, 또는 새아빠가 잘하면 되리라는 생각도 환상입니다. 새엄마, 새아빠가 아무리 잘해도 아이는 마음을 충분히 열지 않을 수 있습니다. 아이가 친부모와 과거에 맺었던 관계, 친부모와 헤어지게 된 이유, 친부모와 현재 맺고 있는 관계, 아이의 기질, 새엄마나 새아빠의 특성에 따라 아이는 상당히 다른 반응을 보입니다.

그 반응은 예측하기도 어렵습니다. 아이가 새엄마에게 순종하며 잘 따르는 듯 보여도 내면에는 두려움이 가득 차 있을 수 있습니다. 반대로 겉으로는 반항하는 듯 보이지만 실은 자신을 충분히 사랑해줄 수 있는지를 시험하고 있을지도 모릅니다.

적잖은 부모들이 아이와 새엄마, 또는 아이와 새아빠를 한두 번 만나게 한 후 아이가 별 말 없으면 함께 살아도 괜찮으려니 생각합니다. 그러나 한두 번 만나는 것과 같이 사는 것은 전혀 다른 이야기입니다. 재혼 과정에서 부모는 아이들의 걱정을 충분히 귀담아들어야 합니다. 무엇보다 아빠 혹은 엄마에게 새로운 배우자가 생긴다고 해서 아이와 자신과의 관계는 변하지는 않을 것임을 분명히 해야겠죠.

만약 아이가 반대하는 경우 재혼은 유보하는 편이 낫습니다. 아이 또한 가족의 주체이기에 반대를 무릅쓰고 강행할 경우 장차 심각한 문제를 가져올 수 있습니다. 아이는 부모의 새로운 배우자를 가족으로 받아들이지 않을 것이고, 그러면 새로운 부모가 궁지에 몰릴 수 있습니다. 아이의 의견을 충분히 듣고 시간을 두고 설득해야 합니다.

아이가 재혼에 동의했다 하더라도 새엄마나 새아빠와 아이들 사이에는 복잡 미묘한 감정이 존재합니다. 그래서 훈육이라는 부담을 지우는 것은 곤란합니다. 아이들의 훈육은 친아빠나 친엄마가 맡고, 새엄마나 새아빠와는 친근하게 어울리며 즐거운 감정을 가질 수 있는 활동만 함께하는 편이 좋습니다. 그래야 애착도 생기고 장기적으로 아이와 가족으로서 함께 정을 나누며 살아갈 수 있습니다.

처음에는 부모와 자녀 관계라는 부담도 갖지 마십시오. 그보다는 믿을 만한 어른과 아이의 관계로 시작하는 편이 좋습니다. 서로 감당할 수 있는 관계로 시작해야 부담이 없습니다. 그 지점에서 출발해 조금씩 튼튼한 관계를 맺도록 도와야 합니다. 호칭도 강요할 필요 없습니다. 스스로 편안해질 때부터 사용하게 하는 것이 좋습니다.

하지만 아이가 어른을 무시하고 함부로 대하면 그런 행동은 제지해야 합니다. 같이 살지 않으면 모를까 같이 살기로 한 이상 부모의 새 배우자에 대해서는 예의를 지켜야 합니다. 부모라서가 아니라 그것이 인간에 대한 예의임을 강조하세요. 아이들은 자신이 받는 이익은 당연시여기며 불리한 것은 받아들이지 않으려고 합니다. 그때는 분명하게 지적해줘야 합니다. 예를 들어 새엄마가 챙겨주는 밥은 먹으면서, 식사 예절을 말하면 귓등으로 들어 넘기는 것은 옳지 않습니다.

물론 아이들은 많은 불만을 가질 수 있습니다. 재혼으로 인한 생활의 변화는 아이들의 삶에 자잘한 불편함을 많이 초래합니다. 오랫동안 듣지 않았던 잔소리를 다시 듣는 것은 부담스럽겠죠. 어떤 아이들은 솔직하게 이야기합니다. 아빠의 재혼으로 얻는 것보다 잃는 것이 자신에게는 더 많다고. 아이가 그런 말을 한다면 적극적으로 들어야 합니다. 부정적인 감정일수록 고이지 않게 해야 합니다. 이야기할 기회를 주고 함께 해소책을 찾아보세요. 무례하고 거친 행동은 용납하지 않지만 아이의 불편한 감정은 충분히 들어줘야 합니다.

마지막으로, 잘하려는 욕심을 내려놓으라고 새어머니와 새아버지에게 권하고 싶습니다. 잘하려는 마음 때문에, 좋은 부모 역할을 해보려다 아이에게 지나치게 심하게 대하는 경우를 많이 봅니다. 아이가 반항을 해도 놀랄 필요 없습니다. 겁먹을 필요도 없습니다. 아이들은 그럴 때가 있습니다. 그럴 때는 감정적으로 대응하지 말고 시간을 자기편으로 삼아보세요. 좀 더 생각해보자고 웃으면서 넘기면 됩니다.

'나를 무시하는 건 아닐까', '새엄마라서 얕잡아보는 건 아닐까' 하고 절대 생각하지 마세요. 그런 생각이 자신을 초라하게 만듭니다. 나만은 적어도 나의 편이 되어야 합니다. '내가 잘하면 아이는 언젠가 다가온다. 내게 안 다가오면 안타까운 일이지만 결국 저 아이들에게 손해다'라는 마음을 갖고 여유 있게 아이를 바라보시기 바랍니다.

또 하나의 가족, 반려동물

강아지가 죽은 뒤로 아이가 너무 슬퍼해요

6세 딸이 키우던 개가 얼마 전 시름시름 앓다가 병으로 죽고 말았습니다. 딸이 무척 사랑하던 개였는데 충격이 몹시 컸어요. 평소에 신 나게 노래 부르고 춤추는 걸 좋아했던 딸이, 사고 이후 매일 강아지 인형만 끌어안고 있어요. 또 TV를 보거나 책을 읽다가 강아지라도 나오면 바로 대성통곡을 합니다. 다른 강아지를 사주겠다고 해도 강하게 거부하고 또 죽으면 어떻게 하냐면서 눈물만 흘립니다. 아이가 슬픔을 떨쳐내기까지 마냥 기다려야 하는 건지, 이대로 놔뒀다가 아이 성격에 문제가 생기진 않을지 걱정돼요.

슬픈 감정을 충분히 인정해주세요

걱정하지 않으셔도 됩니다. 사랑했던 대상과의 이별을 깊이 슬퍼할 수 있다는 것은 이 아이가 가진 큰 장점입니다. 마음이 건강하고 감수성이 풍부하며 사랑이 많다는 증거지요. <u>아이가 슬퍼하면 어떻게든 빨리 진정시키려고 전전긍긍하는 부모들이 많은데 그럴 필요 없습니다. 감정을 깊이 느낄 수 있다는 것은 좋은 일이고, 정서적으로 더 풍부해지는 데 꼭 필요한 일입니다.</u> 팔의 근육이 바짝 긴장할 정도의 무거운 물건을 들어야 근육의 힘이 더 커지듯, 슬픔도 기쁨도 깊이 느끼는 경험을 해야 감정의 울림통이 더 커질 수 있습니다.

가끔은 슬퍼하는 아이를 지켜보는 게 힘들어서 아이의 감정을 빨리 해결해주려는 부모도 보게 됩니다. 아이가 울거나 속상해하면 부모의 마음도 아파와 견디기 어려워지는 거죠. 그래서 "슬프긴 뭐가 슬퍼. 이런 건 아무것도 아니야"라는 식으로 아이의 감정을 부정하면서 무마하려고 하죠. 또는 "별것도 아닌 일로 왜 이렇게 호들갑이야" 하며 윽박지르기도 합니다. 아이의 감정을 감당하기에 부모의 그릇이 작을 때 벌어지는 현상이죠. 이런 부모의 경우 아이와 함께 부모도 더 많이 자라야 합니다.

이런 부모들도 말로는 우리 아이가 감성이 풍부했으면 좋겠다고 말합니다. 그러면서도 막상 아이가 희로애락의 감정을 느끼려 하면 그 기회를 잘라버리는 모순된 행동을 하는 것이죠. 아이가 감정을 있는 그대로 충분히 경험하고 느끼고 거쳐 갈 수 있도록 기다려주세요. 다양한 감정을 겪고 마음으로 꼭꼭 씹어 소화시켜야 감정의 결이 풍부해집니다. 슬플 땐 슬퍼하고, 화가 나면 화를 표현할 수 있도록 격려해줘야 합니다. 만일 감정을 제대로 소화하지 못해 아이의 내면에 억압된 채로 남을 경우, 그 감정은 콤플렉스로 자리 잡을 수 있습니다.

보통 같이 살던 반려동물이 세상을 떠나면 부모들은 두 가지 잘못된 반응을 보이곤 합니다.

첫째, 아이의 감정을 무시합니다. 강아지 한 마리 죽은 것 가지고 뭘 그리 슬퍼하냐는 반응이지요. 그러면 아이는 자기 마음을 무시당한 기분이 들고 부모에게 반감이 생깁니다.

둘째, 다른 강아지를 사다줍니다. 이 역시 아이의 슬픈 감정을 인정해주지 않는 행동일 뿐 아니라 아무리 소중한 존재라도 언제든 '대체'할 수 있다는 엄마의 사고를 보여주는 태도죠. 소중한 존재는 쉽게 마음에서 잊을 수 없고, 헤어짐이란 슬픈 과정이라는 걸 깨달아야 하는데, 이 과정을 제대로 거치지 못할 경우 '가벼운 인간'으로 성장하기 쉽습니다.

그러면 어떻게 해야 할까요? 죽은 강아지가 그리운 마음, 슬픈 감정이 당연하고 자연스러운 것이라고 말해줘야 합니다. "얼마나 슬프겠니. 엄마도 슬프고, 누구나 당연히 슬픈 거란다. 슬픈 시간이 오래가고 앞으로도 자꾸 생각날 수 있어. 그런데 너무 슬프거나 괴롭거나 힘들면 언제든 엄마한테 오렴. 엄마가 꼭 안아주고 도와줄게. 엄마가 옆에 있어줄 거야."

만일 아이가 정상적인 생활을 못할 정도로 슬퍼하는 모습이 한 달 이상 지속된다면 그때는 우울증을 의심해봐야 합니다. 하지만 가끔씩 강아지를 떠올리고 속상해하고 슬퍼하는 정도의 모습은 6개월 이상 지속되는 경우가 많습니다.

반려동물이 죽으면 아이들은 죽음을 새삼스럽게 인식하게 됩니다. 철학적인 각성이라기보다는 '나도 죽을지 모르고 엄마 아빠도 죽을지 모른다'는 두려움을 가질 수 있습니다. 이런 계기로 아이가 죽음을 두려워하는 모습을 보인다면 "사람은 늙으면 누구나 죽지만 아직 먼 얘기고, 우리는 오래오래 같이 살아갈 거야" 정도의 말로 안심시켜 주세요. <u>부모가 먼저 당황하고 불안해하면 아이는 더 불안해집니다. 담담한 태도로 아이를 대하며 아이가 자기감정을 적극적으로 언어로 표현하도록 도와주세요. 슬픔은 표현해야 소화할 수 있습니다. 살아가면서 상처는 불가피합니다. 하지만 어떤 상처라도 부모가 지혜롭게 대처하면 흉터 없는 '아름다운 상처'로 남을 수 있음을 잊지 마세요.</u>

PART 08

이러다 엇나가는 것 아닐까요?

...
'어떻게 아이를 바꿀까?'
하는 마음으로 말하지 마세요.
'내가 뭘 도울 수 있을까?'
하는 마음으로 말해보세요.
남이 자신을 마음대로 바꾸려 들면
사람은 누구나 부담을 느낍니다.
아이 문제를 해결할 주인은 아이.
아이를 믿으세요. 기다리며 도와만 주세요.
아이가 분명 해낼 것입니다.

반항이 심해지는 아이, 사춘기일까요?

> **Q** 10세 딸이 짜증 섞인 말투, 공격적인 행동을 자주 보여요. 배가 아프다는 말도 종종 하고요. 요즘 기말고사 기간인데 공부하라고 하자 불같이 화를 내는데 너무 당황스럽더군요. 가만히 있을 수 없어 저도 맞서 소리를 지르니, 지켜보고 있던 아빠가 드디어 폭발해서 학습지며 학원을 모조리 끊어버리라고 하더군요. 저 역시 그동안 거짓 협박과 회유로 공부시키느라 힘들었던 생각이 나서 정말 다 끊고 말았습니다. 어떻게 해야 할까요? 딸과의 기 싸움은 그만해야겠죠?

아이와의 새로운 관계를 시작해야 할 때입니다

예전에는 부모의 지시를 잘 따르던 아이가 말을 안 듣고 자기주장이 강해지면 부모는 당황합니다. 밀리면 안 된다는 생각에 강하게 맞서는데 한두 번은 먹히지만 아이도 강하게 받아치면 일이 커지고 말죠. 물론 그 자리에서 아이를 누를 수는 있습니다. 하지만 억지로 아이를 눌렀다는 생각에 한없이 창피하고, 아이에게도 실망스럽고, 앞날을 생각하면 두려워집니다. '이제 시작이 아닐까? 이대로 점점 심해지면 그땐 어떻게 해야 할까?'

부모들은 이런 상황에 놓이면 '사춘기'란 말을 떠올립니다. 사춘기에는 아이가 거칠어지고 자기주장도 강해진다는 말을 들었으니까요. 그래서 초등학교 1학년인데 이른 사춘기가 왔다고 하고, 3학년이면 당연한 듯 사춘기가 시작되었다고 푸념을 하죠. 하지만 사춘기는 그렇게 빨리 오지 않습니다. 사춘기는 성호르몬의 분비가 급격히 늘어나고 성적인 관심이 많아지는 시기로 초등학교 5학년 무렵이 되어야 시작됩니다. 게다가 조사에 따르면 '질풍노도의 시기'로 사춘기를 강렬하게 보내는 아이는 전체 아이들 중 20%에 불과합니다. 나머지는 조금 짜증이 늘고 프라이버시에 예민해지는 정도로 약하게 넘어가죠.

사춘기를 심하게 겪는 아이들을 보면 사춘기 이전에 부모와의 관계에 문제가 있었던 경우가 많습니다. 물론 부모는 그 전까지는 문제가 있다고 느끼지 못할 수 있습니다. 아이가 부모를 무서워하거나 어려워해 화가 나도 참고 자기 할 말을 누르며 지냈을 수 있으니까요. 그러다 체구가 커지고 성호르몬 분비가 늘어나면서 드디어 반란을 시작한 것입니다. 자기 몸이 커지면 부모가 만만하게 느껴지고, 성호르몬은 공격성을 높이니까요.

안타깝게도 많은 부모들은 이쯤 돼서야 문제의 심각성을 인식합니다. '착했던 내 아이'가 갑자기 달라졌다고 생각하죠. 하지만 아이들에게 물어보면 아주 오래전부터 부모에게 불만이 있었는데, 이제야 자기 목소리를 내게 되었다고 말합니다. 이처럼 **아이를 늘 보고 있으면서도 아이 마음은 보지 못하는 부모가 참 많습니다.**

＊＊＊

꼭 사춘기가 아니어도 부모의 요구를 더 이상 받아들이기 어려운 경우 아이들은 심한 반항을 합니다. 그전까지는 견뎌왔지만 더는 버틸 수 없다고 생각한 것이죠. 부모에게는 갑작스러운 반항이지만 아이에게는 오래전부터 누적되어온 불만이 터진 것입니다. 예를 들어 어릴 때는 부모가 시키면 시키는 대로 공부를 하던 아이가 어느 순간부터 공부를 멀리하고 부모의 요구를 더 이상 따르지 않을 수 있습니다. 자세히 보면 어릴 때의 공부는 그다지 어렵지 않아 부모가 시키는 대로 해낼 수 있었는데 학년이 올라가면서 내용이 어려워지자 지시를 따를 수 없게 된 것이죠.

이렇게 말하면 어떤 부모는 그렇지 않다고, 막상 하면 잘할 수 있는데 싫어서 안 하는 것이라고 반박합니다. 그런데 자세히 살펴보면 그렇지 않습니다. 어릴 때 하는 공부는 쉬워서 두뇌의 역량 중 아주 작은 부분만 사용해도 가능했습니다. 학년이 올라가면 집중도를 충분히 높여야 과제 수행이 가능한 경우가 많아집니다. 물론 이때도 집중하면 잘해낼 수 있죠. 하지만 동기 부여도 안 된 상태에서 고도의 집중력을 장시간 유지하는 것은 힘든 일입니다. 결국 아이는 공부하기 싫어하고 반항하게 되죠.

물론 그 외의 원인도 생각해야 합니다. 우선 아이의 심리적인 상태가 좋지 않아 작은 일에도 예민하게 대응할 수 있습니다. 교우 관계에 문제가 생기거나 다른 걱정거리가 있어 마음이 편하지 않은 경우 아이들은 예민해지죠. 드물지만 아이들도 우울증이 올 수 있습니다. 우울증이 생기면 특별히 크게 신경 쓰이는 일이 없어도 심리적으로 취약해집니다.

다음으로 이전에는 부모의 요구가 심하지 않았는데 갑자기 요구가 늘어난 경우입니다. 아이는 늘어난 요구를 감당하기 힘들어 반항을 시작합니다. 어릴 때는 마음껏 놀리며 내내 자유롭게 풀어주다가 이제 더 이상은 놀릴 수 없다는 불안감에 공부를 몰아쳐서 시키는 부모들이 있습니다. 아이는 버거워하며 따르다가 더 이상 따르기 어려우면 짜증을 부리기 시작하죠. 특히 이 경우에는 부모가 갖는 불안이 아이에게 전염되기 때문에 아이는 심리적으로도 불안정해집니다.

* * *

이 사연의 경우, 아이가 반항하는 이유는 무엇일까요? 앞의 글에 다 나와 있지 않지만 아마 어머님 본인이 잘 아실 겁니다. 그리고 그 원인에 따라 해결책을 찾아가면 됩니다. 부모의 오래된 문제라면 이제부터라도 아이와 새로운 관계를 만들어야 합니다. 새로운 관계를 정립하자고 아이가 나선 것이니, 그렇게 하지 않으면 문제는 계속 악화될 것입니다.

최근 들어 아이가 예민해진 것이라면 그 원인이 다른 데 있는 것은 아닌지도 잘 찾아봐야 합니다. 선생님과의 관계, 친구 문제, 건강상의 문제 등을 찬찬히 살펴서 아이가 특별한 스트레스를 받고 있는지 알아봐야 합니다. 만약 최근 들어 부모의 요구가 많아진 것이 원인이라면 부모가 한 발 뒤로 물러나 어느 정도가 적당한지 다시 균형점을 찾아보자고 아이에게 이야기해야 합니다.

중요한 것은 아이와 진지하게 소통하려는 태도입니다. 아이의 반항을 빠르게 제압하려고만 들지 말고, 진심으로 아이의 마음을 알고 싶다는 뜻을 분명히 표현해야 합니다. 부모와 마찬가지로 아이들 역시 부모와 사이좋게 지내고 싶어 합니다. 문제를 잘 풀어가기를 바라죠. 물론 그간 부모가 믿음을 주지 못했다면 아이는 잘 믿지 않습니다. 그런 경우라도 부모가 네 마음이 정말 궁금하고 네 생각을 정말 듣고 싶다는 진심을 반복해서 보여주세요. 그러면 아이도 이야기를 시작합니다.

주의할 점은 **빨리 해결책을 내는 데 집중하지 말고 충분히 들으려 해야 한다는 것입니다.** 부모가 해결책을 찾는 데 급급하면 아이는 부모가 또 자기 마음대로 하려 든다고 생각합니다. 진심을 보이지도 않고 마음에서 우러난 협조도 하지 않겠죠. 말을 아끼고 우선 아이 말을 더 들으려 하세요. 아이에게 답을 줘야 한다는 강박관념도, 무언가 가르쳐야 한다는 부담감도 버려야 합니다. 사춘기 아이를 키울 때 가르치려는 태도는 아이와 부모 사이를 멀어지게 할 뿐입니다.

소통(疏通)의 '소(疏)'에는 '물의 흐름을 튼다'라는 의미가 담겨 있습니다. 소통이란 막힌 것을 터서 연결하는 것이죠. 소통을 위해서는 무엇보다 터버려야 합니다. 무엇을 터야 하냐면 내 마음속 생각부터 터야 합니다. 아이에게 이것을 시켜야겠다는 생각, 빨리 시켜서 이렇게 만들겠다는 생각을 터버리고 있는 그대로의 아이와 연결되어야 합니다. 내 마음속에 이미 계획이 확고하게 서 있으면 소통은 어렵습니다. 아이는 부모가 자기를 설득해서 부모가 바라는 대로 끌고 가려 한다고 생각하면 이미 거부감을 갖고 대화를 시작합니다. 심리적으로 더 취약한 아이라면 반항하게 됩니다. 무너지기 싫어 자기를 지키려다 보니 처음부터 대드는 것이죠.

***

많은 부모들이 자녀의 공부 때문에 힘들어합니다. 다른 집 아이들도 다 시키는데 나라고 안 시킬 수 없고, 다른 집 아이들은 군소리 없이 따라간다는데 우리 아이는 왜 이렇게 힘들어할까 싶죠. 그렇다고 아이가 공부를 안 하겠다는 것은 아닙니다. 학원을 그만 다니라고 하면 기어이 다니겠다고 하는 아이도 많습니다. 힘들어하면서도 학원을 끊는 것은 반대하죠. 아이들도 많이 불안하기 때문입니다. 학원을 그만두면 낙오되는 것이 아닌가 걱정합니다. 부모가 그동안 해온 말에 영향을 받아 아이 스스로도 공부를 안 하는 것이 불안합니다.

이 경우 오히려 부모가 중심을 잡아야 합니다. "천천히 해도 좋아. 즐겁게, 공부가 싫지 않을 정도로만. 대신 꾸준하게 한다면 잘할 수 있어. 지금 당장 결과가 어떻게 나오든 엄마는 보장할 수 있어. 꾸준히 즐겁게 공부하는 학생은 분명 어른이 되어 잘 살 수 있다고." 이렇게 확신을 갖고 말해줘야 합니다. 물론 그 근거는 없습니다. 하지만 초등학교 때 억지로 참으며 공부에 매달린다고 나중에 성적이 잘 나온다는 보장도, 어른이 되어 잘 산다는 근거도 없습니다. 이 시간이 불행하지 않도록 스스로의 삶에 만족하며 꾸준히 노력하는 아이로 키우는 편이 낫습니다.

사연에서 어머니는 거짓 협박으로 공부를 시키셨다고 말씀하셨습니다. 아이를 키울 때 거짓말과 협박은 정말 좋지 않습니다. 아이도 커가면서 무엇이 거짓인지 알게 됩니다. 그 결과 부모의 권위가 무너집니다. 더 이상 부모의 말을 믿지 않고 우습게 여기게 되죠. 만약 초등학교 고학년이 되어도 부모의 거짓 협박을 사실이라 믿는다면 그 아이는 어리석은 아이입니다. 공부는 곧잘 할지 몰라도 사회생활을 잘하기는 쉽지 않은 아이죠.

마음이 아무리 급하더라도 아이를 협박으로 움직이려 들지 마세요. 그냥 있는 그대로만 아이에게 말해주세요. 공부가 필요하면 필요한 이유를, 중요하다면 중요한 이유를 담담하게 말해주세요. 부모의 불안을 아이에게 모두 전달해서는 곤란합니다.

가끔 "공부 안 하면 노숙자가 된다"고 말하는 부모도 보곤 합니다. 그런데 정말 그런가요? 공부를 못한다고 다 노숙자가 되고 거지가 되나요? 그렇게 협박을 당하면서도 공부가 싫으면 아이는 어떻게 해야 하나요? 아이가 택할 수 있는 길은 이런 상황에서도 공부가 싫은 자기 자신을 한심하게 여기는 길뿐입니다. 그렇지 않으면 부모를 미워하든지요.

어떻게든 **긍정의 말로 동기를 만들어줘야 합니다.** 스스로에게 한 번 물어봅시다. 남편이나 아내가 나를 협박해서 어떤 일을 시킨다면 그것을 즐겁게 할 수 있을까요? 현실에 만족하고 노력하며 살 수 있을까요? 협박에 밀려 그 일을 한다고 해도 그런 나를 좋아할 수 있을까요? 아마 부정적인 답이 나올 것입니다. 아이도 마찬가지입니다. 당장 강한 효과를 내지는 못할 것 같더라도 "열심히 사는 사람을 엄마는 좋아해.", "네가 노력한 순간을 아빠는 다 기억해. 그걸 떠올리면 행복해." 이런 말로 아이를 이끌어가세요.

우리는 자극적인 맛의 과자에 끌립니다. 하지만 우리의 일용할 양식은 결국 맹맹한 맛의 밥입니다. <u>무서운 말로, 자극적인 태도로 사람을 이끌 수는 없습니다. 꾸준한 태도, 오래 들어도 귀에 거슬리지 않는 이야기가 아이의 미래를 만들어가는 더 큰 힘입니다.</u>

? Plus Q

소통을 하려고 해도 아이가 잘못을 인정하지 않고 끝까지 반항을 해요. 저는 좋게 이야기하는데 더 심하게 반박합니다.

…

아이의 잘못을 지적할 때 부모는 아이가 잘못을 수긍하기를 기대하죠. 아이가 앞으로는 그러지 않겠다고 약속하며 부모에게 고개를 숙이면 일은 간단합니다. 그런데 현실에선 그렇게 흐르지 않는 경우가 종종 있죠. 잘못을 수긍하기는커녕 오히려 반발하기도 합니다. 부모 입장에서도 난감하고 원하지 않는 상황이죠. 그냥 놔뒀다가는 계속 잘못을 저지를 것만 같고, 부모로서의 권위가 무너지지 않을까 걱정도 듭니다. 그래서 목소리를 높여 야단도 치고, 그래도 아이가 굽히지 않으면 물리력까지 동원합니다. 그 과정에서 아이의 태도에 상처 받아 감정적으로 대응하기도 하죠.

그런데 아이가 반항하면 가장 먼저 해야 할 일은 무엇일까요? 답은 단순합니다. 왜 아이가 반항하는지 확인하는 일이죠. 작은 못

하나를 박을 때도 못이 안 들어가면 우리는 왜 안 들어가는지 확인합니다. 확인하지 않고 더 세게 칠 경우 잘 들어가는 때도 있지만 못이 부러져버리거나 나무가 갈라지고 손을 다칠 수도 있습니다. 사람의 본능이 안 되면 하던 방식으로 더 강하게 하는 것이 일반적이지만 그런 본능은 대개 우리를 힘들게 만들 뿐입니다.

어떤 부모는 아이가 반항할 때 한발 물러서는 것에 대해 우려합니다. 혹시 아이가 자신이 이겼다고 생각하면 어떻게 하냐고 걱정하죠. 하지만 그런 걱정은 기우입니다. 부모가 한발 물러나는 이유는 잠시 생각을 하기 위해서입니다. 생각을 하고 다시 문제에 부딪혀 결국 악착같이 해결하면 됩니다. 혹시 부모가 물러났을 때 아이가 잠시 승리감을 느꼈더라도 그것은 아주 잠깐일 뿐입니다. 부모가 결코 포기하지 않고 다시 다가오는 것을 몇 번 경험하고 나면 그다음에는 이겼다고 생각하지도 않을 것입니다.

아이를 제대로 키우는 것은 끈기와 시간이지, 짧은 순간의 강한 압박이 아닙니다. 식물을 키울 때 동쪽으로 자라게 하고 싶다면 어떻게 해야 할까요? 꾸준히 동쪽에서 빛을 비추거나 지지대를 동쪽으로 기울여 세운 다음 식물을 묶어줘야죠. 그래서야 너무 오랜 시간이 드니까 답답한 마음에 확 잡아당기면 어떻게 될까요? 줄기가 부러지거나 뿌리가 뽑힐 뿐 동쪽으로 식물이 자라지는 않습니다.

＊＊

아이들이 강하게 부모에게 반항하는 이유는 크게 세 가지입니다. 첫째, 자신의 생각이 옳다고 생각할 때입니다. 부모의 생각이 잘못되었고 자기 생각이 옳다고 생각하는 것이죠. 둘째, 옳고 그른 것은 모르겠지만 지금은 일단 자기가 원하는 대로 하고 싶을 때입니다. 셋째, 부모가 말하면 뭐든 어긋나고 싶을 때입니다. 반항 자체가 목적인 경우죠. 내 아이가 지금 보이는 반항은 이 셋 중 어느 경우인지 빨리 파악하는 것이 중요합니다.

부모도 분명 잘못된 상황 인식을 할 수 있습니다. 부모가 가진 생각이 틀린 경우도 있죠. 그래서 아이가 자기 생각이 옳다고 주장하면 우선 진지하게 아이 말을 듣는 것이 중요합니다. 차분히 자기 생각을 말할 수 있는 아이라면 아이 말을 듣고 판단하면 됩니다. 아직 말을 잘 못하거나, 감정에 치우쳐 설명이 취약한 아이라고 하더라도 부모가 네 생각을 궁금해한다는 것을 표현해주세요. 그것만으로도 아이는 엉뚱한 고집을 덜 부리게 됩니다.

아이 말을 듣다 보면 아이의 생각이 너무 엉뚱하다거나 말도 안 되는 것을 우긴다고 느껴질 때가 있습니다. 이때는 설명을 해야 합니다. 다만 아이의 눈높이에 맞게 간결하게 설명하세요. 입담이 좋은 분이 아니라면 어떻게 설명하면 좋을지 먼저 충분히 생각하십시오. 빨리 설득하려 조급해하지 말고 좀 더 방법을 연구해서 확실하게 설득하는 것이 중요합니다.

이렇게 최선을 다해 설명했는데도 아이가 수긍하지 못한다면 그때는 밀고 가야겠죠. "아직 네가 받아들이긴 어려운가 보다. 하지만 아빠는 시간이 지나면 너도 알게 되리라 생각해. 아빠도 충분히 고민해보았거든. 어쨌든 지금은 수긍하기 어렵지만 이 부분만큼은 아빠 말을 따라줘라." 그 어떤 경우든 설명 없이 지나가는 것보다는 아이의 반항성을 현저히 줄일 수 있습니다.

조심할 부분은 말꼬리 잡기에 넘어가는 경우입니다. 아이의 말꼬리 잡기에 넘어가면 부모는 화가 나기 마련입니다. 말꼬리를 잡을 때는 이번 일부터 매듭을 짓고 당장 중요하지 않은 얘기는 다음에 더 하자고 끊으십시오.

다음으로 옳고 그른 것과 무관하게 자기가 하고 싶은 대로 하려는 경우입니다. 이때는 타협할 여지가 있는 문제인지, 아니면 그럴 수 없는 문제인지 먼저 판단해야 합니다. 타협이 어려운 문제인 경우, 예를 들어 안전이나 타인에게 피해를 입히는 문제인 경우에는 단호하게 가야 합니다. 네가 원하는 것은 알지만 부모로서 자식이 잘못하도록 두고 볼 수는 없다고 말하고 그냥 밀고 가세요.

하지만 타협할 여지가 있다면 부모가 먼저 타협을 시도해야 합니다. 예를 들어 사탕을 먹은 후 밥을 먹겠다고 하는 아이가 있습니다. 부모 생각에는 그럴 경우 밥맛이 없어질 듯싶습니다. 하지만 사탕을 아예 안 줄 경우 아이는 밥도 안 먹겠다고 고집을 부릴 수 있습니다. 그 과정에서 부모랑 길게 입씨름만 할 수도 있고요.

그렇다면 사탕을 세 번만 빤 후 밥을 먹고, 밥을 다 먹은 후 남은 사탕을 먹기로 타협할 수도 있습니다. 적당히 타협하는 것이 나쁜 방법은 아닙니다. 우리 모두가 퇴로 없이 밀릴 경우 자존심에 상처를 입습니다. 아이가 자기주장을 굽혀야 할 때는 체면만큼은 살려주길 바랍니다. 부모가 옳고 그른 것은 분명히 해야겠지만 아이의 체면을 살려주는 선에서 타협하는 것이 좋은 방법입니다.

또 한 가지 초등학생 이상, 조금 큰 아이들은 선택지를 줄 수도 있습니다. 위험한 일이 아니라면 자기가 선택한 후 그 결과를 스스로 느끼도록 하는 것이죠. 아이가 자기 고집대로 하면 부모의 예상대로 실패하겠지요. 실패도 좋은 경험입니다. 아이가 실패한 후 그것을 통해 앞으로 어떻게 행동해야 할지 배우면 그것도 하나의 성공입니다. 이때 "꼴좋다"고 놀려선 안 됩니다. 담담하게 그냥 자기 선택의 결과를 느끼도록 하는 편이 좋습니다.

가끔 선택의 결과가 너무 늦게 나타나서 선택권을 아이에게 주기 어려운 경우도 있습니다. 예를 들어 전혀 공부를 하기 싫다는 아이에게 하루 일정량의 공부를 시켜야 하는 경우죠. 이땐 부모 스스로 먼저 돌아보십시오. 부모의 현재 욕망을 기준으로 삼지 말고 부모가 자신의 어린 시절에 비춰볼 때 정한 분량이 적절한지요?

만약 지나치지 않다고 확신한다면 이 정도는 부모로서 내 철학이라고 이야기하고 밀고 가십시오. 다만 아이들은 <u>스스로 선택하는 기회를 줄 때 더 잘 따르기 때문에</u> 시간과 과목 선정, 교재에 대해서 선택권을 주는 식으로 아이를 결정과정에 참여시키십시오. 부모가 모든 것을 일방적으로 정한다고 생각하면 아이는 '어디 멋대로 해보라지' 하면서 뻗대기 쉽습니다.

마지막으로 뭐든 어긋나고 싶어 하는 상황이라면 그때는 부모가 조급함을 버려야 합니다. 아이의 반항은 대개 힘들기에 도와달라는 신호인 경우가 많습니다. 너무 화가 나서 풀고 싶고, 너무 불안해서 위로 받고 싶고, 너무 짜증나서 기분을 바꾸고 싶은 거죠. 때로는 부모가 정말 내 편인지 확인하기 위해, 자기를 사랑하고 있는지 믿기 어려워 무의식적으로 어긋나게 행동하기도 합니다.

이때 중요한 것은 관계입니다. 아이에게 나는 네 편이고, 너와 함께 이 힘든 순간을 넘기고 싶다는 마음을 보여줘야 합니다. 그런데 대개의 경우 부모는 정반대로 행동합니다. 화를 내서 아이를 더 멀리 밀쳐내죠. 아이도 자기가 원하는 것과 반대로 행동하고, 부모도 자신이 바라는 것과 반대로 행동하죠. 양쪽 다 사랑을 확인하려다 사랑을 밀쳐냅니다.

이때는 아이의 말에 초점을 두지 마시고 감정에 다가가세요. "네 마음이 뭔가 불편한가 보다. 엄마는 그저 너와 좋은 방법을 찾고 싶어.", "기분이 별로니? 왜 그런지 아빠에게 이야기해줄 수 있어? 지금 아니라도 언제든 네가 속상하다면 네 얘기를 듣고 싶어." 아이의 손을 살짝 잡고, 아이의 무릎에 손을 얹고 이야기해보십시오. 전달하는 말의 내용이 중요하지 않고 네 마음을 이해하고 싶고 너와 함께 하고 싶다는 감정의 표현이 가장 중요합니다. 그렇게 관계를 만들고 아이와 한편이 된 후 내 의견을 전달해야 합니다. 그래야 반항이 사라집니다.

정리하자면 아이가 자기 생각이 옳다고 생각할 때는 아이의 말을 경청하도록 하고, 자기가 바라는 대로 하고 싶어서 우길 때는 타협과 선택권 주기를 병행하고, 반항을 위한 반항인 경우에는 아이의 감정을 읽어주십시오. 이 과정이 피곤하게 생각이 들지 모르겠습니다. 아이 키우는 걸 이렇게까지 해야 하나 하는 분도 있을 겁니다. 하지만 이렇게 하는 것이 더 쉽습니다. 반항이란 제대로 받아들여지지 않고 눌리기만 할 경우에는 언젠가는 튀어 올라야 하는 스프링처럼 계속 올라옵니다. 오히려 적절히 수용되면 더 이상 나타나지 않습니다. 반항을 받아주는 것은 처음에는 피곤하지만 그래야 결국 육아가 더 쉬워집니다.

*＊＊

마지막으로 반항이 아니고 그냥 아이가 살짝 불평을 이야기하는데도 부모가 예민하게 반응하는 경우도 있습니다. 그냥 구시렁거리는 것도 견디지 못하는 부모죠. 우리 모두는 어떤 일이 옳고 그렇게 해야 한다는 것을 알면서도 그 일이 하기 싫고 짜증날 때가 있습니다. 그러면 뭔가 불평을 하죠. 어른이라면 대개 남이 듣지 않게 조용히 불평합니다. 반면 아이들은 혼자 속으로 말하는 것이 익숙하지 않아 남이 들을 수 있게 불평을 하죠. 그런 불평은 나쁜 행동이 아닙니다. 하기 싫은 일을 하는 초반에는 그런 불평이 오히려 윤활유 역할을 합니다.

아이가 구시렁대도 그냥 넘어가세요. 아이가 부모의 의견을 기꺼이 따르기를 기대하지 마세요. 그런 기대가 아이의 불평을 견디기 어렵게 만듭니다. 특히 자존감이 약한 부모들은 아이의 작은 불평도 견뎌내기 힘들어하죠. 아이가 일단 움직이고 있다면 그냥 웃어주며 넘어가세요. 그게 아이가 부모를 더욱 잘 따르도록 만들고 불필요한 갈등을 만들지 않는 비결입니다.

아이가 거짓말을 해요

Q 초등학교 2학년 딸을 키우는 워킹맘입니다. 맞벌이를 하다 보니 아이가 방과 후에 혼자 학원에 갔다가 집에 옵니다. 그런데 얼마 전 아이가 방과 후에 학원을 안 가고 학교 운동장에서 친구들과 논 것을 알게 됐어요. 깜짝 놀라 딸에게 혹시 학원을 빠졌냐고 물으니 절대 아니라며 시치미를 떼더군요. 선생님한테 전화를 해본다고 했는데도 눈을 똑바로 뜨고 거짓말을 하기에 순간 너무 화가 나서 매를 들고 말았습니다. 엉덩이를 얼마나 때렸는지 아이가 숨이 넘어갈 것처럼 울부짖으며 잘못했다고 빌더군요. 친구들과 놀다 보니 시간이 너무 늦은 걸 몰랐다고 하네요. 친구와 놀고 싶은 아이 마음이야 이해하지만, 그래도 부모를 속이려 했다는 사실이 너무 실망스럽습니다.

아이를 시험에 들게 하지 마세요

아이가 거짓말을 하면 부모들은 충격을 받습니다. 그런데 부모들한테 꼭 하고 싶은 말이 있습니다. 아이를 시험에 들게 하지 말라는 것입니다. 잘못을 저질렀을 때 아이가 바른 말을 하는지 떠보는 것은 부모와 자녀 모두에게 도움이 되지 않습니다. 아이들은 순간적으로 겁이 나서 거짓말을 합니다. 눈앞의 위험을 피하려는 동물적인 본능이죠.

그렇게 본능대로 행동했을 뿐인데 부모는 배신감을 느낍니다. 아이를 더 이상 통제하지 못할 것 같은 두려움도 갖게 되죠. 배신감과 두려움에 부모는 판단력이 흐려집니다. 그래서 아이를 심하게 혼내죠. 그러면 결국 서로에게 상처만 남긴 채 마음을 닫아버리게 됩니다.

왜 진실을 알면서 아이에게 질문을 하나요? 사연 속의 어머니도 아이가 수업에 빠졌음을 알면서도 굳이 질문을 했습니다. 순전히 아이가 거짓말을 하는지 안 하는지 보겠다는 의도지요. 왜 그런 의도를 가질까요? 아이가 내 편인지 아닌지, 내 통제 범위에 들어와 있는지 확인하고 싶어서입니다. 부모들은 자녀가 '나의 착한 아이'로 영원히 머물기를 기대합니다. 하지만 <u>잘못된 기대는 부모 자신에게 상처를 남기고, 아이에게도 상처를 줄 뿐입니다.</u>

'부모의 착한 아이'는 아무짝에도 쓸모없는 아이입니다. 아이는 독립적인 성인으로 자기의 삶을 살아가야 합니다. 아이의 독립은 기본적으로 부모로부터의 독립입니다. 독립의 초기 모습은 어설플 수밖에 없습니다. 자기만의 것이 분명해지고 충분히 성숙해지면 쉽게 드러날 거짓말은 하지 않겠죠. 아직은 그런 성숙을 이루지 못해 아이는 어설프게 부모를 속이고 가끔은 위악적으로 엉뚱한 일도 저지릅니다. 그게 정상적인 성장의 과정입니다.

아이를 내 품에 가둬 키우려 하지 마세요. 잘되지도 않고 상처만 받기 십상입니다. 혹시 성공하면 더 큰 일입니다. 볼품없는 마마보이, 마마걸로 평생을 살 뿐이죠. 아이가 결국 가야할 길은 부모로부터의 독립이고, 독립으로 향하는 초반에는 부모를 속이는 모습도 흔히 나타납니다. 그렇게 자기 자리를 찾아가는 것이 인생입니다.

모든 아이는 거짓말을 합니다. 정도의 차이가 있을 뿐이죠. 거짓말을 한다고 나쁜 아이라고 볼 수 없습니다. 실은 모든 부모도 거짓말을 합니다. 불편한 상황을 피하기 위해서도 거짓말을 하고, 답변이 궁색할 때도 거짓말을 하며 넘어갑니다. 거짓말을 통해 남을 적극적으로 속여서 자기 잇속을 챙기는 사람은 흔하지 않습니다. 하지만 사회생활을 하는 데 있어서 가벼운 거짓말은 불가피합니다. 아동 발달을 연구하는 학자들은 거짓말의 출현을 사회성 발달의 증거로 봅니다.

물론 부모가 되어서 아이의 거짓말을 잘했다고 칭찬할 수는 없습니다. 거짓말은 좋지 않다는 말을 해줘야겠죠. 아이에게 무엇이 옳고 그른지를 꾸준히 말해주는 것은 도덕성 발달에서 기준을 잡아주는 중요한 의미가 있습니다. 그런데 기준이란 절대 넘어설 수 없는 선이 아닙니다. 아이는 기준을 넘나드는 실험을 하면서 자신만의 기준을 정해갑니다. 도덕성은 스스로 고민하고 실험해가는 과정에서 높은 수준으로 성숙해질 수 있습니다. 강력한 통제는 효과가 있는 듯 보이지만 생각보다 쉽게 무너집니다. 두려워서 기준을 넘어서길 피하지만, 내적으로는 기준을 넘어서고 싶은 강렬한 욕구를 갖는 경우가 많습니다.

아이의 거짓말에 대해 옳지 않다고 말해주세요. 하지만 지나치게 심각하게 다룰 필요는 없습니다. 배신감을 느낄 일도 아니고요. 부모에게는 언제나 진실만 이야기하라고 말하는 분들도 있는데, 이는 실현되기 어려운 소망일뿐입니다. 물론 아이에게 부모와 자식 사이는 서로 솔직했으면 좋겠다고 이야기하세요. 아이가 두려움 없이 자기 마음을 표현할 수 있도록 수용적인 태도를 보여주시고요. 그래도 100%는 과한 욕심입니다. 95%의 솔직함이 우리의 목표입니다.

✳ ✳ ✳

이 사연에서도 아이는 잘못한 것이 있으니 겁이 났을 테고, 일단 그 상황을 피해보려고 거짓말을 했습니다. **부모는 우선 위험한 거짓말과 '둘러대기'를 구분해야 합니다. 의도적으로 남을 속여 자기 이익을 취하는 적극적인 거짓말은 위험한 거짓말입니다. 둘러대기는 좋지 않은 행동이지만 심각하거나 위험한 잘못은 아닙니다.** 어른들도 그럴 때가 있습니다. 신호 위반으로 교통 단속에 걸리면 급한 사정이 있어서 그랬다며 한번 봐달라고 이야기하곤 합니다. 특별한 사정이 없었으면서도요. 이처럼 불이익을 피하기 위해 둘러댄다고 나쁜 사람이라고 볼 수는 없습니다. 잘못을 아예 저지르지 않거나 자신이 저지른 잘못은 늘 솔직하게 인정한다면 더없이 훌륭한 사람이겠지만요.

만약 아이의 거짓말이 '둘러대기'라면 다음에는 그러지 말라고 짧게 지적하는 것으로 충분합니다. 앞서도 말했지만 취조하듯 접근하고 싶은 유혹에 빠지지 마세요. 부모가 아는 진실을 먼저 이야기하세요.

네가 한 이러저러한 행동을 알고 있는데 왜 그랬는지 궁금하다는 식으로요. 부모가 화가 났다면 화를 가라앉힌 후 이야기하세요. 화가 나 있는 부모에게 아이들은 본능적으로 두려움을 느낍니다. 두려운 상태에서는 진실을 털어놓지도 않게 되고 효과적인 학습도 이뤄지지 않습니다. 잘못을 깊이 뉘우치지도 못할 것이고 충동을 억제하는 방법은 배울 엄두도 못 낼 것입니다.

이 사연에서도 아이에게 유도심문 하듯 취조하기보다는 "수업에 빠지고 운동장에서 논 것을 알고 있어. 왜 그랬니?" 하고 직접적으로 물었다면 더 나았을 것입니다. 엄마가 흥분하지 않은 상태에서 이유를 물으면 아이의 마음을 들을 수 있고 같이 노는 친구들에 대한 다양한 정보를 얻을 수 있었겠죠. 정보가 충분해야 아이를 이해하고 위험을 방지할 수 있습니다. 아이를 변화시키는 데도 도움이 되죠. 그렇게 대화를 한 후에 놀고 싶은 아이의 마음을 공감해주면서도 엄마 입장에서는 걱정되는 일이니 다음에 또 그러면 꾸중할 수밖에 없다고 마무리를 지으면 됩니다.

아이가 부모의 기대에 반하는 행동을 했을 때가 아이에 대한 이해의 폭을 넓힐 좋은 기회입니다. 아이가 '내가 생각하는 (혹은 기대하는) 아이'가 아니라는 점을 인식하고, 미처 헤아리지 못했던 속내를 들어볼 수 있기 때문입니다. 자꾸 말을 걸고 대화를 해야 아이를 이해할 수 있고, 그래야만 아이와 부모가 함께 성장할 수 있습니다.

***

만약 아이가 적극적인 거짓말을 할 경우에는 심각하게 생각해야 합니다. 우선 환경면에서 아이가 거짓말을 할 조건을 제공한 것은 아닌지 부모 스스로 돌아봐야 합니다. 결핍과 과도한 통제는 아이의 거짓말을 늘립니다. 강력한 처벌을 하는 독재사회는 거짓말이 적을 것이라 생각하지만 독재사회일수록 거짓이 많고 불투명합니다. 국민 전체의 도덕성도 낮아지죠.

통제는 지속될 경우 그에 대한 두려움이 점차 줄어듭니다. 반면 인간의 욕구는 줄어들지 않죠. 진실한 방법으로 욕구를 충족시키는 것이 불가능하면 사람들은 결국 거짓된 방법을 사용합니다. 이 경우 사람들의 욕구가 잘못은 아닙니다. 진실한 방법으로 욕구를 충족시킬 수 없는 사회가 문제인 거죠.

아이들의 거짓말도 적지 않은 경우 부모의 과도한 통제 때문에 발생합니다. 친구들은 방과 후에 학교 앞 가게에 들러서 음료수를 사 먹는데 부모가 자신에게는 전혀 용돈을 주지 않으면 아이는 거짓말로 돈을 타내려는 생각을 갖게 됩니다. 정말 사고 싶은 장난감이 있는데 부모가 안 된다고 하면 돼지저금통에서 돈을 꺼낼 생각을 갖게 되죠. 그러므로 아이가 거짓말을 하면 부모는 아이의 욕구가 정당한 것인지 검토하고, 정당하다면 이를 채워줄 합리적인 방법을 제시해야 합니다. 적극적인 거짓말이 습관이 되면 위험합니다. 그 전에 부모는 아이가 거짓말을 하지 않을 수 있도록 적절한 조건을 제공해야 합니다.

혼내는 것만으로는 거짓말을 없애지 못합니다. 가끔 아이를 혼내며 벌로 통제를 더 강화하는 경우를 봅니다. 아이는 초반에는 참다가 결국 더 크게 부모를 속입니다. 벌에 대한 두려움은 시간이 가면 줄어드는 반면, 욕구는 참을수록 점차 커지기 때문입니다. 그러면 부모는 더 화가 나고, 더 심한 통제를 합니다. 이런 악순환이 반복되면서 아이는 거짓말 기술을 발전시킵니다. 아이를 나쁜 아이로 만들어가는 방법이죠.

거짓말을 하지 않아도 될 환경을 제공했음에도 거짓말을 쉽게 하는 아이도 있습니다. 충동성이 아주 강한 아이들이죠. 이런 경우에는 충동을 조절하는 방법을 아이와 많이 이야기해야 합니다. 욕구는 끝이 없고 어느 선에서 절제를 해야 하며 그렇게 마음을 다스리는 능력을 배워가야 한다고 아이를 설득해야 합니다. 이 과정은 쉽지 않을 수 있고 때로는 전문가의 상담이 필요합니다. 만약 부모가 아이의 지나친 충동성에 화가 나서 아이를 차분히 교육하기 어렵다고 느낀다면 더 늦지 않게 전문가를 만나는 것이 좋습니다.

아이가 조금씩 거짓말을 합니다

...

조금씩 하는 거짓말에 대해서는 그 마음을 그대로 읽어주는 게 더 도움이 됩니다. "이렇게 하면 엄마가 너에게 잘못했다고 얘기할 것 같았구나?", "이렇게 하면 엄마가 안 좋아할 것 같았구나?" 하고 읽어주는 거지요. 처음엔 아이가 쑥스러움 때문에 사실을 부인할 수 있지만, 그럴 땐 "엄마도 예전에 그런 적이 있어서 그래. 엄마랑 너랑 서로 편하고 솔직하게 이야기했으면 좋겠어"라고 얘기해주세요. 그렇게 몇 번 이야기를 들으면 아이도 거짓말을 통해 자신을 방어하려는 마음이 점차 사라질 것입니다.

그다음에는 "거짓말을 할 수도 있어. 혼날 상황을 피해가고 싶었구나. 그런 마음이 들 수도 있어. 그런데 엄마는 네가 솔직하게 말한다면 어떤 것도 받아들일 수 있어. 그리고 가까운 사람끼리는 좀 더 솔직해야 해. 서로 믿고 의지하며 살아가야 하니까"라고 꾸준히 가르쳐주세요. 그래야 아이가 도덕성을 키워갈 수 있습니다. 단순히 아이가 거짓말한 것에만 초점을 맞춰 비난하면 아이는 겉으로는 도덕적으로 보이지만 속으로는 전혀 그렇지 않은 이중적인 어른으로 자라기 쉽습니다.

폭력적인 아이, 어떻게 해야 할까요?

Q 5세 아이를 키우고 있습니다. 제가 허리가 좋지 않아 모유수유를 오래 못 했어요. 그래서 그런지 아이가 아직도 손가락을 빨고 있어요. 어릴 때는 순한 편이었는데 동생이 태어난 후 어린이집에 가면서부터 아이가 공격적인 행동을 해요. 얼마 전에도 어린이집에서 친구의 얼굴을 주먹으로 때려 상처를 냈다고 연락이 왔어요. 그 집 부모에게 전화를 걸어 사과를 하고는 아이에게 왜 그랬냐고 물어봤어요. 그런데 아무 말도 하지 않는 거예요. 너무 화가 나 "그렇게 반성도 안 하면 엄마도 널 한 대 때릴 거야!"라고 했어요. 그랬더니 아이가 저를 먼저 손으로 때리는 거예요. 너무 놀라서 꼼짝할 수가 없었어요. 우리 아이, 어떻게 도와줘야 할까요?

공격성의 원인을 찾아 해결해야 합니다

유아기의 아이들이 공격성을 보이는 이유는 크게 세 가지입니다. 첫째는 가정에서 받는 스트레스가 밖에서 표출되는 것이고, 둘째는 관심을 끌기 위해서이고, 셋째는 언어적인 표현에 어려움이 있기 때문입니다. 각각에 대해 좀 더 살펴보겠습니다.

*＊＊

가정에서 아이들은 여러 가지 이유로 스트레스를 받습니다. 부모에게 야단을 많이 맞아 억울함이 쌓였을 수도 있고, 동생과의 관계에서 화가 날 수도 있습니다. 부모가 자주 다퉈 불안이 높아진 아이도 있을 것이고, 엄마가 잘 돌봐주지 않아 불만이 쌓인 아이도 있습니다. 아이들은 이로 인한 스트레스를 떼쓰기나 공격적인 행동으로 표출합니다.

그런데 그래 봐야 아이들은 부모에게 더 크게 혼이 날 수 있습니다. 그러면 아이는 집에서는 반응을 보이지 못하고 참고 있다가 집 밖에서 만만한 아이를 만났을 때 공격적인 행동으로 스트레스를 표현합니다. 물론 공격적인 행동을 한다고 스트레스가 풀리지는 않습니다. 오히려 나중에 야단만 맞게 되니 스트레스는 더 쌓일 뿐이죠. 그런데도 아이가 공격적인 행동을 반복하는 이유는 그 방법밖에는 없기 때문입니다. 스트레스를 풀어내려고 의도적으로 공격적인 행동을 하는 것이 아니라, 압력이 높으면 약한 곳에 구멍이 나듯, 조금 만만한 상황을 만났을 때 그동안 쌓여 있던 분노와 공격성이 툭 터져 나오는 것이죠.

스트레스가 원인이 되는 공격성과 구별하기 쉽지 않지만, 공격 행동을 하는 또 다른 중요한 이유는 관심 끌기입니다. 어린이집과 같은 집단적인 양육 환경에 처음 놓인 아이는 쉽게 적응하지 못합니다. 집에서는 엄마가 늘 자기에게 맞춰 돌봐줬는데 어린이집에서는 여러 아이들 중 한 명에 불과합니다. 선생님은 자기보다는 다른 아이들에게 관심이 더 많은 듯 느껴지죠. 불편한 일이 있어도 부르기 어렵고, 기분이 안 좋을 때 선생님이 옆에 있어주면 좋겠는데 그런 감정까지 받아주는 선생님은 당연히 없습니다.

게다가 아이는 아직 그런 미묘한 감정이나 욕구를 말로 표현할 능력이 없습니다. 이런 상황에서 우연히 아이는 한 가지 사실을 발견합니다. 자신 또는 다른 아이가 공격적인 행동을 했을 때 선생님이 다가온다는 것을요. 집에서도 동생을 때리면 엄마가 다가오지요. 결국 어른을 자기 옆으로 오게 하고 싶을 때 아이는 공격적인 행동을 합니다. 의식적으로 하기도 하고, 무의식적으로 자기도 모르게 하기도 합니다. 특히 아이가 기질적으로 불안이 높다면 공격적인 행동의 원인은 관심 끌기인 경우가 많습니다.

아이가 공격적인 행동을 하는 세 번째 이유는 언어 문제입니다. 아이는 언어를 통해 자신의 의사를 표현하기 어려울 때 쉽게 공격적인 행동을 합니다. 친구가 갖고 노는 장난감을 나도 갖고 놀고 싶은데 말이 안 나올 때 아이는 친구를 밀고 장난감을 빼앗습니다. 친구가 자기가 원하지 않는 행동을 하는데 말로 제지할 수 없을 때 공격적인 행동으로 막기도 합니다. 친구들이 함께 놀면서 자기만 끼워주지 않을 때 끼어서 놀고는 싶은데 말이 안 되니 공격하기도 하죠. 한마디로 말이 안 되니 주먹이 먼저 나오는 것입니다.

***

이처럼 공격 행동에는 이유가 있기 때문에 해결책 찾기는 우선 원인이 무엇인지를 파악하는 데서 출발합니다. 대개 원인은 쉽게 알 수 있습니다. 아이가 언제 공격적인 행동을 하는지, 집에서의 생활은 어떤지, 언어적인 능력이 어느 정도인지를 파악하면 원인은 쉽게 찾을 수 있죠. 그리고 해결책은 두 가지 차원에서 접근합니다.

첫 번째 해결 방향은 근본적인 원인을 해소하는 것입니다. 가정 내 스트레스가 많은 경우라면 가정 내에서 받는 아이의 스트레스를 줄여야 합니다. 부모와의 관계를 개선하고 부모가 가진 심리적인 어려움을 도와줘야 합니다. 사람의 마음에는 한계가 있어서 궁지에 몰리면 공격성이 나오게 마련입니다. 부모 역시 심리적인 여유가 부족해지면 아이에게 함부로 하기 쉽습니다. 그래서 저는 늘 강조합니다. <u>부모 마음의 여유를 만드는 것이 육아에서 그 무엇보다 중요하다고요.</u>

관심 끌기를 많이 하는 아이들에게는 좀 더 많은 관심을 보여줘야 합니다. 거기에 더해 사람들과 교류할 수 있는 다른 긍정적인 방법을 가르쳐줘야 합니다. 행동이 아닌 말로 관심을 요청하는 방법을 알려주세요. 다른 사람을 귀찮게 하지 않고 혼자서 잘 놀 때는 별도의 약속을 통해 보상을 하는 것도 필요합니다. 이런 대안적인 행동을 알려주지 않고 훈육만 하면 아이는 조금 참아보다가 또다시 공격적인 행동을 하게 됩니다.

언어발달이 늦는 경우라면 언어발달 평가를 해서 필요한 경우 언어발달을 촉진할 수 있는 언어치료를 받게 해야 합니다. 보통 표준적인 발달 수준에 비해 1년 이상 언어발달이 지연되고 있다면 언어치료를 받는 것이 좋습니다. 그 정도로 늦은 게 아니라면 집에서 부모가 일대일로 더 많은 놀이를 해주며 언어 자극을 충분히 줘야 합니다. 아이와 놀 때 아나운서가 운동경기를 중계하듯 부모가 아이의 행동을 읽어서 말로 들려주면 언어발달에 크게 도움이 됩니다. 친구들과 놀게 할 때는 여럿이 함께 노는 것보다는 일대일로 노는 쪽이 언어발달에는 더 유리합니다. 그룹으로 모인 상황에서는 다른 아이의 언어에 잘 주목하지 못하니까요.

두 번째 해결 방향은 공격적인 행동은 제지하고 다른 행동은 촉진하는 것입니다. 공격성의 원인이 근본적으로 해결되기까지는 시간이 걸립니다. 그렇다고 그 시간 동안 아이의 공격성을 놔두고 볼 수는 없죠. 그렇기 때문에 비록 한계는 있지만 당장 공격성을 줄이기 위한 조치를 취해야 합니다. 여기서 기억해야 할 점은 이 방법에는 한계가 있다는 것입니다. 근본적인 문제가 해결되지 않은 상황이라면 야단치고, 못 하게 하고, 대안적인 행동을 알려준다고 해서 공격성이 완전히 없어지지 않습니다. 잠시 사라졌다 다시 나오죠.

많은 부모들은 왜 여러 번 좋게 말로 가르쳤는데도 아이가 계속 안 좋은 행동을 하는지 걱정합니다. 때로는 무섭게 하지 않아서 부모 말을 무시하는 것이 아닐까 싶어 아이에게 화를 내기도 하죠. 하지만 원래 그런 겁니다. 이상할 것이 하나도 없습니다. 수도꼭지를 틀어놓은 상태에서 연결된 호스 끝을 손으로 막으면 잠시 물이 나오지 않겠죠. 하지만 조금만 손힘이 약해져도 다시 물이 새어나올 것입니다. 아이의 공격성에 대해 훈육하고 올바른 행동을 가르치는 것은 잠시 호스 끝을 막는 것과 같습니다. 이렇게 시간을 벌면서 우리는 동시에 수도꼭지를 잠그려는, 즉 원인을 해결하려는 노력을 해야 합니다.

가르치는 방법은 복잡할 것이 없습니다. 말로 설명하고 또 설명하는 것입니다. 그렇다고 길게 설명하는 것은 소용이 없습니다. 유아에게는 아주 단순하게 "때리는 것은 안 돼. 그럼 아파. 절대 때리지 마"와 같이 말하는 것이 좋습니다. 장황하게 이유를 말해봐야 아이는 알아듣지도 못하고 주의를 기울이지도 않습니다.

그와 동시에 **아이의 감정을 읽어주세요. 화가 난 마음은 충분히 공감해주세요.** 다만 화가 나도 때리면 안 된다고 말해야겠죠. 대신 말로 하는 것은 괜찮다고 길을 열어줍니다. 가끔 아이가 "엄마 나빠, 때리고 싶어" 하면 "뭐가 나빠? 얘기해봐. 그리고 때리고 싶다고? 어디서 이 쪼그만 게! 엄마 때리기만 해봐, 가만 안 둘 테니까" 식으로 받아치는 부모를 보게 됩니다.

하지만 말로 감정을 푸는 것은 얼마든지 괜찮습니다. 공격성을 배출하는 좋은 방법이죠. 차라리 "화난 마음을 말로 하는 건 괜찮아. 하지만 진짜로 때리면 안 돼" 하며 말은 풀되 행동은 막는 것이 좋습니다. 그래야 아이의 분노가 빨리 가라앉고, 분노를 가라앉히는 방법을 알아야 아이가 원만한 성격으로 성장합니다.

※※※

부모들이 흔히 하는 실수 중 하나는 아이가 때렸다고 같이 맞서 때리는 것입니다. 그러면 아이는 폭력은 정당한 것인데, 다만 힘이 강한 사람이 약한 사람을 때리는 것이라고 배우게 됩니다. 그리고 밖에 나가서 자기보다 약한 아이를 대상으로 이런 깨달음을 행동화하죠. 그런 상황이 벌어지고 나서야 체벌의 위험성을 깨닫는 분도 있지만 때늦은 후회일 뿐이죠.

아이를 때리지 않도록 노력하는 것과 마찬가지로 아이가 때리려 하면 절대 맞아주진 마세요. 손목을 잡거나 안아서 때리지 못하게 해야 합니다. 아이가 너무 흥분해서 쉽게 막기 어려우면 발을 걸어서 넘어뜨리는 식으로라도 제지하세요. 그냥 맞는 것보다 낫습니다. 그러고는 뒤에서 팔을 엇갈려 잡고 안거나, 아이를 위에서 누르면서 때리지 말라고, 때리는 건 나쁘다고, 네가 화난 것을 알지만 화난 마음을 말로 표현하라고 반복해서 말해줘야 합니다.

몇 번의 실랑이를 거치고 나면 아이도 폭력을 포기합니다. 절대 때리지 않되 맞지도 마세요. 그리고 힘으로 이겨야 합니다. 아직 아이가 어려 이길 수 있습니다. 이때 못 이길 경우 아이가 더 크면 대응하기가 정말 어렵습니다. 꼭 이기세요. <u>조금 거칠어 보일 수는 있지만 폭력을 막기 위한 최소한의 절제된 물리적 대응은 나쁜 것이 아닙니다. 다만 부모가 함께 흥분하지 않도록 조심해야 한다는 점은 잊지 마십시오.</u>

Plus Q

초등학생 아들이 무기에 너무 관심이 많아요

…

남자아이들은 대개 무기에 관심이 많습니다. 요즘은 아이들이 무기에 관심을 보이면 게임의 영향이 아닌가 생각하는데, 게임이 없던 시절에도 남자아이들은 총과 칼을 만들어 갖고 놀았습니다. 그러니 아이의 관심을 억지로 돌릴 필요는 없습니다. 정신분석학에서는 무기를 남성성의 상징으로 봅니다. 그래서 성장 과정 중 남성성에 집착하는 시기가 되면 남자아이들은 유난히 무기를 갖고 놀려고 합니다. 정신분석학적인 해석이 아니더라도 아이들은 더 강해지고 싶은 심리가 있어 무기를 통해 더 강한 자신을 만들어가려 합니다.

무기에 대한 관심이 높다고 해서 더 공격적인 것도 아닙니다. 일부 아이들은 집착이라고 할 정도로 무기에 매달리는데, 그것은 한 분야를 깊이 파고드는 성향과 관계가 있습니다. 물론 그런 성향은 나쁘지 않습니다. 무기를 포함해 교통, 동식물 등 몇몇 분야의 전문가들을 보면 어릴 때부터 그 분야에 깊은 흥미를 갖고 파고든 경우가 많습니다. 장기적으로 보면 아이의 직업 선택과 이어질 수도 있으니 긍정적으로 봐주시면 어떨까 합니다.

사람을 죽이는
상상을 한대요

초등학교 2학년 아들이 자꾸 끔찍한 생각을 한다고 해서 고민입니다. 예를 들면 여자아이들의 치마 속을 상상하거나 자기가 사람을 칼로 찔러 죽이는 생각이 자꾸 난다고 해요. 처음엔 학교에서 잘못한 일이 있으면 엄마에게 다 말해달라고 했어요. 그런데 언젠가 제게 머릿속으로 나쁜 생각을 하는 것도 잘못이냐고 묻길래 그렇다고 했지요. 그 후 제게 고해성사 하듯 무서운 생각들을 털어놓았는데 정말 충격적이었습니다.

아들은 왜 자꾸 이런 생각을 하게 되는 건지 모르겠다며 머리에 이상한 게 들어 있는 것 같다고 괴로워합니다. 나쁜 생각이 들더라도 입 밖에 내지 말고 그냥 머릿속에만 넣어두라고 얘기해주긴 했지만 아이에게 정신적으로 심각한 문제가 있는 건 아닌지 걱정됩니다.

아이의 잘못된 생각보다 아이의 불안에 주목해주세요

많이 놀라셨지요. 답을 드리기 전에 꼭 짚고 넘어갈 점이 있습니다. <u>많은 부모들이 아이에게 나쁜 생각을 하는 것 자체가 잘못이라고 말하는데 생각은 그 자체로는 문제 될 것이 없습니다. 행동으로 옮기지만 않는다면 말이죠.</u> 사람의 무의식에는 온갖 생각이 존재합니다. 순간적으로 떠올랐다 사라지죠. 그중 일부만 의식화되고, 또 그중 극히 일부만 행동으로 나타납니다. 이 과정에서 문제가 될 수 있는 부분은 대개 걸러집니다.

사실 어른들도 속으로는 별의별 생각을 다 합니다. 자식 키우면서 힘들 때면 차라리 자식이 없었으면 좋겠다는 생각도 한두 번은 해보았을 것입니다. 만약 자신의 머릿속에 순간적으로 스쳐 지나간 생각까지 모두 말로 옮겨놓는다면 대부분 스스로도 놀랄 것입니다. 생각으로 머물 때는 별것 아니었는데 언어로 바꿔놓으면 무서운 경우도 많죠. 그래서 안 좋은 생각이 머릿속을 스쳐 지나가도 그것을 입 밖으로 꺼내는 경우는 거의 없습니다. 말로 했다가는 이상한 사람 취급 받을 수도 있고, 자칫 듣는 사람에게 상처를 줄 수도 있으니까요.

그런데 아이들은 충동적이어서 생각한 것을 거르지 않고 말로 꺼내놓습니다. 예를 들어 "엄마 미워", "아빠가 사라졌으면 좋겠어" 하는 식이죠. 이런 생각은 그저 지나가는 것이고 아이가 가진 감정의 일부분일 뿐입니다. 아이가 엄마나 아빠에 대해 가진 감정의 전부를 의미하지 않습니다. 그러니 크게 신경 쓰지 말고 넘기면 됩니다. 오히려 부모가 아이의 말에 놀라서 과민반응을 하고, 그 덕에 아이는 자신이 말로 뱉은 생각을 한 번 더 되뇌어봅니다. 어떤 생각이든 반복해서 하면 사람의 사고는 그쪽으로 더 흐를 수 있습니다.

가끔은 아이가 아주 엉뚱한 말을 할 때도 있습니다. 아이의 머릿속에서 지나가는 생각이죠. 사회 규범상 용납하기 어려운 생각이나 끔찍한 생각일 수도 있습니다. 엉뚱한 생각이 드는 것은 흔한 현상입니다. 대부분의 아이들은 그런 생각을 하고 금세 잊어버리죠. 다만 일부 아이들은 쉽게 잊지 못합니다. 그러다 보면 불안해져 부모에게 이야기하죠. 이때 부모가 다독이며 그런 생각이 지나갈 수 있다고 달래주면 아이는 이 고비를 잘 넘길 수 있습니다.

그런데 부모가 그 말에 주목해서 자꾸 물어보면 문제가 심각해질 수 있습니다. 아이는 자기가 한 생각이 점점 마음에 걸리고, 왜 자신이 그런 생각까지 했을까 불안해집니다. 불안은 계속 높아지죠. 특히 부모가 머릿속으로 나쁜 생각을 하는 것도 죄악이라고 하면 아이는 점점 더 견디기 어려워집니다. 안 좋은 생각이 떠오르는 것만으로도 불안한데, 자기가 나쁜 아이라는 생각이 드니 더 불안해지는 거죠. 나쁜 아이이니 나쁜 생각도 드는 것이고, 결국 나쁜 일이 자신에게 일어날 것이라고 믿게 됩니다. 그러다 보면 아이가 퇴행하거나 여러 불안 증상을 보이게 되죠. 신경증의 시작입니다.

***

지금 사연의 아이도 그런 상황입니다. 불안이 높아졌어요. 아이도 기질적으로 불안이 약간 높고, 어머니도 걱정이 좀 많은 분으로 보입니다. 아이가 현재 상태에서 조금 더 악화되면 소아강박증 진단을 받는 상황이 올 수도 있습니다. 사실 부모가 아이의 좋지 않은 점을 하나하나 짚어서 문제 삼는 것이 강박적인 육아입니다. 부모의 강박적인 태도가 아이에게 옮겨 가면 아이도 안 좋은 생각에 강박적으로 집착하게 됩니다. 그러면 아이는 점점 더 불안해지고, 불안할수록 안 좋은 생각은 더 많이 들고, 결국 더 불안해지는 악순환에 빠지게 됩니다. 강박증이 시작되는 것이죠. 그래서 <u>불안이 높은 아이를 키울 때는 아이의 불안을 자극하지 않는 양육이 필요합니다. 불안한 아이를 보면 부모도 불안해지기 쉽습니다. 그런 부모의 불안이 아이를 더 불안하게 만들죠. 불안한 아이를 도우려면 스스로 자신의 불안을 견뎌내고 아이에게는 여유를 보여주는 부모가 필요합니다.</u>

지금 아이가 하는 나쁜 생각을 보면 폭력적이고 성적인 내용이 많습니다. 그렇다고 아이가 특별히 성적인 관심이 높거나 공격적인 성향이라고 보긴 어렵습니다. 사람에게 떠오르는 불쾌한 생각은 대개 성적이거나 공격적인 것들이 주를 이룹니다. 어린아이의 경우에도 그렇습니다. 아마도 이런 주제가 인간의 원초적인 무의식 깊숙한 곳에 자리하고 있기 때문일 것입니다. 그러니 아이가 털어놓는 생각의 내용 때문에 아이의 인격을 의심하지는 마세요. 그런 의심이 오히려 아이의 인격을 망칠 수 있습니다.

불안과 집착의 악순환을 끊으려면 아이에게 우선 이렇게 말해주세요.

"사람은 누구나 마음속으론 별의별 생각을 다 하며 산단다. 그 생각은 지나가버리면 그만이야. 정말 중요한 건 마음의 중심에 흐르는 생각이란다. 큰 강에 가까이 가보면 쓰레기도 가끔 떠다니고 지저분한 것도 보이지만 조금 떨어져서 보면 너무 아름답지 않니? 네 생각도 전체적으로 보면 여전히 아름답고, 엄마는 네가 정말 사랑스러워."

그리고 집착하는 생각 말고 다른 생각을 중심으로 대화를 해보세요. 아이가 집착하는 이상한 생각 말고도 학교, 친구 관계, 공부, 놀이 등 얼마나 이야깃거리가 많은가요? 자꾸 안 좋은 생각, 잘못한 일 중심으로 대화를 하다 보면 아이도 부모도 그 문제에 더 집착하게 됩니다. 그래도 아이가 계속 이상한 생각에 집착하면 이렇게 격려해줍니다.

"잘못된 생각이 들 수 있지만 그 생각에 매일 필요는 없어. 네가 착한 아이다 보니 좋지 않은 생각이 한번 들면 걱정이 되는 거야. 걱정이 되니 자꾸 더 그 생각이 나고. 이제부터는 안 좋은 생각이 들어와도 그 생각에 자꾸 몰두하지 말고 그냥 내보내자. 자, 한번 가위로 팽팽한 줄을 자르는 상상을 해보자. 그것처럼 계속 이어지는 그 생각을 뚝 잘라 내보렴. 그리고 심심할 때면 더 그 생각이 많이 날 수 있으니 신경 쓸 다른 일을 만들어보자."

만약 부모가 이처럼 대범하게 아이를 대하며 꾸준히 격려하는데도 증상이 지속된다면, 그래서 아이가 괴로워하고 있다면 그때는 더 기다리지 말고 소아청소년정신과를 방문하는 것이 좋습니다.

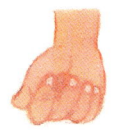

아이가 친구의 물건을 훔쳤어요

Q 초등학교 6학년인 아들은 매 학년 반장을 도맡아 할 정도로 모범생입니다. 그동안 선생님들도 아이가 공부도 잘하고, 예의 바르고, 리더십도 있다며 이구동성으로 칭찬하곤 하셨죠. 그런데 얼마 전 아이가 친구의 물건을 훔쳤다는 사실을 담임 선생님을 통해 알게 됐어요. 선생님은 스트레스나 욕구 불만이 있는 경우 그런 행동을 할 수 있으니 크게 염려하진 말라고 하셨어요. 그런데 저는 진정이 안 되고 눈앞이 캄캄해지더라고요. 아이에게 이유를 물으니 그냥 갖고 싶어서 그랬다고 합니다. 그동안 뭘 사달라고 조른 적도 없는데 말이죠. 이럴 땐 도대체 어떻게 해야 할까요?

아이의 욕구를 깊게 이해해야 합니다

남의 물건을 훔치는 아이가 과연 얼마나 될까요? 조사에 따르면 소아의 50%, 즉 두 명 중 한 명이 부모나 다른 사람의 돈이나 물건을 훔쳐

본 적이 있다고 합니다. 반복해서 상습적으로 훔치는 경우는 드물지만 몇 번 남의 물건에 손을 대는 것은 흔한 일이죠. 소아기의 도둑질과 청소년기의 흡연은 매우 흔한 문제행동이어서 일종의 통과의례라고도 볼 수 있습니다. 하지만 막상 그 상황을 겪는 부모들에게는 충격과 두려움을 주죠. 특히 부모 자신이 성장기에 비슷한 경험을 하지 않았던 경우 상황을 더욱 심각하게 보는 경향이 있습니다.

옛말이 틀린 것 하나 없다지만, 저는 속담 중에 상당수가 맞지 않는다고 생각합니다. 특히 '바늘 도둑이 소도둑 된다'라는 말은 들을 때마다 거슬립니다. 아이들이 뭔가를 훔치면 부모들은 이 속담을 떠올립니다. 그러면 걱정이 안 될 수가 없죠. 혹시 나중에 큰 범죄라도 저지르게 되는 것은 아닐까 불안해집니다. 여기에 '세 살 버릇 여든까지 간다'라는 속담도 부모의 걱정을 더합니다. 아이가 벌써부터 나쁜 행동을 하니 앞으로도 계속 심해져서 심각한 문제가 되리라 생각하게 되죠.

그러나 어릴 때 남의 물건을 훔친 경험을 가진 아이들 중 대다수는 범죄자가 되지 않습니다. 물론 이 아이들이 한 행동은 좋은 행동이 아닙니다. 꼭 바로잡아야 합니다. 하지만 이런 행동을 했다고 해서 아이에게 대단한 문제가 있는 것은 아닙니다. 이 아이들 대부분은 지극히 정상입니다.

아이들은 얼마든지 문제 행동을 보일 수 있습니다. 아직 미숙하고 모르는 것이 많으니까요. 그러면 부모는 올바른 행동이 무엇이고 어떻게 하면 되는지 가르치면 됩니다. 한번 배운다고 다 몸에 익진 않겠죠. 어떤 것은 쉽게 배우지만 어떤 것은 오랜 시간에 걸쳐 배워야 합니다. 그리고 그 잘못된 행동 중 일부는 어른이 되어도 여전히 남게 됩니다. 그 증거가 우리 부모들의 모습입니다. 부모들 스스로 돌아보면 자신 역시 몇 가지 약점과 단점을 갖고 있고 잘못된 습관이 있을 것입니다. 약점과 단점을 가졌다고 해서 비정상은 아닙니다. 잘 살지 못하는 것도 아니죠. 그런데도 부모들은 아이가 가진 문제를 보면 견디지 못합니다. 크게 놀라며 당장 바꿔주려 하고, 바뀌지 않으면 아이를 혼내고 속상해합니다.

<u>천천히, 하지만 꾸준히 아이를 바꿔 가면 됩니다. 불안해할 필요가 없습니다. 불안하면 과한 행동을 하게 됩니다. 과한 행동은 아무 효과도 없으면서 아이에게 상처만 줍니다. 심지어 문제를 악화시키기도 합니다.</u>

＊＊＊

아이가 물건을 훔치는 이유는 무척 다양합니다. 연령대에 따라 조금씩 다르죠. 미취학 아동의 경우에는 내 것과 남의 것을 구분하는 소유의 개념이 부족합니다. 이 연령대의 아이들이 남의 물건을 가지고 오는 것은 엄밀히 말하면 훔치는 것은 아닙니다. 갖고 싶은 물건을 발견했으니 '들고 오는' 것이죠.

이 시기의 아이들에게 왜 물건을 훔쳤냐고 다그쳐도 자신의 잘못을 잘 인식하지 못합니다. 그냥 부모가 자신을 싫어해서 야단친다고 생각하죠. 아이는 야단맞은 것은 기억하지만 왜 야단맞았는지는 모릅니다. 부모는 훔치지 말라고 가르쳤다고 생각하지만 아이는 훔친다는 말의 의미도 모르니까요. 그래서 <u>이 시기의 아이가 남의 물건을 가져오면 혼내기보다는 소유의 개념을 가르쳐주는 것이 우선입니다.</u>

"네 물건이 없어지면 속상하지? 저 물건은 다른 친구 것이야. 네가 가져와버리면 그 친구가 속상할 거야. 그러니까 가져오면 안 되는 거야."

"물건에는 주인이 있어. 주인은 그 물건을 가질 수 있는 사람이야. 주인이 아니면 가지면 안 돼. 갖고 놀고 싶으면 허락을 받아야 해. 허락을 안 해주면 속상하지만 못 갖고 노는 거고. 어떤 물건은 모두가 함께 주인인 것도 있어. 그런 물건은 갖고 놀거나 사용할 수는 있지만 혼자만 가지고 놀려고 하면 안 돼. 자기 마음대로 갖고 와서도 안 되고."

이런 식으로 차분히 알려주면 됩니다. 물건에 주인 이름 붙이기 놀이를 할 수도 있죠. 집 안 물건에 누구 것이라는 이름을 붙이는 놀이입니다. 아이 것, 동생 것, 아이와 동생 것, 엄마 것, 아빠 것, 엄마와 아빠 것, 가족 모두의 것, 이런 식으로 이름을 붙이면서 소유의 개념을 가르칩니다.

소유의 개념이 분명히 생겼는데도 돈이나 물건을 훔치는 경우에는 그 원인을 세 가지로 나눠볼 수 있습니다.

첫째, 욕구가 충족되지 않아 훔치는 경우입니다. 욕구라는 것은 주관적인 것이어서 사람마다 그 크기가 다릅니다. 또 상황 변화에 따라 없던 욕구가 갑자기 생기기도 합니다. 예를 들어 평소 돈에 관심이 별로 없던 아이가 있습니다. 그러던 중 친구 한 명이 용돈을 들고 다니면서 딱지도 사고, 아이스크림도 사 먹는 것을 보게 됩니다. 이때부터 아이도 욕구가 생깁니다. 친구처럼 아이스크림도 사 먹고 싶고 딱지도 갖고 싶어진 거죠. 그 친구가 자랑을 하니 욕구가 더욱 커집니다. 그래서 엄마에게 "딱지를 갖고 싶어요", "아이스크림 사주세요"라고 말해봅니다. 그런데 엄마는 평소에 하듯 "다른 장난감도 많잖니", "아이스크림은 몸에 안 좋아" 하며 가볍게 넘깁니다. 아이 입장에서는 이제 달리 방법이 생각나지 않습니다. 그래서 엄마나 다른 사람의 돈을 훔치는 식으로 욕구를 해소하려 듭니다.

물론 용돈을 받는 경우에도 자신이 원하는 만큼 충족되지 않으면 아이들은 도둑질을 시도할 수 있습니다. 부족하다고 생각하는 것이죠. 이때는 부모가 먼저 아이의 욕구를 이해하지 못했던 것은 아닌지 생각해보고, 만약 그랬다면 아이의 입장을 배려해 욕구를 해소할 방법을 만들어줘야 합니다. 그렇지 않고 아이의 욕구가 지나친 경우라면 아이의 욕구는 인정해주되 부모가 그 정도는 수용해줄 수 없음을 분명히 밝히며 아이를 설득해야 합니다. 혹시 아이의 욕구는 정당한 수준이지만 부모의 형편상 들어주기 어려운 경우에도 마찬가지입니다. 진솔한 대화가 해법입니다.

둘째, 아이들은 관심을 받고 싶은 욕구 때문에 물건을 훔칠 수 있습니다. 정서적인 면에서 허전하고 만족하지 못하는 아이들 중에는 심리적인 공허함을 물질을 통해 채우려는 경우가 있습니다. 어른들 중에도 자꾸 물건을 사들이거나 상점에서 물건을 슬쩍하는데, 알고 보면 우울증에 시달리는 경우가 있죠. 이와 비슷한 맥락입니다.

이런 아이들은 물건을 훔쳐서 야단을 맞아도 소용이 없습니다. 거꾸로 야단을 맞으면 맞을수록 더 많이 훔칩니다. 부모의 야단을 관심의 표현으로 받아들이기 때문입니다. 평소에는 아무 관심도 없던 엄마가 도둑질을 하니 자신에게 관심을 보입니다. 아이는 무관심보다는 야단을 맞더라도 관심을 받고 싶습니다. 게다가 야단을 맞고 나면 부모가 약간 잘해줍니다. 보상이 이뤄지는 셈이죠. 그러니 아이는 또 야단맞을 행동을 반복합니다. 초등학생 연령에서 많이 나타나는 모습이죠.

<u>셋째, 친구 관계가 도둑질의 원인일 수 있습니다.</u> 청소년기 이후의 도둑질에서 주로 발견되는 현상입니다. 친구들에게 강해 보이기 위해 위험한 행동을 저지르는 아이도 있고, 소외당하지 않기 위해 친구가 하는 행동을 따라 하는 아이도 있습니다. 경제적으로 부족한 점이 없는데 도둑질을 하는 청소년들 중에는 '내가 이 정도쯤은 쉽게 할 수 있다'고 과시하려는 마음이 원인인 경우가 많습니다. 이 경우에는 친구 관계에서 인정받을 수 있는 다른 방법을 마련해주거나 친구 관계에서 꼭 인정받아야만 한다는 절박함을 줄여줘야 문제가 해결됩니다.

* * *

원인에 따라 대처 방법도 차이가 나겠지만, 그 어떤 경우에도 가장 중요한 것은 부모의 태도입니다. 무엇보다 부모가 흥분하지 말아야 합니다. 어떤 부모들은 하늘이 무너졌다는 표정을 지으며 아이에게 '너 죽고 나 죽자'는 식으로 극단적인 반응을 보이기도 합니다. 하지만 <u>부모가 흥분하면 아이는 부모에게서 아무것도 배우지 못합니다. 차분하게 아이의 잘못을 정확히 지적해주세요.</u>

"남의 걸 가져오면 그 사람이 얼마나 속상하겠니? 혹시 못 찾으면 두고두고 화가 날 테고, 돈을 들여 산 것이면 억울하겠지. 네가 아직 어려서 갖고 싶은 것이 있을 때 참는 것이 힘든 건 알아. 그래서 지금은 용서해줄 수 있지. 하지만 좀 더 커서 이런 행동을 하면 범죄가 되는 거야."

잘못을 지적한 후에는 훔친 물건을 반드시 주인에게 돌려줘야 됩니다. 만약 가게의 물건을 집어 왔다면 아이와 함께 주인을 찾아가서 아이가 실수를 했는데 정말 죄송하다고 사과하세요. '아이가 계산을 착각했다'는 식으로 둘러대는 것도 금물입니다. 솔직하게 잘못을 인정하고 사과해야 합니다.

아이가 직접 사과하면 가장 좋겠지만 부끄러워한다면 부모가 대신 사과해도 좋습니다. 다만 아이가 가기 싫다고 해도 설득해서 반드시 함께 가야 합니다. 그날이 아니면 그다음 날이라도 설득해서 가야 합니다. 이런 과정이 교육입니다. 잘못을 저지를 수는 있지만 반복해선 안 되고, 앞으로 이런 일을 벌이면 부모와 함께 가서 꼭 사과를 할 것임을 아이가 알아야 합니다.

친구의 물건을 가져왔을 때는 아이가 솔직하게 말하는 것이 힘들 수 있습니다. 특히 상대 친구가 과장해서 이야기를 퍼뜨리는 아이라면 조금 곤란하죠. 그래도 가급적 아이가 직접 사과하도록 유도해야 합니다. 이 정도의 사과 표현을 알려주세요. "네가 이걸 갖고 있는 것을 보니 많이 갖고 싶었어. 그래서 가져갔는데 이건 많이 잘못한 거야. 그래서 다시 가져왔어. 잊어버려서 속상했지. 미안해. 사과할게."

이런 말을 하기는 너무 어렵지 않을까 싶겠죠. 그런데 진료실에서 여러 번 경험해본 결과, 이렇게 말했을 때 상황이 깔끔하게 끝나는 경우가 많았습니다. 둘러대는 말이 오히려 상황을 악화시키고요. 몰래 가져다두는 방법도 있지만, 이 경우 아이가 다시 친구의 물건에 손을 대는 재발 비율이 높았습니다. 정 아이가 힘들어한다면 한 번은 몰래 가져다두는 것을 용납하되 다음에는 사과하기로 약속을 받아두는 것도 하나의 방법입니다.

사과를 직접 하는 것은 너무나 창피한 일입니다. 하지만 창피함을 견디는 것이 교육에서 가장 중요합니다. 창피함을 무릅쓰고 사과하는 것은 용기가 필요한, 아주 어려운 일입니다. 물건을 갖고 싶은데 참는 것도 어려운 일이죠. 아이는 정신적으로 아주 어려운 한 가지 일을 해내고 나면 다른 어려운 일도 해낼 수 있게 됩니다. 사과를 해낸 아이는 충동을 참아낼 힘을 갖게 되죠. 그리고 아이가 사과하는 데 성공했다면 더 이상 잘못을 야단치지 마십시오. 오히려 그 용기를 칭찬해줘야 합니다.

✳ ✳ ✳

부모들도 평소에 행동을 조심해야 합니다. 식당 같은 곳에 가서 좋아 보인다고 사소한 물건을 무심코 집어 오는 부모들이 있습니다. 이런 행동은 아이에게 도둑질을 해도 된다는 메시지를 주는 것이나 다름없습니다. <u>부모가 아이의 도덕적인 모델이라는 사실을 꼭 기억하세요.</u>

부모가 돈 관리를 확실하게 하는 것도 중요합니다. 아이가 돈에 관심을 갖고 있으며 부모의 지갑에 손을 댄 것 같다면 눈에 띄는 곳에 돈을 두어선 안 됩니다. 유혹을 원천부터 차단해 아이가 시험에 들지 않게 하세요. 잠금장치가 있는 서랍을 마련하는 것도 한 방법입니다. 아이가 부모의 지갑에 손을 댔다면 가족들 모두 지갑 간수를 철저히 하고 돼지저금통도 없애야 합니다. 도둑질은 여러 번 성공할수록 점점 더 시도하기 쉬워집니다. 도둑질이 성공할 수 없는 환경을 만들어야 합니다.

제가 아는 어떤 아버지는 지갑 속에 돈 대신 "○○야, 아빠 지갑에 손대지 마라. 어릴 땐 그럴 수 있고 아빠도 그런 적이 있다. 하지만 앞으로는 절대 그러면 안 된다"라는 메시지를 쪽지에 적어 지갑에 넣어두었다고 합니다. 아이는 쪽지를 보고 창피해하면서도 아빠가 자신의 자존심을 살려줬다고 생각하고는 더 이상 지갑에 손을 대지 않았다고 해요.

마지막으로, 아이가 도둑질을 한 번이라도 하면 용돈 시스템을 도입하세요. 용돈이 필요할 때 주지 않으면 도둑질은 확실히 늘어납니다. 사람은 누구나 욕구가 있고, 욕구가 지나치게 제한되면 문제행동으로 이어집니다. 용돈의 적절한 금액을 아이와 협상하고, 용돈을 주는 과정에서 충동 조절 문제를 다룰 수 있습니다.

가끔 아이가 부모의 돈을 훔쳤다고 심하게 야단친 다음, 벌로 아이의 용돈을 뺏는 경우를 보게 됩니다. 이 경우 아이가 물건을 훔치게 한 욕구는 전혀 해결되지 않았는데 용돈마저 빼앗기니 아이의 욕구는 더욱 좌절됩니다. 그러다 보면 처음엔 무서워서 참지만 곧 다시 잘못을 저지릅니다. 그런 과정이 몇 번 반복되면 아이는 스스로를 '나쁜 아이'로 비하하고 자포자기해서 더 심한 문제행동을 저지릅니다. 용돈 빼앗기는 도둑질에 주는 벌 중 최악의 벌입니다. 반면 가장 효과적인 벌은 피해자에 대한 진심 어린 사과입니다. 잊지 마시기 바랍니다.

스마트폰을 사달라고 졸라요

> 초등학교 5학년인 딸아이가 스마트폰을 사달라고 졸라서 고민입니다. 반 친구들은 모두 스마트폰을 가지고 있고 카카오톡에 대화방을 만들어서 노는데 자기는 낄 수 없어 '왕따'가 되는 느낌이래요. 저희 부부는 아이를 미디어 기기에 노출시키고 싶지 않아서 휴대전화는 물론 게임기나 MP3 플레이어도 사주지 않았거든요. 제가 어릴 때는 스마트폰 없이도 하루 종일 재미있게 잘 놀았는데 이렇게 생각하는 제가 구시대적 사고를 가진 건가요? 아이 친구 엄마들도 제가 지나치다고 입을 모읍니다. 어떤 게 현명한 양육인지 혼란스럽네요.

자기 통제력이 생긴 다음에 사줘도 늦지 않습니다

요즘 이런 고민을 하는 부모들이 정말 많습니다. 부모가 아이에게 휴대전화를 사주는 첫 번째 이유는 안전에 대한 걱정 때문이죠. 요즘 같이 험한 세상에 아이들과 연락할 수 있는 방법을 마련하려는 부모들의 마음은 충분히 이해가 갑니다. 특히 맞벌이를 하는 부모라면 휴대전화 없이 아이의 하루 일과를 챙긴다는 것이 쉬운 일이 아닙니다.

그런데 요즘은 스마트폰이 아닌 휴대전화를 구하기가 쉽지 않습니다. 통신회사들은 스마트폰에는 많은 할인 혜택을 주지만 구형 휴대전화는 할인이 적어 스마트폰을 사지 않으면 왠지 손해 보는 느낌이 듭니다. 다행히 최근에 어린이 전용 휴대전화와 요금제가 나오면서 저학년의 경우에는 고민이 덜해졌습니다. 조작이 간단하고 위치 추적 기능도 갖고 있어 아이의 안전 확인용으로 사주기에 적합합니다. 가격도 저렴하죠.

그럼에도 일부 부모들은 이왕이면 다홍치마라고 아이에게 고가의 스마트폰을 안겨줍니다. 고학년이 되면 부모에게 스마트폰을 사달라고 적극적으로 요구하는 아이도 늘어나죠. 친구들도 모두 스마트폰을 갖고 있다며 부모를 조릅니다. 그러면 내 아이 기죽일 수 없다는 생각에 부모도 아이의 요구에 지는 척 스마트폰을 안겨줍니다.

<u>저는 아이에게 스마트폰을 사주기 전에 부모가 스스로에게 질문해보길 권합니다. 초등학생에게 마음만 먹으면 언제든 인터넷에 접속할 수 있는 미디어 환경을 제공하는 것이 괜찮을까요? 만약 이 질문에 대해 부모가 괜찮다고 생각한다면 스마트폰을 사줘도 좋습니다.</u> 스마트폰은 전화기로 분류되지만 실은 갖고 다닐 수 있는 휴대용 컴퓨터입니다. 부모는 전화기를 사주었다고 생각하지만 아이는 스마트폰을 갖게 되면 통화보다는 게임이나 음악 청취, 인터넷 검색을 훨씬 많이 이용합니다. 그리고 이것을 통제하기는 거의 불가능합니다.

✱ ✱ ✱

<u>저는 초등학생에게 스마트폰을 사주는 것에 반대하는 입장입니다. 가급적 미디어 환경에 노출시키지 않는 것이 아이들의 발달과 정신 건강에 유익하다고 믿기 때문입니다.</u> 물론 저와 다른 생각을 가진 부모도 있을 것입니다. 저 역시 아이들에게 스마트폰이 나쁘다고 확실하게 이야기할 수는 없습니다. 아직 스마트폰이 아이들의 발달과 정신 세계에 미치는 영향에 대해서는 체계적인 연구가 나와 있지 않으니까요. 유아기의 TV 시청이 아이들에게 해롭다는 것은 이제 과학적인 진실이 되었지만 아동기 스마트폰 사용의 영향에 대한 연구는 이제 시작 단계입니다.

그럼에도 불구하고 제가 반대하는 이유는 두 가지입니다. 첫째, 스마트폰이 너무나 재밌고 편리한 도구이기 때문입니다. 아이들은 이것을 손에 쥔 이상 더는 다른 놀이에 흥미를 갖지 못합니다. 재미난 웹툰이나 게임, 동영상 등의 콘텐츠가 전부가 아닙니다. 스마트폰은 그 특성상 우리의 동작에 빠르게 반응하는데, 일상에서는 경험할 수 없는 빠른 반응은 아이에게 큰 즐거움을 줍니다. 그로 인해 아이들은 스마트폰이 제공하는 자극-반응 사이클에 과도하게 몰입하기 쉽습니다.

어린 시절에는 구체적인 사물을 탐색하고 조작하는 경험을 충분히 쌓아야 합니다. 그런데 자신의 행동에 빠르게 반응해주는 스마트폰을 경험하게 되면 아이들은 반응이 느린 일상을 지루하게 느낍니다. 일상을 충분히 경험해봤고 그 중요성을 잘 아는 성인이라도 스마트폰이 제공하는 빠른 반응은 대단히 유혹적입니다. 그러니 경험이 부족한 아이들이 유혹을 참아내기란 어려운 일이죠. 처음부터 자극적인 음식에 입맛이 길들여지면 밍밍한 음식을 먹기 어렵듯, 스마트폰을 일찍 접한 아이는 현실에서의 재미를 느끼기 어렵습니다.

둘째, 멀티태스킹 기능 때문입니다. 요즘 사용하는 미디어 기기들은 대부분 동시에 여러 가지 작업을 처리하는 멀티태스킹 기능을 갖고 있습니다. 그런데 깊이 있는 사고 능력을 개발하기 전에 멀티태스킹 기기를 접하게 되면 부작용이 생깁니다. 한 가지 문제를 머릿속으로 오래 곱씹고 깊이 생각하지 않으려 하고 다른 자극으로 옮겨 가는 데만 관심을 갖습니다. 진득하게 붙어 결실을 보기보다 어떻게든 빨리 더 재미있고 더 큰 만족감을 주는 행위로 넘어가려는 경향이 생깁니다. 사고의 진행이 산만해지죠. 이러한 산만함은 사고 기능이 성숙한 상태에서는 문제 해결에 도움을 줄 수도 있지만 사고 기능이 성숙하지 못한 아동기에는 해로울 뿐입니다.

저는 아이에게 휴대전화를 사줘야 한다면 이런 폐해를 최소화할 수 있는 휴대전화를 사주는 게 유익하다고 생각합니다. 통화와 문자 메시지 기능만 있는 단말기도 많이 나와 있습니다. 게다가 스마트폰을 사주면 아이와의 갈등이 생기기 쉽습니다. 아이들은 자기 통제력이 충분하지 않기 때문에 계속해서 스마트폰을 하고 싶어 합니다. 시도 때도 없이 스마트폰을 만지니 부모는 통제를 하고, 아이는 통제를 피해 몰래 하고, 결국 집 안에 큰소리가 나고 맙니다. 비싼 돈을 주고 스마트폰을 사준 후 화가 나서 아이의 전화기를 부순 부모를 한두 명 본 것이 아닙니다.

<u>스마트폰은 기기 사용에 대한 자기 통제력이 어느 정도 생긴 다음</u>

에 사주는 것이 좋습니다. 적어도 중학교 이상 연령이 되었을 때 사주고, 그때도 아이와 스마트폰 사용에 대한 규칙을 정확히 한 후 사주는 것이 좋습니다.

　물론 아이에게 스마트폰을 사주지 않고 버티는 것이 쉽지는 않습니다. 아이들은 끊임없이 친구와 자신을 비교하고, 부모 역시 자기 아이가 남보다 뒤처지는 것에 예민하니까요. '누구는 있는데 나만 없다', '누구네 부모님은 괜찮다는데 왜 엄마만 그러느냐'며 아이는 대듭니다. 같은 반 아이들끼리 카톡 방을 통해 정보를 교류한다는 말을 들으면 우리 아이만 끼지 못하는 것이 마음 편하지 않습니다. 이러다 왕따가 되면 어떡하나 걱정도 되죠. 그래서 결국 못 이기는 듯 사주고 맙니다. 한 아이만 스마트폰을 갖게 되어도 반 아이들 전체가 도미노 무너지듯 스마트폰을 갖게 되죠.

　제가 보기에는 스마트폰을 갖고 있지 않다고 해서 왕따를 당하는 일은 없습니다. 오히려 스마트폰을 통해 왕따나 사이버 폭력이 잘 일어납니다. 스마트폰을 갖고 있지 않으면서도 반에서 인기를 유지하는 아이도 상당히 많습니다. 자기가 스마트폰이 없어서 왕따가 되고 있다고 말하는 경우에도 자세히 살펴보면 왕따가 된 계기나 이유는 따로 있습니다. 그 아이는 스마트폰을 갖게 되어도 따돌림을 당하기 쉽고, 스마트폰 때문에 오히려 상처 받는 일이 생길 수 있습니다. 친구 관계가 좋지 않다는 불안감 때문에 친구들과 같은 물건을 갖고 싶어 하는 아이의 마음은 충분히 이해할 수 있습니다. 다만 안타깝게도 그 물건을 갖게 된다고 해서 저절로 친구가 생기지는 않습니다.

✳ ✳ ✳

어쨌든 이런저런 이유로 아이에게 결국 스마트폰을 사주게 되었다면 그 부작용을 최소화할 수 있도록 지도해야 합니다.

첫째, 동시 작업은 하지 않게 해주세요. 스마트폰을 보면서 밥을 먹는다든지, TV를 보면서 모바일 채팅을 한다든지 하는 행동은 금지해야 합니다. 스마트폰 자체가 멀티태스킹 기기인데 여기에 다른 일까지 함께하면 아이의 집중력을 키우는 데 방해가 됩니다.

둘째, 미디어 사용 금지 구역을 정하세요. 침실에는 미디어 기기를 가지고 들어가지 않게 한다거나 식탁에서는 사용하지 않는 등 가족끼리 약속을 정해두면 도움이 됩니다. 치질을 예방하기 위해 화장실에서의 사용을 금지하는 집도 있습니다. 이런 미디어 사용 금지 구역의 설정은 아이에게 혼자 있는 시간, 생각하는 시간을 만들어주는 효과가 있습니다.

셋째, 따분함을 참도록 격려해주어야 합니다. 요즘 아이들은 지루한 것, 따분한 것, 심심한 것을 못 견뎌합니다. 심지어 두려워하기까지 하죠. 그런데 두뇌는 따분하고 지루한 순간에 성장합니다. 그 시간에 깊이 있는 사고도 이뤄지고 창의적인 발상도 나오게 됩니다.

넷째, 기기 업그레이드의 욕심을 갖지 않도록 도와주세요. 부모들부터 새로운 기기가 나왔을 때 열광하면서 기기를 바꾸려 드는 모습을 보이지 말아야 합니다.

다섯째, 어릴 때는 자신의 개인 계정을 타인에게 공개하지 않게 해주세요. 페이스북이나 카카오스토리, 블로그 등을 공개하면 누군가 아이에게 댓글을 달아줍니다. 내 글에 누군가가 반응을 해주는 것이 아이들에게는 큰 자극이기에 자신도 모르게 점점 그 세계에 빠져듭니다. 댓글을 확인하고 댓글을 다는 일에 열중하게 되죠. 이런 온라인을 통한 소통에 몰입하면 실제 생활에서의 건강한 상호작용에 방해를 받습니다. 그러니 초등학교 때는 되도록 이메일 정도만 사용하게 하고 다른 사회관계망서비스(Social Network Service, SNS)는 피하게 하는 편이 좋습니다. 개인 블로그를 만들었다면 정말 친한 사람들에게만 오픈하고 다른 사람들에겐 비공개로 유지하라고 권해주세요.

'스마트폰 사용 계약서'도 도움이 됩니다. 스스로 잘 통제할 때까지 임시로 하는 계약이라고 말하고 스마트폰을 구입하기 전에 아이와 계약서를 작성하는 것입니다. 사준 다음에 계약서를 쓰면 실패할 확률이 높습니다. 사기 전에 쓰고 위반 시 벌칙 조항 등을 꼭 마련하세요.

계약서를 작성할 때는 크게 하루 중 특정한 시간만 자유롭게 사용할 수 있고 나머지 시간은 자유를 허용하지 않는 방식과, 하루 중 특정한 시간만 사용하지 않고 나머지 시간에는 자유를 주는 방식으로 정할 수 있습니다. 아이의 연령과 기질, 부모의 철학에 따라 정하면 됩니다.

나이가 어릴 경우 집에 오면 스마트폰을 부모에게 준 후 일정한 시간만 사용하는 방식도 가능하지만 중고등학생 이상이 되면 이런 계약이 통하지 않습니다. 곧 심각한 갈등 상황으로 돌입하게 되죠. 차라리 사용하지 않는 시간을 약속하는 편이 낫습니다. 예를 들어 잠잘 때, 식사할 때, 가족과 대화할 때, 공부할 때는 사용하지 않게 합니다.

아이들은 손에 들고 있으면서 사용하지 않는 것은 불가능하기 때문에 그 시간에는 특정한 장소에 스마트폰을 놔두게 하는 것이 좋습니다. 공부할 때는 공부 중 쉬는 시간에는 나와서 사용할 수 있지만 공부를 시작하면 다시 놓고 들어가는 것을 규칙으로 합니다. 이 계약의 핵심은 스마트폰을 늘 손에 들고 다니는 기구가 아니라 특정한 장소에 두고 사용하는 기구로 자리매김하는 것입니다. 그래야 스마트폰과의 애착이 지나치게 진행되는 것을 막을 수 있습니다.

<u>규칙을 위반했을 때의 벌칙은 너무 엄하게 정하지 마세요.</u> 일부 부모들은 1주 내지 2주간 사용 금지를 하는데, 그렇게 길면 조절 능력을 학습하기 어렵습니다. 위반 시 하루 24시간, 또는 길어야 이틀 정도로 벌칙을 정하세요. 다만 위반한 사실을 발견하면 봐주지 말고 즉시 벌칙을 적용합니다. 여러 차례 반복해서 벌칙을 받고, 다시 사용하는 과정을 통해 아이들은 자연스럽게 통제력을 키울 수 있습니다. 벌칙이 강하면 아이의 반감만 불러일으킬 뿐 통제력을 훈련시키지 못합니다.

이런 모든 주의를 기울여도 한 가지를 안 지키면 헛수고입니다. <u>부모부터 스마트폰 사용의 모범을 보여야 한다는 것입니다.</u> 부모는 한시도 스마트폰을 손에서 떼어 놓지 않으면서 아이에게만 하지 말라고 하면 아이가 부모의 요구에 진심으로 수긍하기는 어렵습니다. 자기도 조금만 힘이 생기면 마음대로 하겠다고 생각하죠. 스마트폰 규칙은 아이를 위한 규칙이어선 안 됩니다. 가족 전체의 규칙이어야 지켜질 수 있습니다. 부모의 말이 아닌 행동이 아이를 가르친다는 진리를 여기서도 잊지 않기를 바랍니다.

Plus Q 인터넷이나 게임을 얼마나 허용해야 할까요?

…

마이크로소프트사의 전 회장 빌 게이츠는 자녀들이 초등학교에 다닐 때 인터넷 사용을 40분 이상 못 하게 했다고 합니다. 배신감 느낄 일이죠. 전문가들은 게임중독을 논할 때 보통 하루 두 시간을 분기점으로 봅니다. 두 시간이 넘어가면 중독에 빠졌을 가능성이 있다고 보는 거죠.

저는 게임중독이나 인터넷중독은 흔히 우려하는 것에 비해 소수의 경우에 불과하다고 생각합니다. 아이들이 컴퓨터나 휴대전화로 게임을 하는 것은 그것 외에는 달리 놀 거리가 마땅치 않기 때문입니다. 놀이는 아이들에게 필수적인 활동입니다. 아이들은 일정 시간 이상 놀아야 건강하게 자랄 수 있습니다.

그런데 고학년만 되면 놀이터에 나가도 같이 놀 친구들이 없습니다. 친구들은 각자 학원에 다니느라 바쁘기에 잠시 짬을 내어 만날 수 있는 공간이라곤 게임 속 세계뿐입니다. 예전에는 놀이터와 운동장에서 모여 놀았다면 요즘 아이들은 게임 안에서 만나 수다를 떨고 모험을 즐깁니다. 어찌 보면 그곳이 제일 안전하고 돈도 들지 않는 장소입니다. 게다가 자극적이고 재밌기까지 하죠. 심지어는 시각적으로 아름답기까지 합니다. 아이들이 접할 수 있는 가장 높은 수준의 문화가 요즘에는 게임 속에 있습니다.

컴퓨터게임이 자극적이고 재미있긴 해도 충분한 시간과 놀 거리를 제공하면 아이들은 게임에 중독되지 않습니다. 다른 놀이도 함께 즐기며 컴퓨터게임도 놀이의 한 방법으로만 받아들이죠. 한마디로 목숨 걸고 게임을 하진 않습니다. 저 역시 진료실에서 몇 명의 아이들을 대상으로 실험을 해보았습니다. 유아기부터 아이들에게 충분한 놀이 도구와 공간을 제공하고 부모가 아이의 놀이에 관심을 기울이며 키우게 하니 아이들은 게임에 거의 흥미를 느끼지 않으며 성장했습니다. 게임을 처음 접하면 그 재미에 빠져들지만 약간의 지시만 해줘도 통제력을 유지할 수 있었습니다.

 게임을 대하는 부모의 올바른 태도는 아이에게서 게임을 빼앗는 것이 아닙니다. 다른 놀 거리를 충분히 쥐어주는 것이 옳은 방향입니다. 물론 이렇게 하는 것이 여건상 쉽지 않은 부모들이 많겠죠. 안타까운 상황입니다.

 아이들의 대화에서 게임이 중요한 소재인 것도 사실입니다. 사회성이 부족한 아이들은 게임조차 모르면 친구들과 대화를 나눌 이야깃거리가 없습니다. 게임 이야기는 남자아이들 사이에서 가장 인기 있는 대화 주제입니다. 그렇지만 되도록 게임에 노출하는 나이를 늦추는 편이 낫습니다. 그러기 위해서는 장난감과 다른 놀이를 신경 써서 제공해주세요.

 아이가 게임을 시작하면 무슨 게임을 하는지 관심 있게 지켜봐야 합니다. 아이에게 제목을 물어서 검색하면 허용 연령을 알 수 있습니다. 만약 아이가 이용할 수 있는 '전체 이용가' 게임이 아니면 금지해야 합니다. 아이는 친구들도 다 한다고 할 거예요. 그래도 허용하지 마세요. 허용해주는 부모들이 문제 부모입니다. 미국의 경우 86%의 부모가 게임의 연령별 이용 기준을 지켜서 게임을 허용하고 있는데 우리나라는 정반대의 현상이 나타나고 있습니다. 우리나라 부모들이 자녀에게 쏟는 관심과 정성은 미국보다 훨씬 큰데, 이런 양상은 이해할 수 없는 모습입니다.

아이가 게임하는 것을 간헐적으로라도 지켜보고 그에 대해 이야기를 나누세요. 게임에 대해 이야기하면 아이는 즐겁게 이야기를 시작합니다. 가족 간 소통을 늘리는 데 게임 이야기만큼 도움이 되는 것이 없습니다. 부모가 아이와 함께 게임을 하면 더욱 좋습니다. 미국의 경우 45%의 부모가 일주일에 한 번 이상 아이와 함께 게임을 합니다. 유럽의 경우에는 58%에 이릅니다. 부모가 함께 게임을 할 경우, 아이의 게임중독 역시 현저히 줄어듭니다.

요즘은 인터넷중독을 예방할 수 있는 여러 가지 도구들이 많이 나와 있습니다. 〈엑스키퍼〉처럼 외부에서도 컴퓨터 이용 시간을 제어할 수 있는 소프트웨어도 있죠. 그런 도구를 초기부터 사용하는 것도 좋습니다. 하지만 그런 도구보다 중요한 것은 아이에게 다른 놀이, 다른 취미를 충분히 만들어주는 것, 그리고 아이와 함께 게임을 즐기려는 부모의 태도입니다. 의외로 게임이 부모에게도 재미있는 취미 활동이 될 수 있습니다. 함께 즐기는 것이 부담스럽다면 관심이라도 가져보세요. 아이의 게임중독도 예방하고 아이와 더 가까이 소통할 수 있습니다.

아이가 욕을 많이 해요

11세 아들을 둔 엄마입니다. 얼마 전 아이가 방에서 게임을 하고 있었는데 순간 입에 담기조차 힘든 욕설이 들려왔습니다. 너무 놀라서 아이 방으로 가봤더니 아이는 제가 들어온 줄도 모르고 열심히 자판을 두드리며 연신 욕을 내뱉고 있었어요. 아이에게 어떻게 그리 심한 욕을 할 수가 있냐고 다그쳤더니 욕을 안 하면 친구들이랑 대화가 안 된다고 하더군요. 화가 치밀었지만 꾹 참고, 한 번만 더 욕하는 걸 들으면 컴퓨터게임을 아예 못 하게 하겠다고 했더니, 곧장 "헐! 대박!" 같은 유행어로 응대하는 겁니다. 저는 아이가 욕설이나 비속어, 유행어를 섞어 말하는 걸 도저히 못 참겠어요. 제가 너무 고지식한 걸까요?

욕을 쓰지 않고 감정을 표현하도록 격려해주세요

남자아이들 중에 욕이나 비속어를 사용하지 않는 아이가 있을까요?

물론 있습니다. 하지만 소수이고 대부분의 아이들이 욕을 사용합니다. 남자아이뿐 아니라 여자아이도 요즘은 욕을 자연스럽게 합니다. 아이들이 욕을 하는 이유는 욕을 하면 강해 보이기 때문입니다. 사자가 갈기를 세우고 고양이가 털을 세우듯, 아이들은 욕을 하면서 자신이 약한 존재가 아님을 과시합니다. 강렬한 공격성을 드러내어 상대를 제압하려는 것이죠. 그래서 자신감 없는 아이, 신체적으로 뒤처지는 아이들이 오히려 욕을 많이 합니다. 욕을 통해 자기의 약점을 보완하려는 시도죠.

또한 욕은 그 자체로도 공격성을 발산할 수 있는 기회를 제공합니다. 실제적인 폭력의 사용은 강하게 규제 받기 때문에 아이들은 욕설을 통해 자신의 공격적인 욕구를 발산합니다. 아이들은 누구나 공격적인 본능을 갖고 있습니다. 남자아이들의 경우 더욱 그렇죠. 달리고 부딪히고, 잡고 뒹굴면서 공격적인 본능을 발산하고 싶어 합니다. 무기를 좋아하고 패거리를 지어 대결하기를 원합니다. 이런 행동은 요즘의 양육 환경에서는 받아들여지지 않습니다. 그래서 아이들은 조금 덜 위험한 공격적인 행동으로서 욕을 택합니다. 특히 현실에 대한 불만이 높고 좌절감에 시달리는 아이일수록 더욱 공격적인 양상을 보입니다.

아이가 어울리는 또래집단에서 욕이 일종의 문화가 되면 공격성이 높지 않은 아이들도 욕을 사용하게 됩니다. 욕이 주류 문화인데 자기만 '고운 말'을 쓰면 아이들 표현대로 '찌질해' 보이거든요. 그러니 나도 너희와 비슷하다, 약하지 않다는 것을 보여주기 위해 위악적으로 욕을 사용합니다. 또래집단의 무언의 압력이 욕설 사용의 원인이기에 어떤 아이는 그해의 반 분위기에 따라 욕을 했다가 안 했다가를 달리

합니다. 집에서는 욕을 전혀 사용하지 않으면서 친구들만 만나면 입이 거칠어지는 아이도 있습니다.

***

이렇게 <u>욕을 하는 이유는 이해할 수 있지만, 그렇다고 욕하는 것을 그냥 두고 볼 수는 없습니다. 부모는 무엇이 옳은지, 어떤 언어문화가 바람직한지 자녀에게 알려줘야 합니다.</u> 알려준다고 바로 다 지키지는 않겠지만 누차 이야기하듯 기준을 설정해주는 것이 부모의 중요한 역할입니다. 화를 내고 공격성을 드러내는 것은 비정상이 아닙니다. 정상적인 모습이죠. 하지만 분노와 공격성을 타인에게 욕설로 발산한다면 그것은 옳지 않습니다. 결국 스스로 후회할 일이죠. <u>부모는 욕이 아닌 다른 방법으로 분노와 공격성이 해소될 수 있도록 아이를 이끌어야 합니다.</u>

가장 먼저 기억할 것은 아이들의 언어생활은 주변 사람들의 영향이 결정적이라는 사실입니다. 특히 아이가 초등학교 저학년 이하라면 더욱 그렇습니다. 욕하는 아이 주변에는 거의 어김없이 욕하는 사람이 있습니다. 할머니, 할아버지일 수도 있고 부모일 수도 있습니다. 때로는 삼촌일 수도 있고 놀이터에서 만나는 동네 형일 수도 있습니다. 드물지만 유치원 선생님이나 유치원에서 만난 친구일 수도 있습니다. 요즘 들어 문제가 되는 것 중 하나가 텔레비전입니다.

제가 만난 한 아이는 엄마 아빠가 영화 보는 것을 무척 좋아해서 집에서 영화를 자주 봤다고 합니다. 그러던 중 유치원 선생님한테 전라도식 욕설을 유창하게 쏟아내서 저를 찾아오게 된 것이죠. 아이에게 욕은 매우 인상적인 언어인지라 스펀지가 물을 빨아들이듯 아이는 욕을 흡수할 수 있습니다.

이런 욕을 듣는 기회를 차단하는 것이 가장 중요합니다. 엄마 아빠가 은연중에 욕을 하는 가정에선 아이의 욕하는 버릇을 고치기가 매우 어렵습니다. 초등학생만 되어도 아이는 상대적 사고를 하기에 부모가 계속 욕을 사용하면서 아이의 욕설만 나무라면 부모의 말을 듣지 않습니다. 부모가 아이에게 욕을 많이 들려준 경우라면 아이에게 엄마 아빠도 그런 말을 써서 미안하다, 잘못했고 앞으로는 하지 않겠다고 약속하는 것이 좋습니다.

다음으로, 욕하는 것은 나쁜 행동이라는 것을 아이에게 차분히 말해주세요. 기분이 나쁘면 욕을 쓰고 싶지만 욕을 하는 것은 결국 자기 자신의 얼굴을 더럽히는 것임을 알려주세요. 아이가 어리다면 재미난 이야기로 다가가는 것이 좋습니다. 욕을 많이 해서 혹이 생기는 벌을 받았고, 욕을 한 번씩 할 때마다 혹이 점점 커져 살기 불편했던 혹부리 영감의 이야기도 좋겠지요. 욕하는 것이 결코 멋있는 것도, 상대를 이기는 것도, 힘세 보이는 것도 아니라는 사실 역시 말해줘야 합니다. 힘 센 사람들이나 영웅들의 고전 이야기, 위인전을 보면서 이런 이야기들을 들려주는 게 좋습니다.

욕이 나쁘다는 것을 명확히 알려주었다면 그다음 단계로서 욕을 하는 대신 '나쁘다', '화난다', '속상하다', '짜증난다', '무안하다' 등의 표현을 하면 거기에 대해 칭찬해주세요. 보상을 해주는 것도 좋습니다.

욕이 아닌 다른 말을 썼을 때 스티커를 붙여주고 스티커 다섯 개, 또는 열 개가 모이면 상을 주는 식으로 해보세요. 어느 정도 안정이 되었다면 이제 욕을 하루 종일 단 한 번도 안 하면 스티커를 주는 것으로 기준을 바꾸는 것이 좋습니다.

욕을 입에 달고 사는 아이라면 하루 종일 욕을 한 번도 안 하는 것을 바로 시도하기는 어렵습니다. 그럴 때는 욕하지 않는 시간을 정하는 것도 한 가지 방법입니다. 하루 중 어느 때, 어떤 분위기의 장소에서부터 우선 욕을 참아보게 해주세요. 다음으로 그 장소나 상황, 시간대에 욕하는 것을 잘 참아내면 이를 적극 격려하고 그 범위를 조금씩 넓혀나가세요.

이 과정을 한 단계씩 접근하는 것이 좋습니다. 우선 주변의 욕하는 어른을 차단하세요. 다음으로 친구들 사이에서는 욕을 조금 쓸 수 있지만, 그 외의 다른 상황에서 욕하는 모습을 보이는 것은 부끄러운 일임은 분명하게 가르쳐주세요. 친구들과 있을 때도 되도록 욕을 자제해야 다른 상황에서 자기도 모르게 욕이 튀어나오는 것을 막을 수 있다는 것도 알려주시고요. 마지막으로 욕하지 않는 시간을 조금씩 늘리도록 보상 기법을 활용해 노력해보세요. 이런 과정을 거쳤는데도 문제가 해결되지 않는 경우는 드뭅니다.

만약 이런 방법으로도 욕을 떨쳐내지 못하는 아이들이 있다면, 그것은 아이의 내면에 분노감정이 쌓여 있거나 감정조절이 어려운 아이입니다. 정서적인 문제가 심각할 수 있으니 이 경우에는 전문가의 상담을 받아보는 것이 좋습니다.

5세 아들이
자위행위를 해요

얼마 전 5세 아들이 방에서 자위행위 비슷한 행동을 하는 걸 보게 됐습니다. 한참 동안 조용해서 방에 가봤더니 땀까지 흘리면서 고추를 만지고 있는 거예요. 일단 모르는 척하고 나왔는데 너무 기가 막히더군요. 이렇게 어린아이가 성적인 쾌감을 알고 추구한다니 정말 놀랍고 충격적이었습니다. 혹시 밖에서도 그런 행동을 할까 걱정도 되고요. 아이에게 유치원에서도 고추를 만지는지 물었더니 아무렇지도 않게 "가끔 만진다"고 대답하더군요. 저는 "그런 행동을 하면 병균이 들어갈 수도 있어. 그리고 다른 사람들이 볼 때 예쁜 행동이 아니니 밖에서는 그러지 마라"라고 타일렀어요. 하지만 그 후에도 가끔씩 같은 행동을 반복하는 걸 볼 때마다 제 신경이 날카롭게 곤두섭니다. 도대체 어떻게 대처해야 할까요?

유아기의 자위행위를 제대로 이해해야 합니다

유아기 자위행위에 대한 상담을 많이 받습니다. 그만큼 흔한 문제이기도 하고, 부모가 볼 때 심각하게 느끼는 문제이기도 합니다. 성적인 문제는 부모에게 미묘한 긴장감을 줍니다. 특히 유아가 성적인 행동을 하면 부모는 당황하죠. '아직 그럴 나이가 아닌데 벌써부터! 이러다 나중에 큰일 나는 것 아냐?' 이것이 대다수 부모들의 심정입니다. 그런데 분명히 해야 할 점은 <u>유아기의 자위행위는 사춘기 이후의 자위행위와는 성격이 다르다는 사실입니다.</u>

유아기의 자위행위는 여자아이가 더 많이 합니다. 해부학적으로 볼 때 여자아이들이 좀 더 쉽게 자극을 받을 수 있기 때문입니다. 이 시기의 아이들은 자신이 하는 행위를 다른 사람들이 어떻게 바라보는지 모르기 때문에 부끄러움이 없고 사회문화적인 압력으로부터도 자유롭습니다. 그렇다 보니 여자아이가 더 많이 자위행위를 하게 됩니다. 자위행위 방법을 보면 남자아이는 성기를 만지는 식입니다. 포피가 덮여 있고 주무르는 방식만 가능하기에 쉽게 자극을 받지 못합니다. 반면 여자아이는 성기 부분을 베개나 책상, 바닥 등에 비비는 식으로 자위행위를 하는데, 이런 동작을 통해 비교적 쉽게 자극을 받습니다.

아이들은 자위행위를 우연한 계기를 통해 발견합니다. 특정한 동작을 우연히 했는데 느낌이 좋고 재미를 느낀 것이죠. 그때의 느낌은 성적인 것은 아닙니다. <u>청소년기 이후와 달리 유아기의 자위행위는 성적인 환상이 전혀 없습니다. 그저 기분이 고양되고 불안이 줄어들죠.</u> 보통 땀을 뻘뻘 흘리면서까지 하곤 하는데 그렇다고 해도 성적 유희는 아니며 순수한 신체 놀이에 가깝습니다. 손가락을 빨면서 기분이 좋아지는 것과 비슷한데 조금 자극이 강한 정도죠. 그 후 몇 차례 우연한 발견을 반복하다 보면 차츰 그 원리를 깨닫습니다. 이후에는 의도적으로 특정한 동작을 해서 만족을 얻죠. 하지만 이 동작을 한다고 해서 남자아이가 사정을 하거나 오르가슴 등의 느낌을 얻지는 못합니다. 그 정도로 성기 부위의 감각이 조직화되어 있지 않으니까요.

그럼에도 어른들 입장에서는 아이의 행위에 놀라지 않을 수 없습니다. 아이의 행위를 성적인 코드로 해석하기 때문입니다. 그래서 심각하게 걱정하죠. 하지만 성적인 놀이가 아니기에 전혀 걱정할 필요가 없습니다. 확대 해석할 필요도 없고요. 부모가 놀라서 심하게 야단치는 경우도 있는데 이런 호들갑 때문에 오히려 아이는 자신의 행위를 성적인 코드와 연결 짓게 됩니다. 처음에는 별생각 없이 했던 행동을 성적인 행동, 금기 행동, 더 나아가 추잡한 행동으로 생각하게 되어 자존감이 낮아집니다. 게다가 성적인 것과 불결함을 하나의 느낌으로 결합시켜 장기적으로는 성 문제를 야기하는 단초가 되죠.

* * *

아이가 자위행위를 할 때 조심해야 할 상황은 다음의 세 가지 경우입니다.

첫째, 자위행위가 지나치게 잦거나 과도한 경우입니다. 긴장하거나 초조할 때마다 습관적으로 자위행위를 하는 아이들이 있습니다. 자위행위를 하면 긴장이 풀리니 긴장을 풀기 위해 자위행위에 탐닉하는 것이죠. 이런 아이는 불안이 높은 아이인 경우가 많습니다. 그래서 불안을 줄여주는 것이 자위행위를 줄이는 근본적인 해결책이죠. 하지만 불안을 줄이는 데는 꽤 많은 시간이 필요합니다. 그 기간 동안 자위행위를 지나치게 해서 성기 손상 등의 문제가 생길 수 있으므로 주의 깊게 관찰해야 합니다.

둘째, 다른 사람들 앞에서 공공연히 자위행위를 하는 경우입니다. 자위행위는 보통 집에서 많이 합니다. 혼자 있다가 심심할 때 주로 하죠. 그런데 집에 부모의 친구나 손님이 찾아왔을 때 대놓고 그런 행동을 하면 문제행동으로 봐야 합니다. 지나치게 감각 자극에 집착하는 경우이거나 사회성이 부족한 모습입니다. 유치원에서 자위행위를 하는 것을 공공장소에서 하는 것으로 봐야 할지는 애매합니다. 어린이집이나 유치원은 집의 연장선이니까요. 이때는 시간이 중요합니다. 낮잠 시간이라면 무방한데, 선생님이 아이들의 집중을 유도하는 과제 시간이라면 이것은 문제가 됩니다.

셋째, 성적인 행위를 연상시키는 경우입니다. 예를 들어 아이가 성교 장면을 흉내 내는 것처럼 보인다면 성추행 등의 사건이 있었을 수 있습니다. 또는 유아기의 정신적인 트라우마와 관계가 있을 수 있습니다. 이런 경우라면 바로 전문가를 찾아가야 합니다.

이런 세 가지 경우가 아니라면 크게 걱정하지 마세요. 사연에 나온 어머님이 했던 대로 교육하면 됩니다. 일단 그 행동으로 기분이 좋아진다는 점은 인정해줘야 합니다. 다만 남이 보는 곳에서는 그런 행동을 하면 사람들이 좋지 않게 본다고 분명하게 가이드라인을 주세요.

이때 아이를 비난하거나 공격하면 오히려 그 행동에 집착하는 부작용이 나타납니다. 성적인 것은 불결하고 피해야 한다는 부정적인 인식을 가질 수도 있고요.

자위행위는 대개 심심해서 하는 놀이입니다. 그러니 아이가 자위행위를 하면 새로운 놀이도 제공하고 다양한 활동을 시켜 다른 즐거움을 찾을 수 있도록 도와주세요. <u>아이가 자위행위를 하는 장면을 발견했을 때는 야단치기보다는 이리 와서 이것을 같이 해보자는 식으로 자연스럽게 다른 놀이로 유도합니다. 자위행위 동작을 지속하지 못하게 하되 창피를 주지 않는 것이 부모의 적절한 대응 원칙입니다.</u>

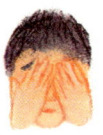

아이가 야한 동영상에 빠져 살아요

초등학교 5학년 아들이 인터넷 성인 사이트에 들락거린다는 사실을 알게 됐습니다. 또래 친구들보다 체격도 작고 뭐든 엄마에게 물어보고 하는 마냥 귀여운 아들인데, 어느 날 밤 컴퓨터 방에서 불빛이 새어나와서 가보니 아이가 낯 뜨거운 동영상을 보고 있더군요. 너무 놀랐지만 일단 모르는 척하고 다음 날 무슨 사이트에 접속했는지 확인해보니, 이른바 하드코어로 분류되는 음란 사이트에 자주 들어갔더라고요. 아들에게 성인 사이트 접속 사실을 알고 있으니 앞으로는 그러지 말라고 해야 할까요? 아니면 주변 엄마들 말대로 남자아이들은 다 그러니 내버려둬야 할까요?

수위가 높은 음란물은 반드시 차단해야 합니다

'남자아이들은 다 그러니 내버려두라'는 주변 엄마들의 조언, 반은 맞고 반은 틀린 말입니다. 남자아이들이 성장 과정에서 야한 동영상(아래

'야동')을 보는 것은 보편적인 현상입니다. 사춘기를 통과하면서 아이들은 성적 호기심이 많아집니다. 성적 욕구도 높아져 성적인 자극에 탐닉하고 자위행위 등의 방법으로 성적인 만족을 얻으려 합니다. 이전 세대에는 요즘과 같은 '야동'은 없었지만 '빨간책'이라는 야한 잡지나 만화를 아이들끼리 몰래 돌려 보곤 했습니다.

행정안전부가 2012년에 실시한 '청소년 성인물 실태 조사'를 보면 초등학교 5학년~고등학교 2학년 중 39.5%가 성인물을 본 적이 있다고 하며, 여성가족부의 '2013년 청소년 매체 이용 실태 조사'를 보면 스마트폰과 컴퓨터를 통해 한 달에 1회 이상 음란물을 보는 청소년이 전체의 24.8%입니다. 초등학생의 경우도 18.6%죠. 전문가들은 남자아이들의 경우 중학교 2학년 기준으로 80~90%가 야동에 1회 이상 노출되며 그중 절반이 의도적으로 다시 검색하고, 20~30%는 주 1회 이상 음란물을 본다고 추정하고 있습니다.

요즘 아이들이 음란물을 접하는 것은 과거에 비해 너무나 쉬워졌습니다. 스마트폰의 구글 검색 창에 성적인 내용의 검색어를 몇 개 쳐 보면 1초도 지나지 않아 엄청나게 많은 음란 동영상과 사진을 보여줍니다. 통신사에서 제공하는 스마트폰 유해 정보 차단 서비스나 각종 차단 앱의 경우 이용자가 많지도 않지만 아이들이 우회하려는 마음만 먹으면 금세 무용지물이 되고 맙니다.

※※※

문제는 음란물의 수위입니다. 음란물이 인터넷을 통해 시장을 확장하면서 음란물 산업은 엄청나게 발달했습니다. 경쟁도 치열해져 시장에서 살아남기 위해 더 자극적인 방식으로 음란물을 만들고 엽기적이거나 극단적인 성적 환상을 충족시키는 내용이 음란 동영상의 주류를 이루고 있습니다. 일대일의 로맨틱한 성관계를 다루면 팔리지 않으니 다수가 등장하는 성관계 장면이나 가학적-피학적 관계, 성폭행, 어린이성애증을 다룬 내용이 범람합니다.

이런 음란물은 과거의 빨간책이나 『플레이보이』 부류의 잡지, 〈엠마누엘 부인〉 시리즈와 같은 야한 영화와는 차원이 다릅니다. 과거의 음란물은 그저 아이들의 가슴을 설레게 해 아이 스스로 상상력을 동원해서 성적 환상을 갖는 수준이라면, 지금의 음란물은 아이들이 상상할 수 없는 수준의 성적 환상을 극도로 자극적인 방식으로 주입합니다. 과거의 성인물이 한두 번 피워볼 수 있는 담배라면, 요즘의 음란물은 필로폰이나 헤로인 같은 마약이라고 할 정도입니다.

최근 성의학(性醫學)에서 화두가 되고 있는 질환이 〈음란물 유발 성기능장애〉입니다. 지나치게 강렬하며 실제적이지 않은 음란물의 자극에 반복적으로 노출된 성인 중 일부가 정상적이고 일반적인 성관계에선 자극을 받지 못하는 상태를 말하는 것이죠. 이들은 오직 음란물을 통해서만 성적 만족을 얻거나 현실의 성관계에서도 과도한 성적 환상을 충족시킬 수 있는 행위에만 집착합니다. 그 결과 파트너와 갈등이 생기고, 내적으로는 성적 불만족이 쌓여 이것이 발기부전이나 오르가슴 장애로 나타나죠. 불과 20년 전에는 존재하지 않던 질병이 생긴 것입니다. 이렇게 성인의 경우에도 심각한 부작용이 나타나는데, 소아청소년 시기에 음란물에 노출될 경우 부작용이 나타나지 않을 수 없습니다.

얼마 전 뉴스를 통해 성범죄를 저지른 청소년이 야동을 보고 따라 하고 싶었다고 말한 내용이 보도된 적이 있습니다. 앞서 말한 여성가족부의 조사에서도 음란물을 본 후 모방 충동을 느꼈다는 아이가 전체 청소년 중 14.5%였습니다. 성폭행의 충동을 느꼈다는 아이들 역시 5%나 되었습니다. 이런 보도는 사회에 큰 충격을 줍니다. 하지만 실제로 음란물이 성범죄를 유발하는지에 대해서는 학계에서도 논란이 많습니다. 음란물에 대한 규제가 적은 사회에서 성범죄의 빈도가 오히려 낮아진다는 연구도 있습니다. 음란물을 통한 욕구의 대리 충족 이론이죠.

저는 아이들의 음란물 시청이 범죄로 직결된다고는 생각하지 않습니다. 그러나 음란물 시청이 어린이의 정신세계나 인격 형성에 강렬한 영향을 줄 수 있다고 생각합니다. 요즘의 음란물은 시청자의 몰입을 극대화하려는 의도를 갖고 만듭니다. 일부 아이들은 그런 의도에 쉽게 넘어가며 이후 상당 기간 동안 그 세계에서 벗어나지 못합니다. 술을 마신다고 모두 알코올중독자가 되지는 않습니다. 그러나 누군가는 알코올중독자가 됩니다. 요즘의 음란물도 비슷한 효과가 있습니다.

✳ ✳ ✳

아이가 야동을 본다면 부모는 아이에게 부모가 그 사실을 알고 있음을 명확히 알리는 게 좋습니다. 그리고 그 경험과 느낌에 대해 솔직하게 이야기를 나눠야 합니다. 아무래도 아빠가 대화의 주체가 되는 것이 편합니다. 물론 대화를 나누기 전에 충분한 정보를 갖고 관점을 확립한 후에 대화를 시작하세요.

"성인 동영상에 호기심도 생기고 보고 싶은 마음도 들지. 아빠도 이해한다. 아빠가 어릴 때도 야한 책 같은 게 있었고 아빠도 몇 번 봤어. 스릴도 넘치고, 흥분도 되고, 재밌었던 기억이 있지. 그런데 지금 나오는 야동은 그 수위가 너무 지나쳐. 보여줘서는 안 되는 것까지 보여주고 있어 걱정이다. 자극이 지나치게 강하면 사람은 생각을 못하고 자극에 압도되거든. 꼭 알아둘 게 있어. 성관계는 어른에게 필요하고, 좋은 거야. 그런데 성적인 행위를 남들 앞에서 보여주는 사람은 없어. 그건 은밀하기 때문에 가치가 있는 거지. 그런데 야동은 보여주잖아. 그냥 보여주면 재미가 없고 사람들이 안 사 보니까 돈을 벌기 위해 과장하고 더 자극적으로 만들어. 이건 사람들의 지갑을 열기 위해 일종의 속임수를 쓰는 거야. 너는 직접 돈을 안 내고 본 것 같지만 그런 야동을 만드는 산업이 1년에 벌어들이는 돈이 120조 정도래. 어마어마하지. 지금 네가 보는 것을 미끼 상품으로 끌어들여서 나중에는 돈을 내고 음란물을 사 보게 하는 거야. 음란물 광고를 통해 돈도 벌고. 그런데 이런 영상을 보고 자극을 받기 시작하면 나중에 진짜 성관계를 가질 때 행복을 느끼기 어려워. 음란물을 반복해서 보는 사람들은 절반 정도가 진짜 성관계에선 만족을 못 느낀다고 해."

∗ ∗ ∗

아이의 호기심 자체는 인정해주세요. 다만 음란물을 접하는 것은 마약을 접하는 것과 같기 때문에 부모로서 절대 반대한다는 것을 말해주세요. 물론 부모가 반대한다고 아이가 스스로 차단할지는 알 수 없습니다. 그러나 반대의 뜻을 분명히 하고 이유를 설명하면 아이가 받아들이기 쉽습니다. 대신 가벼운 성애소설이나 출판되는 사진류까지 차단하는 것은 곤란합니다. 나쁜 길로 갈 수 있는 것은 아주 작은 싹부터 잘라야 한다고 생각하실지 모르겠습니다. 하지만 작은 일탈은 눈감아주고, 아이의 정상적인 욕구는 인정해줘야 아이 스스로 과도한 수준의 음란물을 피하기 쉬울 것입니다.

초등학교 1학년 남자아이가 스마트폰에서 우연히 야동을 봤어요

…

야동을 접하는 게 너무나 쉬운 세상입니다. 그것은 아이의 잘못이 아니라 이런 사회를 만든 어른들의 잘못이겠죠. 아이를 야단치거나 창피하게 생각하면 안 됩니다. 아이가 궁금해서 본 것도 아니니까요. 저학년의 경우에는 처음 야동을 접하면 충격을 받습니다. 대다수가 이상한 느낌을 갖고 혼란에 빠지기도 하죠. 그렇기 때문에 아이에게 자꾸 느낌을 물어야 합니다. 자기 생각을 이야기하도록 하고, 괜찮다고 안심시키며 마음속에 드는 여러 감정과 생각을 정리할 수 있도록 도와주세요. 부모는 "일부 어른들이 그런 것에 관심을 갖는데 실제와는 상당히 차이가 있어. 파워레인저 시리즈랑 비슷해. 진짜처럼 보이지만 그냥 현실에는 없는 것을 만들어낸 거야" 하는 정도로 알려주면 됩니다.

초등생 딸에게 남자친구가 생겼대요

Q 이제 겨우 초등학교 5학년인 딸이 이성교제를 한다고 해서 충격을 받았습니다. 벌써 이런 걱정을 하게 될 줄은 생각도 못했거든요. 걱정스러운 마음에 매일 장난처럼 남자친구랑 오늘은 뭘 했냐고 물으면 손을 잡았다느니, 팔짱을 꼈다느니, 기분이 나쁘지 않았다느니 재잘거리며 행복한 표정을 짓습니다. 휴대전화를 손에서 떼 놓질 않고 틈만 나면 그 친구와 카톡을 주고받느라 밤이 깊어가는 줄도 몰라요. 딸이 좀 조숙한 편이고 벌써 월경도 시작한 터라 딸 가진 부모로서 걱정이 이만저만이 아닙니다. 어떻게 하는 게 현명한 대처일까요?

아이와 터놓고 대화하는 분위기로 이끌어주세요

사연을 읽으니 어머니의 불안이 고스란히 느껴집니다. 사실 불안하지 않을 수 없죠. 지금의 부모 세대의 경우 초등학교에서 이성 친구를 사귀는 비율은 매우 낮았으니까요. '남녀칠세부동석' 정도는 아니지만 이성 친구와 같이 놀면 "얼레리 꼴레리" 하면서 놀리는 문화가 보편적이었습니다. 그에 비해 요즘 아이들은 엄청나게 빠릅니다. 부모들이 이 변화에 적응하기란 쉽지 않습니다.

우선 요즘 초등학생들의 이성교제 실태에 대한 조사 결과를 알려드릴게요. 2010년 서울시립 '아하! 청소년성문화센터'가 조사한 바에 따르면, 초등학교 6학년 학생 중 이성교제 경험이 있는 아이가 30%입니다. 거의 세 명 중 한 명꼴이니 꽤 높은 수치지요. 성별로는 여학생(10명 중 4명)이 남학생(10명 중 1.5명)보다 비율이 좀 더 높습니다. 여자아이들이 더 빨리 성숙해지고 자연히 이성교제에 대한 관심도 더 많기 때문입니다. 중학생의 경우 대략 50%가 이성교제를 한 번 이상 경험합니다. 정말 흔한 일이죠.

* * *

부모들은 자녀가 이성 친구와 손을 잡았다고 하면 자칫 '큰 사고'로 이어질까 봐 걱정합니다. 그런데 요즘 아이들의 경우 이성 친구와 손을 잡거나 가벼운 신체 접촉을 하는 것은 비교적 흔한 일입니다. 수업 시간에도 자연스럽게 손을 잡는 일이 많기 때문에 과거처럼 손잡는 것을 대단하게 생각하지 않습니다. 초등학생의 이성교제에서 부모가 걱정하는 것 이상으로 '진도가 나가는' 일은 매우 드뭅니다. 부모가 관심을 갖고 아이를 지켜보고 아이와의 관계가 나쁘지 않은 가정에선 그런 일이 잘 일어나지 않습니다. 그러니 미리 걱정할 필요는 없습니다.

초등학생의 이성교제에 대해 저는 부모님들에게 보통 세 가지를 말합니다.

첫째, 이성교제는 인정해주세요. 아이가 자라면서 이성에게 관심을 갖고 사귀는 것은 당연한 과정입니다. 물론 관심을 갖지 않는 아이들도 있습니다. 기질적인 특성이기도 하고 아이가 접한 문화의 영향도 있습니다. 그 어느 쪽이 더 낫거나 더 나쁘거나 하지는 않습니다. 아이가 택하는 것을 자연스럽게 인정하는 것이 좋습니다.

둘째, 터놓고 대화해야 합니다. 부모 자식 간에 지나치게 감추지 않고 스스럼없이 이야기할 수 있는 분위기를 만들어야 합니다. 물론 모든 것을 이야기할 수는 없겠죠. 아이에게도 비밀은 있으니까요. 하지만 어떤 이야기는 하면 부모가 혼을 내고 받아들이지 않을 것이란 느낌을 주지 말아야 합니다. 우리 부모와는 어떤 내용이라도 주제로 삼아 함께 대화할 수 있다고 자녀가 믿을 때 부모는 자녀의 안전을 확보할 수 있습니다.

아이들이 처음 이성 친구를 사귀게 되면 설레는 마음에 누구에게든 이야기하고 싶어 합니다. 그 대화 상대는 부모가 되는 경우가 많죠. 그런데 부모에게 이성교제를 처음 고백했을 때 부모가 부정적인 반응을 보이면 아이는 앞으로도 이 문제에 대해 입을 닫습니다. 그러면 부모가 아이에 대한 정보를 얻을 수 없게 됩니다. 상황을 통제할 수 있는 힘을 잃는 것이니 아쉬운 쪽은 부모입니다. 반면 부모의 반응이 나쁘지 않다 싶으면 아이는 부모를 조언자로 여기게 됩니다. 감시자가 아닌 조언자가 되어야 아이는 자신의 일을 부모에게 이야기하고, 부모는 아이에게 한마디라도 해줄 수 있습니다. 부모는 아이의 '감독관'이 아니라 '교육자'라는 사실을 꼭 기억하세요.

아이들의 교제는 알고 보면 참 단순합니다. 학교에서 친한 척하고 휴대전화로 문자를 주고받는 수준이죠. 초등학생의 경우 따로 만나서 데이트를 하는 일은 드뭅니다. 어떤 아이는 마냥 문자만 주고받아요. 문자로는 상당히 '수위 높은' 대화를 하는데 정작 학교에서는 만나도 별 반응을 보이지 않는 경우도 있습니다. 일종의 놀이이고, 그 과정에서 사람을 사귀는 방법을 배우고 있는 것이죠. 만남의 기간도 그리 길지 않습니다. 한 달 이상 가는 경우가 드물고 100일이 넘어가는 교제가 예외적인 일입니다. 그래서 부모가 걱정할 때쯤 이미 관계가 끝나 버리는 경우도 많습니다.

어떤 부모는 아이가 이성교제를 하면 휴대전화부터 압수합니다. 아이가 휴대전화에 매달려 있는 모습이 보기도 싫고 이성교제를 위험하다고 생각하기 때문이죠. 하지만 사춘기 아이들이 가장 싫어하는 것이 바로 통제입니다. 통제를 받으면 아이는 강한 반감을 갖고, 평소에는 하지 않던 엉뚱한 생각을 합니다. 위험한 행동을 벌이기도 하죠. 부모가 아는 범위에서 사귀면 아무 일도 없을 것인데 부모의 관찰 범위를 벗어나서 사귀게 되면 정말 '사고'도 날 수 있습니다.

중요한 것은 아이와의 소통이고 부모 자녀 간의 믿음입니다. 아이들과 터놓고 대화하는 분위기를 꼭 조성해주세요. 휴대전화 압수는 아이가 실질적으로 위험한 행동, 예를 들어 자신의 신체를 찍어 상대에게 보낸다거나 아이의 생활공간 밖의 불특정 다수를 사귀는 채팅방을 즐겨 이용한다거나 했을 때로 한정해야 합니다. 물론 이때도 압수를 영원히 할 수는 없으니 압수보다는 교육이 더 중요합니다.

셋째, 이성과 친밀감을 쌓는 방법을 가르쳐야 합니다. 아이들은 이성교제의 초보자입니다. 반면 부모들은 경험자죠. 가르치려 들면 가르칠 것이 많습니다. 내가 아이에게 이성교제 잘하는 법을 가르쳐서 아이가 더 엇나가면 어떻게 하나 걱정하지만 쓸데없는 걱정입니다. <u>아이는 자기에게 흥미 있는 것을 부모가 가르쳐줄 때 부모에게 권위를 부여합니다. 자기 이야기를 더 많이 하고 부모 말을 더 주의를 기울여 듣게 되죠.</u>

아이들은 처음 이성교제를 하면 흔히 외모에 집착하는 모습을 보입니다. 선물로 상대의 환심을 사려는 경우도 많죠. 그런 아이에게 상대의 호감을 얻는 다양한 방법이 있음을 알려줘야 합니다. 대화의 기술, 상대를 배려하는 방법을 알려주세요. 이 부분을 제대로 배우지 못한 아이들은 다른 친구의 행동을 모방하거나 혼자서 나름의 방법을 고안해냅니다. 대개는 효과도 없고 바람직하지도 않은 방법이죠.

아이 혼자서 효과도 없는 방법을 짜내느라 에너지를 쏟게 하느니 차라리 경험 많은 부모가 지도하는 편이 낫습니다. 상대의 호감을 얻고 싶은 아이의 마음을 인정해주면서 구체적으로 방법을 알려주세요. 상대를 간단하게 칭찬해주기, 긍정적으로 평가해주기, 상대의 마음 들어주기, 사소한 관심 표현하기, 배려하기 등 친밀감을 높일 수 있는 방법은 다양합니다. 이런 것을 배워두면 나쁠 것이 없습니다. 성인 남성들 중에도 이런 기술에 약해 남녀 관계에서 쩔쩔매는 이들이 많습니다. 노력은 부단히 하지만 호감과 애정을 제대로 표현하지 못해 상대에게 실망만 안겨주죠. 다 어려서 제대로 못 배운 탓입니다.

아울러 상처 주지 않고 헤어지는 방법도 꼭 가르쳐주세요. 앞서 말했듯이 초등학생 아이들은 이성과 사귀는 기간이 짧습니다. 그러니 헤어질 때 상대를 원망하지 않고 헤어지고, 자기 의사 표현을 확실히 하는 법, 그래서 서로 '좋은 친구로 남는 법'을 귀띔해주는 것이 좋습니다.

혹시 아이들이 이성 친구와 문자를 주고받느라 밤에 잠을 못 잔다면 그것에 관해서는 규칙을 정해야 합니다.

"이성 친구를 만나는 건 네가 커가면서 당연히 거치는 과정이야. 엄마는 재미있고 좋아. 그런데 그로 인해 생활이 흐트러진다거나 자기 할 일을 못해선 곤란해. 엄마가 원하는 것은 오직 너의 행복이야. 너는 앞으로도 많은 이성 친구를 만나게 될 텐데 가장 중요한 것은 너 자신을 좋은 사람, 괜찮은 사람으로 만드는 일이야. 자기에게 해로운 일은 하지 말자."

이런 이야기를 들려주고, 밤 10시가 지나면 휴대전화를 특정한 장소에 놓아두게 하는 등 규칙을 만들어보세요. 그런 규칙을 지금은 부모가 만들지만 나중에는 아이 스스로 만들 수 있어야겠죠. 이 역시 중요한 교육입니다.

초등학생 아이가 나쁜 친구들과 어울리는 것 같아요

…

나쁜 친구란 어떤 아이를 말하는 것일까요? 부모가 먼저 이 문제를 깊이 생각해봐야 합니다. 나쁜 아이라면 얼마나 나쁜 것인지, 어떤 행동을 보고 나쁘다고 내가 단정하는지, 혹시 환경적으로 열악한 상황에 놓인 아이에 대해 편견을 가진 것은 아닌지 스스로 확인해보세요. 내 아이가 택한 친구를 나쁜 아이로 내가 단정하려면 그만한 증거가 있어야 합니다. 그래야 아이에게도 할 말이 있습니다.

가끔은 부모의 기준이 너무 엄격한 경우도 있습니다. 그저 보통 아이인데 내 아이의 친구로 삼고 싶지 않아 나쁜 아이로 보는 것이죠. 그럴 때 아이는 그런 기준을 답답해할 수 있습니다. 부모의 생각에 반감을 갖기 쉽죠. 저는 아이의 교우관계를 무조건 막기보다 내 아이가 옳고 그름을 판단할 수 있다고 일단 믿어보시라고 권하고 싶습니다. 그리고 아이와 친구에 대해 더 많이 얘기해보세요. 아이의 친구들을 직접 초대해 만나보기도 하고요. 이런 과정을 통해 충분한 정보를 얻고 아이가 하필이면 그 친구를 좋아하는 이유도 파악해야 합니다. 그런 다음에 부모의 행동을 정해도 늦지 않습니다.

부모와 자녀 사이를 연결하는 정서적인 끈만 견고하다면 아이는 결정적인 순간에 부모의 뜻을 따르게 되어 있습니다. 아이가 엇나갈까 봐 걱정하는 부모들을 보면 대개 아이와의 연결 끈이 약한 경우입니다. 아이를 먼저 믿어주세요. 그리고 주변을 보기 전에 나와 아이의 관계를 단단하게 만들어야 합니다. 그 관계가 튼튼하면 비록 '나쁜 친구'를 일시적으로 사귄다 해도 걱정이 없습니다. 아이에게 오히려 좋은 경험이 될 수도 있으니까요.

소아정신과 의사 서천석의
우리 아이 괜찮아요

초판 1쇄 발행 2014년 11월 20일 **초판 21쇄 발행** 2025년 7월 10일

지은이 서천석
펴낸이 최순영

출판1 본부장 한수미
라이프 팀장 곽지희
디자인 이세호 **표지·본문 그림** 박보미
사진 스튜디오 조단 민영주

펴낸곳 ㈜위즈덤하우스 **출판등록** 2000년 5월 23일 제13-1071호
주소 서울특별시 마포구 양화로 19 합정오피스빌딩 17층
전화 02) 2179-5600 **홈페이지** www.wisdomhouse.co.kr

ⓒ서천석, 2014
ISBN 979-11-86117-01-9 13590

- 이 책의 전부 또는 일부 내용을 재사용하려면 반드시 사전에 저작권자와
  ㈜위즈덤하우스의 동의를 받아야 합니다.
- 인쇄·제작 및 유통상의 파본 도서는 구입하신 서점에서 바꿔드립니다.
- 책값은 뒤표지에 있습니다.